本书根据由理查德·莫特·格默里（Richard Mott Gummere）博士翻译的，1917~1925年出版的英译本译出。

序

相比古罗马帝王马可·奥勒留（Marcus Aurelius）的作品《沉思录》，塞涅卡这部写给鲁基里乌斯的书信集，并没有像前者一样，有幸受到大众的广泛眷顾。然而，就所蕴含的斯多葛哲学理念及智慧而言，两本著作都是古罗马传世的斯多葛主义哲学代表作品，也是后世了解当时的哲学家，以及认识西方古典斯多葛主义哲学的重要参考资料。

英文版译者理查德·格默里（Richard M. Gummere）生于1883年，逝世于1969年。他于美国哈弗福德学院获得博士学位，是一名拉丁语学者。其翻译出版的塞涅卡的书信集共分为三卷：第一卷（1～65封）出版于1917年，第二卷（66～92封）出版于1920年，第三卷（93～124封）出版于1925年。就该书的出版时间来算，距今已有百年光景。而塞涅卡现存的124封书信原作（据悉写于公元63年至65年之间），距今已1900余年！在这逝去的1900余年的时光中，塞涅卡与其作品虽然一直被提及、研究和传播，但他写给朋友鲁基里乌斯（Lucilius）的书信集至今尚没有完整的中文译本问世。

就作者塞涅卡本人而言，他的一生可以说是代表了一位典型古罗马精英阶层的遭遇。虽然现存的有关作者及其家庭的很多具体细节还无法得到证实，但其主要的生命轨迹已被众多学者所认可。像当时的其他上层阶级一样，塞涅卡年少时就被送到罗马接受哲学等方面的教育，后来因卷入政治斗争而遭到流放，而流放8年后，又被召回古罗马重获重用，并就此进入其人生的巅峰时期，而这时（约公元 49 年），他已经 50 多岁了。在与握有一定兵权的布鲁斯共同辅佐尼禄多年后，布鲁斯的死给塞涅卡带来了人生的又一次转折。也许是意识到了当时政治生活的危险和不确定，他开始尝试远离政治，并在多地游历。从他寄给鲁基里乌斯的信中我们可知，他曾多次提到有关退休的主题。而另外一个可能引发作者想要退隐的原因，就是一直伴随着这位哲学家的疾病。就像斯多葛学者们所讲的那样，一个人的命运是不确定的。他被指控参与了对皇帝尼禄的暗杀行动，并被责令自尽；而讽刺的是，尼禄本人是塞涅卡的学生，也是他一直支持辅佐的对象。在塞涅卡生命的最后时光，他体现及表达了自己的哲学理念，不惧死亡而豁达就义。

塞涅卡现存的一百二十四封书信的收信者是鲁基里乌斯——意大利西西里地区主管财务的官员。关于他的生平事迹目前已无从知晓，包括其写给塞涅卡的回信也已全部遗失。而巧合的是，在第二十一封信中，作者貌似已经预料到了未来的情况，认为他的作品会给鲁基里乌斯带来持续的名望。而这似乎正是当下的事实，今人对鲁基里乌斯的了解，大多都源自塞涅卡的作品。除这批书信外，就像英文版译者格默里所提到的那样，《自然的问题》和《有关天意》也是写给鲁基里乌斯的，前者是一本关于自然哲学的作品，后者是一部随笔。

虽然这些作品都是以信件的形式寄给鲁基里乌斯，但内容却与我们当下的私人信件不大相同。收信者虽名为鲁基里乌斯，但信中的他更多的是作为一位提问者和叙述对象而出现。信件的绝大部分内容，就像英文版译者格默里所指出的那样，都是围绕一定的主题而展开，并进行讨论的。作者在写作时，虽然其目的是回复鲁基里乌斯的提问，但目标读者貌似并不限定于鲁基里乌斯一人，而是更为广泛的人群。也许作者在写这些信件时，已经预料到它们在未来将被公之于众。这在一定意义上有助于信中所蕴含理念的普及，也使得更广泛的读者能够了解他的哲学观念和思想。

这部书信集所涵盖的主题，可谓五花八门，涉猎的内容也很广泛。需要留意的是，除去当时哲学家们经常提及的哲学、享乐、财富、美德、命运、死亡、恐惧、年迈等议题外，信件中还涉及诸如健身（第十五封）、旅行（第二十八封、第五十七封）、心理健康（第七十八封，第一百零四封）等多方面的讨论。这些信件为后人了解当时古罗马的生活及哲人们的观念，开启了一扇窗，也能够让我们从不同的侧面了解当时的社会、文化，特别是当时哲学家们的意识形态、思考和表达方式。同时，塞涅卡以一位斯多葛主义哲学家的智慧，借由对很多问题的讨论，展现了这个学派自古希腊时期创立以来，一直到公元1世纪时的发展状况。塞涅卡不仅在传播着斯多葛学派的观念，同时，他也表达了自己不同于其他斯多葛学者的独创的思想和理念。他在继承斯多葛主义的同时，也在以一己之力扩充其内涵。塞涅卡在信中不仅尝试采用斯多葛理念引领鲁基里乌斯朝着哲学、理性、美德和幸福生活前进，也为后世的读者指引了一条不一样的生命轨迹。

正如英文版译者格默里在序言部分所述，这些信件代表了古罗马时代最为震撼人心的作品。同时，我认为，这也是先贤们给后世读者留下的最为珍贵的礼物。

刘 晴

北京 2020 年

英文版序

在早期罗马帝国的显赫人物中，很少有人可以像这部书信集的作者，卢修斯·阿奈乌斯·塞涅卡（Lucius Annaeus Seneca）一样，为当下的读者提供一个如此戏剧性，又如此有趣味的作品。出身于当时的权贵家庭，在罗马接受教育，成就斐然，后来被流放，作为一位被罗马帝国信任的大臣，也是一位被任性的罗马帝王毁掉的牺牲者，塞涅卡与他所处的时代密不可分。当我们阅读他的作品时，就是在阅读那真正代表古罗马时期的最震撼人心的作品。

塞涅卡出生于约公元前 4 年的科尔多瓦（Córdoba），如今的西班牙境内，他的父亲是才华横溢的雄辩家阿奈乌斯·塞涅卡（Annaeus Seneca）。据悉，塞涅卡一家在其年少时就搬到了罗马，也就是他接受教育的地方；并且，他很快就被当时的斯多葛主义哲学所吸引。斯多葛主义哲学被认为在公元 1 世纪时，抚育了很多古罗马帝国的英雄。他的哥哥加里奥（Gallio）（那个《新约》中的同名人物）成就卓越，由于在公共场合宣讲，塞涅卡自己差点被罗马皇帝卡利古拉（Caligula）处以死刑。尤其是他曾去埃及拜访过他的姑姑，后者是该地区的一名执政官员的妻子。从这些信息中可知，塞涅卡本身的社交圈也非比寻常。

他的繁荣生活一直持续到公元 41 年。他曾提到自己的孩子和自己的母亲，后者像歌德（Goethe）的母亲那样，似乎已经将理想主义和一定的神秘主义深深灌输进他的头脑中，他也提到了很多可贵的朋友。然而，也就在当年，由于在法庭上被陷害，其被

驱逐到科西嘉岛 （Corsica） 上。他被控与尤利亚·里维拉 （Iulia Livilla） 私通，尤利亚是皇帝卡利古拉的妹妹，也是卡利古拉妻子梅萨利纳 （Messalina） 的一位劲敌。而卡利古拉已经将这位公主从流放中召回。即使当时满口流言蜚语的苏埃托尼乌斯 （Suetonius） 也表示，"（对塞涅卡的）指控很不清晰，而且嫌疑人连自我辩护的机会都没有"。因此，我们可以在一定程度上忽视对塞涅卡的犯罪指控。

在被流放的 8 年时间里，塞涅卡非常有成效地撰写了很多文学作品。他对后世戏剧具有一定影响的那些悲剧作品，就是这个时期的成果。另外，他也写了一定数量的哲学随笔，和一封献媚的信给波利比乌斯 （Polybius），后者是克劳狄 （Claudius） 宫廷中一位富有的自由人。然而，在公元 49 年，命运——一个被像塞涅卡一样的斯多葛学者经常愚弄的东西，成功地解救了他。阿格里皮娜 （Agrippina） 将他从流放中召回，并且指定塞涅卡为她儿子的导师，而她的这个儿子就是后来成为罗马皇帝的尼禄 （Nero）。塞涅卡开始像往常一样在帝国任职，声望也不断增长；他与来自禁卫军的执政官搭档布鲁斯 （Burrus） 一起协助尼禄打理事务。布鲁斯于公元 62 年去世，在此之前，他们一起维持了皇室和元老们的权力平衡。而自那以后，这位缺少了军事力量支持的哲学家，已经无力应对皇位上那只"怪兽"的邪恶行径了。

在最后两年的岁月里，塞涅卡一直在意大利的南部游历，撰写自然历史方面的文章，同时与他的朋友鲁基里乌斯 （Lucilius） 通信交流，以便释放其被压抑的心灵。他可能参与了反对罗马皇帝的阴谋，被迫于公元 65 年自尽；他的英勇就义行为得到了其年轻妻子宝琳娜 （Paulina） 的大力支持。对于这段黑暗的日子，罗马历史学家塔西佗 （Tacitus） 给予了很好的记录。

　　这部作品中包含的信件，全都是塞涅卡写给鲁基里乌斯的。从信的内容我们得知，鲁基里乌斯来自坎帕尼亚（Campania），其故乡是庞贝（Pompeii）或那不勒斯（Naples）。据塞涅卡所说，由于非常勤奋，鲁基里乌斯被封为罗马的一名骑士。鲁基里乌斯曾担任多个重要职位，在双方通信的岁月里，他是西西里（Sicily）地区的财政官员。像其他很多来自这个地方的人一样，他似乎具有享乐主义（Epicurean）的倾向。塞涅卡与他争论，试图以最温和的方式说服其接受斯多葛主义（Stoicism）。鲁基里乌斯本人写过一些书，并对哲学与地理感兴趣，他与很多高官显贵都有很好的交往，也被一些人认为是诗歌《埃特纳》（Aetna）的作者。

　　目前还不清楚鲁基里乌斯和塞涅卡的友谊是从何时开始建立的。《自然的问题》（Naturales Quaestiones）和这些信件都是塞涅卡临终前的著作，它们都是写给鲁基里乌斯的。随笔《有关天意》（De Providentia）同样也是写给他的，然而，具体书写时间还存在一些争议，可能始于他被放逐科西嘉岛时，在与鲁基里乌斯通信期间完成的。

　　即使还有很多没有解决的问题，但可以肯定的是，这些写给鲁基里乌斯的信件完成于公元 63 年至 65 年。我们找到了公元 63 年坎帕尼亚发生地震的暗示，发生与公元 64 年或 65 年的里昂（Lyons）大火也被提及，且多种线索都显示出这位哲学家为了忘掉政治而在意大利旅行的经历。

　　这种形式的作品，如培根（Bacon）所说，更像是随笔集而不是信件。收信者的名字经常被提及，但他的身份却不是信件的主要目的。例如，在第七十五封信件开始部分的文字，可能让人觉得他们的信是在匆忙中连续撰写的："你抱怨我的信件写得不够细心"。但是，精致的词语并列，风格与想法的平衡，以及观点的有力阐释，都表明了是指责性的言语造成了信件的非正式性。

每封信的结构都很有意思。一段事实陈述，例如提到疾病、海上或陆地的旅程、在那不勒斯隧道发生的意外、野餐聚会，或者为讨论柏拉图（Plato）、亚里士多德（Aristotle）或伊壁鸠鲁（Epicurus）所提出的问题而举行的朋友间集会——这些元素都是在为后面紧跟的反思部分提供证据资料。在介绍完这些之后，作者开始撰写信件的主题。他处理的大多是一些抽象的题目，例如：对死亡的蔑视，对高尚或者至善的坚定信念。我们不应该只在脚注中提及这些主题的来源，应尽量去解释这些不清晰的定义，或者不寻常的含义。柏拉图的思想理论，亚里士多德的分类，泰奥弗拉斯托斯（Theophrastus）论友谊，伊壁鸠鲁论享乐，以及所有在斯多葛先辈中找到的那些数不清的学说的异同，都至少应描绘出大致的轮廓。

我们必须把所有的荣誉都给予这位哲学家的独创思想。在这些信件中，某些僵化和西塞罗式（Ciceronian）的观念，转换成了有吸引力和存在争议的思想——公平而言，与现代观念无异，这种进步是不可忽视的。这些信件的风格和想法是大胆且前卫的。

考虑到如此多的主题，这些信件构成了一本硕果累累且有益的手册，涉及面广且充满趣味。作者经常和鲁基里乌斯谈论有关阅读和促进文化之研究的价值，特别在第八十八封信中。塞涅卡同意高等教育的定义是，"那些不仅仅具有应用价值的学习"。演说者的职业（第四十封和第一百一十四封）也受到了一个白手起家的年轻商人的关注，后者倾向于将其视为一种展示的平台。当作者抗议奴隶制或角斗的卑劣和可耻（第四十七封和第七十封）；抵制喝醉后的堕落（第八十三封）；赞美平淡的魅力和对自然的热爱（五十七封，六十七封，七十九封，八十六封，八十七封，九十封，九十四封）；建议退休（十九封，五十一封，五十六封，八十封，一百二十二封）；或者描述一个培根式的科学方面的发明（第五十七封，第七十九封）时，就会让人突然想到现代观念。其中更引人注目（第九十四封）的是对性别平等，以及丈夫在婚姻中保持忠诚的呼吁，他对丈夫和妻子都有着同样的近于尊荣的严格要求。信中也同样分析和谴责了对竞技运动的狂热（第十五封）。

当然，这些信件都包含了古罗马时代书信家们经常采用的文学类型和主题。例如：安慰（consolatio）；友情的主题；以及前面提到的，从柏拉图、亚里士多德和泰奥弗拉斯托斯哲学讲座中提取的经过加工的资料；一些关于特定老年人（包括作者自己）的罗马颂歌，这些老年人都与虚弱的身体进行抗争。但是，从罗马人的观点来看，相比其他拉丁文作者，没有谁比塞涅卡对斯多葛教义的解释做得更好。塞涅卡一生的经历证实了其表达的诚挚，缓和了很多类似戴奥·卡西乌斯（Dio Cassius）【注：古罗马历史学家、政治家】式的抨击，例如：有关其用于放贷的巨额钱款，及其斥巨资为一位百万富翁的宫殿购买桌子的事情。

最后，也许除了维吉尔，没有哪个异教作家能从罗马人的立场如此真诚地展现神圣之美（第四十一封）。虽然塞涅卡和早期教会的关联已经被否认了，但他展示了现代基督教的灵魂。前面已经提及的三个观点，对竞技场格斗的憎恨，对奴隶给予人道待遇，以及婚姻的纯洁，都可以令我们将塞涅卡视为像是杰里米·泰勒（Jeremy Taylor）【注：英国 17 世纪著名传教士、作家】那样的老师。

原始的拉丁文本都很真实；英译者翻译时采纳了语言学者亨瑟（O. Hense）的第二版，差异很小。他发现这个版本非常好，他也获得了来自萨姆斯（W. C. Summers）书信选集（*Selected Letters*）注释的帮助。

理查德·格默里（Richard M. Gummere）

哈弗福德学院（Haverford College），1916 年 5 月

目 录

一

论节约时间

塞涅卡（Seneca）向他的朋友鲁基里乌斯（Lucilius）问好。

（1）继续这样做吧！亲爱的鲁基里乌斯，为了自己去争取自由；争取并节约你的时间，因为时间稍后就会强行抛弃你，或被偷窃，或从你手中滑落。你要相信我的话，时间正在抛弃你我而去，某些可能是不轻易间就被丢弃了，而另外一些可能在我们还没意识到的时候，就消逝了。然而，浪费时间最可耻的一种方式，就是漠不关心。此外，如果细心留意这个问题的话，你就会发现，我们生命中最大的一部分时间在错误中被耽搁了，有相当可观的一部分时间在无所事事中荒废了。总体来说，我们正在做的事情，有时并不是我们所应真正追求的。（2）你认识这种人吗？那些把时间认为是最有价值的人，那些认识到每一天价值的人，那些懂得其每天都处于死亡过程中的人？我们在估算死亡时犯了错误，绝大多数的死亡其实已经过去了。我们过去的岁月已被掌握在死亡手中。

因此，鲁基里乌斯，像你写给我的那样去做吧。将每小时都把握在自己手中。处理好今天的任务，这样你就不需要太多地依靠明天来做。在我们不断拖延时间的过程中，生命正在飞速消逝。（3）鲁基里乌斯，除去时间，任何东西都不是属于我们的。大自然仅仅给了我们时间这一项事物的所有权，而它又是如此的不稳定且稍纵即逝，任何人都可以轻易地将时间从我们身边剥夺。这样的凡人是多么愚蠢啊！他们把那些所获得的最便宜的、最没有价值的、很容易就会被取代的事物，都划入收益的账本，而他们从不把被给予的最宝贵的时间，认作是一项需要偿还的债务。然而，时间是一笔即使懂得感恩的受众，都无法偿还的宝贵财富。

（4）你可能想知道我是如何练习的，才能如此自如地向你布道。我坦率地讲：像每一个自由和谨慎的人一样，我的收支是平衡的。我不会吹嘘我什么都没有浪费，但我可以告诉你我把时间浪费在什么东西上，以及浪费的原因和方式。我可以告诉你为什么我是一个穷人。然而，我的情况和很多处境尴尬的人一样，不是由于自我的过错而导致的：每个人都可以原谅他们，但没有一个会来施救。

（5）那又该如何呢？是这样：我不认为那些拥有很少，却感到满足的人是穷人。我建议你去珍惜那些真正属于你的，越早越好。就像前人所说的那样，当你触到酒桶的残渣时，为时已晚[1]。底部的剩余已不多，且质量也是粗糙的。再见。

---

[1]　出自古希腊诗人赫西俄德（Heroid）的作品《工作与时日》（*Works and Days*）。
　　——英译者注

二

论离题的阅读

（1）从你写给我的信件和我所听说的来看，我对你的未来充满了美好的希望。你没有四处奔波，因为改变居所会分散你的注意力。类似的这种不安定因素，是精神紊乱的标志。从我的观点来看，一个人可以住在同一个地方，及与自我为伴，代表他拥有清晰有序的思维能力。（2）不过，你需要注意的是，阅读很多不同作者和不同领域的书籍，可能会使你偏离主题且变得不专注。你需要阅读的是有限数量的大师级思想家的作品，且消化它们。如果你能从中获取灵感的话，那么，应牢牢地将其刻在你的脑海中。每一个地方都去，相当于任何地方也没有去。当一个人花费全部时间在外旅行时，他可能有很多熟悉的人，但没有深交的朋友。同样地，就像一个人想要加深对多位作者的了解，却仅仅仓促地拜访他们一样。（3）如果吃完的食物马上就从胃中消失的话，其对身体不会有太多的好处。如果经常更换药物的话，会严重阻碍疾病的治疗。当频繁更换药膏时，伤口很难会愈合。经常移植的植物很难茁壮生长。在不断变换的过程中，没有什么会有效地帮助我们。就像同时阅读很多书籍，会使人的注意力分散一样。

因此，既然你不能阅读完所有你所拥有的书籍，拥有那些你可以读完的书就足够了。（4）你回复称，"但是，我想先仔细读一本书，然后再读另一本"。我告诉你，那是想一口气吃完很多菜肴，食欲过度的表现。当食物种类过多并混在一起时，它们会塞满肚子且很难消化。所以，你应该去阅读那些真正作家的作品。当你想换换阅读口味时，那么，就去读那些你曾经读过的作家吧。每天都去获取一些知识吧。如那些可以帮你抵御贫穷、抵抗死亡和任何其他不幸东西的知识。当你在某一天经历了很多想法后，选择其中的一个想法进行彻底地巩固消化。（5）我的习惯是这样的，对于那些我所读过的作品，我会把其中的一部分融入我自己的思想中。

今天让我受益的思想来自伊壁鸠鲁（Epicurus）①，我会作为一名侦察兵——而永远不会是一名投降者，跨进敌人的阵营。（6）他说："知足的贫穷是一份尊荣的资产。"确实，如果一个人是知足的，那么，就无所谓贫穷与否了。贫穷，不是指一个人拥有太少，而是他渴望太多。如果一个人垂涎邻居的资产，而不是他自己的所得，且总是想要获取更多的话，无论他在保险柜或仓库里积累了多少东西，他的羊群有多庞大，他的股息红利有多高，对他来说，这些难道重要吗？你问富有的定义应该是什么？首先，拥有那些必需品；其次，懂得什么是满足。再见。

---

①　伊壁鸠鲁（Epicurus）：古希腊哲学家，伊壁鸠鲁学派创始人。——中译者注

三

论友谊的真与假

　　（1）你托你所谓的一位"朋友"送给我一封信。然后，你紧接着提示我不要与他讨论任何有关你的事宜，因为你自己都不习惯这么做。换句话说，你同时承认又拒绝了他是你朋友的这种说法。（2）如今，你把我们斯多葛学派中有着特殊意义的"朋友"这个词①，用作一般意义上的泛称。并且，如果就像我们会称所有选举中的候选人为"尊敬的绅士"一样，也像我们同那些不常见的人打招呼时，若临时想不起他们的名字，会称之为"尊敬的先生"一样，也就罢了。然而，如果你不像信任自己那样信任另外一个人，而仍把他看作一个朋友的话，那么，你可能误解并没有充分明白真正的友谊意味着什么。的确，我希望你可以和你的朋友讨论一切事情，但你首先应讨论这个人本身。当双方的友谊确认后，你必须要给予信任；当友谊形成前，你必须要对这种友谊进行判断。而那些本末倒置且混淆了自己义务的人，已经违背了泰奥弗拉斯托斯（Theophrastus）②的原则——在判断这个人之后再做朋友而不是在把人视为朋友后再去判断这个人。在结交朋友前，你应深思熟虑，

---

　　① "朋友"这个词在斯多葛学派中有着特殊的意义。——英译者注
　　② 泰奥弗拉斯托斯（Theophrastus）：古希腊哲学家、自然科学家，继亚里士多德后，负责逍遥学派事宜。——中译者注

当确定结交后，应全心全意地接受他。就像对待自己一样，真诚地与他分享一切。（3）至于你自己，即使你应该信任你自己——就像在任何事情上都不能相信你的敌人那样，应一如既往地守口如瓶，但是，我们的忧虑和反思还是应该与朋友分享的。将朋友视为忠诚的，他便会对你忠诚。例如，害怕被欺骗会导致人们去欺骗其他人；人们的猜疑赋予了其朋友做错事的权利。为什么在朋友面前还要有所保留或隐瞒？为什么在朋友的陪伴下，还会认为自己是孤独的呢？

（4）有一类人会向其所遇到的所有人分享，即使其中的一些只适合与朋友分享，他们会把所有让他们烦恼的事情说给听众。另外一类人，他们害怕和亲密的人袒露心声；他们有时甚至连自己都不信任，把所有的秘密都深藏于心。如上两者，皆不可取。信任所有人和不信任任何人一样，都是错误的。然而，我认为前面那个错误是较为率直的，而后面的那个则较为保守。（5）你应采用相似的方式去指责如下两种人，一种总是忙忙碌碌的，另外一种总是闲散而无所事事。喜欢忙碌并不是勤劳，只是处于焦躁状态的一种不安。而真正的休息不是像谴责烦恼一样，去谴责所有的活动，这种休息通常是松弛和懒惰的表现。（6）因此，你应记下我从庞波尼乌斯（Pomponius）① 著作中读到的话："一些人将自己畏缩在黑暗的角落中，以至于在白天，他们看到的东西都是黑暗的。"不是这样的，人应该将这两种行为混在一起，那些经常无所事事的人应学会行动，而经常忙忙碌碌的人应学会休息。和大自然一起讨论这个问题吧。她会告诉你，她不仅创造了白天，也创造了黑夜。再见。

---

① 庞波尼乌斯（Pomponius）：可能是塞涅卡同时期作家。——英译者注

四

论对死亡的恐惧

（1）开始后就要坚持，并且尝试尽可能提高速度，这样你也许会更长久地去享受那改善后的，且可以与自己和平相处的心灵。毫无疑问，在你改善心灵并使它平静的过程中，你会体会到其中的乐趣。经过沉思拥有的快乐是很不同的，其可以清除掉每个污点，让思维更加清新。（2）当然，你一定还记得当初放下男孩时期所穿的衣服，换上男人所穿的托加袍，被护送到礼堂时的喜悦。然而，当你丢下男孩的思维，并拥有男人才有的智慧后，你应该会感到更大的喜悦。仍然陪伴我们的并不是年少，是比这还要糟糕的——幼稚。当我们拥有了年老的资质，却保留年少时的，甚至是幼儿般的愚昧时，情况会变得更加糟糕。男孩们会害怕一些琐碎的事物，小孩子们会害怕影子，而我们两者都怕。

（3）你仅仅需要做的就是进步。你会懂得有些事情并不那么令人畏惧，确切地说，是因为它们会用巨大的恐惧来激励我们。没有什么邪恶是巨大的，一切邪恶都仅此而已。当死亡来临，若其可以长期与你相伴，那将会成为一件令人惧怕的事情。但事实上，死亡要么不会到来，要么到来后马上就会逝去。

（4）你提到，"然而，把心灵置于一个可以去蔑视生命的境地是困难的"。但是，你有没有看到，是什么样琐碎的原因，引诱人们去蔑视生命的？有人在情妇门前上吊了；另一个由于忍受不了脾气暴躁的主人，跳楼了；有个人在逃跑后被逮捕，用剑自我了断了。你难道不认为，美德可以像过度的恐惧一样有效吗？没有任何人能拥有一个平静的生活，如果他们总想着如何延寿，或者认为占据过多个高官的职位就是一种巨大福分的话。（5）每天都思考一下这个观念吧。这样你便可以安心地离世。很多人都紧紧地抓住生命，就像他们被冲下河流时，不得不去紧紧地抓住荆棘和尖锐的石块那样。

绝大多数人都会陷入，在死亡的恐惧与生命的苦难之间的困境。他们不想继续生活，但不知道如何接受死亡。（6）正因如此，忘掉所有关于生命烦恼的话，你便可以拥有一个与自己完全和谐相处的生命。除非一个人的心灵可以接受失去的可能，否则，没有任何一个美好的事物可以令其感到快乐。然而，当失去不可避免时，没有任何失去的事物是令人宽慰的。因此，去巩固和强化你的心灵，以对抗那些来自最悲惨的灾祸，或是不幸的折磨吧。（7）例如，庞培（Pompey）① 的命运是由一个男孩和一个太监决定的，就像克拉苏（M. Crassus）② 的命运是被一个残酷而无耻的帕提亚人（Parthian）裁决的那样。盖乌斯·恺撒（Gaius Caesar）③ 命令莱皮杜斯（Lepidus）④ 向公民使者德克斯特（Dexter）的斧头献上他的脖子；而他自己也向卡瑞亚（Chaerea）⑤ 献上了喉咙。到目前为止，还

---

① 庞培（Pompey）：古罗马著名将军、政治家。——中译者注
② 克拉苏（M. Crassus）：古罗马将军、政治家。——中译者注
③ 盖乌斯·恺撒（Gaius Caesar），即卡利古拉，第三任罗马皇帝，于公元 37 年至 41 年执政。——中译者注
④ 莱皮杜斯（Lepidus）：古罗马将军、政治家。——中译者注
⑤ 卡瑞亚（Chaerea）：盖乌斯·恺撒的一名军官，也是其刺杀者。

没有人受到命运的眷顾，命运会像纵容一个人那样，去威胁他。不要相信她表面的平静，就像海水时刻会在海底流动那样。如果哪一天有船只英勇地去搏击海浪，其即刻就会被吞没。（8）想象某一天，一个拦路强盗或者敌人可能会切断你的喉咙；当然，即使不是你的主人，但每个奴隶都拥有掌控你生存与死亡的能力。因此，我敢向你断言：一个可以蔑视自己生命的人，才是其生命的主宰。想想那些在自己家中被谋杀的人，无论是被公开杀戮还是被陷害。你就会懂得，那些被愤怒的奴隶杀害的人和那些被恼怒的国王迫害致死的人，数量是不相上下的。因此，重要的是，当每个人都拥有引起你恐惧的能力时，你恐惧的那个人到底有多强大？（9）你会说，"但是，如果你某天落入敌人手里，征服者将确定结束你的生命"。——是的，无论何时何地，人们其实都已经在走向死亡了。为什么你会欺骗自己，且现在才想知道自己是被怎样的命运掌控着？请相信我的话：自从你出生的那天起，你就正在走向死亡。如果我们希望在临终时可以拥有平静的话，我们必须认真思考这个观念，以及其他类似的观念，因为恐惧会令我们在所有时光里都感到不安。

（10）我必须要结束这封信了。让我和你分享一下今天那个让我感到欣喜的句子吧。这个句子也是我在另外一部著作①中读到的："符合自然法则的贫穷，是伟大的财富。"你知道自然法则给我们设定了哪些限制吗？仅仅是避免饥饿、口渴和寒冷。如果想要避免饥饿和口渴，我们不需要去奉承那些富家子弟，或者屈服于他人的脸色，也不需要出海航行，或去野外露营；自然的需求是非常容易被满足的，并且随时可得。（11）令人们去努力奋斗的，正是

---

① 注：《伊壁鸠鲁的花园》。——英译者注

那些浮华而多余的东西——它们会让我们的长袍变旧，会让人在逆境中老去，也会驱使我们出海远航。而足够的必需品，其实已经掌握在我们手里了。那些可以与贫穷和谐相处的人，才是富有的。再见。

五

论哲学家的生活方式

（1）我对你一直坚持学习的行为感到庆幸与喜悦，你已把所有其他的事情都置于一边，每一天都在竭力成为一个更好的人。我不会仅仅忠告你这样做，我还会恳求你继续这样做下去。然而，我提醒你，不要像那些仅仅为了与众不同的人一样，只是为了使其穿着或生活方式引起别人的注意，而不是为了真正的进步。（2）穿着令人反感的服装，留着蓬乱的头发、邋遢的胡须，公开蔑视银盘器具，直接躺在地上睡觉，以及一切其他反常的自我表现形式，都应该尽量避免。然而，单就哲学的名声来说，无论研习它的人多么不事声张，也足以令人不齿。如果我们把自己与其他人的习俗区别开，会发生什么呢？从内心来说，我们会在各个方面都有所不同；但从外表来看，我们符合社会的一般准则。（3）不要穿着过于精美的托加袍，当然也不要穿太破的。一个人不需要用黄金镶嵌的银盘，但是我们也不要相信，没有金银就可以证明生活方式是朴素的。让我们试着去维持一种比大众更高的生活标准，而不是一种与之相反的。否则，我们会把那些我们正尝试改善的人都吓跑。我们还认为他们不愿在任何事情上模仿我们，因为他们会害怕在所有事情上都被迫模仿。

（4）哲学的第一个承诺就是，使人们之间相互理解，换句话说，就是同情心和社交力。如果我们离开了其他人的陪伴，你我就会失去所承诺的东西。我们必须看到，我们希望用于获取赞美和钦佩的方式，不是荒谬或令人厌恶的。如你所知，我们斯多葛学派的格言是，"顺应自然地去生活"。但是，如果我们去折磨身体，憎恶没有品位的优雅，故意表现得肮脏，吃那些不仅是朴素，甚至是令人恶心的食物，那将会与自然背道而驰。（5）刻意地去追求美味，是奢侈的一项标志；而特意回避家常便饭，是一件愚蠢的行为。哲学提倡朴素的生活，而不是去苦修。并且，我们可以在保持朴素的同时，也保持整洁。这就是我认可的方式，我们的生活应该处于一个圣人与大众的中间位置。所有人都不仅应该钦佩，也应该理解这种方式。

（6）"那么，我是否应该像其他人一样去做呢？对于我们自己和外在世界，真的不需要去区别吗？"是要有很大区别的。若人们仔细观察，他们会发现我们不像一般大众那样。如果他们来拜访我们，他们应该钦佩的不是我们家具的陈设，而是我们自身。一个使用平常的盘子，就像是在使用昂贵的银盘一样的人，是了不起的；同样，使用银盘子，就像使用平常盘子的人，也一样是了不起的。禁不住富贵的引诱，是不够成熟稳定的一种表现。

（7）我也希望和你分享一下我今天的收获。我发现赫卡图（Hecato）①的作品提到对欲望的限制方式，也可以帮助我们治愈恐惧：他说，"停止希望，你便会停止恐惧"。你可能会问，"如此不同的事物之间，为何能如此紧密关联呢？"我亲爱的鲁基里乌斯，你可以这样去理解，它们看起来确实有差异，但它们实际上是联系在一起的。就像是一根锁链，扣牢了犯人和关押他的守卫士

---

①　赫卡图（Hecato）：古希腊斯多葛主义哲学家。

兵。所以，希望和恐惧虽然是不同的，但它们会共同进退，恐惧会紧随着希望。（8）我对它们这样共进退一点也不感到惊讶。当思维悬而未决时，充满了希望和恐惧；当思维对未来感到焦虑时，也同样充满了希望和恐惧。但是，产生这两种病态的主要原因是，我们没有把自己置于当下，而是把我们的想法置于很遥远的未来。如此杞人忧天，即便人类最高贵的祝福，对我们也是无济于事的。（9）野兽会躲避它们看到的危险，且逃脱危险后它们就会放下顾虑。但是，人们却要用未来和过去的危险，一起来折磨自己。我们的很多福气都给我们带来了祸害，就像是我们用记忆去唤醒恐惧的折磨，用远见去盼望这些折磨。专注于当下，就没有人会是不幸的。再见。

六

论分享知识

（1）我亲爱的鲁基里乌斯，我感觉我不仅正在改进，而且在彻底转变着。然而，我还不能向自己保证，或奢望我已没有任何必须要改正的了。当然，有很多东西可以做得更加简洁，更加纤细，或者更加突出。但事实证明，我的精神已经有所提高，以至于可以看到之前忽视的错误。在某些情况下，有病的人会被恭喜，因为他们已经意识到自己的病情了。

（2）因此，我希望将我这项突然的变化透露给你。我应把我们的友谊放在一个更加值得信任的位置上，那是希望、恐惧和自私都无法割裂的一种真正的、至死不渝的友谊。（3）我可以列举给你看，有很多缺少友谊，而不缺少朋友的人。然而，如果灵魂没有共同被彼此高尚的心愿聚拢在一起的话，友谊是不可能形成的。为什么？因为在这些情况下，他们会共同承担一切，特别是那些麻烦之事。

你可能无法想象，每一天会给我带来什么样的特别经历。（4）当你对我说："将那些你觉得非常有帮助的思想，分享给我吧"，我会说，我迫不及待地想把我的这些专属知识，一下子都传授给你；并且，为了可以去教导人，我会更乐于去学习。假如我只能将获取的知识留给自己的话，那么，不管那是多么卓越和有益的东西，都不会令我开心。如果智慧的获取条件是隐秘的，且不能向人表达出来，那么，我会拒绝接受智慧。如果不能与朋友分享，任何美好的事物都不能令人愉快。

（5）因此，我会把那些实体书寄给你。这样你就不会在翻找那些有意思的句子时，浪费时间了。我把相关的段落也划出来，这样你就会立刻知晓，我所认可和欣赏的那些内容了。然而，真实的活生生的语言，和生活上亲密的相伴，要比书本中的文字更能帮助你。首先，你必须去实际经历，因为比起耳朵，人们更相信他们的眼睛；其次，如果一个人按照言教训诫去做的话，他要跋涉的路程会是很遥远的，而如果有例可循，路程会相对短且有益。（6）克里安西斯（Cleanthes）① 如果只听芝诺（Zeno）② 讲座的话，他将无法如此形象地展现芝诺的形象；而他分享了芝诺的生活，见证了其深藏的目的，并且注视着其是否按照自我的规则去生活。柏拉图（Plato）③、亚里士多德（Aristotle）④ 和其他众多圣贤，都注定用他们各自的方式走着不同的道路，因为他们从苏格拉底（Socrates）⑤ 的性格中获得的收益，要比从其言语中获得的多很多。与伊壁鸠鲁在同一个屋檐下生活，而不仅仅是听伊壁鸠鲁的讲课，成就了梅特罗多勒斯（Metrodorus）⑥、赫马库斯（Hermarchus）⑦ 和波吕亚努斯

---

① 克里安西斯（Cleanthes）：古希腊斯多葛学派继创办人芝诺之后的第二位领袖，斯多葛哲学家。——中译者注
② 芝诺（Zeno）：古希腊哲学家，斯多葛哲学学院的创始人。——中译者注
③ 柏拉图（Plato）：古希腊著名哲学家。——中译者注
④ 亚里士多德（Aristotle）：古希腊著名哲学家。——中译者注
⑤ 苏格拉底（Socrates）：古希腊著名哲学家。——中译者注
⑥ 梅特罗多勒斯（Metrodorus）：古希腊伊壁鸠鲁学派哲学家。——中译者注
⑦ 赫马库斯（Hermarchus）：古希腊伊壁鸠鲁学派哲学家，伊壁鸠鲁之后，成为其学院的领袖。

（Polyaenus） 的伟大。因此，我建议你不要仅仅去获得好处，而要给予好处，这样我们就可以更好地彼此相互促进了。

（7）我还没和你分享我今天的收获，你应该知道，最近在读赫卡图的作品时，是什么让我感到如此喜悦，那就是这句话："你问我取得了什么样的进展，我已经开始成为自己的朋友了。"这绝对是一个巨大的收益。以己为友的人永远不会孤单。你可以确信的是，这样的人也必将会是全人类的朋友。再见。

---

① 波吕亚努斯（Polyaenus）：古希腊作家。

七

论大众

（1）你问我需要特别避免什么东西，我会说，大众。因为你不能放心地让自己相信他们。我需要承认自己的弱点。例如，我在外面的状态与在家永远不同。我的内心被扰乱了，我不得不强行使自己安静下来；我曾避免过的一些过失，又重新出现了。正如长期处于虚弱状态的病人一样，他每次被带出住所后，都将遭受疾病复发的折磨。所以，当我们的灵魂从纠缠不清的疾病中康复时，我们自身也将受到影响。（2）与大众为伴是有害的。因为他们会用恶习引诱我们，或将恶习传染给我们，或在不知不觉中腐蚀我们。可以确定的是，我们身边这种人越多，风险也越大。

没有什么比沉溺于玩乐的习惯更能破坏我们良好的品行了。因为那时，恶习会以一种享乐的方式，悄无声息地令人迷失。（3）你明白我说的是什么意思吗？我的意思是，当我从外面回来后，我变得更加贪婪，更富有野心，更加骄奢淫逸，更加残忍和不人道，这是因为我在和大众打交道的缘故。偶然的一次机会，我观看了一场中午的竞技赛，期望能够得到些趣味、机智与放松——一个人的双眼可以从仇恨肆虐里得到一次喘息的机会。但情况恰恰相反！以前的格斗还是有些同情因素在的，但现在无关紧要的全部靠边站，变成了赤裸裸的杀戮①。没有防御盔甲的参赛者，被置于全方位的攻击下，且每次进攻都势在必得。（4）比起常见的配对与回合制，很多人偏爱这种类型的赛事。他们当然喜爱这种赛事，因为参赛者没有头盔或盾牌来防御武器的进攻。防御盔甲或防御技巧的作用是什么？所有这些都是为了延迟死亡。早晨的时候，他们把人推向了狮子和熊。到了中午，他们把参赛者推向观众。观众要求杀戮者要面对其所杀害的那个人，且他们总是为了另外一次残杀，而保留最后的那个胜利者。每场比赛的结果都是死亡，不是死于烈火中就是刀剑下。诸如此类的事情将会一直上演下去，直到竞技场空无一人为止。（5）你可能会反驳道："但是，那个竞技者是一名强盗啊。他曾杀过人！"那又如何呢？即使是那样，作为一个杀人犯，他罪有应得。但那些可怜的观众，曾犯过什么罪责呢？却坐在那里，观看如此残忍的演出。早上的时候，他们大喊"杀死他！鞭打他！烧他！为什么他竟然会如此懦弱地挥剑？为什么他的攻击如此无力？为什么他没有英勇地死去？鞭打他的伤口！让他们祖胸并相互撕打吧！"当游戏进行到中场休息时，他们喊道："来点割喉什么的展示吧。至少弄些什么给大家看！"

难道那些观众现在还不明白这是一种非常糟糕的事情吗？永恒的神灵啊，你正在向那不知道什么是残酷的人，传授着残酷。（6）必须要把那些还不能坚信正义的年轻人，从这些恶徒中解救出来。因为他们很容易就会倒向大多数一边。即使是苏格拉底、老加图②和

---

① 在午餐休息时，被定罪的犯人常常会被迫进入竞技场进行格斗，以娱乐观众。——英译者注

② 老加图（Cato the elder）：罗马共和时期政治家、演说家，前195年任执政官。——中译者注

拉埃柳斯（Laelius）① 这样的道德砥柱，都有可能被一群与他们不同的大众所动摇。确实是这样的，无论一个人如何培养他的能力，都不能承受来自大众观念上如此程度的冲击。也许我们中的任何一个都不能。（7）很多危害都是由放纵或贪婪引起的。如果亲近的朋友是奢侈的，会不知不觉使我们变得软弱；如果邻居是富有的，会激发我们的贪婪；如果同伴是恶毒的，即使我们虔诚且一尘不染，也会在不断的接触过程中被腐蚀。当整个世界的大部分东西都在攻击你的品德时，你认为，这将对你造成怎样的影响呢？你要么会模仿，要么会厌恶这样的世界。

（8）但是，两者都是可以避免的。你不应该像那些坏的榜样学习，仅仅因为他们人数很多；同样，也不应憎恨那些大多数，因为他们只是与你不同。尽可能地退守去依靠自我吧。去和那些会使你进步的人结交。去欢迎那些你自己可以教导的人。这个过程是相互的，教导的过程也是学习的过程。（9）没有理由让自我炫耀的欲望，引诱你去广泛地宣传，导致你去公众面前讲座或高谈阔论。当然，如果你的特质适于在大众前这么做的话，我愿意你去这样做。但你要明白，事实上他们中没有任何人可能真正了解你。你可能会遇到一两个试图了解你的人，但即使这样，他们必须经过你的训练和塑造才可能真正地懂得你。你可能会觉得："我为什么要学习全部这些东西呢？"你不需要为浪费你的努力而担心，因为学习这些都是为了你自己。

（10）然而，为了使今天的学习不仅仅是为了我自己，我该和你分享，引起我注意的三句非常棒的，且具有相似目的的表达。这

---

① 拉埃柳斯（Laelius）：古罗马将军和政治家，小西庇阿的朋友，曾陪伴其征战伊比利亚。

封信会把其中的一条格言作为一种给你的补偿；另外两条可以看作提前给你的奖赏。德谟克利特（Democritus）① 说，"对我而言，一个人可以代表一群人；同样，一群人对我而言，也可以仅仅代表一个人"。（11）以下的言语也非常有名，只是已经弄不清作者是谁了。有人问他，如果仅有很少的人可以通过学习得到一种艺术，那么，所有人努力学习的目的是什么呢？他回答道："我对少数人感到满意，对仅仅一个也感到满意，或者什么都没有也同样满意。"第三个来自伊壁鸠鲁，他写给同伴的名言，也是值得注意的。"我写这些不是为了芸芸众生，仅仅是为了你，有你我彼此做听众就足够了。"（12）鲁基里乌斯，把这些话都铭记于心吧。这样，你就可以蔑视那些大众的赞美所带来的享受了。很多人都称赞你，就像他们了解你一样，但是，你有任何理由感到欣慰吗？美好的品质，应该是面向一个人内心的。再见。

---

① 德谟克利特（Democritus）：古希腊哲学家。——中译者注

八

论哲学家的隐居

（1）你说，"你曾叮嘱过我，避开蜂拥的人群并从大众之中退隐，是要满足于自我的良知吗？但你们斯多葛学院的那些要求人们在繁华世事中鞠躬尽瘁的劝告，都哪去了？"对于那种我不时敦促你采用的方式，目的是让自身能闭关修行，且闭门不出的目的是能够帮助到更多的人。我从来没有整天无所事事，甚至，我会占用晚上的一部分时间来学习。除非不得已，我不会花时间睡觉，除非我的眼睛已疲惫不堪睁不开，否则我会一直专注于手头的任务。（2）我不仅从人群中退隐了，而且退出了其他事务，特别是那些关于我自己的。我正在为下一代人而工作，记下那些可能会有益于他们的想法。一些有益健康的忠告的作用，甚至可以与处方药相媲美，我已经把它们记录下来了。因为我发现这些忠告可以帮助我缓解疼痛，即使没有完全治愈，但至少一定程度上阻止了疾病的蔓延。

（3）我正在给其他人指出正确的道路，这是我晚年在疲惫思考中发现的。我对他们大声疾呼："不要去取悦大众，不要投机取巧！在机会来到面前时，要学会谨慎并敬畏它。"只有愚蠢的动物和鱼类，才会被诱惑的希望所欺骗。你会把这些东西认为是命运的"礼物"吗？它们是陷阱啊。任何你周围那些希望过上平稳生活的人，都要全力去避免。这些是命运最喜爱的圈套，我们凡人，即使是最卑鄙的人都会被其所骗。我们会认为自己已经真正掌握了命运，其实，我们已经被命运所掌握了。（4）这样的境地把我们带入了险峻的路途，生命往往在此高度就会走下坡路。此外，当命运开始引领我们一帆风顺时，我们甚至都无法抵挡成功的到来。同样地，我们也无法逃离，因为"我们的船一直在她的路线中"。命运不会倾覆我们，她会猛然使船头向下扎，令我们撞向岩石。

（5）"牢记这条健全的生命规则：你只需在健康需要的情况下，再去纵容身体。"身体应该被严格地对待，以至于其不能违背人的意志。吃饭仅仅用于缓解饥饿，喝水仅仅用于抑制口渴，穿衣仅仅是为了保暖，居住仅仅是保护自己免受风雨。居所是由草皮构建的，还是由各种各样名贵进口的彩色大理石建造的，都无关紧要。你要懂得，"一个男人居住在茅草房中，还是黄金屋里，都是一样的。去鄙视那些由无用的辛劳创造出来的，用于装饰和作为漂亮饰品的一切吧。同时，反思一下，除去灵魂值得关心外，其他一切都是不值一提的。对于灵魂来说，如果其是伟大的，即使一无所有，也会令人伟大"。

（6）相比出庭做顾问，或者给遗嘱盖上我的印章，或者用行动和言语协助元老院候选人时，当我用类似的观念与自己和与后代交流时，你难道不认为我做出了更多更好的贡献吗？相信我，那些看似无所事事的人，可能正在忙碌于更宏大的任务。他们可能同时正在处理着现世的事务和永恒的事务。

（7）我必须停止写下去了，为了平衡这封信，有必要像通常一样做些贡献了。这次的格言同样不是我贡献的，因为我最近仍然在读伊壁鸠鲁的著作。今天，我在他的著作中读到了下面这句话："如果你享有真正的自由，你必然是哲学的奴隶。"所有服从和听从于哲学的人，不是在等待自由，而是已经被解放了。因为哲学所能提供的服务就是自由。

（8）你可能会问我，为什么我引用了如此多伊壁鸠鲁的名言，而不是我们斯多葛学派的名言。是什么原因会让你认为，那些言语是伊壁鸠鲁的，而不是人类共同的财产呢？有多少诗人想表达的想法，已经被哲学家们表达过了，或者可能表达过了！更不要提那些悲剧家或者传统戏剧作家的作品，以及那些颇为严肃，且处于喜剧和悲剧之间的作品了。有多少睿智诗句，都被埋葬于哑剧中啊！有多少普布利柳斯（Publilius）① 的台词值得同时被那些盛装的戏剧演员，或穿拖鞋的演员②诵读啊！（9）我该引用他的一节有关哲学的诗，特别是那段我们之前刚刚讨论过的，他说机遇不应该被视为我们的所有物：

通过垂涎而得到的一切，终究是不属于你的。

（10）我记得，你曾用一种更欢乐和简约的方式表达过这个想法：

时机所成就于你的，并不是你真正所有的。

你说的另外一句也很适合，不应被忽视：

那些被给予的一切，同样也可以被剥夺。

我不应因为这些言语向你收取任何费用，因为我只是将从你那获得的，又归还给了你。再见。

---

① 普布利柳斯（Publilius）：古罗马作家。——中译者注
② 例如：喜剧演员或哑剧演员。——英译者注

九

论哲学和友谊

（1）当伊壁鸠鲁在一封信中指责某些认为智者是自给自足的，因此不需要友谊的观点时，你想知道他是不是对的。这是因为伊壁鸠鲁反对斯迪伯（Stilbo）[①] 和其他人[②] 所提出的观点，这些人认为，至善是一个人的灵魂已摆脱了来自感觉层面上的操控。

（2）如果我们尝试用一个拉丁词 "*impatientia*"（没有耐心的，急躁的）表达希腊语中 "缺乏感觉的" 的概念，我们会遇到双重语义的问题。若用与我们所期望的相反的意思去解释，就很容易理解了。我们所想表达的是，一个可以超越所有邪恶感的灵魂。然而，有些人会将其解释为，一个无法容忍任何邪恶的灵魂。因此，想象一下，如果说 "一个无法受伤的灵魂" 或 "一个完全超脱困境的灵魂" 是否会更合适？（3）这就是我们斯多葛学派和其他学派[③] 的区别：我们认为理想的智者应该可以感受到麻烦，但能够去克服它们；而他们所认为的智者，甚至感觉不到这些麻烦的存在。但是，我们与他们的共同点是，都认为智者是自给自足的。然而，不管如何自足，智者都需要朋友、邻居和同僚。（4）为了表明其

---

① 斯迪伯（Stilbo）：古希腊哲学家。——中译者注
② 指犬儒主义者。——英译者注
③ 指犬儒主义学派。——英译者注

是何等自给自足，有时甚至身处残缺中，智者也会感到满足。如果他因为疾病，或在战争中损失了一只手，或者因为意外失去了一只或一双眼睛的话，他将满足于剩余的部分，且他会像健全人一样，用残损或残废的身体，去享受尽可能多的快乐。尽管智者不会由于身体上的残缺而感到痛苦，但是，他们宁愿不要失去。（5）就这个意义而言，智者是自给自足的，他可以没有朋友，但他并不会渴望没有朋友。我所说"可以"的意思是：当失去一个朋友时，他可以泰然自若地去面对。

但是，智者永远不缺少朋友；且何时可以重新结交朋友，都是在他掌控中的。就像菲狄亚斯（Phidias）① 那样，如果他丢了一座雕像，他可以立即雕刻另外一座。正如我们善于交朋友的大师们，可以很快填补其所失去朋友的位置一样。（6）如果你问，如何才能更快地结交一位朋友，我会告诉你，就这封信而言，假如你同意把我欠你的债② 一笔勾销的话。赫卡图说："我可以给你一份秘方，没有和其他药品或香料混合过，也不含任何巫师的咒语：'如果被人爱的话，就用爱去回报吧。'"。不光维持已建立的旧的友谊，开启并获取新的友谊，也是非常令人愉快的。（7）就像播种和丰收之间的区别，开始结交的新朋友和已经结交的朋友也是有区别的。哲学家阿塔罗斯（Attalus）③ 曾说过："结交新朋友比维持一个朋友更令人愉快，就像艺术家绘画期间得到的快乐，要比完成绘画后的快乐更大一样。"当一个人忙碌并全神贯注于一幅作品时，这种全身心的投入可以带来巨大的快乐。但是，当他从完成的作品上收

---

① 菲狄亚斯（Phidias）：古希腊著名雕刻家、画家、建筑家。——中译者注

② 指双方通信中的名言分享。——英译者注

③ 阿塔罗斯（Attalus）：古罗马斯多葛学派哲学家，作者塞涅卡的斯多葛主义老师。——中译者注

手后，那种快乐就不会像之前一样强烈了。自创作完成后，他享受的是艺术的成果，而当他创作时，所享受的是艺术本身。如果以我们的孩子为例，他们年轻的时光会产出更多丰盛的成果，但他们的幼年却是更加甜蜜和温馨的。

（8）让我们回到之前的那个问题。我说，即使智者已是自给自足的了，也会希望结交朋友，为的是践行友谊，也为了使其高尚的品质不至于被荒废。然而，并不是伊壁鸠鲁在如上他的信中所表达的那样："当其生病时，可以有朋友坐着陪伴他，或者当他坐牢或被通缉时，可以有人协助他。"但他可能需要先坐在别人的病床边陪伴，或是，他自己能够解救在押的囚犯。那个只顾自我，以及为了上述原因而建立友谊的人，是错误的。这样的结局就像开始一样：他为了与可能帮他摆脱束缚的人结交朋友，但一遇到变故，这样的朋友就可能会抛弃他。（9）这种就是所谓的"只可共安乐，不可共患难"的友谊。一个人只是由于有利用价值而被人结为朋友，也只有在他有利用价值时才有人来结交。因此，繁华富贵中的人会朋友如云；但那些失败的人，朋友会极少，而那些令朋友远离他们的危机，正测试了这些人的价值。因此，我们也可以从恐惧、抛弃或背叛中，观察到那些可耻的人。开始和结束总是相互呼应的。为了得到好处而开始成为你朋友的人，也会由于好处失去而终止友谊。如果一个人被友谊中的好处所吸引，而不是友谊本身所吸引的话，那么，他同样会被放弃友谊所能换来的奖励所吸引。

（10）那么，我为了什么目的才会和一个人结为朋友呢？为了他，我可以赴死；为了他，我宁愿被流放；为了他，我可以冒着生命危险，去履行誓言。而你所描绘的是一场交易，并不是友谊。因为你仅仅将友谊，及其所带来的利益和结果关联起来。（11）毫无疑问，情人间的感觉类似友情一样。有人可能认为这很疯狂。然而，那就是事实。有人会因为获取、晋升，或者名誉而爱吗？纯真的爱，是不顾一切的，它会用对美好的渴望点燃灵魂，并不会期盼任何感情的回馈。那又如何？难道一个尊荣的目的，可以引发低劣的激情吗？（12）你可能会反驳："我们现在并不是在讨论，友谊是否应该因其本身而被培养的问题。"恰恰相反，没有什么比这更加紧迫地需要去验证了。如果友谊是由于其本身而被关注的话，那么，寻求友谊的人可能已经是自给自足的了。你问道："那么，他为什么还要去追求友谊呢？"就像是去寻求一件非常美丽的事物一样，他不是因为获取的欲望而被吸引，也不是由于命运的多变而害怕。那些为了时运和利益结交朋友的人，丢弃了友谊所具有的崇高品质。

（13）亲爱的鲁基里乌斯，"智者是自给自足的"。这句话被很多人解释错了。他们把智者从世界中剥离出来，并强迫其独立于世。但是，我们必须谨慎地理解这句话的意思，并弄清其意味着什么。为了幸福快乐的存在，智者是自给自足的；但仅仅为了生活的话，他并不是自给自足的。为了生活，他需要很多东西的帮助；但为了幸福快乐的存在，他仅需要一个健全的、正直的、可以鄙视命运的灵魂就可以了。

（14）我应该向你介绍克吕西普（Chrysippus）①的一个不同观点，他称智者虽然并不想要什么，但需要很多东西。他说，"从另一方面来讲，愚者不需要任何东西，因为他不懂得如何去应用它们；但他却想要一切。"智者需要有双手、眼睛，以及很多每天生活所必需的东西，但他什么也不想要。需要，意味着必须；而对智

---

① 克吕西普（Chrysippus）：古希腊斯多葛学派早期代表人物之一，克里安西斯的学生，在他的老师其去世后，成为雅典斯多葛学院的第三位院长。——中译者注

者来说，没有什么是必须的。（15）即使智者是自给自足的，他也有朋友的需求。他会渴望拥有更多的朋友，并不是为了可以快乐地生活。因为，即使在没有朋友的情况下，他们也可以快乐地生活。达到至善至美境界的人，不需要从外界得到任何援助，因为他所需要的一切可以完全靠自己去拥有。如果其中某些品质需要从外部获得的话，那么，他就会受到命运的玩弄。

（16）人们可能会说："如果在没有朋友的陪伴下，被关押在监狱中，或被困在海外的某个国度，或在遥远的航行中被耽搁，或被抛弃在空无一人的海边时，智者将会怎样生存下去呢？"他的生命将像宙斯神朱庇特（Jupiter）① 一样，当世界处于瓦解状态，众神聚在一起不知所措，大自然也停在一旁束手不管时，智者可以退世守己，并将自我放任于自己的思想之中。圣贤们也会以类似的方式行动，他们将会退隐于己，与自我相处。（17）只要智者可以通过他自己的判断去安排事情，他会自给自足地与妻子结婚；他将自给自足地把孩子养大；如果他不得不远离人类社会去生活的话，他也将自给自足地放弃生活。自然的规律，而不是他自私的需求，使他亲近友情。就像其他事物对我们有与生俱来的吸引力那样，友情也不例外。当我们痛恨孤独并渴望社会时，大自然会使人们相互吸引，走在一起，同样会使人们对友谊产生渴望。（18）然而，虽然圣贤会非常爱他的朋友，并经常像对待自己那样对待朋友，甚至会将朋友放在首位，但是，所有的美好都将仅限于他自己，并且他会表达伊壁鸠鲁在其信中所批评的斯迪伯曾表达过的观点。在斯迪伯的国家被占领，且孩子和妻子都失踪后，他独自且高兴地从悲伤中

---

① 朱庇特（Jupiter）：罗马神话中的宙斯神。——中译者注

解脱出来，在与其同伴德米特里一世（Demetrius Poliorcetes）① 交谈时，他被问到是否失去了任何东西，他回答说"我的东西都在陪伴着我啊！"因为德米特里一世给城市带来了很多灾难，他也被一些人称为"城市掠夺者"。（19）那是一个勇敢且坚强的男人！敌人征服了他的国家，但是斯迪伯征服了他的征服者。"我什么都没失去！"他令德米特里一世怀疑自己是否已经被征服了。"我的东西都在陪伴着我啊！"换句话说，他认为任何可以从他身边拿走的，都不是他自己的东西。

我们对一些动物可以在没有受伤的情况下穿越火焰感到惊奇，但是一个人可以经历火焰、刀剑和灾难后却毫发无伤，又是多么不可思议啊！你现在懂得，征服一整个部落要比征服一个男人有多容易了吧？斯迪伯的这句话和斯多葛学派的一些理念有着共同点，斯多葛学者也可以在城市被烧成灰烬后，仍保护他那些东西不受任何伤害——因为他是自给自足的。这就是他为自己的幸福所设定的界限。

（20）但是，你不要认为只有我们斯多葛学派的学员可以说出这些高尚的言语。伊壁鸠鲁是斯迪伯的反对者，也说过类似的话。把这当作我的分享吧——即使我今天已经抹去了我欠你的债②。他说："那些不把自己所拥有的东西当作最伟大财富的人，是不幸的。因为，即便成为整个世界的主人，他也不会感到幸福。"或者，如果下面这句话你认为更合适——因为我们必须尝试展现意义，而不仅仅是文字："如果一个人不认为自己是幸福快乐的话，即便在他统治世界后，也将处于不幸中。"（21）然而，你可能已

---

① 德米特里一世：马其顿王国安提柯王朝国王，希腊化时期著名军事统帅。——中译者注

② 指作者与鲁基里乌斯之间的格言分享。——中译者注

经意识到这些情感是自然而然的，在过去喜剧诗人的诗篇中，你会发现：

认为自己不幸的人，才是真正的不幸。 ①

　　如果你想象自己的境况很糟糕的话，而实际的处境如何，真的有关系吗？（22）你可能会说："那又如何？如果一个人通过卑鄙的手段变得富有，或者一个人成为很多人的主人，但同时又是很多人的奴隶，这样的人会是快乐的吗，或他们自己的观念，会使他们快乐吗？"真正要紧的不是一个人说了些什么，是他们的感受如何。而且，不是一个人在某一天感受如何，而是他一直以来是如何感受的。然而，你没有理由去担心这项伟大的特权，会落入不配拥有它的人的手上，因为，只有智者才会愉快地与自我相处。愚者总是会因为厌倦，而被自己所困扰。再见。

---

① 作者未知。——英译者注

论一个人的独立生活

（1）是的，我没有改变我的观点：避免大多数，避免极少数，甚至避免单独的个体。我不知道除去和你分享外，我还愿意和谁分享。听听我对你有什么样的看法吧：我甚至敢于相信你和你自己的相处。我前一封信提到了斯迪伯，据说他的弟子克拉泰斯（Crates）① 在看到一个年轻人独自行走时，问他为什么要独自行事。那个年轻人回答："我正在与自我交流。"克拉泰斯说，"那么，小心点吧。要谨慎，因为你正在和一个不好的人交流！"

（2）当人们处于哀伤中，或者正在担心一些事情时，我们应该关注他们，且可能需要阻止他们错误地利用独处的时光。缺乏思考能力的人不应被孤立，因为在这种情况下，他只会愚昧地计划，给他自己或其他人的未来带来危险；他会被本能的欲望所左右，精神上将会展示出那些过去被压抑的恐惧或羞耻。这会引起他的鲁莽，引发他的激情，激起他的愤怒。最终，独处时光所能带来的唯一结果就是——习惯上不相信任何人，以及不敬畏任何证据——迷失在愚蠢之中，因为他出卖了他自己。

记住我对你的希望，不，应该是我对自己的承诺，因为希望仅

---

① 克拉泰斯（Crates）：古希腊犬儒主义哲学家。曾担任过斯多葛主义创始人芝诺的老师。——中译者注

仅代表着一种不确定的祝福。除你自己外，我不知道更愿意你去结交谁。（3）我记得你曾说过的一些话语，是那么震撼心灵，且那么充实有力！我立刻祝贺了自己，并说道："这些话语不仅仅来自嘴边，它们有一个更坚实的基础。这个人不普通，他已经在关注他的真正福祉了。"（4）以这种方式讲话和生活，确保没有任何事情让你失望。你之前的那些祈祷，可以不必要求神灵回复了。进行新的祈祷吧。祈祷一个健全的心灵和健康的身体，首先是灵魂，然后是身体。当然，你应经常进行这样的祈祷。大胆地祈求神灵，你没有必要祈祷除灵魂和身体外的，那些不属于自己的东西。

（5）作为一项传统，我必须在信中送你一份小礼物①。我是在阿瑟诺多鲁斯（Athenodorus）②的作品中读到这句格言的："除去那些公开的祈祷外，你发现没有其他什么需要向神祈祷的，如果你达到了这等境地，那么，你就算是已经摆脱了所有欲望了。"但是，现在的人是多么愚蠢啊！他们低声向天堂祈祷，如果有人在听，他们即刻闭口保持缄默。他们不希望其他人知道他们在与神沟通。那么，给你如下的建议，你难道不认为这会非常有用吗？"像神正在注视着你一样，去和他人一起生活；像其他人正在聆听一样，去和神交流。"再见。

---

① 指信中的格言分享。——中译者注
② 阿瑟诺多鲁斯（Athenodorus）：斯多葛主义哲学家。——中译者注

十一

论谦逊的脸红

（1）你的朋友和我进行了一场交谈。他是一个有能力的人，他第一句话就展示了他所具有的精神和理解力，也展示了他已经取得的进步。他给了我一个耳目一新的感受，他的回答也没有令我失望。他说话时不是出于预先思考，而是突如其来，让人措手不及。当尝试控制自己时，他几乎不能摆脱那种谦虚的姿态，这对于年轻人来说是个好的征兆。他整个脸都变得通红，貌似这一切都来自内心深处。我觉得，即使他强化了性格，避免了所有缺点并变得有智慧后，那脸红的习惯仍将会持续。没有智慧可以帮助人消除天生的弱点，因为那是与生俱来的。天生的弱点虽然可以通过后天的训练去缓和，却是不能完全克服的。（2）即使最沉着的演讲者，在公众面前也经常汗流浃背，仿佛他已经疲惫不堪，或是已经热得不成人形了一样。有的人在起身演讲时，双膝会颤抖；我知道有些人还会牙齿咯咯作响，舌头打卷儿，嘴唇颤抖。训练和经验可能永远不会将这种习性消除。大自然通过作用于这样的缺点，发挥其影响力，即使最强者也会体会到她的威力。（3）我也知道惭愧的脸红是这样一种习惯，它会瞬间充斥在那些最有威严的男人脸上。的确，这是一种在年轻人中尤其盛行的现象，因为年轻人血气方刚，面容也更敏感。不过，成熟老练的人和年迈的长者同样会受其影响。有些变红的情况是最危险的，就好像他们让所有的羞耻感都暴露出来了。（4）对苏拉（Sulla）[①] 而言，当脸变得通红时，是他情绪最激烈的时候。庞培拥有最敏感的面容，他经常在集会时脸红，特别是在公众聚焦于他时。费比乌斯（Fabianus）[②] 也是，我记得他在元老院作证时脸就变红了，他的尴尬成了他的显著标志。（5）这样的习性不是精神上的弱点，只是一种特别的状态。一个没有经验的人不一定会感到困惑，但由于身体的自然倾向，而使他产生了这种习性，以至于会经常受到影响。正如有些人是感情强烈的，而有些人的血液是灵敏且易于流动的，以至于会顷刻间充斥在脸上。

（6）就像我提到的那样，智慧永远不会抹除这种习性。如果她可以抹除我们所有缺点的话，她将成为整个宇宙的女主人。那些在我们出生时就分配给我们的东西，已经是组成我们的一部分，并且将一直跟随我们。不管灵魂多么努力尝试，或花费多长的时间去尝试把控，都无法改变这个事实。我们无法唤起这些感受，就像不能禁止它们一样。（7）在剧院中的那些演员，可以模仿一些情绪。例如，描绘担心与紧张不安，表达悲伤，用低头、低声细语和盯着地面来模仿羞涩腼腆。然而，他们无法掌控脸红，因为其是无法预防或养成的。智慧无法给予我们方法，或帮助我们去抵御脸红；其来去自如，全靠自己制定规则。

（8）这封信即将接近尾声了。听取并牢记这句实用且有益于你的格言吧："珍惜那些有高尚情操的人，并实时关注他们。就像他正在注视着你那样去生活，并且，就像他看到了你的言行那样，

---

① 苏拉（Sulla）：古罗马将军、政治家。——中译者注
② 费比乌斯（Fabianus）：古罗马雄辩家、哲学家，作者塞涅卡的一位老师。——中译者注

规划好你全部的一切。"(9)亲爱的鲁基里乌斯，这就是伊壁鸠鲁的忠告；他已经给我们安排了一名守护者和一名随从。当我们即将犯错时，如果有一个见证人在我们旁边，那么，我们就可以摆脱大多数的罪孽了。灵魂需要找一个它可以去尊敬的人，一个可以使灵魂殿堂变得更加神圣的权威人士。快乐是指一个人可以使其他人变得更好，不仅仅在其陪伴他们时，而且在于其融入那些人的思想时！一个人也可以是快乐的，如果他可以崇拜另外一个人，为了使自己平静并控制自己，他甚至可以设身处地地去思考。一个人如果可以如此尊重另一个人的话，他自己也将很快变成值得被尊重的人。(10)因此，你可以选择去崇拜老加图。或者，如果你认为他是个过于严肃的典范，那么你可以选择像拉埃柳斯那样精神上相对温和的人。选择一个其生命、言语以及灵魂所展现的面容令你满意的人去崇拜吧。要时常将其设想为你的保护者，或你自己的楷模。的确，我们需要一个可以管控我们品格的人，就像不使用尺子的话，你永远不能拉直那些已扭曲的东西。再见。

十二

论年迈

（1）无论我走到哪里，我都可以看到过往岁月的痕迹。我最近去了我的乡村居所，抱怨了一下自己花在那些破败建筑上的钱。我的地方官称，那些建筑的裂痕不是由于他的粗心大意所导致的："他尽力了，可房子太过老旧。"然而这座房子是我亲手建成的啊！如果和我一样年纪的石头都已经破裂了，那我本身还有什么未来可言？（2）我很生气，并且第一次把气撒在了那个地方官头上。我大吼："这很明显，这些梧桐树疏于照料，它们已经没有叶子了。其树枝居然如此破败和枯萎，树干也是如此粗糙和蓬乱！"那个地方官在我的守护神面前发誓称："我已经做了一切可能做的，且从未松懈，但那些树太老了。"告诉你，我曾亲手植下那些树，也曾亲眼看到它们第一次长出叶子的景象。（3）然后，我转身对着门，问道："谁是那个老糊涂？你刚好把他放在门口，且他的脚也是朝外的①。你在哪里弄到他的？埋葬其他人能给你带来什么乐趣？"一个奴隶说道："先生，您不认识我了吗？我是费利西奥（Felicio）。您经常给我带来一些小的人偶玩具②，我的父亲是您的管家费罗西

---

① 一个暗示着古罗马葬礼的笑话；尸体的脚朝向门的方向。——英译者注
② 一般是小的人形土制陶器，经常在农神节（saturnalia）作为礼物送给孩子。——英译者注

塔斯（Philositus），我是您的宠奴。"我说道："那个人简直疯了，我的宠奴又变成一个小男孩了吗？但是，确实有可能，因为他的牙齿正在脱落。"①

（4）当我的年老变得明显时，无论走到哪里，我都感觉亏欠那个乡村居所。让我们珍爱我们的年迈时光吧。如果一个人知道如何利用它的话，那将会充满乐趣。水果在熟透后，是最受欢迎的；青春在将要消逝时，是最富魅力的；最后一饮会让酒徒们兴奋——将其灌醉的最后一杯，是其醉态下的画龙点睛之笔。（5）每一种欢乐的最后都含有最大的喜悦。人生在慢慢地走下坡路，还没有到达突然衰退的状态时，是最令人愉快的。可以说，我相信人生站在屋顶的边缘时，拥有其独特的乐趣。或者说，我们已经感受到不再需要追求享乐了。厌倦了欲望，并与其断绝关系，会是多么令人欣慰啊！（6）你会说："但是，直面死亡的到来是一件令人讨厌的事。"然而，不管是年轻时光，还是年老时光，都应该以同样的方式去面对。也许根据生死簿上的排名，我们当下还不会被死亡召唤。此外，没有人因为太老，就不应去渴望另一天的存在。提醒你，每一天都是人生旅程的一个阶段。

我们生命的跨度被分为不同的部分，它由包含较小圆圈的大圆圈组成。一个圆圈包含且约束着其他圆圈，它涵盖了从出生到最后存在那天的所有时光。另一个圆圈定义了我们年轻的时光。第三个圆圈的周长，约束了所有年少的时光。在每个圆圈里都有一个分类——年。它用全部时间作除数，并乘以我们所获得的生命总和。月，被限制于更窄的一个圆圈。最小的圆圈是天。但即使是一天，它也有开

---

① 指年老的奴隶，仿佛一个在掉牙的小孩。——英译者注

始和结束，日升与日落。(7) 就如赫拉克利特（Heraclitus）①——他的昏暗的风格像他的姓氏②那样——所说："一天与每一天都是相等的。"不同的人对这句话有着不同的解读。一些人认为，它的意思是每天都有着相同的小时数，这样说是正确的。因为"天"代表了 24 个小时的时间，所有的天长必须相等，因为夜晚所得即白天所失。而另外一些人主张，这句话的意思是指一天的经历就像每一天那样。因为我们每一天的组成元素——也就是光明与黑暗，即使在最长的时间间隔里，也是一样的。永恒的一天，只是使这种光明与黑暗交替的数量更多，无论它是变短或是变长，都不会有不同。(8) 所以，每一天都应被看作就像一个终结，就像其会结束我们的存在那样。

帕库维乌斯（Pacuvius）③通过对叙利亚（Syria）的长期统治，使其变成了自己的领地。他常常以自己的名义举办定期的埋葬祭祀——用饮酒和平常葬礼的宴庆方式。然后，他会让人将其从宴会厅抬到他的房间，同时，让太监们欢送并在音乐的伴奏下用希腊语歌唱："他已经过完了他的一生，他已经过完了他的一生！"(9) 帕库维乌斯以这样的方式埋葬每一天。然而，让我们以一种较好的动机，而不是他那种不良的动机去做吧。让我们愉快并欢乐地睡去吧。让我们说：

> 我已经过完了一世；命运给我定制的旅程
> 已经完结。④

---

① 赫拉克利特（Heraclitus）：古希腊哲学家。——中译者注
② 希腊语"ὁΣΚΟΤΕΙΝΟΣ"，意思是"昏暗的"。——英译者注
③ 帕库维乌斯（Pacuvius）：古罗马的一位地方长官。——中译者注
④ 来自维吉尔的作品。——英译者注

如果上帝乐于给我们添加另外一天的话，我们应该兴高采烈地去迎接那一天。这样的人是最快乐的，他把握了自己的一切，可以无忧无虑地等待明天的到来。当一个人说"我已经过完了一世！"，他每天早上起来时都会收到一份奖励。

（10）我现在应该完结这封信了。你可能会说"什么？难道像往常一样的格言，不会赠予我了吗？"不要担心，信中的格言很有意义，不，可以说是至理名言了，是一份大礼。没有什么比送信人带去的这封信中的格言更高尚了："在压抑下生活是错误的，但是，没有人是被强迫在压抑下生活的。"当然没有。在各个方向都有很多便捷和简单的，能够通向自由的路。让我们感谢神，没有人被生活所约束。我们可以摆脱所受到的每一个限制。（11）你回复道："伊壁鸠鲁曾说过这些话。你为什么要借用他人的东西呢？"我坚持认为，任何真理都是属于我自己的资产。我将继续引用伊壁鸠鲁的格言并寄送给你，以至于所有对他人言语推崇备至，并把价值给予说出言语的人而非言语本身的人，都能够明白：美好的观念都是大家共同的资产。再见。

十三

论没有理由的无端恐惧

（1）我知道你有充足的信念，在利用那些健全和强有力的格言武装自己，去克服困难前，你已经开始自豪地与命运抗争了。既然你已经开始与命运抗争，并测试了自己的力量，就更加毋庸置疑了。除非可以在不同方面遇到诸多困难，否则我们自己的力量可能永远无法激发出潜在的信念，甚至，其偶尔还会与我们短兵相接。这是真正的信念可以被测试的唯一方式——这种信念永远不会同意，那些外在于我们的东西对其进行审判。（2）这是一个人精神的试金石。如果一位拳手从没被打得鼻青脸肿的话，他永远不会被激发出信心满满的斗志。唯一可以自信登台的人，是那些看到过自己鲜血的人；那些已经感受到了其牙齿在对方拳下颤抖的人；那些已经犯过错并感受过对手威力的人；那些身体而非信念被打倒过，但经历过多次失败，每一次都以更具抗争性的精神再次起身的人。（3）因此，记住我的话，命运在过去时常占尽上风，但你不仅没有屈服，而且跃跃欲试地更加坚定了自己的立场。不断地挑战会极大地激发人的男子气概。如果你同意的话，请允许我给你提供一些额外的防护措施，有助于使你变得更强大。

（4）鲁基里乌斯，比起那些可以压垮我们的东西，存在着更多会令我们恐惧的东西。比起现实，我们在想象中会遭受更多苦难。我是以我更加温和的风格，而不是以斯多葛哲学的严格方式在与你交谈。我们斯多葛学派认为那些令人痛哭和呻吟的东西，是无关紧要，且不值一提的。但是，你和我必须丢下那些听上去高尚的言辞，即使上天知道，它们是足够真实的。我建议你去做的是，不要在危机到来之前不高兴，因为那些仿佛在威胁你，且令你不安的危险，可能永远不会到来，而它们当时的确还没有到来。（5）因此，某些事情本不该折磨我们这么多，某些事情本不该折磨我们这么早，某些事情完全就不应该折磨我们。我们习惯了或夸大，或想象，或期盼不幸。

上述三个错误中的第一个①可以稍后讨论，应该这么说，这个问题就像正在被商讨，且还在法庭上审理的案件那样。对于那个我称之为微不足道的东西，你仍需尽可能保持认真的态度。当然，我知道一些人即使在被鞭打时仍然大笑，而其他一些人，在面对微小的惩罚时就会退缩。我们稍后还应该考虑，这些邪恶的力量是从邪恶自身获取的，还是从我们的弱点中摄取的。

（6）帮我个忙，如果你周围的人尝试让你相信你是不幸福的，那么，就考虑一下自己的感觉，而非你听到的言语。并且，要与你的感觉商讨，并不受外部影响地询问你自己。因为，你要比其他任何人都了解你自己的事情。"是什么让这些人该对我表示伤感呢？为什么他们担心，甚至害怕被我传染，就像是麻烦困惑可以被传染一样？是否有邪恶掺杂其中，或者这仅仅是错误的传闻，而不是什么真正的邪恶呢？"主动问你自己这个问题："我是否在没有充分理由的情况下，而被折磨；我是不是一厢情愿的，将那些非邪恶的

---

① 作者塞涅卡略过了"夸大麻烦"的主题。例如，对于斯多葛学者来说，折磨本身算不上是一种麻烦。——英译者注

东西转化为邪恶的?"(7)你可能会反驳:"我如何知道我所遭受的是真实的,还是想象中的?"下面是衡量这些东西的准则:我们正在遭受当下事情的折磨,或者将要到来事情的折磨,或者两种事情的共同折磨。对于当下的事情,决断是简单的。想象你自己在享受自由和健康,并且从未遭受到任何外在的伤害。对于那些未来可能才会发生的事情,我们以后再去考虑,当下一切顺利。(8)"但是,"你会说,"某些事一定会出现。"思考一下你对未来烦恼的证据是不是确凿的。因为很多时候,我们是自寻烦恼,并且我们是在被谣言所嘲弄,而谣言不会解决冲突,更多时候它会让个体陷入烦恼之中。是的,我亲爱的鲁基里乌斯,我们过于快速相信其他人所说的话了。我们没有对那些引起我们担心的事情进行测试,我们没有仔细检查它们,我们畏缩并后退,就像士兵由于牛群踩踏引起的灰尘,而被迫抛弃他们的营地,或者由于一些不可靠的谣言而陷入恐慌那样。(9)莫名其妙的是,最能使我们感到不安的,恰恰是那些毫无根据的报道。真实,有其自己特定的界限;但谣言却由不确定所引起,随后通过猜疑和受到恐吓的心灵不负责任的想象而传播。这就是为什么其他类型的恐惧不会像极度恐慌那样,带来如此大的毁灭并难以掌控。其他的恐惧是毫无根据的,而这种恐惧是愚蠢无知的。

(10)就让我们仔细检视一下这件事情吧。一些麻烦很有可能会降临到我们身上,但它们并非既成事实。那些意想不到的事情,又是多么常见啊!那被期望而从未到来的,又是多么常见啊!即使是命中注定的,奔跑着去迎接你的痛苦,又有什么用呢?当其到来时,你会立刻受苦,那么,不如现在就让我们期望更好的事情吧。(11)如果你这么做,会得到什么呢?时间。同时发生的事情会有很多,它们可以将那些即将要到来,或已经在你面前的磨难推迟,或使其结束，或将其传递给另外一个人。大火可以开启一条逃生的路。人们时常因灾难而轻微沮丧。有时，剑会在受害者的喉咙前停下。有人可以在刽子手的刀下幸存。即使坏的运气，也都是变化无常的。也许它会到来，也许不会。而在当下，它还没有到来。所以，就期待更好的事情吧。

（12）当没有任何邪恶迹象时，心灵有时会自我捏造虚假的邪恶形象。它会把意思不明确的词语，扭曲为最糟糕的解释；或者它会不顾现实，深化自己的仇恨；它不会考虑敌人有多么愤怒，而是去思考如果敌人愤怒的话，会达到怎样的程度。但是，如果任恐惧肆意扩张的话，我们的悲伤将会是没有界限的，而这样的生命是不值得去拥有的。对于这样的事情，就让审慎的品质来协助你吧。即使是在危险显而易见的情况下，也要用一种坚定的信念去蔑视它。如果你做不到这一点的话，就用一个弱点抵抗另外一个弱点吧。例如，用希望来缓和你的恐惧。在这些恐惧的对象中，没有什么是非常确定的。而毋庸置疑的是，我们害怕的东西会消失无踪，我们希望的东西会嘲弄我们。

（13）因此，仔细去权衡你的希望和恐惧吧。当所有的因素都不能确定时，就按你自己的喜好去决定，并且相信你的喜好。如果恐惧占据了上风，无论如何都倒向一边，并且不停对你的灵魂进行骚扰的话，就持续反思一下，即使当下没有麻烦，或者未来的期望中也一定没有麻烦，大多数人仍会因此变得兴奋与不安。当一个人被催促向前时，他不会自我停止。他也不会根据事实去控制这种恐慌。没有人会说："这个故事的作者是傻瓜，那些相信这个故事和编造这个故事的人也是傻瓜。"是我们自己让自身任由其他东西摆布。我们因不确定的事物而恐惧，就像它们一定会发生那样。我们察觉不到适度的意义，即使最轻微的事故也会变成规模巨大的灾难，并且立刻让我们陷入恐慌。

（14）不是严厉地劝告你，就是尝试用温和的方式来误导你，我感觉很惭愧。别人说："最坏的事情可能不会发生。"你自己必须说："好吧，如果它真的发生了怎么办？让我们看看谁是对的！也许它的出现会符合我的最大利益，它也可能给我生命的信誉带来毁灭性打击。"苏格拉底由于喝了被赐的毒芹酒而死，因此显得更加高贵。从自由的守护者小加图（Cato the Younger）① 手中夺走剑的人，是在阻止其获得伟大的荣耀。（15）我花太长时间劝导你了，但是，你需要的不是劝导，而是提醒。我正在引导你走的那条路，和你的本性引导你走的路没有什么不同，你生来的行为举止就像我所描述的那样。因此，你有更多的理由去强化和美化你内心的那份美好。

（16）现在是结束我这封信的时候了，我需要做的仅仅是盖上通常的那个印章，换句话说，就是给你传递一些高尚的信息："愚者，除了拥有其他所有缺点外，还有另外一个缺点——其总是在准备生活。"反思吧，我尊敬的鲁基里乌斯，这句话是什么意思，你会看到那些浮躁的人是多么令人反感。他们每天规划新生活，即使在坟墓边缘，也要畅想新的希望。（17）观察你自己脑海里的那些例子吧。你会想到老年人那时正在在为其政治生涯做准备，或者为了旅行，或为了生意。当你已经老了的时候，还有什么比准备去生活更加不可思议的？我不该透露这句格言的作者，不仅由于这句格言有点不为人知，而且它也不是我自己该去赞美和使用的，那些来自伊壁鸠鲁的流行谚语之一。再见。

---

① 小加图（Cato the Younger）：古罗马共和国时期政治家、演说家，斯多葛学派拥护者。——中译者注

十四

论归隐的理由

（1）我承认，我们对自己的身体都有着先天的喜爱。我也承认，我们应该管理好身体。我不认为身体丝毫也不该被放纵，但是，我坚持认为，我们不应该成为身体的奴隶。那些让身体成为其主人的人，会过于担心身体的得失，会通过身体评判一切。最终，他将会成为很多东西的奴隶。（2）我们应该像没有身体无法生活一样去行事，而非像应该为身体去生活一样去行事。我们对身体过于巨大的爱，会使自己因恐惧而焦躁不安，因谨慎而负重累累，并将自己暴露于侮辱中。那些过于计较身体得失的人，会轻视美德。我们该极为小心地去珍爱身体，但是，当理性、自尊和责任需要我们牺牲身体时，我们该做好将身体投入火海的准备。

（3）让我们尽可能通过持续思考抵制忧虑的方式，来避免不安和危险，并退守于安全的地方。如果我没搞错的话，这些忧虑有三种主要的类别：我们因期望而忧虑，我们因疾病而忧虑，以及我们因强者的暴行可能带来的后果而忧虑。（4）在所有这些忧虑中，最强烈的那个是我们周围人相对于我们自己的优势所带来的，因为它经常伴随着强烈的躁动与喧嚣。但是，我提到的那些平常罪恶——欲望与疾病，会悄无声息地在我们的眼睛或耳朵的觉察之外，对我们造成影响。另外一种罪恶，会以一种宏大的游行方式到来。伴随它的是刀剑、火焰、铁索和一群可以把人开膛破肚的野兽。（5）设想你自己在如此的情形下，监狱、十字架、拷问台和钩子，他们用木棍直穿入一个人的身体，再从喉咙处将之拉取出来。想象一下，人类的肢体被驶向相反方向的战车扯裂，涂抹并编织有易燃物的可怕衣衫，以及其他一切用于酷刑的发明设计，还有我之前提到的那些。（6）如果我们最大的恐惧是遭受如此这般的命运，那就不足为奇了。因为它会以不同的形式到来，并且随其而来的一切都是恐怖的。施暴者的成就，与其所展示凶器的数量成正比。的确，拷打场面的残忍，要超过那些人所能承受的程度。类似地，在所有强迫和操控我们精神的方式中，最有效的是将其展示出来。相比之下，另外的麻烦必定是不那么严重的，我是指饥饿、口渴、胃溃疡，以及使肠道干热的发烧。然而，恐惧会秘密到来。它们不会咆哮也没有征兆，却像大规模的战争一样，会通过展示和装备而占据上风。

（7）因此，让我们确定自己不会主动进行攻击。有时，让我们感到害怕的应该是人民，或者，是元老院中有影响力的寡头，如果管理政权的方式大部分是由那个寡头来决定的话。并且，有时个人得到了人民授予的权力，又将这种权力施加于人民身上。和这种类型的人维持友谊是很累的，不和他们作敌人就已经足够了。所以，智者永远不会激发当权者的愤怒，不仅如此，如果智者正在掌舵的话，像遇到风暴时会掉转船头一样，他会转移他的航线。（8）当你旅行至西西里（Sicily）① 时，你会穿过海峡。鲁莽的领航员会无视那狂暴的南风——那风可以使整个西西里海波涛翻滚，并强行使海面成为湍流。他没有驶向左边的海岸，而是在那可以把海水置于

----

① 西西里（Sicily）：现今意大利南部西西里岛。——中译者注

混乱的卡律布狄斯（Charybdis）① 附近艰难地挣扎。然而，有些更谨慎的领航员，会向那些知道该地情况的人咨询，诸如潮汐和天空中云层的意思。他会选择远离那因旋涡而臭名昭著的航线。我们的智者也会同样这么做。他会避开那些可能会伤害他的强壮人士，但并不会表明想避开他的意思，因为一个人能够获得安全的重要途径就是，不公开地寻求安全。一个人想要避开的，也是其想要谴责的。

（9）我们因此该考虑一下自己，想一想，我们该如何在面对暴徒时保护好我们自己。首先，我们不应该像他们那样去渴望，因为竞争会导致战乱。另外，我们不该去拥有那些可以被夺走，并给敌人带来巨大利益的东西。身上应持有尽可能少的可以被人惦记的东西。没有人会单纯为了流血，而让其他人流血——无论在哪里都非常少见。更多的杀人者是为了他们的利益，而不是发泄仇恨。如果你双手空空，拦路强盗也会放你过去；即使是一条险途，穷人也可以安全地通过。（10）然后，我们必须奉行那古老的格言，并特别小心地避免这三样东西：仇恨、嫉妒和轻蔑。只有智慧才可以告诉你该如何做到。遵守中庸之道很难，我们必须谨慎对待，避免让猜忌所激发的恐惧导致我们成为被蔑视的对象。当我们选择不去贬低他人时，也应避免让他人认为我们是可以被贬低的。可以引起恐惧的力量，已经导致很多人处于恐惧之中。让我们以各种方式退守于己吧。被蔑视与被钦佩一样是有害的。

（11）因此，我们必须以哲学为避难所。这种追求不仅在好人眼中，在那些甚至有些坏的人眼中，也是一种保护的象征。在讲台上做讲演，或者任何其他想获取他人关注的行为，都是在为自己树

_____

① 海中的旋涡，也是希腊传说中的女妖。——中译者注

敌。而哲学是平静的，且只顾她自己的事务。人们不能蔑视她，每个职业——甚至其中那些最卑鄙的——都尊崇她。邪恶永远不会变得过于强大，高尚的品格永远不会受到邪恶的影响，哲学永远会是令人崇拜和神圣的。

然而，哲学本身应当以平静和适度的方式去实践。（12）"那么，非常好，"你反驳说，"你认为小加图的哲学是适度的吗？小加图的言语引发了一场内战，他放任了发疯的长老们手中的剑。当一些人反对庞培，另外一些人反对恺撒时，小加图立刻公然反抗他们两派！"（13）然而，有人可能会质疑，在那段混乱时期，一位智者是否应该参与到任何公共事务中去，并问道："小加图是什么意思？目前不是自由的问题，因为在这之前，自由就已经在分崩离析中消失了。问题在于，是恺撒，还是庞培在控制国家。为什么小加图就该在那场纷争中站队？那不是你的事，一位暴君正在被挑选。谁得胜了会和你有关系吗？更好的人可能会取得胜利，但事实上，胜利者一定是那个更糟糕的人。"我已经提到了小加图最终的角色。在前些年，甚至智者都不被允许参与到如此混乱的国家事务中。他做的无非只有提高其声音，表达那些已失去意义的词语。有一次，小加图被暴徒拖拽、吐口水并强行从论坛广场拽出，遭受流放。还有一次，他被直接从议会会所带走，押入监狱。

（14）然而，我们稍后应思考，智者是否应该把注意力集中在政治上；同时，我恳求你思考一下那些斯多葛主义者，他们为了促进人类的生活，远离公共生活而退隐，且在不招引当权者不满的前提下，为人类构建法则。智者不会扰乱人民的习俗，也不会以新颖的生活方式去吸引大众的注意。

（15）"那又怎样呢？如果按这个计划行事，一个人就会在任何情况下都没有危险吗？"我不能全部向你保证，但我可以保证遵守适度原则的人，会拥有较好的健康。事实如此，好的健康来源于这种适度方式。有时候，一艘船在港口沉没了，但是，你想想，如果这发生在公海会怎么样？如果一个人休闲时都感觉不安，就像他正在忙碌于很多事情的话，那么会有多少危险在环绕着他啊！无辜的人有时会遇难，谁能否认呢？但有罪之人更容易遭受灭顶之灾。如果一名士兵在盔甲处遭受到了致命的一击，那么，这就不是他技能的过失。（16）最终，智者会用理智，而不是用结果去衡量其全部的行为。行动的开始是在我们的控制范围内，虽然运气决定了结果，但我决不允许她对我进行审判。你可能会说："但运气给予了一个衡量痛苦与烦恼的尺度。"拦路强盗在杀戮时，是不会进行审判的。

（17）你现在正伸手讨要每日的礼物吧①。黄金的确是我即将寄给你的礼物。既然我们提到了金子，让我告诉你它的用途，会如何给你带来更大的快乐。"那需求财富最少的人，将会享受最多的财富。""请把作者名字告诉我！"你会说。现在，是我向你展示我有多么慷慨的时候了，这是我在赞扬其他哲学学院的格言。这个短语属于伊壁鸠鲁，或者梅特罗多勒斯，或者其他有思想的人。（18）但是，谁说了这句话又会有什么不同呢？它是为了世界而表达的。那些渴望财富的人会因其账户而担心。然而，没有人会享受那伴有忧虑的祝福，因为他总会想着多获取一点。当一个人遭受来自财富增长带来的困惑时，他会忘记如何使用财富。他会收集其账户信息，穿梭于广场讲坛的人行道，翻阅资产账单——简而言之，他不再是财富的主人，而变成了一个管家。再见。

---

① 指双方通信中的格言分享。——中译者注

十五

论肌肉与头脑

（1）古罗马人有一种习俗流传到了今天，古人会在信的开头添加如下的句子："如果你很好的话，那就很好；我也很好。"就像我们自己一样，会这么表达："如果你正在学习哲学的话，那就很好。"因为这就是"很好"的意思。没有哲学存在的精神是病态的，且身体也是病态的。虽然身体可能会非常有力量，但这种强壮只是疯子般的强壮，或者也可以说是一个强壮的疯子。（2）那么，拥有哲学的健康，才是你应该主要培养的。如果你想保持身体健康的话，它也应该退居其次，并且只需占用较小的精力。我亲爱的鲁基里乌斯，非常努力地去锻炼肌肉，拓宽肩部和增强肺部确实是愚蠢的，且对一个有教养的男人来说，是非常不适合的。即使你大量地供给食物以产生好的效果，且你的筋骨会更加结实，但无论在力量还重量上，你都无法与第一等的公牛相比。此外，如果身体过量进食的话，会抑制灵魂，使其不那么活跃。因此，尽可能地去限制肉体，让心灵自由驰骋吧。（3）那些专注于身体追求的人，会被许多麻烦所困扰。首先，他们在锻炼时，必须付出努力，并浪费他们的生命力，这样就导致其不适于承受压力，或者认真地去学习。其次，他们的敏感点会由于大量进食而变得迟钝。此外，他们必须遵守那些被打上拙劣标签的奴隶规则——那些人在油瓶①与酒桶间徘徊，如果能大汗淋漓并开怀痛饮的话，他们对日子就非常满意了。为了补偿他们在汗水中丢失的，他们会饮酒，大量的饮酒会使其更加消沉。喝酒与流汗，是一种消化不良的生活!②

（4）现在有一些简捷的锻炼，可以迅速使身体疲倦，其节省了我们的时间。时间才是我们应该严格关心的事情。我将这些如跑步、举重、跳高和跳远，或类似的锻炼，称为"牧师的舞蹈"，或者，用稍带轻蔑的词来说就是"衣服清洁者的跳跃"③。选择其中的任何一种来练习，你就会发现它很简单。（5）但是，无论做什么，都要尽快把注意力从身体上转到精神上来。精神必须日夜接受训练，因为它会得到适度劳动的滋养。并且，这种形式的锻炼，不能被寒冷或炎热的天气所阻挠，甚至年老也不能。陶冶这种品行，并一直坚持下去吧。（6）当然，我不能命令你总是屈身于书本和写作材料上。头脑必须有种转变，但这种转变不是令人不安的，只是仅仅放松一下。乘轿子溜达一下，会摇动你的身体，并且不会干扰学习。人可以在乘轿子过程中继续阅读、表述、对话，或聆听其他人；走路，也同样不会妨碍这些行径。

（7）你不要藐视发音技巧，但是，我不想你通过音阶和语调的练习，来升高和降低你的声音。就像你不用再去练习走路一样！如果你咨询那种用饥饿的方式，去传授新的发音技巧的人，就会有人来规范你的步伐，监督你每一口所吃的东西，并和你走同样长度的路。忍受并相信他，会鼓励他更多厚颜无耻的行径。你会问："那我一开始就要大喊，并竭力使肺部发声吗？"不是的，需要自

---

① 指在比赛前，选手需要在身上涂抹油。——英译者注
② 指一种通常伴有发烧和流汗等症状的病症。——英译者注
③ 指那些在衣服上用脚踩或跳跃来清洗衣服的人。——英译者注

然而然地通过初始阶段，然后逐渐过渡到大声疾呼的阶段。正如争吵的人开始会用一般的对话音调，然后逐渐转到用肺部喊叫一般。没有演讲者在开始时就大声呼喊："帮帮我，公民们！"（8）因此，无论何时，当你受到精神冲动的刺激后，就会引发喧哗。你的声音和精神就会建议你，一会儿大喊，一会儿温和，当你被感动后就会出现如此的形态。当你可以驾驭声音时，就让其返回到原点，慢慢温和下来，而不是一下子坍塌。应该降低音调至高与低的中间，并且不能以乡下人那种粗鲁的方式突然疯狂地掉下来。因为我们的目的，不是对声音进行练习，而是让声音帮我们锻炼。

（9）你看，我已经把你从烦恼中解脱出来了，并且，我会扔给你一件小小的补偿礼品——是希腊语的。这就是那句格言，是极好的一个："愚者的生活里没有感激，且充满了恐惧，它的一切全都是为了将来。""谁说的这句话？"你会问。他是我之前经常提到的那位作家①。愚者的生活，你认为是指什么样的生活呢？像巴巴（Baba）和伊希斯（Isio）②那样？不是的；他是指我们自己，因为我们被盲目的欲望教唆，走向会伤害我们的危险事物之中，且这些事物永远不会令我们满足。如果我们可以被任何事物所满足的话，我们应该很早以前就已经满足了。通过反思，难道我们不能认识到，不需要任何东西的生活，是有多么令人愉快；不依靠命运，又会是多么美好，多么高贵。（10）因此，继续提醒你自己，鲁基里乌斯，你有多少雄心已经实现了。当你看到还有那么多在你面前时，想想你身后又有多少！如果你可以感谢众神，并对过去的生活同样充满感激，你该想一想你已经超过了多少人。但和其他人又有

---

① 指伊壁鸠鲁。——英译者注
② 两者为当时愚蠢的代表。——英译者注

什么关系呢？重要的是，你已经超过了你自己。

（11）制定一个你即使有能力，也不会想要超过的限制。然后，要远离那些奸诈的事物！相比那些拥有它们的人，对那些渴望得到的人，它们似乎更有吸引力。如果真的包含任何实质性东西的话，其迟早会令你满意。事实上，它们仅仅勾起了人的欲望。远离那些华而不实，仅为了展示和炫耀的东西吧！至于未来不确定的命运，为什么我去请求它的赠予，而不是要求自己不去渴望这些赠予呢？为什么我该渴望？为什么我该把战利品堆积起来，并且忘记人的命运是多么的不可靠？我在为了什么样的终点而劳碌着？想想吧，今天也许就是生命的最后一天；如果不是，可能也不远了。再见。

十六

论哲学，生活的指南

（1）你已经清楚了，鲁基里乌斯，我肯定，如果不去学习智慧，没有人可以过上幸福的生活，甚至一个持续稳定的生活。你也知道，幸福生活在我们获取智慧后，才可以实现，但是，当我们的智慧刚刚启迪时，生活至少是可以忍受的。虽然这个想法已经很清楚了，但还是需要通过每日的反思，使其更加根深蒂固。相比于做出新的高尚决定，持守你现今已经做出的决定，是更加重要的。你必须坚持不懈，持之以恒地学习，直到将一个良好的倾向转变成一个固定习惯。（2）这样，你也许就不再需要找我进行谈话和提出异议了。我知道你已经有了很大的进步，我也明白那些勾起你言语的感受，它们并不是捏造的，或者似是而非的。无论如何，我应该告诉你我的想法——我当前依然对你抱有希望，但还没达到完全信任的地步。我希望你也该对你自己抱有同样的态度，你没有理由过于快速和轻易地就对自己充满信心。反思你自己，以各种方式审视和观察你自己。但在这之前，考虑一下你是否已经在哲学上取得了进步，或者只是自己变老了。（3）哲学不是旨在捕获大众关注的伎俩，也不是为了炫耀而发明的。它不是言语，而是事实。哲学不是在每天的时光结束前，为了获得些消遣才去追求的；也不是那种可以缓解我们烦恼的休闲活动。哲学浇筑和构建了灵魂；它规范着我们的生活，指导着我们的行为，向我们展示了什么才是我们应该做的，以及我们应该放弃什么。在我们摇摆不定时，它会掌舵并指导我们的航线。缺少哲学，没有人可以无所畏惧地生活，或者拥有平静的心灵。每时每刻都发生着数不尽的事情，人们需要得到建议，而这些建议应该在哲学中去寻找。

（4）可能有人会说："如果命运存在的话，哲学如何能帮助我呢？如果神在统治宇宙，哲学有什么用呢？如果运气支配一切，哲学又有什么用呢？因为不仅改变那些已被决定的事情是不可能的，而且事先计划不确定的事情，也是不可能的。要么神先发制人阻止我的计划，并决定我该做什么；要么时运没有给我的计划以任何落实的机会。"（5）鲁基里乌斯，不管事实像其中一个，还是全部和这些观点所说的一样，我们都必须要像哲学家那样。无论命运是否用不可阻挡的法则将我们捆绑，无论神是否作为裁决者已安排了一切，无论时运是否任意玩弄人类的事务，哲学都应该成为我们的防御体系。她会鼓励我们去快乐地服从神，抵抗命运；她也会教导我们去跟随神，并容忍时运。（6）如果先知是至高无上的，如果一系列命中注定的事件将我们玩弄于掌心，如果突然和意外在我们面前充当着暴君的角色，那么现在还不是去讨论什么是在我们控制范畴之内的时候。现在回到我的警示和劝告上来，你不应该允许你精神上的向往被削弱并变得冷淡。紧紧抓住它，并坚定地树立起它，因为这种向往可能会转变成你思维的一种习惯。

（7）如果我没猜错的话，你从信的一开头，就已经在寻找我给你带来的那份小小的格言是什么。细究一下这封信，你就会发现。你无须质疑我的仁慈，因为我对于其他人的格言作品是很大方随意的。但为什么我要说"其他人的"呢？因为，无论好的言语是谁说的，它都是我的——这也是来自伊壁鸠鲁的话："如果你顺应自然去生活，你永远不会贫穷；如果你依靠别人的观点去生活，你永远不会富有。"（8）自然的需求是微小的，但人们观点的需求是无边无际的。假如很多亿万富翁的资产都堆积成为你的所有；假设财富给你带来的远远超过你的个人收入，给你带来黄金、名贵的紫袍，给你带来奢华和富有，足以填满你所有的房子；你甚至不仅可以手捧财富，还可以雄踞财富之上。把雕塑、绘画和其他任何用于满足奢侈的艺术品汇总起来全都给你的话，你也许会认识到，这些东西只会让你的渴望更加巨大。

（9）自然的需求是有限的，但那些源于虚假观念的需求是没有止境的。这种虚假没有界限可言。当你在路途中行走，必然会有终点；但当你误入迷途，你的徘徊将会是无穷无尽的。因此，当你想知道所追寻的是一个基于自然的欲望，还是让人步入歧途的欲望时，就停下漫无目的的徘徊，回想一下你的进程。思考一下，其是否可能在任意一个确定的点停止。在走了很远后，如果你发现眼前永远有一个更遥远的目标，那么你可以认定，这种情况是与自然相悖的。再见。

十七

论哲学与财富

（1）如果你明智的话，就把那类东西全部丢掉，并用尽全力以最快的速度，去争取一个健全的思想吧。如果任何障碍阻拦你，就解决它，或切断它吧。你说："但是，我的财产拖累了我。我希望可以如此将其处置。当我没有任何事去做的时候，财产也足够我用，以免贫穷给我造成负担，或使我自己成为别人的负担。"（2）当你这么说时，你似乎还没有弄明白，你正在考虑的那种品质的长处和力量。你的确懂得了所有重要的事，那些哲学给予的巨大好处；但你还没有准确地分辨出，它不同类别的功能。或许你还没有懂得，我们从哲学中可以得到的，在一切事情上的帮助将是多么的巨大。哲学不仅在最为重要的事务上给予我们援助，在最小的事务上也是一样。接受我的建议吧。去与智慧商量，她会劝告你，永远不要考虑你的那些财产账单。（3）毫无疑问，你通过延缓学习想要得到的目标是，使贫穷不再成为你的负担。但是，如果它成为你渴望的事情，会怎样呢？财富，已经阻止很多人获取智慧；贫穷，则是无拘无束的。当警报声响起，穷人知道他没有遭受攻击；当有人大喊"着火了"，他不会问有什么东西能拯救，仅仅需要找到一条逃出去的路；如果穷人必须出海，港口不会熙熙攘攘，也不会被随从们搞得忙碌不堪。穷人不会有一大群奴隶围绕——那些奴隶催着主人去获取海外有着肥沃农作物的土地。（4）若一个人受过很好的训练，且除了吃饱外别无所求时，填满其胃口是很容易的。饥饿的成本很小，娇气的代价很高。当那迫切的需求得到满足后，贫穷就会被根除。

那么，为什么你还在拒绝哲学成为你的伙伴呢？（5）甚至富人在理智时，也会接纳哲学的方式。如果你想在精神上得到空闲的话，要么去做个穷人，要么就去模仿穷人吧。除非你努力地去实现朴素的生活方式，否则不管如何学习也无济于事。而朴素的生活就是自甘贫穷。放弃所有的那些借口，例如："我还没有足够的资产；当我获得想要的财产规模时，我就会专一地投身于哲学。"然而，你正在拖延的，并把其置于其他兴趣之下的，才是你应该首先获取的东西，你应该从它开始。你会反驳："我希望获取一些可以用于生活的东西。"是的，但是你应该在获取它时去学习，因为任何事物都可以阻止你高尚地去生活，而没有任何东西可以阻止你高尚地死去。（6）贫穷没有任何理由让我们远离哲学——不，甚至其想都没想。因为当我们在紧追智慧时，我们甚至必须忍受饥饿。当人们的村镇被包围时，他们已经忍受了饥饿。除了没有拜倒在征服者的权力之下外，人们的忍耐有其他报答吗？永远享有自由的承诺，还有那不需要恐惧上帝，也不需恐惧其他人的保证，是多么巨大的回馈啊！即使忍受饥饿，我们也必须实现这个目标。（7）军队会经受住各种匮乏，有时会用植物根茎来充饥，甚至会借助各种难以下咽的恶心食物，来抵抗饥饿。这一切的遭遇都是为了建立一个国家，并且——更加不可思议的是——建立一个会属于另外一个人的国家。为了让一个人的思想摆脱愚昧，难道有谁在忍受贫穷上会犹豫不决吗？

因此，人们不应该首先去寻求财富；即使在行程中没有金钱，一个人也可以达到哲学的目的地。（8）的确如此。在拥有所有其他东西后，你仍会想要拥有智慧吗？哲学是生命里那个最后才需要的吗——一种补充品？不，你的计划应该是这样的：现在就成为一个哲学家，无论你是否拥有任何东西——如果你已拥有一切，如何才知道自己是否已经拥有太多了呢？——但如果你什么也没有，在做其他任何事之前，首先尝试去理解。（9）"但是，"你会说，"我将会缺少生活的必需品啊。"首先，你不可能缺少它们，因为人生活的本能需求很小，且智者会调整其需求，以适应自然。但如果最高限度的需求真的到来了，智者会快速离开生活，并禁止让这些需求成为自己的麻烦。然而，即使智者生存的方式是贫困匮乏的，他仍会充分利用它们，并毫不焦虑，或毫不担心必需品之外的任何东西；他仍会公正地平衡其肚子和肩膀上的负担；他仍会以自由和愉快的精神去嘲笑富人的忙忙碌碌，以及那些追求财富之人道路上的熙熙攘攘，（10）智者会说："为什么你要把现实的生活推迟到遥远的未来？你需要等待一些利息到期吗？还是某些商业收入？或者老富人遗嘱中的住所？这样你就可以立刻变得富有了吗？智慧可以提供现成的金钱财富，并会将其给予那些视财富为粪土的人。"这些话是针对其他人，你已经接近富人阶层了。改变你的生活状态吧，你已经拥有太多了。无论在哪个年龄，知足对人们来说都是一样的。

（11）希望我还没有给你带来坏的习惯，我可能要在此结束这封信了。无人能在没有携带礼物的情况下，向帕提亚（Parthian）①皇室致敬。我不能在没有代价②的情况下说再见。但这次分享的是

---

① 帕提亚（Parthian）：居于伊朗北部区域的一个古代部落。——中译者注
② 指双方的格言分享。——中译者注

什么？我该从伊壁鸠鲁那里引用："对于很多人来说，获得财富都不是一个终点，而是一次与烦恼的交换。"（12）我不会感到吃惊。因为错误不是出现在财富中，而是在人的观念上。是人的观念把贫穷和财富作为我们的负担。就像你把一个病人放在木床还是金制床上，都无关紧要，因为不管放在哪里，他都将带着疾病。所以，人们无须关心病态的思想是来源于财富还是贫穷，因为，这些弊病将注定陪伴着他。再见。

十八

论节日与禁食

（1）现在已经是 12 月了，但城市还处于一个非常忙碌的时期。民众们被许可进行狂欢活动。人们都在忙碌地准备——就像这个农神节与日常的某一天完全不同似的。事实上，它们并没有什么差别。我认为这么评论的人是对的，他说："曾经 12 月仅是一个月，现在 12 月却成了一整年。"

（2）如果我和你在一起的话，我会很高兴地询问你，哪些是应该做的事情。是否我们不该去改变日常的生活方式，或者为了符合公众的一般观念，我们应该穿上更加艳丽的时装享用晚餐，并脱下日常所穿的宽袍。当下这个时代，我们罗马人会因享乐和度假去更换我们的衣着；然而，在之前的岁月里，只有在国家被扰乱，并已落入不幸的境遇时，才会出现这种风俗。（3）我敢肯定，如果我准确了解你的话，扮演仲裁者身份的你，可能会希望我们不该在各方面像那些被奴役的人群一样，也不该在各方面都不像他们那样。也许现在正是我们去给自己灵魂确立准则的时期，当全部民众纵身于欢乐中时，我们该以节制享乐的方式让自己独处。如果一个人既不追求那些诱惑其走向奢侈的东西，也没有沉迷其中，那么，这就是他拥有忠诚可靠品质的确凿证据。（4）当众人喝醉并呕吐时，就更加显示出维持清醒与理性的巨大勇气。拒绝做大众所做的事，是用另外的一种方式展现出自制力——因为这样做，既不会让他被怀疑，也不会使他变成大众的一员而随波逐流。因为一个人在度假时，也可以避免放纵奢侈。

（5）我非常坚定地想去测试你思想的持续性。借鉴伟大人物的教导，我应给你一条忠告：时常挑选一些日子，只吃最普通和便宜的食物，只穿粗糙的衣服，并对自己说："这就是我所担心的处境吗？"（6）恰是免于照料的时候，灵魂在更大的压力到来前，才会得到强化。当命运尚且温和时，灵魂应增强自己以抵抗命运可能带来的伤害。在和平时期，士兵会进行军事演习，在没有看到敌人的情况下构建防御工事；为了模仿战时不可避免的辛劳，他们会进行不必要的劳动以使自己感到疲倦。如果你不想看到一个人在危机到来时退缩，那么，就在危机到来前训练他吧。这就是那些人①所采用的方式，在模仿贫穷的过程中，他们自己得到了锻炼，这样就不会在真正的贫穷到来时退缩。

（7）你不要假设我的意思是指提蒙（Timon）的饭菜，或是"乞丐的小屋"，或是其他任何奢侈的百万富翁用来唤起沉闷生活兴趣的工具。用真实的草席和粗糙的斗篷，用坚硬且肮脏的面包。每隔三四天忍受这种粗陋的生活一次，有时可以更多。这样，这种粗陋的生活就可以成为针对你的一种考验，而不仅仅是一种消遣了。那么，我向你保证，鲁基里乌斯，当你吃了很少的食物后，也会高兴地跳起来，而且，你会明白一个人内心的平静，不是依赖于财富的。因为，即使受到挫折，我们的基本需求也能得到满足。

（8）然而，即使这样做，你也没有理由认为自己做得很好，因为，你仅仅做了那些成千上万奴隶和穷人每天正在做的事情。但

① 指伊壁鸠鲁学派的追随者。——英译者注

是，你可以相信这个实验——你不会被强制这么做，并且，你可以不断改变实验频率和间隔；这样，对你来说，即使一直做下去，也不会很难。让我们先在"傀儡"①上进行练习；让我们与贫穷亲近一些，以使我们不会感到措手不及。我们一旦了解到贫穷不是一种负担，我们也将会更加自如地掌控财富。

（9）被称为享乐之师的伊壁鸠鲁，甚至也经常遵守上面所述的实验间隔。在练习期间，他以很勉强的方式满足着肚子。他希望看看自己是否可以在贫困的情况下完全快乐，如果可以的话，要到什么程度，以及是否值得付出那么大的努力去交换享乐。无论如何，这是他在一份广为人知的，写给执政长官波吕亚努斯的信中所陈述的。的确，他自称可以在少于一分钱的条件下生活，但境界还不够的梅特罗多勒斯，则需要整整一分钱来生活。（10）你认为他们可以依靠这样少的费用吃饱吗？是的，不仅能吃饱，还有快乐相伴呢。并不是那种需要不断刺激且转瞬即逝的快乐，而是坚定且持久的快乐。虽然水、大麦饭和面包皮并不是什么令人愉快的食物，然而，那种最高类别的快乐也可以从这种食物中获取。并且，它已经将一个人的需求减少到了极低的水平，任何不公的命运都无法将其夺走。（11）甚至监狱的待遇也要比这更加合理。那些被判死刑的犯人，也不会被刽子手这么粗糙地对待。因此，一个人必须拥有高贵的灵魂，才可以安心地去吃那些饭菜——即使那些是死刑犯才去吃的，他也不会抱怨！这确实是以先发制人的方式，去抵御命运的锋芒。

（12）我亲爱的鲁基里乌斯，开始去遵循这些人的习惯吧。留出几天时间，从日常事务中抽身，并让自己用最吝啬的费用去生

---

①　指角斗士在上场格斗前进行训练的标靶。——英译者注

活。与贫穷建立往来关系吧。

> 我的朋友，敢于去蔑视财富吧。
> 并与神构建更亲密的关系吧。①

（13）那个蔑视财富的人，已经独自与神维持了亲密的关系。当然，我不会阻止你去拥有财富，但我会让你达到无所畏惧地拥有它的程度。只有通过以下方式才可以实现，说服你自己，你可以在没有财富和拥有财富的条件下，一样快乐地生活，并总是把财富看作是将要消失的东西。

（14）我现在必须要结束这封信了。"先解决你的债务②吧。"你会喊道。这是伊壁鸠鲁的格言，他会偿付所有的费用："无节制的愤怒会导致疯狂。"你肯定了解这句话的意思，因为你不仅有奴隶，也有仇敌。（15）确实，这种愤怒的情绪会发向各种各样的人。它起源于爱或恨的情况一样多，相比玩笑和运动，它在严肃事情上的展现一点也不会少。挑衅是否重要并不会产生不同，但渗透进不同的灵魂中，就很不一样了。就像着火一样，火焰的大小并不重要，着火点在哪里才是重点。坚固的木材对大火会有一定的抵抗力；相反，干燥和易燃的东西，会将最小的火花滋养成为一场火灾。亲爱的鲁基里乌斯，这就是愤怒。巨大愤怒的结果是疯狂，因此应该避免愤怒，不仅仅是为了避开过度的行为，也是为了拥有一个健康的心灵。再见。

---

① 来自维吉尔的诗句。——英译者注
② 指双方的格言分享。——中译者注

十九

论世俗与退休

（1）每当我收到你的信，都会高兴地跳起来，因为心中充满了希望。这些信现在不仅仅是有关于你的肯定，也是一种承诺。我恳求并祈祷，你会继续这么做下去。相比于为朋友祈求外，我还能有什么更好的祈求呢？如果可以，从你所提到的所有事务中脱身；如果你做不到这点的话，那就强行离开。我们已经浪费了足够多的时间，让我们在晚年准备好行李出发。（2）当然，没有任何东西会让人嫉妒我们。我们的生活都在海外航行中度过了，让我们在港湾安息吧。我并不是在建议你尝试用退休去赢取声望。一个人的退休不应该被炫耀，也不该被隐藏。我说不被隐藏，是因为我不该这么敦促你，并指望你去谴责所有人都是疯子，然后为自己找个地方隐居并被遗忘。但愿你记住，退休不是去引人注目，虽然这应该是显而易见的。（3）其次，那些一开始选择退休且并未遭遇阻碍的人，会仔细考虑其他的问题，即他们是否想以默默无闻的方式度过一生。从你的情况来看，你没有选项。你的能力和精力，你作品的魅力和你结交的那些知名和高贵的人物，已经使你卷入世界的事务之中。声望的风暴已然将你吞没。你可以默默无闻并极力地隐藏自我，然而，你早先的成就会让你瞩目。（4）你不可能隐藏于无闻的黑暗中，无论你走到哪里，之前的光芒都会紧紧地跟随。

你可以用平静去拯救自我，不受任何人的厌恶，没有任何失落感，并避免遭受精神上的任何折磨。你可以想象一下，自己在抽身离开时会放不下什么东西？你的客户？这些人中没有一个会为了你而去讨好你，他们只会为了你的东西而去讨好你。人们过去常常寻求朋友，但现在他们寻求的却是不义之财。如果一位孤单且富有的老人改变其遗嘱的话，那个之前的继承人马上会去寻找下一个目标。伟大的东西不可能用很少的钱就可以买到，所以，去核计一下，离开真实的自我和仅仅离开你所拥有的东西，哪一个更好。（5）如果你有幸在有限的身世背景下逐渐变老，财富就不会把你提升到如此高度！你快速的成功、你的省份、你作为行政长官的职位，以及所有这些东西承诺的一切，都迫使你远离健康生活的领域。结果是什么呢？（6）为什么你要等到没有东西可去追求的那一刻呢？这一天永远不会到来。我们知道，命运的交织会带来一系列因果；类似地，你可能知道我们的欲望也是连续不断的，一个接着一个。你已经陷入一种永远无法终结的不幸和被奴役的生活中。把脖子从束缚中抽出来吧。相比永远被奴役下去，不如一次性将其切断。（7）如果你抽身隐居，一切事物的尺度都将变小，且你将获得极大的满足。然而，从当前的情况来看，由于来自四面八方的众多东西在你身边堆砌，使你无法获得满足感。你愿意贫穷而满足，还是富有而饥渴呢？繁荣不仅意味着贪婪，而且意味着暴露他人的贪婪。只要没有什么可以满足你，你自己就无法满足他人。

（8）你会说："但是，我该如何离开呢？"以任何你喜欢的方式。想一想，为了金钱你冒了多少危险，以及为了一个头衔你付出了多少辛劳！为了更多休闲时光，你必须勇敢面对一些东西。在外作为地方官①，在内又要处理家庭事务，你会在这样的焦虑中慢慢变老；生活在杂乱及变化无常的责任中，从来没有人能够用低调或隐居的方式成功避免这些。是哪些个人欲望在影响着你对隐居生活的向往呢？你在世间的角色有着相反的方向！如果你马上允许这个角色不断地成长，又会怎样呢？协助你成功的一切，也都将融入你的恐惧中。（9）在此，我想引用玛塞纳斯（Maecenas）②的话，引用他每次在峰顶上都会说出的事实："即使在最高的山峰上也会有雷声。"如果你问我，是在哪本书中找到这句话的，我可以告诉你，那本书叫作《普罗米修斯》（Prometheus）。他仅仅是在指出，这些高耸山峰的顶端被雷暴环绕。然而，世上是否有如此至高无上的权力，值得像你一样的人采用如此堕落的方式去争取呢？玛塞纳斯确实是一个颇有建树的人，如果他的财富没有令其丧失男子气概的话，他本可以给罗马的演说家提供一种可遵循的伟大模式——然而，是在没有"阉割"他的情况下！像他一样的结局也在等待着你，除非你立刻缩短航行去拥抱岸边——马西纳斯直到为时已晚，也不愿这么做。

（10）玛塞纳斯的这句话可能已经抹平了我欠你的账③，但我敢肯定你会不同意我的观点，并且不愿意接受用这种粗糙和贬值的货币来偿还我的债务。正因如此，我将引用伊壁鸠鲁的话。他说："你事先应该深思熟虑的，不是吃什么与喝什么，而是跟谁一起吃和跟谁一起喝。没有朋友陪伴的晚餐，就像是一只狮子或狼的生

---

① 鲁基里乌斯所担任的官职可能是负责谷物的供给、财务、公众安全，或其他方面。——英译者注
② 玛塞纳斯（Maecenas）：古罗马奥古斯丁大帝的朋友和政治顾问。——中译者注
③ 指双方的格言分享。——中译者注

活。"（11）除非你从世间隐居，否则这种特权不会属于你，你将
只会拥有那些奴隶秘书从访客群中挑出的客人①。然而，从接待大
厅选择朋友，或者在晚餐桌前测试他们，是不正确的。对于一个被
财产搞得焦头烂额的人来说，最大的不幸莫过于，当他自己还不是
一些人的朋友时，却把他们看作是朋友；并且，他会认为自己的风
格可以有效地赢得朋友。虽然对于一些人来说，亏欠得越多，也就
痛恨越多。少量的债务会使一个人成为你的债务人，但大量的债务
会使其成为你的敌人。（12）"什么？"你会说，"难道善良不会建
立友谊吗？"当然会，如果一个人有权去选取施善对象，并谨慎处
置的话，而不是随意散播善良。

因此，当开始为自己思考时，可以采用这句明智的格言：相比
于收到的东西，应该将收到谁的东西，看作是更为重要的。再见。

---

① 指古罗马奴隶被要求记住主人所有的朋友和家眷。——英译者注

二十

论言行一致

（1）如果你身体健康，并且认为自己值得成为自己的主人，我就很满意了。如果我能将你从绝望的洪水中拽出，那么，功劳应该算我的。然而，亲爱的鲁基里乌斯，站在你的角度来讲，我真诚祈求你，让智慧渗入你的灵魂吧。并通过内心的坚强程度和欲望的减少程度，来测试你的进展，而不仅仅是通过交谈或写作。

（2）与那些发表言论，并尝试赢得大众赞许之人的目的截然不同，也与那些千方百计或花言巧语引诱年轻人和游手好闲的人不同，哲学会教导我们去行动，而不是只用嘴说。它指导每个人都应该根据自己的标准去生活，并且言语需要与生活保持一致，进而内在的生命色调也应与其全部行为和谐融洽。这个就是我所说的最高的责任和最大的智慧——言行合一，一个人应在任何条件与时间下，都做同一个自我。

你会回复说，"那么，谁可以遵守这样的标准呢？"凤毛麟角，是肯定的，但确实有些人可以。的确非常难实现，我不是说哲学家永远可以保持同一个速度前进，但他可以永远走在同一条路线上。

（3）那么，审视一下你自己，看看你的着装和房间是否变化不一；是否大方地对待自己，却吝啬地对待家人；是否吃饭朴素，却建造奢华的房屋。你应该彻底依靠一种单一的标准去生活，并且通过该标准去规范你的全部生命。一些人在家里时会限制自我，然而在公众面前就会趾高气昂。这种前后不一致是不对的，意味着其摇摆的心灵还没能维持平衡。（4）另外，我可以告诉你，出现这种不稳定和不一致的行为和目的的原因是什么：因为没有人可以按其意愿做决定，即使有人这么做了，他也不会坚持下去，而是偏离轨道而行；他不仅会偏离，而且还会回到其发誓已放弃的轨道上来。（5）因此，他会融入当代人类的生活方式中，而忽略古老的那个有关智慧的定义。下面才是令我满意的有关智慧的定义："什么是智慧？永远渴望同样的东西，并永远拒绝同样的东西。"① 附加条款是——你希望的东西应该是正确的，除非它是正确的，否则同样的东西不会永远令人满足。

（6）正因如此，除去在实际希望的那一刻，人们并不知道他们到底想要什么。没有人会一次性决定或拒绝其全部想要的。人的判断每天都在不停变化，有时会转到其对立面，这样就使很多人的生命像游戏般一样度过了。因此，你一开始就要坚持到底，也许你会被引领至完美，或者领至只有你自己知道的，还不完美的那种程度。

（7）你会说，"但是，在没有收入的情况下，我如何才能养活我的大家庭呢？"如果你停止支持大家庭的话，它会自我维持。或者，也许你可以从贫穷的恩惠中学到自己无法学到的东西。贫穷会维持你那些真实且经过考验的朋友；你将摆脱那种不是为你自己，而是为了你所拥有的东西而找你的人。贫穷可以告诉你哪些是真正爱你的人，仅仅是这一个原因，你就应该去喜欢贫穷，不是吗？

---

① 作者塞涅卡引用了古罗马历史学家及政治家塞勒斯特（Sallust）有关友谊的定义方式。——英译者注

噢，当那一刻真的来临，没有人会说谎来恭维你！（8）因此，用你的想法、努力、欲望，来使你满足于自己和来源于自身的东西吧！你所有其他的祷告都让神来保管吧！什么样的幸福将会靠近？把你自己融入卑微的境地中，而在那里你不可能被驱逐。为了你能更快速地实现此想法，这封信的贡献①将涉及该问题，我将稍后写给你。

（9）虽然你看起来很疑惑，但伊壁鸠鲁将会再次缴清我的欠债②："相信我，如果睡在草席之上，且衣衫褴褛的话，你的言语将会更加令人印象深刻。因为那时，你不仅仅是在用言语来表达，而且是在展示着言语的真实性。"无论如何，我都会用别样的心灵，去听取我们的朋友德米特里厄斯所讲的话，特别是我看到他在没有斗篷护体，甚至没有毯子保暖以后。他不仅是真理的老师，也是真理的见证人。（10）"然而，财富已经落入腰包的人难道不会蔑视财富吗？"当然，那样的人也很伟大，如果在其看到财富于周围积累，且已成为其所拥有之物后，还能深思熟虑，去微笑和聆听，而不是去拥抱那些财富。这标志着其还没有被与财富的亲密关系所宠坏。在财富中甘于贫穷的人，才是真正伟大的。（11）你会说，"是的，但我不知道，如果突然落入贫穷后，那个人将如何忍耐呢？"伊壁鸠鲁和我也不知道，你说的那个穷人在突然陷入贫穷后，是否会仇恨财富。然而，不管哪种情况，其心态都必须得到赞扬；而且，我们必须调查你说的那个人是不是安贫乐道，以及我说的那个人是不是讨厌富有。因此，在还没有弄清楚那个人是喜欢，还是必须要忍受这种磨难的情况下，那种睡草席和衣衫褴褛的生活

---

① 指双方信中的格言分享。——中译者注
② 指双方信中的格言分享。——中译者注

方式，至少可以稍稍证明他是有着良好倾向的。

（12）然而，这将是一种崇高精神的标志，人们不是因为安贫乐道的方式更好，才去这么做，而是因为这种方式更容易忍耐。他们是很容易忍受的，鲁基里乌斯，当你在长时间练习后，你会发现，它甚至会令人愉悦。因为，它包含着一种无忧无虑的自由感——没有这个前提，任何东西都无法招人喜欢。（13）因此，我认为，必须要按我在一封信中告诉你的，那种伟人经常做的方式去做：留出一些日子，用体验贫穷的方式，去为真正的贫穷生活做准备。还有很多这么做的其他理由，因为我们沉浸在奢侈中，已经把所有的责任，都认为是艰难而繁重的。它会把灵魂从睡梦中唤醒并给予刺激，然后让其记住，自然分配给我们的其实非常少。没有人生而富有。任何一个人在出生后看见第一束光时，都会满足于奶和毛毯。这就是我们的开端，然而，对于我们来说，现在的一些王国都太小了！① 再见。

---

① 指亚历山大大帝不满足于所占据的国度，而不断想要扩充其领地。——英译者注

二十一

论我的写作会给你带来的声望

（1）你是否已经断定，自己和那些在信中提及的人有些过节？你最大的问题是关于自己的，而不是关于别人的，因为你才是自己的绊脚石。你不清楚自己想要什么。比起循规蹈矩地前进，你最好先判断那是不是一条正确的道路。你知道真正的幸福在哪里，却没有足够的勇气去争取。让我告诉你是什么在阻止你吧，因为你自己已无法分辨出来。

（2）在决定想要实现你所希望的那个理想的平静状态后，你又认为那个即将被抛弃的环境对你很重要。你被当前想要离开的生活所放射的光芒所阻止，就像你会落入肮脏和黑暗的状态中一样。这是错误的，鲁基里乌斯，因为从当前的生活进入到另外那个生活是一种进步。这两种生活的不同，就像是光亮和光源的区别。光源所拥有的都源于它自己，而光亮只是借助了它的辐射。前者是来源于外部的照明，如果有任何人站在光源与物体中间，就会立即将该物体遮盖上阴影。但是，光源有来自内部的能量。

（3）能够使你发光的，取决于你自己的学习，它会让你变得杰出。就拿伊壁鸠鲁来说，他在写信给伊多梅纽斯（Idomeneus）①时，尝试回忆其从默默无闻到名满天下的事情。伊多梅纽斯曾是国

---

① 伊多梅纽斯（Idomeneus）：伊壁鸠鲁的朋友和门徒。——中译者注

家的一位部长，威望盖世且大权在握。伊壁鸠鲁说，"如果你被声望所吸引，我的信将会使你的声望更大，比所有你珍爱和令你被别人珍爱的事物加起来都大"。（4）伊壁鸠鲁在撒谎吗？如果不是伊壁鸠鲁把他的名字写在信中，谁会知道伊多梅纽斯是谁呢？所有那些像伊多梅纽斯一样追求名声的人，例如贵族和官宦，甚至国王，都已被世间遗忘了。西塞罗（Cicero）① 的信件使阿提库斯（Atticus）② 的名字免于被遗忘。即使有阿格里帕（Agrippa）作为女婿，有提比略（Tiberius）③ 作为外孙女的丈夫，有杜路苏斯·恺撒（Drusus Caesar）④ 作为曾孙子，也没有给阿提库斯带来什么好处。即使与那些声名远扬的名字有着些许关系，如果不是靠西塞罗将其名字与自己联系在一起的话，他也将很少被人提及。（5）时间的洪水终会将我们淹没，而只有少数的伟人可以抛头露面。即使最终注定还是要销声匿迹，但他们会与湮没抗争并尽可能地站稳脚跟。

那是伊壁鸠鲁能够向朋友承诺的，也是我向你承诺的，鲁基里乌斯。后代的人将青睐我，而我可以把其他人的名字和我的名字一起尽量地延续下去。诗人维吉尔曾向两位英雄承诺永恒的名望，这就是他的承诺：

> *祝福那两位英雄！如果我的词曲拥有能力的话，*
> *你们的名字将镌刻于世，且将永远不会*

---

① 西塞罗（Cicero）：古罗马政治家、雄辩家、作家。——中译者注
② 阿提库斯（Atticus）：古罗马学者。——中译者注
③ 提比略（Tiberius）：古罗马帝王（公元 14 年至公元 31 年在位）。——中译者注
④ 杜路苏斯·恺撒（Drusus Caesar）：提庇留的养子和继承人之一。——中译者注

在时间的著作中被抹去，并且

艾尼阿斯（Aeneas）一伙将会保护首都，

磐石永固，罗马人

定会把帝国延续。

（6）无论如何，当时运降临到人们头上后，当他们成为另一个人影响力的一部分时，只要他们维持其职位，就会被大量的赞扬围绕，门庭若市。但当他们离开其位置后，就会立刻被人遗忘。而当影响力来自本身时，对他们的尊敬将继续增加，不仅荣誉会持续积累，而且还会从一个人向另外一个人扩散。

（7）我不能在信里免费引荐伊多梅纽斯，他将负责去偿还我欠下的债务①。就是他，引出伊壁鸠鲁的那句名言，敦促其令比索克莱（Pythocles）②富有，但不是以那种粗俗的方式。他说："如果你想要令比索克莱富有，不要给他更多的金钱，而是要减少他的欲望。"（8）这个想法非常清晰，根本不需要解释；并且非常聪明，根本不需要去改善。然而，有一点我需要提醒你——不要认为这条规则仅可以应用在财富上，它的价值不管应用在哪都是一样的。"如果你想要使比索克莱出名，不要给他更多的名声，而是要减少他的欲望"；"如果你想要使比索克莱永远快乐，不要给他更多的快乐，而是要减少他的欲望"；"如果你想要使比索克莱成为一个长寿的人，不要给他更多的年岁，而是要减少他的欲望"。（9）没有理由认为这些言语只属于伊壁鸠鲁自己，它们是大家共有的财产。即使他们不会在议会中这么做，但我觉得我们应该在哲

---

① 指双方信中的格言分享。——中译者注
② 比索克莱（Pythocles）：伊壁鸠鲁最喜爱的学生之一。——中译者注

学上如此行事：当有人提出了一个议案，而我只赞同其中的一部分，我会让他把议案分成两个部分，而我只会给那个我赞成的部分投票。所以，为了可以向那些人证明，我会无比高兴地重复伊壁鸠鲁的那句名言。那些人会带着不良的动机去依靠伊壁鸠鲁，以为他能为他们掩盖恶习。我要让伊壁鸠鲁告诉他们，无论在哪个哲学学派学习，他们必须高尚地生活。

（10）去伊壁鸠鲁的花园，你会发现那里铭刻着一句谚语："陌生人，你需要在这做好等待，这里最美好的是快乐。"那个地方的照料者，一位善良的主人将会迎接你；他将会用大麦饭和足够的水欢迎你，还有这句话："你对这样的款待满意吗？"他说："这个花园不会激发你的食欲，而会去抑制它；花园也不会使你更加口渴，而是用自然且免费的方式抑制它。这就是伴随着我成长并慢慢变老的'快乐'。"

（11）然而，在和你交流时，我提到那些无法缓和，而只能用贿赂去终止的欲望。因为这种特别的欲望，可能无法延缓，也无法抑制和制止，所以我将下面这个想法与你分享：那种快乐取决于自然，并非源于我们的需求；我们不欠它任何东西，任何关于它的花销都是免费的。肚子不会听取建议，它只会胡搅蛮缠地提出需求。假如你仅把欠下的那些给它，而不是把所有你能给的都给它的话，肚子也不会成为一个麻烦的缔造者，并且你可以用很少的花费就将其满足。再见。

二十二

论半途而废

（1）到目前为止，你已经懂得了必须远离那些华而不实和堕落的追求，但是，你仍然想知道如何做才能实现。有些事情，只有当事人才能知道。医者不能在毫无根据的情况下，告诉你适当的进食或洗澡时间，他必须先行诊脉。有一条关于罗马格斗者的古老谚语；在准备战斗时，他们必须专心观察对手的眼神、手里的动作，甚至躯体的细微变化，这些都是在发出警告。（2）我们可以制定出一般的规则，并交给他们去书写，例如，什么是一般该做的，或应该完成的。这些建议，不仅应该让不在场的朋友们知道，而且也要流传到后人手中。然而，关于第二个问题，计划将在什么时候，或者将如何去执行——没有人可以在如此长的时间里给出建议。我们必须根据实际情况商讨。（3）如果你想利用那稍纵即逝的机会，你不仅要在身体上时刻准备，也要在思想上保持警惕。你要待机而动，如果看到机会，就要紧紧抓住，并孤注一掷、全力以赴地去完成这个任务——把自己从那些日常职责中解脱出来。

仔细听取我即将给你的这个建议：你应该摆脱那种存在的状态，完全摆脱。我同样建议你应该采取一条温和的路线，先尝试去放松那个被系得很糟糕的结，而不是直接切断它。如果没有其他方式解开那个结的话，再尝试去切断。没有人是如此胆怯的，宁愿永远处于纠结中，而不愿一下子了结所有。（4）同时，不要妨碍自己，才是首要的考虑。乐于在一些事务上放手，或者，你更倾向于让人们认为，你已经退出了。你没有理由为一些东西更加努力地挣扎；如果你确实如此的话，那么你将失去所有的借口，并且人们会看到，这并不是退出导致的。人们的解释一般是不正确的："我是被逼才这么做的。认为那不是我的意愿，但我不得不这么做。"但是，没有人会被逼迫用最快的速度去追求富足。这意味着，在遇到阻碍时，即使他没有抵抗能力，他也会急切地去追求财富。（5）你会生我的气吗？如果不仅是我自己，我还要叫上别人来一起给你建议——他比我更具智慧，会解决我所面对的一切问题。去读伊壁鸠鲁关于这件事情的信件吧。那封信是写给伊多梅纽斯的。伊壁鸠鲁告诉他要尽量加快速度，在那些更强大的力量到来前撤退，和自由一起归隐。（6）但是，他也提到，一个人除了追求那些当下适合并适时的东西外，应别无他求。那么，当适于长期追求的时机到来时，就让他放手去做吧。在我们冥想逃脱时，伊壁鸠鲁不允许我们打瞌睡，他敦促我们，即使处于最艰难的历程中，也要去期望一个安全的退隐过程，只要我们在时机来临前不怠慢，或在时机到来后不拖延的话，就可以实现。

（7）我想你现在正在寻找斯多葛学派的谚语。为什么任何人都能向你诽谤我们的学派，说它轻率鲁莽，这真的毫无理由。事实上，其谨慎远大于其胆量。你可能正期望斯多葛学派可以表达这样的话语："从责任中逃脱，是卑鄙的行为。与你已经开始履行的职责去搏斗吧。如果心灵面对困难的任务时不能成长，如果逃避危险，就没有人能够被称作勇敢坚定。"（8）如果你能坚持不懈地集中在一个值得奋斗的目标上；如果你将不得不做，或不得不经受那些不值得一个好人去承受的任何事情；诸如此类的话语确实应该传达给你。此外，一个好人不会浪费时间在卑劣和有损信誉的事情上，或者仅仅为了忙碌而去忙碌。你可以想象，他也不会参与那些雄心勃勃的计划，导致他必须持续地忍受该计划的兴衰起伏。不仅如此，当他看到像之前那样变化无常的危险、不确定和风险时，他会逃离——不是背对着敌人，而是一点点挪移到安全的地方。（9）然而，亲爱的鲁基里乌斯，从商业事务方面考虑，很容易逃离，你只需要鄙视那些商业荣誉。我们被类似的想法抑制住了："那该怎么办呢？我该放弃如此伟大的前途吗？我该在收获的那一刻离开吗？我该摒弃我所拥有的奴隶吗？没有随从为我抬轿子？没有人在接待室等我？"

因此，人们是为了这些好处才犹豫不决，不想离开的。他们喜欢苦难所带来的荣誉，却咒骂那些苦难。（10）男人们抱怨他们的野心，就像抱怨他们的情妇那样。换句话说，如果你渗透并进入他们的真实感受中，你发现的将不是痛恨，而是唠叨。去看看那些自称蔑视欲望的人的思想吧。他们会谈论逃避那些他们无法离开的东西。到时候你就会理解那些人，他们让自由意志在某种状态中游荡，又声称他们很难或无法忍受这种状态。（11）亲爱的鲁基里乌斯，的确如此，有些人是被这种奴役状态紧紧困住的，更多的人会紧紧守住这种奴役状态。

然而，如果你想要摆脱这种奴役状态，如果自由真的令你眉目顿开，如果你想要为此目的寻求建议——你可以在摆脱持续不断的烦恼的情况下，实现这个目的——所有的斯多葛学派思想家，怎么会不帮助你选择路线呢？芝诺、克吕西普和其他所有这类人将会给你适度、值得尊敬且合适的建议。（12）但是，如果你总是左顾右盼地犹豫，总是想知道可以随身携带多少，有多少钱可以留着用于生活的享乐，那么你永远也不会找到一条出路。没有人可以带着行李去游泳。在众神的帮助下，为了更高尚的生活而出发吧。但是，不要出现那种情况，在众神给予人类善良和亲切面孔时，人们却用邪恶作为回报，并理直气壮地认为愤怒与折磨也曾作为回报被给予祈祷者。

（13）我已经给这封信盖上了印章，然而为了给你一贯的贡献①，必须将其拆封，添加一些高尚的名言。这句名言出现在我脑海中，我不知道是它的真实，还是它的高贵，使它更加伟大。你会问，"是谁说的？"是伊壁鸠鲁。我仍然在他人的作品中汲取着营养。（14）这句话是这么说的："每个人离世时，就像他刚刚出生一样。"撕下一个人的面具——不管是年轻的、年长的，或是中年的，你会发现他们全都害怕死亡，同样对生命漠不关心。没有人完成了任何事情，因为我们不断拖延着我们正在做的所有事情。这句话嘲笑了像婴儿般的老人们，他们总是在拖延时间；没有什么比这一思想更令我感到喜悦的了。（15）伊壁鸠鲁说："任何人离世的方式，都与刚刚出生的孩子不同。"这是不对的。因为我们死亡时要比出生时更为糟糕，这不是自然的错误，而是我们自己犯的错。自然应该责骂我们："你们这是什么意思？我把你们带到这个世界上时，没有欲望或恐惧，没有迷信、背叛和其他任何诅咒。你们该像出生时那样前进！"

（16）如果一个人可以像出生时那样，无忧无虑地死去，那么，他就已经理解智慧的真谛了。但事实上，我们在死亡接近时都会非常躁动。我们的勇气不见踪迹，面颊暗淡无光，眼泪也掉了下来，然而，这一切都无济于事。有什么要比在平静世界的入口烦恼更加低劣呢？（17）原因是这样的，我们被剥夺了所拥有的一切，

---

① 指双方信中的格言分享。——中译者注

且抛弃了生命而陷入危难中；没有任何东西在我们的掌控中，一切都颠簸到船外，并随波漂走了。人们不关心他们活得多么高尚，而只是关心活了多久。然而，能活多久并不是人们可以掌控的，高尚地去生活却是每个人都力所能及的。再见。

二十三

论源自哲学的真实喜悦

（1）你觉得我会写信告诉你，这个短暂而温和的冬天是多么友善吗？或者，当下的这个寒冷的春季是多么糟糕？或者当人们找不到主题交谈时，所聊的那些鸡毛蒜皮的琐事？不，我会和你交流那些可以共同帮助我们的东西。除了对健全心灵的劝导外，这个"东西"又该是什么呢？你会问我，什么才称得上是健全心灵的根本？当然不是在无用的东西上寻乐。我说的根本，其实是真正的高峰。（2）如果我们在这个东西中能找到喜悦，并且，我们没有把自己的快乐置于外部事物的掌控中，我们就到达那个境地了。那种被一切希望不断激励的人，即使希望是在力所能及的范围内，即使很容易就会实现，即使其野心从没令他失望，他仍旧会感到忧愁和不确定。（3）总之，亲爱的鲁基里乌斯，首先要掌握这一点：学会感知快乐。

当我试图摒弃诱惑时，或者，当我劝告你放弃人们心中最令人喜悦的希望时，你是否认为我在剥夺你的快乐？正好相反，我从来不希望你的快乐被剥夺。我巴不得它来源于你自己；只有快乐在你心中，才会真的属于你。其他快乐的东西，都无法填满一个男人的胸怀，而只能算是短暂地抚平了人的额头——除非你认为凡是微笑着的人都拥有快乐。无论在任何环境下，灵魂都必须快乐而自信。

（4）相信我，真正的快乐是一件严肃的事情。你认为，一个人可以用毫不在意般的表情去鄙视死亡吗？或者用那种花花公子们常说的"纵容放荡"的表情？或者一个人可以向贫穷敞开大门，或控制他的快乐，或去思考那些对痛苦的忍耐吗？那个用心思考这些事情①的人，才是充满乐趣的，但不是那种令人高兴的乐趣。然而，正是这种乐趣才是我建议你去拥有的。因为只有你找到了它的源头，它才永远不会令你失望。（5）贫瘠的矿产就在地面表层，而真正富有的矿脉，却埋藏得很深，它们会给那些努力钻研的人以更丰盛的回报。就像那些令普通大众赏心悦目的，都是些小玩意，徒有其表，缺乏实质的基础。但我所描述并强烈建议给你的乐趣，是非常可靠的存在，你在深入了解后才能发现更多。（6）因此，亲爱的鲁基里乌斯，我恳求你去做那一件能给你带来真正快乐的事情：抛弃那些由别人施与，或来自外在的表面光鲜的东西；去寻找真正美好的，且只源于自己储备的喜悦。我提到的"源于自己储备"是什么意思？我的意思是源自你的内心，那是你最好的部分。脆弱的身体也是必要的条件，即使它不那么重要，但是没有它我们什么都做不了。身体会使我们陷入无用的享乐，昙花一现，随之就后悔莫及；除非我们有非常强大的自控力，否则将事与愿违。这正是我想说的：除非被有效地控制，否则快乐会匆匆将人带入痛苦的深渊。

然而，很难将你限制在你认为是好的东西当中。真正好的东西可能是倾向于安全的。（7）你会问我，什么是真正的美好？它来源于哪里？我会告诉你：它来源于良心，来源于高尚的目的，来源于正确的行动，来源于对机会的蔑视，来源于一成不变的平坦和平

---

① 指死亡、贫穷、引诱和痛苦等。——英译者注

静的生活方式。那些从一个目的跳转向另外一个，或不仅是跳，而且是被危险席卷过去的人，怎么可能拥有固定且持续的美好呢？（8）只有很少的一部分人，可以用所制定的目标，去指导并控制自己和自己所做的事情；剩余的人很难坚持下去，他们像漂浮在河中的物体一样随波逐流。而这些物体，一些被缓流控制，慢慢地流放；一些被湍流所撕裂；一些靠近岸边的，被冲上了岸；另外一些则被急流冲到了海里。因此，我们应该决定自己想要的，并一直坚持下去。

（9）到我支付欠债①的时候了。和你分享一句老朋友伊壁鸠鲁的话，以了结这封信的责任："开始生活始终是令人烦恼的。"或者另外一句，也许可以更清晰地表达那个意思："那些刚开始生活的人，活得总是很不适应。"（10）如果你询问为什么，这样就对了，这句话的确需要解释。因为这种人的生活往往是不完整的。如果一个人刚刚开始生活，他将无法为死亡的降临做好准备。我们要想活得长久，就必须要考虑死亡。如果一个人正处于筹划人生的阶段，没有人会认为他已经实现了该目的。（11）不要认为这种情况很少见，事实上，每个人都有这种特征。的确，一些人在该离世时，才开始去生活。如果这令你很吃惊，那么，我该告诉你那会令你感到更为吃惊的：一些人在开始生活前，就已经离开了生活。再见。

---

① 指双方信中的格言分享。——中译者注

二十四

论蔑视死亡

（1）你写信告诉我，你正在为一个诉讼的结果而感到忧虑，因为愤怒的对手正在威胁你。并且，你希望得到我的建议：如何让自己处于一个较为愉快的境地中，并能在希望的诱惑下保持平静。的确，为什么一定要自找麻烦？麻烦降临后必须尽快了结。或者，为什么要去期盼麻烦？进而通过对未来的担心而毁掉当下的生活。因为未来你可能会不开心，所以导致现在不开心，这是愚蠢的。（2）然而，我可以从另外一条途径把你引向平静的心灵：如果你想远离所有的忧愁，就在任何事情上假设，你担心可能发生的一定会发生；无论麻烦是什么，在心中衡量它，并估算其带来了多少焦虑。你会发现，你所担心的不仅不重要，而且是短暂的。（3）你不需要花太长时间收集那些可以鼓励你的案例，每一个时代都会有这样的例子。思考一下罗马或国外历史的任何时期，都会有数不清的、成就非凡的著名例子。

如果你在那个所提到的诉讼中输了，无非是被流放或关押，会有更糟糕的事情发生吗？难道人们会去担心比一个人被烧死或杀死更坏的命运吗？罗列出那些处罚，并列出历史中那些蔑视它们的人。一个人不需要去寻求这些惩罚——只是一个简单的选择问题罢了。（4）茹提利乌斯（Rutilius）①被判了刑，而唯一一件令其恼火的事情就是不公正的裁决，而不是他将接受什么样的刑罚。梅特卢斯（Metellus）②会勇敢地接受流放，而茹提利乌斯甚至会对流放感到喜悦。前者只有在国家将他召回时，才会回来；而对后者来说，即使苏拉将其召回时，他都拒绝了。那时可没有人敢对苏拉说"不"啊！苏格拉底在狱中还继续演讲，就算有人给他逃脱的机会，也被他拒绝了。他坚守在狱中，就是为了让人类从最害怕的两件事——死亡和牢狱中解脱出来。（5）慕修斯（Mucius）③将手放入火中烧灼。被烧伤是很痛苦的，而这又是自己造成的，是多么的痛上加痛啊！他不是一个爱学习的人，不会采用智慧的方式，去面对死亡和痛苦；他只会用士兵一样的勇气武装自己，并会因徒劳无功而惩罚自己。他挺身站立，眼看着自己的右手逐渐被敌人的火盆烧焦，仅剩骨头也毫不退缩，直到敌人把火盆移开。他也许在征战中成就了很多东西，但没有什么是可以超越那种无畏精神的。可以看到，一个毅然面对危险的勇敢之人，要比一个残酷的人，有着更加强烈的情感。慕修斯因没能杀害波尔塞纳（Porsenna）④而自责，相比之下，波尔塞纳则更加情愿地原谅了慕修斯的杀害企图。

（6）你会说，"这些故事已经在所有学院中流传遍了。谈到'关于蔑视死亡'的时候，你马上就要提到小加图了吧"。是的，为

---

① 茹提利乌斯（Rutilius）：古罗马政治家、军人、演说家和历史学家。——中译者注
② 梅特卢斯（Metellus）：古罗马共和时期的一位政治家、将军。——中译者注
③ 慕修斯（Mucius）：相传是古罗马的一位勇士，在敌军进攻罗马时，他被派去刺杀敌人将领。而失败被捕后，意志坚定的他将一只手伸入火盆中，以彰显罗马年轻人的英勇。敌方将领在感受到其魄力后，将其释放回罗马，并向罗马提出和平请求。——中译者注
④ 波尔塞纳（Porsenna）：伊特鲁里亚的国王。——中译者注

什么我不该提到小加图呢？他把自杀用的剑放在枕头下，然后在其光辉的最后一个晚上，他仍然在读柏拉图的书。他为自己的最后一刻准备了两件必需品——一个是必死的决心，另外一个是死的途径。他把自己的事务都安排好了，就像安排好了接近死亡时的人应该安排的东西。他认为没人能杀害他，也没人有机会拯救他。（7）然后，他抽出那把从来没有染过鲜血的剑，喊道："命运，你抵制我的一切努力都是徒劳无功的。为了国家的自由，而不是我自己的，我一直奋斗至今；我并非顽固不化地为了自由，我只是想生活在自由中。现在，既然人间的事务已无法挽回，就让小加图退守于安详之中吧。"（8）在说话的同时，他把剑挥向身体，顿时血流如注。经过医生的抢救，其伤口被包扎起来。虽然小加图因失血过多而丧失了力气，然而，他的勇气却一如既往。此时，他不再为恺撒生气，而是为自己恼火。他虽然手无寸铁，但仍挥向了伤口，不仅是释放，而且是驱逐了这种高尚的，且可以蔑视世间一切力量的灵魂。

（9）我并不是为了彰显我的智慧，才积累这些例子的，而是为了鼓励你去面对那些想象中最糟糕的情况。我会用更容易的方式去激励你，如向你展示，不仅坚决果断的人会鄙视灵魂临终时的一刻，而且，在其他方面显得畏缩的人，此刻也同坚决果断的人一样。以格奈乌斯·庞培（Gnaeus Pompeius）的岳父梅特卢斯·西庇阿（Q. Caecilius Metellus Pius Scipio）为例：当他的船被逆风吹向非洲的岸边落入敌人之手后，他用剑刺穿自己的身体。当有人问指挥官在哪里时，他回答："指挥官一切都好。"（10）这句话把其推上了和其祖先一样的地位，当命运终止西庇阿在非洲的统治时，并没有破坏其光辉的荣誉。征服迦太基（Carthage）① 很了不起，

---

① 非洲北部地区的古国。——中译者注

但征服死亡更加了不起。"指挥官一切都好!"除此之外,将军应该选择死亡吗?特别是如小加图般的将军们。(11)我不会再给你介绍历史,或者收集历来那些蔑视死亡的人的例子,因为确实有很多人这么做了。可以和当下的这个时代进行对比,想想那些因衰弱和过度精致引发我们不满的人;还有每一个等级,和每一个年龄段中为了结束生活的不幸而自杀的人。

鲁基里乌斯,相信我,根本无须害怕死亡,特别是在其帮助下,一切都应无所畏惧。(12)因此,面对敌人的威胁时,你根本无须担心。虽然你的良心会使你保持自信,然而,考虑到很多外部东西都会对你的诉讼案件有影响,所以,你既要对案件完全的公正判决有信心,也要为完全的不公正判决做好准备。无论如何,记住,首先要摆脱所有干扰和困惑,想想最后的结果可能是什么。到时候你就会明白,其实除去恐惧本身外,没有任何值得恐惧的东西。(13)你会看到发生在小孩子身上的事情,也发生在我们身上,我们仅仅是大一点的孩子:当男孩们所爱的、每天交往的和一起玩的人戴上面具后,他们就会被吓坏。而我们应该摆脱那面具——不仅是来自人的,还有来自其他东西的——的影响。这样,我们就可以看到每个东西本来的面貌。

(14)"为什么死亡和痛苦会用刀剑、火焰和一群狂暴的刽子手来遮蔽我的双眼?把那些徒劳的外表都撕去,背后躲着的是那些最大和最骇人的傻瓜!哎!那其实什么都不是,只不过是死亡罢了。昨天我的仆人们还在蔑视呢!为什么死亡和痛苦又在我面前大肆炫耀那些鞭子和刑台呢?为什么要准备那些可以用来折磨身体的多个部位的刑具,还有那些为了把人绞得粉碎的数不清的工具?所有这些东西,都会令我们更加无视恐怖!把呻吟声、痛哭声和受害人在拷问会架上被折磨的尖叫声统统掩盖!的确,只不过是痛苦罢

了！痛风患者会鄙视它，进餐的胃病患者会忍受它，分娩中的女孩
会勇敢承受它。如果我挺得住的话，死亡和痛苦也不过如此；如果
挺不住的话，那也将是非常短暂的!"

（15）认真思考那些你经常听到和说过的话语。此外，用结
果去证明你听到和说的是正确的。我们斯多葛学派经常受到一
个非常可耻的指控，说我们只是在处理哲学的言语，而非真正
去行动。

难道你只在此时才知道，死亡在笼罩着你，被流放的命运和悲
痛也在紧随着你吗？你生来就伴随着这些困境。让我们想一想那些
一切可能发生的事情，其实只有其中一部分会确定发生。（16）我
知道你确实做了那些我建议你去做的。我现在提醒你不要让灵魂陷
入这些琐碎的忧虑中。若不能做到的话，灵魂将会一蹶不振，当崛
起的时机到来时，也将失去活力。把你的关注从那个案件移到人类
大众上来。对自己说，我们终有一死；痛苦不仅由错误，或是强者
的力量而引发，也可以从其他方面而来。享乐可以变成折磨，大吃
大喝会导致消化不良，酒席宴会令肌肉无力和麻痹，肉体的嗜好能
影响手、脚和身体的每个关节。

（17）如果我成了一个穷人，我将会是众多穷人中的一员。如果
我被流放，我将会把流放地视为家乡。如果他们将我绑住。那该怎
么办？难道我现在就没有被束缚吗？承受着这副身体的负担，这就
是来自自然的束缚啊！当你说"我会死去的"，你的另外一个意思也
许是"我会摆脱疾病，摆脱牢狱，摆脱死亡的危险"。（18）我还没
有愚蠢到此刻去查阅伊壁鸠鲁那些喋喋不休的论证，并声称下面这
些世间的恐惧是不存在的：伊克塞翁（Ixion）① 并没有被绑在车轮

---

① 伊克塞翁（Ixion）：希腊神话中的一位国王。——中译者注

上不断旋转；西西弗斯（Sisyphus）① 并没有扛着石头上山；一个人②的内脏如果每天被蚕食的话，将无法恢复。没有人会幼稚到害怕刻耳柏洛斯（Cerberus）③，或者影子，或者由干枯骨头拼凑的幽灵服饰。死亡不会彻底毁灭我们，也不会剥夺我们的一切。如果我们因此解脱了，摆脱负担的我们仍会拥有较好的那部分；如果我们因此被摧毁了，一切都将不复存在，好的和坏的都会消失。

（19）让我引用你的一句诗文，首先要说的是，你写的时候是针对自己而不是其他人。说一件事情，意味着另一件，这是不光彩的；而写一件事情，意味着另外一件，则更是不光彩的。我记得有次你使用了那句老生常谈的话——我们不是突然间死去的，而是朝死亡一步一步前进的，每天都走在死亡的路上。（20）生命每天都在一点点消失，即使我们正在成长时，生命也在走向衰落。我们逐渐失去了童年、少年和年轻时的所有时光。甚至昨天所有的时间也都消逝了。当下的每一刻，我们都是在与死神分享着。不是最后的一滴水清空了整个水钟，而是之前所有的水都已流出了。同样地，不是最后一刻将我们引向死亡，而是死亡本身，结束了死亡的全部过程。虽然我们是在那一刻才临近死亡，但我们其实已走在死亡路上很久了。（21）你用了自己一贯的风格表达这种情形（你的写作令人印象深刻，没有什么比用适当的词语表达事实来得更尖刻了）：

死亡不是独自到来的；令我们解脱的那个死亡，

只是它们中的最后一个。

---

① 西西弗斯（Sisyphus）：希腊神话中爱费拉（Ephyra）的国王。——中译者注
② 指希腊神话中的普罗米修斯。——英译者注
③ 刻耳柏洛斯（Cerberus）：希腊神话中的冥界多头看门狗。——中译者注

比起在我的信中阅读，我更希望你去读自己的原著。到时你就会清楚，我们所害怕的死亡是最后那一个，而它不是唯一的死亡。

（22）我知道你正在找什么，是不是正在看我信中写了哪些大师们具有启发性的言语或格言？我会写给你一些与本次讨论题目相关的格言。伊壁鸠鲁责骂那些渴望死亡的人，就和责备那些畏惧死亡的人一样严厉，他说："因为仅对生命产生厌倦就想要去死，这是无比荒唐的。一个人对生命的态度，成就了其对死亡的态度。"（23）在另一段中，他说："寻死是多么的荒谬啊！因担心死去，就可以抛弃一个人平静的生活吗？"他还说道："人们是多么的轻率啊！不，是多么的愚蠢啊！一些人会因为害怕死亡，而强迫自己去死。"

（24）无论你仔细思考这些想法中的哪一个，都会增强你的心灵对于死亡和生命的忍耐力。我们需要双向加强——不要太溺爱，也不要太痛恨生命。即使有充足的理由去结束它，我们也不要轻率，或不假思索、过于冲动地行事。（25）勇敢和聪明的人，不应从生命中匆忙撤离，他应该懂得适当地退出。总之，要避免其他人的弱点——渴望死亡。所以，亲爱的鲁基里乌斯，就像思想有时会不假思索地倾向其他东西，它也可能不假思索地倾向死亡。这不仅是最高尚和最英勇的人，也是懦夫和贱人们常犯的错误。前者蔑视生命，而后者厌倦了生命。

（26）有些人会因为总是看或做同样的事情，而有了类似的倾向；他们不是因为痛恨生命，只是过于腻烦了。当哲学推着我们前进时，我们偶尔也会落入这样的境地。有人会问："我还要忍受同样的事情多久？是不是还要起床和睡觉，饥饿和饱餐，冷颤和流汗？一切都遥无止境，所有东西都像一个圆圈似的连在一起，逃离后也会被追回。夜晚紧挨着白昼，白昼也紧随着夜晚。秋天终结了夏天，冬天又紧跟着秋天，然后逐渐进入春天。自然中的一切都在以这种方式变化着，周而复始。没有任何新事可做，也没有任何新意可见；迟早我们会厌恶这一切。"有很多人认为生活并不痛苦，只是有些多余罢了。再见。

二十五

论改善

(1) 说起我们那两个朋友，必须用不同的方式对待他们。其中一个的过错应予以纠正，另外那个的错误需要彻底清除。我会按照自己的意愿行事，因为我的确不喜欢年长的那位，只是我不愿意伤害他的感情。你会说，"什么？你想要去指导一位40多岁的人吗？考虑一下他的年龄，现在的处境和过去的处理方式吧！(2) 这样的人很难再去改变，只有年轻的思维是可以塑造的"。不清楚我是否可以取得进展，但是，我宁愿失败也不会失去信心。即使是长期的病，也不能放弃治愈的希望；只要你不过度并强迫他们去做那些违背其意愿的事情。至于另外那个朋友，若不是他仍有羞耻之心，仍为其罪恶而感到羞愧的话，我也是没有足够信心的。而这种谦逊品质应该得到培养，只要其一直持续出现在灵魂中，就仍然会有希望。不过，对于那位年长者，我们应该小心行事，不要令其对自己感到绝望。(3) 没有比现在更好地去接触他的时机了。他正在休息，且似乎像是个已经改正错误的人。其他人可能被他这种德性所骗，但他欺骗不了我。我肯定那些缺点将会再现，如果再现的话，将会变本加厉；目前我敢肯定的是，其缺点只是暂时搁置了，但没有完全消失。我会找个时间来处理一下，尝试是否可以为他做一些事情。

（4）去做你自己吧。就像你现在做的那样，让我看看你的内心有多么坚强。轻装简从地前进吧。我们所拥有的一切都不是必要的。让我们回归自然本性，到那时，富有就会摆在我们面前。我们实际上真正所需要的东西，要么都是免费的，要么就是非常容易得到的。人的天性仅仅需要面包和水。按照这个标准来看的话，没有人是贫穷的。当一个人把欲望限制于这种境地的话，就像伊壁鸠鲁所说的那样，他拥有的快乐可以与朱庇特媲美了。（5）我必须在信中多加入一两句伊壁鸠鲁的格言："就像伊壁鸠鲁在关注你一样，去做任何事情。"毫无疑问，给自己找一位守护人——一位可以去仰慕并可以见证自己思想的人，是很有益处的。在永远站在你一边的好人眼皮底下，并以自己的方式去生活，确实是更加高尚的。不管做什么，如果你仅做那些有人在注视着你时才做的事情，我就很满足了。因为独处会引发各式各样的罪恶。（6）当你一直进步至今，也就拥有了自尊，便可以把随从送走。就在这时，为自己找个权威的守护者。不管是伟大的加图、大西庇阿，还是拉埃柳斯，或者其他什么人，只要他们一出现，即使恶棍都会去检讨自我。在此期间，你要努力使自己成为一个在他们陪伴下不会去作恶的人。当这个目标完成后，你自己便会获得一定的尊重。我会逐渐建议你去践行伊壁鸠鲁在另一章节中所提议的："当你被强迫成为大众的一员时，正是你最应该退守于己的时候。"

（7）你该让自己与众不同。然而，考虑到退守到自我之中并不安全①，就去找个适当的人做伴吧。因为每个人都会在别人的陪伴下变得更好——不管是谁的陪伴，都会比一个人独处强。"当你

_____

① 因为"独处会带来邪恶"。——英译者注

被强迫成为大众的一员时，正是你最应该退守于己的时候。"是的，但前提在于你是个善良、平静，并有自我约束力的人；如果不是，你最好避免与自己独处，去跟大众接触吧。独自一人，你会离无赖更近。再见。

二十六

论年迈和死亡

（1）不久前我告诉你，我日益年迈了①。但我现在已经把年迈这个概念抛弃了。因为其他一些词汇可以适用于我这个年龄，至少适用于我的身体。年迈意味着生命疲惫，还没有到彻底不行的阶段。你可以把我归为风烛残年那一类——就是那些即将接近人生尽头的人。

（2）不管如何，我还是要在你的见证下，感谢一下自己。因为我觉得这把年纪对我的思想没有造成任何破坏，即使我身体上确实感受到了些许影响。只有我的恶习和来源于外部对这些恶习的协助，已经达到了衰老的状态。我的思想依旧强壮，且庆幸的是，它只与身体有一丝丝关联。我的思想已经卸下了绝大部分的负荷。在和我一起处理年迈这个题目时，它依旧警觉。它这是在宣布，年迈阶段正是其绽放的时刻。（3）让我听从它的话，让它最大限度地发挥它所拥有的优势。心灵吩咐我做一些思考，考虑这种精神的平静和性格的节制有多少要归功于智慧，有多少要归功于岁月，它要我仔细区分我不能做什么和我不想做什么……②如果一切都注定要衰退，为什么一个人会抱怨，或者视其为损失呢？（4）你会说，

---

① 参考第十二封信，塞涅卡此时可能已经超过 65 岁。——英译者注

② 本段原稿损坏。——英译者注

"但是，最大的不足就是在消磨中死去；或者更确切地说，就是逐渐融化！因为我们不是猛然间就被击倒的，而是处于逐渐消磨的状态中，力量每一天都在某种程度地减少"。

当大自然按其规律滑行时，相比与其一同滑向天堂，有其他更好的终结方式吗？并不是说突然间离世会有什么痛苦，只是渐渐离开更加容易一些。就像考验即将到来，那一天①将要宣布有关我生命的决定时，我无论如何都会审视自己，并对自己说：(5)"我们至今的演出，用言语或行为表达出来的一切，都不算数。所有一切都是我们心灵中微不足道，且具有欺骗性的誓言，并被裹在了骗人的把戏中。我会让死亡来决定我到底有怎样的进步。因此，在准备最后一天时，我将不会心软。撇开舞台上那些演员的演技和妆容，我要对自己进行评判——我是否仅仅表达了勇敢的情操，我是否真实地感受到了它们；我所说的大胆地去与命运抗争，是否只是一场假装的闹剧。(6)请撇开世人对你的看法，因为其总是摇摆不定，且褒贬共存的。撇开你毕生所追求的那些学问，死亡会给你一个最终的审判。这就是我所要说的：你的辩论及所学的谈话技巧，从智者教诲中积攒的格言，以及有教养的谈话——所有这些都不能证实灵魂的真正力量。即使最胆怯的人，也可以发表大胆的演说。你过去所做的一切，在你吸入最后一口气时，才会表现出来。我接受这些条款，我将不会因死亡的审判而退缩。"(7)这就是我对自己说的，也是我想对你表达的。你比我年轻，但这又有什么用呢？我们的生命没有固定的年限。你不知道死亡在哪里等着你，所以，随时都要做好准备。

(8)我正准备停止写下去，开始为信的结尾做准备。我们的

---

①　指死亡。——中译者注

习惯仍将持续，且这封信的邮寄费①已经支付。假设我没告诉你，我将从哪里借到那必要的金额，你也该知道我会依赖谁的保险箱②。稍等片刻，我会从自己的账户中支付③；而同时，伊壁鸠鲁把这句话赠予了我："思考一下死亡，或者，如果你倾向于这个词'移居天堂'。"（9）它的意思非常明确——认真仔细地去学习如何死亡，是一件很棒的事情。你可能认为，去学习那只能用上一次的词语，是没有必要的。但是，这正是我们应该去思考一个东西的原因。如果我们不能证明是否真的了解一个东西，我们必须一直去学习它。（10）"思考一下死亡。"这就是说，他叫我们去思考自由。学会死亡的人，会从奴役中解脱；他将超越任何外部力量的束缚，至少是超越了死亡。监狱、镣铐和法庭有什么可恐惧的呢？如果出路是清晰可见的话。只有一条绳索捆绑着人的生命，那就是对生命的爱。这条绳索不可能被切断，但可以被磨坏。所以在必要时，没有任何东西可以阻碍我们马上去做那个在某个时刻我们必须要做的事情。再见。

---

① 指分享的格言。——中译者注
② 指借用哪一个人的格言。——中译者注
③ 指作者塞涅卡本人的表述。——英译者注

二十七

论持续的美好

（1）你说，"什么？你在给我建议吗？你已经给了自己建议，且纠正自己的过失了吗？这就是你为什么有空闲，去纠正其他人错误的原因吗？"不，我还没有无耻到自己还在生病时，就去给他人治疗的地步。然而，我想与你探讨的是我们共有的麻烦，并与你分享疗法，就像我们病了都会躺在同一家医院一样。因此，请你听我说，就像是我在和自己对话一样。我承认，其实在心底最深处的我，是在与自己交谈，仅仅将你作为一种托词罢了。（2）我持续对自己大吼："看看你的年纪吧。你会因与年少时渴望和追求同样的东西，而感到惭愧。你在临终前只有一件事需要确认——让你的过错在你去世之前都消逝吧。远离那些乱七八糟的乐趣，它们注定会造成一笔不小的开销。不仅是那些来了后会造成伤害的，还有那些来了后又离开的。正像是犯罪，即使在当时没有被发现，焦虑也不会因此终结。所以，有罪恶感的享乐，即使享乐结束后，后悔也仍将伴随。即使罪恶不是很大，也不恶劣，甚至是短暂且不会伤害我们的，也是一样。（3）为了遵守那些美好，去努力吧。但除非灵魂可以在其内部发现这种美好，否则美好可能将不会存在。美德本身就足以提供永恒且平静的快乐。即使会遇到障碍，但都会像浮云那样，只会飘荡于太阳之下，而永远不会胜过它。"

（4）你何时才能获得这种快乐呢？到目前为止，你的确没有懒散，但是你必须加快步伐。很多艰苦的工作仍在等着你去做，如果你想成功，就必须面对它，用上你全部的时间和力气。这件事是不能委托给他人去做的。（5）而其他类型的文字活动也许可以提供额外的协助。在我们这个年代，有个相当富有的人叫卡尔维西乌斯·撒比努斯（Calvisius Sabinus）。他银行账户的数目巨大，却有着奴隶般的头脑。我从没见过哪个人的品质，和其自身的财产有着如此悬殊的差距。他的记忆力极差，甚至有时会忘记尤利西斯（Ulysses）、阿喀琉斯（Achilles），或普里阿摩斯（Priam）这些名字①——而这些名字对我们来说，就像自己仆人的名字那样熟悉啊。没有哪个老糊涂像他这样，忘记了别人的名字，还强行给他人起名。没有人可以像撒比努斯那样，称呼特洛伊（Trojan）和亚加亚（Achaean）的英雄，达到如此糟糕的地步。然而，他仍然想表现得有学问。（6）所以，他发明了一个捷径去学习：用巨款去招募奴隶——其中一位深知荷马（Homer），另外一位熟悉赫西俄德（Hesiod）②，他还为九位抒情诗人分别委派了一个奴隶。你不需要怀疑，他为这些奴隶支付了高额的报酬，如果他发现这些人没有准备好的话，他是不会付款的。在拥有了这批随从后，他使客人们的生活更加糟糕了。他会让这些随从跟着他到沙发旁，并随时间他们可能会重复的诗篇，然后经常在一个词中间停顿。（7）萨特利乌斯·夸拉都斯（Satellius Quadratus）是一个阿谀奉承的人，经常愚弄这些糊里糊涂的富翁们。他建议撒比努斯应该找个语言学家来做这些事情。撒比努斯说道，每个奴隶花费了我十万塞斯

---

① 这些都是古希腊传说中的著名人物。——中译者注
② 古希腊诗人。——中译者注

特斯（sesterces）①，萨特利乌斯回复道："你可以用其中很少的钱买很多书柜了。"但是，撒比努斯坚持认为，任何一位仆人知道了，他自己就算是知道了。（8）同样地，萨特利乌斯开始建议其去学摔跤，但衰弱、苍白且瘦小的撒比努斯说："我怎么可以？我能活着就不错了。"萨特利乌斯回复道："我求你千万别这么说。想一想你拥有多少绝顶健康的奴隶吧！"没有人可以借到或者买到一个健全的思想；事实上，对我来说，即使健全的思想可能会出售，也不会有人来买。然而，堕落的思想每一天都在买卖。

（9）让我支付掉我的债务②并告辞："真正的富有，是顺应自然的安贫乐道。"伊壁鸠鲁通过不同方式和语境表达过这种思想。然而，无论重复多少遍，也不算多，因为要真正理解它是非常不容易的。对某些人来说，治疗方式只是开出药方；而对另外一些人，必须强行将药灌进其喉咙。再见。

---

① 古罗马货币。——中译者注
② 指信中的格言分享。——中译者注

二十八

论用旅行来抚慰不满

（1）你认为只有自己有这样的经历吗？在如此长的旅程，且经历了这么多风景后，依旧无法摆脱忧郁和思想上的沉重包袱，你会对此感到惊奇吗？你需要改变的是灵魂，而不是身处的环境。即使你横跨了巨大的海洋，像维吉尔（Vergil）描述的那样：

陆地和城市都被抛向了船尾。

而不管你走到哪里，你的过错也将一直伴随着你。（2）苏格拉底对那些抱怨的人，也有着相似的评论。他说："鉴于你一直与自我相伴，为什么还好奇地问，环球旅行怎么帮不到你？使你产生疑问的东西，正一直紧随着你。"游览新地方会有怎样的乐趣？或者俯瞰城市和景点？所有这些事情都不会产生效果。你会问，为什么这样的旅程不会起作用？因为你一直是在与自己相伴。你必须摆脱思想上的负担，否则没有任何地方可以令你满意。（3）仔细想想，你现在的行为就像是维吉尔所描述的女祭祀：她受到刺激并大怒，吸收了太多来自外部的，而非她自身的情绪：

女祭司狂吼，就好像她可以动摇

心中那伟大的神。

为了摆脱身上的负担，你四处游荡，但这种不安却令你更加烦恼。就像是固定在船上的货物不会引来麻烦，但如果它移动到任意一边，就会使船越发地向那一边倾斜一样。你所做的每一件事都在告诉你，动荡不安会伤害自己，就像去折腾一位病人一样。

（4）一旦麻烦消逝，所有的风景都会变得赏心悦目。即使你被驱赶到世界的尽头，在每一寸荒凉的土地上，你都可以找到自我。即使那地方可能令他人生畏，但对你来说可算作宜人之所。相比所去的地方，你自身处于什么样的状态，更为重要。所以，我们不能让思想被任何一个地方所奴役。生活在这个信仰中吧。"我不是为世界任何一个角落而生的，整个世界就是我的家乡。"（5）若你可以看清这个事实，你就不会因每次从厌倦后的旧景点离开，再到达全新的景点后，却没获得任何好处而感到惊讶了。首先要对每个地方都感到满意，并把其全部都视为己有。如果这样的话，你就不是在出游了，只是从一个地方移动到了另一个地方。你要找的那种生活，在每个地方都能找到。（6）就像会议广场那样混乱至极的地方，也可以吗？是的，即使在那里，你也可以过上安静的生活。当然，如果有选择权的话，我会远离那广场的周围。因为最强壮健康的体魄，也会遭受瘟疫的感染，所以，有些地方对健康的思维也是不卫生的，特别是对在疾病中还没完全康复的人来说。（7）我不赞同那些人，他们在巨浪中拼搏，笑迎风暴来袭，每天都在坚强地与生活中的各种问题搏斗。智者会经历同样的事情，然而他们不会去进行挑选；相比英勇地去反击，智者更倾向于平静地相处。（8）就像人们说的那样："即使有 30 个暴君围着苏格拉底，他也会矢志不渝"。一个人有多少主人重要吗？"奴役身份"没有复数，蔑视束缚的人终将自由——不管他身旁围绕着多少统治者。

（9）是该结尾的时候了，只剩下了结我的责任①。"对罪恶的认知，是救赎的开始。"这句来自伊壁鸠鲁的格言，对我来说非常崇高。如果一个人不知道他有罪恶的话，就不会想要改正。在自我革新前，你必须要在错误中发现不足。（10）一些人会自夸他们的缺点。你觉得那些把恶习视为美德的人，会有任何改正的想法吗？所以，尽可能地去发现自己的罪过，并找到对自己的指控。首先扮演原告，然后扮演法官，最后扮演仲裁者。有时要对自己严厉些。再见。

---

① 指信中的格言分享。——中译者注

二十九

论马塞利纳斯严重的境地

（1）你最近曾打听有关我们的朋友马塞利纳斯（Marcellinus）的情况。他很少来见我，因为他害怕听到真理，而且他现在正处于一个与真理隔离的状况中。除非一个人愿意聆听，否则我们最好不要与其交谈。这就是为什么第欧根尼（Diogenes）① 和其他犬儒主义者因是否该采用这种方式而备受质疑；他们会不加辨别地自由表达，且为任何找上门的人提供建议。（2）为什么一个人该去责骂天生的聋哑人呢？你会说："为什么我要憋着不说呢？不会造成什么影响啊。我不确定是否会帮助到那些已经给予建议的人，然而，如果我给很多人建议的话，至少可以帮助其中的一些人。我要去大肆宣传这种建议，因为只要经常尝试，终会起到作用。"

（3）亲爱的鲁基里乌斯，我相信那是伟人们都不该做的事情，其影响力会被削弱。而且，若那些人还没堕落到腐朽不化的地步，这些建议并不会给他们带来太多的效果。弓箭手有时能射中目标，有时也会射偏。靠运气才能见成效的东西，不能称之为艺术。智慧是一门艺术，它应该有确切的目标，只去选择那些会取得进展的人，而从那些毫无希望的人身边离开——然而，不是马上就抛弃他们，只是当

---

① 第欧根尼（Diogenes）：古希腊哲学家，犬儒学派创办者及代表人物之一。——中译者注

他们正变得毫无希望时，即便用猛药去医也毫无功效时，再离开。

（4）至于我们的朋友马塞利纳斯，我还没有完全失去希望。他仍可能被救下，但必须马上提供帮助。他可能会拉救助者下水，的确存在这种危险。因为其本身的性格充满活力，然而却已经渐渐地倾向于邪恶了。无论如何，我会直面这种危险，勇于向其揭示他的过失。（5）他会像往常一样机智——那种机智可以将哀伤转为欢乐。他会首先开自己的玩笑，然后开我的玩笑。他会先发制人地阻止我说出每一个将要说出的字。他会质疑我们斯多葛学派的哲学系统，指责哲学家们接受施舍，拥有情妇，且自我纵容。他会向我列举出，曾有个哲学家被抓奸，有个哲学家整日在咖啡馆困惑不已，还有的被告上法庭。（6）他会提及曾在马车上进行讨论的哲学家马里克斯·莱皮杜斯（Marcus Lepidus）。当莱皮杜斯正被载着去编辑研究成果时，有人问斯考罗斯（Scaurus）①，莱皮杜斯属于哪个哲学学派，斯考罗斯说："无论哪个，都不会属于那些'行走的哲人'中的一员。"还有非常了不起的尤利乌斯·格雷契努斯（Julius Graecinus）②，当被询问对这件事的看法时，他回答说："不能告诉你，因为我不知道他走下马车后，会做什么。"就像该问题是关于战车上的角斗士③一样。（7）对他来说，哲学家看上去就像是江湖医生。把哲学放一边，要比与其交流更加值得称赞，马塞利纳斯一定会这样反驳我。我已经决定要忍受住嘲讽，即使他会激发我的笑点，但我恐怕要使他痛苦了。或许，如果执意于他的笑话，

---

① 斯考罗斯（Scaurus）：古罗马政治家，曾任执政官。——中译者注
② 尤利乌斯·格雷契努斯（Julius Graecinus）：古罗马将军，曾负责对现今英格兰地区的征服行动。——中译者注
③ 若敌人将其从战车上逼迫下来，他会在地面上持续与敌人做斗争。——英译者注

说不定我会在悲伤中获得快乐，因为他拥有一种令人愉快的疯狂感。然而，这种形式的愉快不会持久。留意一下这种类型的人，你就会发现，在很短的时间内，他们就可能会过度狂喜或过度愤怒。（8）我计划接近他的方式是，当很多人不认为他有那么大价值时，我则向其展示他所具有的更大的价值。即使我不能根除他的缺点，也会抑制一下它们。这些缺点可能不会消失，但至少可以暂停一下。甚至，如果养成暂停习惯的话，可能真的会永远消失呢。这是一件不容小觑的事，对于受到严重打击的人来说，宽恕的祝福可以视为健康的替代品。（9）在我准备处理马塞利纳斯事情的同时，鉴于你已经有能力，并已弄明白在哪里可以找到前进的道路，且还有多远要走，你是不是该控制一下性格，提升一下勇气，并直面那些令你恐惧的事情呢。不用去计较给你带来忧虑和恐惧之人的数量。你难道不认为，在一个一次只有一人能通过的地方，去害怕众多人是愚蠢的吗？同样地，即使有很多人可以用死亡来威胁你，但并没有很多人可以真的找上门来害你。大自然早已安排了一切，它是唯一一个给你生命的，也是唯一一个可以将你生命带走的。

（10）如果你感到惭愧的话，就不要让我再支付最后的款项①了吧。然而，我也不该吝啬，会把欠下的所有债务全部还清："我希望永远不要去迎合大众，因为我所认可的，他们都不会赞同；而他们所赞同的，我都不认可。"（11）你会问，"是谁说的？"，好像你真的不知道我要强迫谁去提供服务一样，是伊壁鸠鲁说的啊。但是，在你耳边会出现类似的说法，这也许是很多学派——逍遥学派（Peripatetic）、学园派（Academic）、斯多葛学派（Stoic）、犬儒学派（Cynic）——都表达过的。对于那些取悦于美德的人，又怎么

---

① 指信中的名言分享。——中译者注

会去取悦大众呢？想要赢取广泛的支持就要学会花言巧语。你必须使自己像大众一样，因为如果他们不把你认作其中一员的话，就不会再认同你。然而，你自己是如何看待自己的，要比其他人是如何看你的更为重要。为了赢得可耻之人的赞同，只有采用可耻的方式。（12）那些自吹自擂的哲学，会给我们带来怎样的好处呢？是什么令其比任何艺术和财产都要可贵？是什么令其赢得我们的赞美？确实，哲学会令你自我满足，而不是去迎合大众；它会使你去衡量别人的看法，而不仅仅是去计较；它会使你不用担心众神或其他人而去生活；它会使你战胜或终结邪恶。我怎么能不可怜你啊——如果我看见你在接受大众的赞赏；如果你在入口处受到热烈的欢呼与鼓掌，就像是演员入场般的情景；如果整个国家，甚至妇女和儿童都在歌颂你。因为我很清楚，是什么使你如此受欢迎。再见。

三十

论去征服那些征服者

（1）我最近关注了一下奥菲狄乌斯·巴苏斯（Aufidius Bassus）[①]，这位名人的健康每况愈下，已危在旦夕。身上的负担是如此之重，以至于他都无法起床了。岁月已经用其全部的重量将他压垮。你知道他的身体一直弱不禁风。长时间以来，他一直在努力坚持，或更确切地说，是勉强坚持，直到突然间垮了下来。（2）就像是一艘漏水的船，你可以阻止一个或两个裂缝，但如果水从太多的裂缝中涌入，这艘船就已无法解救了。类似地，对于一位老人的身体，维持和支撑的程度也是有极限的。也像一座破旧的建筑，如果每个接点都开始出现裂纹，一个被修复后，另一个就开裂。那么，此时一个人就该考虑如何逃出去了。

（3）然而，巴苏斯的思维依旧活跃。哲学给了我们这种恩惠；它会使我们即使在死亡的监视下，依然能开心故我；无论身体如何，它都会让我们坚强、勇敢、快乐；它不会像身体一样，令我们失望。一个伟大的舵手，即使在船帆破裂的情况下，也可以继续航行。如果船被拆散了，他仍会整理好余下的船体继续行程。这就是我们的朋友巴苏斯正在做的。你可以认为他对自己的离世毫不关

---

① 奥菲狄乌斯·巴苏斯（Aufidius Bassus）：古罗马历史学家。——中译者注

心，就像死亡是属于另外一个人那样。

（4）鲁基里乌斯，这可是一项了不起的成就啊。一个人需要长期的学习实践，才能在那个不可避免的时刻到来时，平静地离开。其他类型的死亡都会存有希望的因素，例如：疾病被治愈了；大火被扑灭了；房屋倒塌却没有伤及无辜；船只被巨浪拽入海中，而后又完好无损地被冲到岸边；士兵最后时刻抽回已架在仇敌脖子上的剑。但是，由年纪衰老导致的死亡，却没有一点幻想存在，年老是无法缓解的。毫无疑问，没有结局是不痛苦的；然而，也将不会有更多的拖延。

（5）对我来说，巴苏斯似乎在参加自己的葬礼，将身体平躺准备接受埋葬；像从死亡中幸存下来一样生活着，且可以明智地接受和容忍自己离世的悲伤。他谈起死亡来很随意，并努力尝试让我们相信：如果死亡过程中含有任何恐惧或不安的东西，那么，这不是死亡本身的过错，而是将要死去那个人的错。另外，在实际死亡的时候，不会比死亡结束后有更多的麻烦。（6）他说，"一个人为那些不会发生的事而担心是愚蠢的，就像去担心那些的确发生了，但他不会感觉到的事情一样"。有没有人想过，当感觉中介消失后，人是否能感觉到自身的存在呢？巴苏斯说，"死亡，已然超越了所有的邪恶，也超越了所有对邪恶的恐惧"。

（7）我知道，所有的这些都经常被提及，且应该时常去重复。当我读到这些箴言时，并没有太多感觉；而且，当我从那些人嘴里听到时，也没有感觉——他们站在远离令人恐惧事物的地方，并宣称不会害怕。但是，巴苏斯却给了我极大的冲击，因为当他谈论死亡时，死亡已经离他很近了。（8）我必须告诉你我是如何看待的：一个人在死亡降临的时刻，要比其接近死亡的过程中更为勇敢。因为，死亡在临近时，它会给予人们勇气去面对那些无法避免的，即使是缺乏经验的人也不例外。所以，在打斗中，无论多么胆怯的罗马角斗士，都会在战败后将其喉咙献出，并标记出致命要害，等待对手的最后一击。当结局临近，并注定到来时，会激发灵魂中坚定的勇气。这是非常罕见的事，只有智者才会将其揭示出来。

（9）因此，巴苏斯的言语给我带来了极大的喜悦。他分享了关于死亡的看法，并指出在观察死亡，也就是说，在死亡降临时，它到底是什么东西。我觉得，如果一个人能死而复生，并用亲身体验去证明死亡并不可怕后，他会获取你更大的信任，且会赢得更多的尊重。因此，关于接近死亡的途径，那些在途中已临近死亡，且欢迎死亡的人，才会最为正确地告诉你，死亡会带来哪些不安。（10）巴苏斯正属于这些人中的一员，他是不会欺骗我们的。他说，害怕年老就像害怕死亡一样愚蠢，因为死亡会紧跟着年老的岁月，就像年老会紧跟着青春一样。那些不希望死亡的人，也许从来没有期望过生活。生命已经给我们保留了与死亡的约定，道路终将引导我们至此。因此，去害怕它是多么愚蠢的事啊！因为人仅需等待那些必然的事物，去担心那些不确定的。（11）死亡有固定的规则：平等和不可避免。谁会去抱怨那些涵盖所有人的条款？公正最主要的部分就是平等。

为自然的法则去祈求，是完全没有必要的。自然会希望我们的法则与她的法则相一致。她会解决那些已掺杂在一起的，并会把那些已解决的掺杂在一起。（12）此外，如果能像他人那样拥有随波逐流逐渐衰老的老年时光，不是突然间与生命决裂，而是一点点演变的话，那么，他该去感谢众神。在圆满后，他被送到了为人类准备的安宁中，而那份安宁，正是所有疲倦之人所向往的乐土。你也许会看到，有些人或许会比其他人更加急切地去死。我不知道那些人是否会给我们更大的勇气——那些祈求死亡的，或是那些愉快和平静地面对它的。前者的态度有时是被疯狂和突然的愤怒所激发，而后者的平静则源于持之以恒的判断。在此之前，人们是以愤怒的方式与死亡相遇；但当死亡前来与其相见时，没有人会是高兴的，除非那些已经为死亡做好长久准备的人。

（13）我承认，我曾以不同的借口多次拜访这个要好的朋友巴苏斯。为的就是要知道他是否一直不变，还是精神力量已随着身体的衰弱而减少。但他的精神却是在不断增加，就像罗马的战车比赛，冠军会在最后一圈接近终点时，才会突显出来。（14）的确，他的观点经常与伊壁鸠鲁的观点一致："首先，我希望在人吸进最后一口气的时刻，不会有痛苦。即使有的话，一个人也会在这种极短的痛苦中，体会到一定的舒适元素。因为没有巨大的痛苦，可以长久地持续。在所有的情况中，当灵魂和肉体被分开的那一刻，人们都会感受到一丝宽慰。即使在这个过程中伴随着极大的痛苦，在其结束后，就不会再有其他的痛苦了。然而，我敢肯定，一位老人的灵魂依附在其嘴唇上，只需一点力量就会与躯体分开。一场在易燃物质上着起的火，需要用水去扑灭。有时，建筑本身坍塌后，火也将消失。但如果这场火发生在不易燃的物质上，就不会长久地燃烧。"

（15）鲁基里乌斯，我很高兴可以听到这些言语——即使对我来说已不陌生了，却可以把我引向真实的存在。那又如何？难道我没有见过很多人已经自行了结生命了吗？我确实见过这种人。但是，对我影响更大的是那些在接近死亡时，对生命没有任何厌恨的人。也就是说，自然而然地面对死亡，而不是特意将死亡拉拽过来。（16）巴苏斯经常说："我们感受这种折磨，完全是我们自己的错误。因为只有我们相信终点马上降临时，才会畏缩不前。"但是，谁没有临近死亡呢？无论何时何地，死亡都在等着我们。他继续说:"想一想,当某些形式的死亡似乎马上到来时,那些没有引起我们恐惧的其他形式的死亡,是否离我们更近呢?"(17)一个人遭受到了来自敌人的死亡威胁,但这种死可以通过攻击来预测。如果我们愿意去仔细检查我们恐惧的各种原因,就会发现,有一些是存在的,而另外一些只是似乎存在。我们并不恐惧死亡,我们只是恐惧对死亡的想象。因为死亡无时无刻不在围绕着我们,且和我们的距离是相等的;因此,如果要害怕它的话,我们将一直害怕下去。我们的生命何时能免于死亡呢?

(18)我更应该去害怕的是,你会比痛恨死亡更加痛恨我这封冗长的信,所以我该停笔了。然而,为了避免对死亡的恐惧,你是否会去经常思考一下死亡呢?再见。

三十一

论女巫的歌曲

（1）我现在才终于认识了我的鲁基里乌斯！他已经开始彰显自己所承诺的品质了。跟着感觉行事，将一切都做好，而不要去在意大众的称赞。你的计划将比我的期盼更优秀、更高明，因为光是你的基础就已经覆盖了很广阔的范围，仅仅去完成那些所展开的，把脑海中的计划尽可能落实，就可以了。（2）简而言之，如果能塞住耳朵的话，你将会成为一位智者。用蜡不足以阻塞了，你需要采用比尤利西斯给战友们所用的还要严密的塞子。他所恐惧的歌曲是极诱人的，但并非来自四面八方。而你所害怕的歌曲，不是来自某一个方向，而是来自世界的每个角落。因此，不要只驶过由于不忠且奸诈的享乐而令你不信任的地方，而要驶过每一个城市。不要去听信那些最爱你的人的言语，因为他们常常会用好心肠，来祈求不好的东西。并且，如果你想快乐的话，就去祈求众神，不要让他们对你的任何美好愿望成真。（3）并且，他们所希望的，也并非都是真正好的东西；只有一种美好，也是快乐生活的动机和支撑，那就是相信自己。然而，除非你学会对所有劳苦都不屑一顾，并认为它们是既不好也不坏的东西，否则这个目标将无法达成。也没有一个东西时好时坏，而在另外的时候却是好的，这是不可能出现的；如有时轻松平淡，有时却引起人们的担心。（4）工作不是一个好的东西。那么，什么才是好的？我认为对工作的蔑视才是。这就是我为什么指责那些毫无目的而努力的人。然而，从另一个角度来说，当一个人为高尚的追求而奋斗时，付出的越多，被打败或阻止的机会就越少。我会去推荐这种作为，并大声为他鼓励："你做得越来越好了！起立、深呼吸，然后一气呵成再去翻越一座高山吧！"

（5）工作是高尚精神的养料。所以，就像父母之前的宣誓那样，你应该去选择你所希望的时运，或者去选择祈祷些什么。此外，对于那些已经拥有无数至高荣誉的人来说，仍然去祈求众神是可耻的行为。那宣誓又有什么用呢？通过努力使自己快乐。你可以做到这一点，只要你懂得所有与美德相关的都是好的，所有与恶习相关的都是坏的。就像没有光的话，所有东西都不会闪亮；没有东西是黑色的，除非它包含了黑暗，或将自己置于阴暗中；没有东西是热的，除非在火焰旁边；没有东西是凉的，除非在冷气下。所以，与美德或恶习的关联程度，会将高尚与卑鄙分开。

（6）那么，善良美好是什么？是对事物的了解。邪恶是什么？是缺少对事物的了解。智者也是一位工匠，会根据实际状况去拒绝或选择一个东西。只要具有了强壮且坚不可摧的灵魂，便不会去害怕那些他所拒绝的，也不会去赞美那些他所选择的。我不许你放弃或沮丧。仅仅不畏缩工作是不够的，要努力追求才行。（7）你说，"但是，难道所有琐碎且多余，或因为可耻的原因导致的工作，都不是坏的工作吗？"不是的，和那些高尚的努力并无差别。因为每份艰辛的努力和向上的拼搏都是精神上的努力。就像有人会说："为什么你会懒惰？害怕辛劳并不是人的本质啊。"（8）此外，为了使美德更加完美，你应该拥有坚持不懈贯彻终身的品质。除非你了解事物的本质，除非用哲学去理解人类的事物和神圣的事物，否则这个目标将无法实现。这就是最高的善良美好。如果你获得了它，就会与众神更加紧密，而不仅仅是众神的追随者。

（9）你会问，"要如何才能实现这个目标？"不需要横跨奔宁（Pennine）山脉或格雷安（Graian）① 山脉，或穿过坎达维安（Candavian）② 荒地，或面对危险的赛尔特斯（Syrtes）③ 浅滩和卡律布狄斯旋涡；即便为了贿赂低级的官僚，你曾经越过了上述重重艰难险阻。但是，自然给你准备的旅程是安全和有趣的。如果你能证明意愿是真实的，她会给你一些礼物，使你的境界上升到神的地步。（10）即使你有钱，也无法上升到神的境界，因为神没有财产。即使穿镶边的礼服④也无济于事，因为神不穿衣服。你的声望、自我表现、声名远扬，这些都不会奏效，因为没有人知道神是怎么样的。有很多人甚至不尊重众神，但生活也没有变得更糟。那些为你抬着轿子，带你在城市中和其他地方游逛的奴隶，也不能帮到你。因为我所说的神，拥有最高且最强大的存在，可以肩扛万物。美貌或力量都不能使你得到护佑，因为这些品质都禁不住年老的考验。

（11）所以，我们需要寻找的，是即使被无法阻挡的力量控制⑤，也不会每天逐渐消失的东西。这个东西会是什么？是灵魂——那正直、善良和伟大的灵魂。那是神作为一位客人，居于人类的身体中；除了这样表达，还能用其他方式来形容灵魂吗？这样的灵魂可能会降临在古罗马骑士身上，也可能会降临到自由人的儿子身上，或者奴隶身上。什么是古罗马骑士，或自由人的儿子，或

---

① 现今阿尔卑斯山西部。——英译者注
② 荒漠。——英译者注
③ 非洲北部海岸。——英译者注
④ 一种托加袍，指鲁基里乌斯所居官位的标志。——英译者注
⑤ 例如，时间或时运。——英译者注

奴隶？它们仅仅是头衔，是源于野心或者错误。一个人可以从贫民窟升至天堂。只要他站起来：

*使自己与神构建更亲密的关系。*①

使用金银也不会有助于这种构建，因为这些材料不会提升你与神的亲密度。请记住，当人们最接近自然的时候，也就是最接近众神的时候。再见。

---

①　来自维吉尔的作品。——英译者注

三十二

论进步

（1）我曾打听过关于你的情况，向每个来自你所在地区的人咨询，问你在做些什么，平常都在哪里，和谁一起相处。你骗不了我的，我在关注着你。你要像我一定会知道你在做什么那样，去生活；不，就像我每时每刻都在关注着你一样。如果你想知道你的哪些事情会令我欣喜，其实，我并没有打听到任何消息，因为我问过的绝大多数人都不知道你在做什么。

（2）这是非常明智的做法——避免与不同类型和有着不同目标的人纠缠。我的确相信你不会被别人扭曲，会坚持你的目标，即使在众人围在你四周，想分散你注意力的情况下，也是一样。那么，我在担心什么呢？我不怕他们会改变你，只怕他们会阻碍你的进步。考虑到生命的短暂，很多伤害都是由于被人阻挠才产生的。并且，我们摇摆不定，总是一个紧接着一个地尝试重新开始，这会使生命变得更加短暂。我们把生命分裂为很小的碎片，然后一点点浪费掉了。（3）鲁基里乌斯，加速向前冲吧！想象一下，你会拥有多么快的速度，如果敌人就在你身后，或者骑兵正在你逃跑的路上紧追不舍的话。的确是这样的，敌人确实在逼迫你。因此，你该加快速度，尽快逃到一个安全的地方。时刻记住，在死亡降临前，实现生命圆满是多么高尚的一件事情。然后，在剩余的时光中平静地等待，不需再盼望更多的东西①，因为你已经拥有了幸福的生命。即便拥有更长久的时光，也不会使生命更加快乐了。（4）什么时候你才可以了解到，其实时间已对你没有任何意义？什么时候你才可以平静安详，且对未来毫无忧虑，去享受生命的美满呢？

你知道是什么使人执着于未来吗？是因为他还没有找到自我。父母当然会为你祈求其他的祝福；而我会祈求你去蔑视那些父母帮你祈求的所有多余的东西。为了你可以更加的富足，他们会祈祷从其他众多的人身上掠夺。所有你获得的，都是从别人那里来的。（5）我祈求你可以控制自己，只有这样，当下那被错乱想法所扰乱的精神，才可以最终获得安宁和坚定，并可以满足于自我。只要我们认识到不需要更长的生命时光后，就会懂得什么才是真正的美好。而这种品质可以超越所有那些所谓必需的东西，且赢得所有的荣誉并获得自由，然后在生命完结后依然存在。再见。

---

① 此处原文可能有丢失。——英译者注

三十三

论徒劳地去学习格言

（1）你希望我能在信的结尾处加上来自我们斯多葛学院代表人物的一些言语，就像之前写给你的那些信一样。但是，他们自己并不乐于选择摘录，因为作品的全文更加有力量。你懂的，当一些东西比其他东西更显眼时，就会出现不平衡。如果整个森林的树都同样的高，其中一棵树将不会引人注目。（2）诗词中充满了这样的表达，历史中也是一样。因此，我不想让你把这些表达归于伊壁鸠鲁：它们是公共财产，很显然属于我们大家。然而，在伊壁鸠鲁的作品中更加显著，因为这些表达会在不轻易间偶然出现。并且，令人惊奇的是，这些需要勇气才能说出口的词，会在任何时间被一位充满女子气的男人①说出。这是大多数人的看法。然而，从我的观点来看，伊壁鸠鲁是一个真正勇敢的男人，即使他有时会穿被人认为有女性化倾向的长袖外衣。坚韧、活力和善战，这些特质会在波斯人（Persians）②身上体现出来，就像那些时刻会准备应付一切的男人一样。

（3）所以，你不要问我那些摘录和语录了，这些想法都会在哲学家们的作品中读到。我们没有"物品展窗"，也不会用"当有

---

① 指伊壁鸠鲁。——中译者注
② 指穿着长袖外衣的。——英译者注

人走进我们斯多葛主义的商店，除去展窗所展示的商品外，而不会发现其他东西"那样的方式来欺骗购买者。我们可以让购买者自己从任何喜欢的地方获取样本①。（4）假设从一般文本中分离出格言，我们该把功绩记给谁呢？芝诺、克里安西斯、克吕西普、潘尼提乌斯（Panaetius），还是波希多尼斯（Posidonius）？我们斯多葛主义者不受暴君的统治，每个人都主张拥有自由。从另一方面来说，对于享乐主义（Epicurean）学派而言，无论赫马库斯或梅特罗多勒斯说什么，都可以归于同一个来源。在那种情况下，任何人所说的一切，都是由唯一一个发号施令的领导所表达出的。无论如何尝试，我觉得这都不如可以从众多东西中挑选那般美好。

*只有穷人才会去数他的羊群。*②

无论端详哪部作品，只要正在阅读的文字不是同等的显著，你就会从中留意到那些较为突出的段落。

（5）正因如此，你不要寄托于用略读概要的方式，来了解伟大人物的智慧了。作为一个整体去仔细查阅并学习他们的智慧吧。这些智慧交织在一起，一句接着一句，从而构成了一部杰作。没有任何东西是在不伤害整体的前提下，可以被取走的。如果你喜欢，可以仔细端详分开的那些部分，就像端详他们自己身体的一部分那样。就算一个人的脚腕和胳膊被称赞，但也可能称不上是位美女；而她的整体外貌，会使你忘了个别的部分。

---

① 指语录。——中译者注
② 来自奥维德（Ovid）的作品。——英译者注

（6）如果你坚持，我也会毫不吝啬。有大量的格言，散布在不同的地方，不需要去一一收集起来，随便捡拾就可以。它们会持续地涌现，而不是偶然冒出。它们完整如一，并紧紧相连。毫无疑问，对那些新手和在圣地外敬奉的人来说，它们会带来很多好处。而那些被标记出，且像一句诗文那样展示的格言，会更容易被理解。（7）这就是为什么我们会给孩子们讲谚语，或是古希腊人称之为 *Charia*① 的东西，就是为了让他们铭记于心。这类东西可以被年轻的思维所理解，虽然这时的思维还不能容纳和掌握那么多。然而，对于有一定阅历的成人来说，去追寻那些选择出来的摘要，并用那些最为著名和简洁的谚语来指导他们修正弱点，是不光彩的行为。他们应该自己掌握学习进程。他们应该应用这些格言，而不只是记住它们。即使对于老人，或被视为和老人一样的人来说，拥有一个笔记本来记录知识，也是不光彩的。"这就是芝诺所说的。"而你自己说了什么呢？"这是克里安西斯的观点。"而你自己的观点是什么呢？你会按其他人的命令行动多久？自己掌握主动并表达一些言语，让后代们铭记吧。从你自己的心中提炼出些东西来写作吧。（8）正因如此，我不会认为这种类型的人会因此成名。他们从没有创造真正属于自己的东西，总是藏在别人的影子后，扮演解释者的角色，从不敢把自己长时间所学到的东西付诸实践。他们利用他人的材料锻炼了自己的记忆。然而，记住是一回事，掌握是另外一回事。记住，仅是把一些东西托付给记忆。掌握，意味着自己创造一切，这意味着不依靠副本，也不总是回头关注老师。（9）"这是芝诺说的，那是克里安西斯说的，毫无疑问！"把你自己与你的书本区别开来！你要当多长时间的学习者？那么，从现在开始，也

---

① 意为"格言"、"概要"或"主题"。——英译者注

去成为一位老师吧！有人会问，"既然我可以自己阅读，为什么还要继续听这些讲座呢？"有人回答，"真实的声音，是非常有用的"。也许吧。但不要只把这种声音看作别人的表达，且自己仅仅执行报道者的职责。

（10）也要考虑如下情况。首先，那些从来没有获得精神独立的人，在每个人都抛弃领导者后，仍然跟随着领导者；其次，在真相尚在调查时，他们仍跟随着这位领导。然而，如果我们满意于已经揭发的事实，真相将永远不会被揭发。此外，那跟随其他人的，不仅不会发现任何东西，甚至连调查也不会展开。（11）那该如何呢？我就不该跟随前人的步伐了吗？我的确会继续沿老路前进，但如果我找到一条捷径，且更容易行进的话，我会转换到这条新路上。那些在我们之前发现真理的，并不是我们的主人，而是我们的导师。真理向所有人开放，并没有被垄断。而且，还有足够多的真理留给后人们去发现。再见。

三十四

论一个有前途的学生

（1）每当从你的行动和信件中获悉了你的进步后，我便无比激动兴奋，料想你已经把那些普通人都远远甩在身后了。像果农看到水果布满树枝，像牧羊人看到羊群数量日益增加，像每个人都会在他的学生身上看到他自己的年轻岁月。那么，当一个人看到自己栽培和训练的年轻思想，突然间长大成熟，又会有什么样的感受呢？

（2）可以说，你是我的杰作。当看到你的能力时，就像是看到我自己的一样。我曾嘱咐并不断激励你，不能懒惰地前进。现在，我还会做同样的事情。只是这次，我一直在比赛中为之加油的人，转而为我自己加油了。

（3）"那么，你希望我做些什么呢？"你会问，"意志依然是属于我的。"嗯，意志在这种状况下几乎是一切，并不是像那句谚语——"一件任务一开始，就已成功了一半。"——中所提到的一半。这要比一半大很多，因为我们所说的是由灵魂决定的。绝大多数的善良，在于想要变善良的这种意愿。你知道我所说的好人是什么意思？一个完整并圆满的，强制的需求也不会令其展现出邪恶的人。（4）我在你身上看到了这种人的特质，只要你坚持不懈，全身心地投入任务中，确保所有的言行保持一致，就像出于同一个模子的话。如果一个人的言行不一致，他的灵魂也会跟着遭殃。再见。

三十五

论相似思维的友谊

（1）我如此急切地去敦促你学习，是考虑了自己的利益。正如你已经开始进步了一样，除非你继续做下去，否则我们不可能成为朋友。如今，即使你很爱慕我，但你还不能算作是我的朋友。你会回复说："这些话有什么不同的意思吗？"非但不同，而且有着完全相反的意思。当然，朋友会爱慕你，但不能把每个爱慕你的人都作为朋友。友谊永远是有益的，但爱慕有时确会带来伤害。要尝试去完善自我，如果没有别的原因，也要为了学习去爱而努力。

（2）加油，如果你没有为了其他人的利益而去完善自我，就为了我的利益这么做吧。不可否认，我已经从中得到了一定的好处。当我想象我们两个的思想统一时，我因年纪而丧失的那部分力量，会从你的那部分中重新获得。即使我们的岁数还没有相差那么多。（3）但我还是希望为既成事实而高兴。即使与我们所爱慕的人分开，我们也会为之喜悦。但是，这种喜悦是肤浅且短暂的。在一个人的目光中、陪伴下和交流中，我们可以感受到生活的乐趣。确实如此，特别是当人渴望与同类待在一起时，而不是仅仅一个人。你把自己托付给了我，作为一个巨大的礼物，而你仍会希望获得更多，这就说明你还年轻，而我已经老了。（4）在找到我之前，先尽快找到自己。努力向前，更重要的是，要始终如一。在去衡量自己是否有成就前，先考虑一下今天的期盼是否与昨天一样。意志摇摆不定，说明思想就像在海中那样，会随风驶往不同的方向。而坚定可靠的意志则不会漂泊无依。这是智者所得到的祝福，在一定程度上，祝福也属于那些正在进步并已经取得进展的人。两种类型的人区别是什么？在行进中的人，肯定不会改变立场，也不会迷失方向；而另外一种，则完全处于停滞状态。再见。

三十六

论退休的价值

（1）鼓励你的朋友坚决地去蔑视那些谴责他的人——只因为他想退休，并放弃那些职业所带来的荣誉。即使他可能获取更多，但他更喜欢平静的生活。让他用每日的生活向谴责者证明，他是多么明智地为自己着想。那些嫉妒的人会继续谴责。其中一些人会被撤职，另外一些则会没落。成功是个混沌的东西，它甚至会折磨自己。它会从不同角度把大脑搅乱，引诱人去实现不同的目标——一些是与权力相关，其他一些与奢华的生活相关。有些成功会愈加膨胀，而有些会放缓并完全衰退。

（2）有人会反驳，"但是，那某人和某人的成功兴旺不也很好吗？"是的，就像携带着酒一样，他们不得不小心翼翼。你不要被那些人说服，一个被人群所包围的人，不一定就是快乐的；有些人趋之若鹜，就像争先恐后地为了一池水一样。在他们喝光水的时候，也会弄得满地淤泥。你说："有些人称我们的这个朋友是不务正业的人和懒汉。"你懂的，这些人的话是没有道理且前后冲突的。他们之前还称他快乐呢，他就快乐了吗？（3）即使对有些人而言，他是粗暴且阴暗的，也不会令我担心。阿里斯托（Aristo）①

---

① 阿里斯托（Aristo）：约公元前3世纪，古希腊斯多葛学派哲学家。

经常说，相比那快活且人云亦云的人，他更喜欢与拥有严谨性格的年轻人相处。他还说，"就像酒一样，新酿的似乎口感不佳，但终会成为好酒；而那些品味较好的酒，却禁不住太长时间的考验"。随便他们如何指责他严肃，只要他能继续前进就好。正是他的这种严肃，会在年老后对他有益，如果他持续珍惜美德，且彻底从成长中汲取营养的话。我说的营养不是指那种浅尝辄止的行径，而是那种令其思想可以深入滋养的东西。（4）现在是需要学习的时间了。"什么？难道一个人在任何时间，该停止学习吗？"绝对不该。任何年纪都去学习是值得称赞的；而任何年纪都被指导，就不是那么值得称赞了。一个老人还在学习基本的 A、B、C① 是荒谬且可耻的。而年轻人必须去积累知识，老年人该去运用知识。如果能使这个朋友成为一个好人，那么，你就是在做一件对你最有帮助的事。这种善行是最该被追求和给予的，它会给施予者和接收者带来同样的好处。毫无疑问，那是最美好善良的品质。

（5）最终，他将在这件事上不会有任何选择权，就像他承诺的那样。相比与光明的前途妥协，与债权人妥协并非那么可耻。为了偿付债务，商人们必须有个好的旅程，农民们必须有肥沃的土地和好天气。但是，你朋友所欠的债，仅仅用信誉就可以偿付。（6）人的品质性格，不在命运的管辖范围内。让他去调节自己的品格，在完美的平静中，使其精神更加完美。无论什么事情发生，他都将始终如一，不会感觉损失或收获。类似这样的精神，就如拥有全世界的资产一样，会超越其所拥有的一切财富。从另外一个角度来说，如果时运剥夺了他的一部分，甚至全部财富，他也不会感受到伤害了。

---

① 意为非常基础的知识。——中译者注

（7）如果你的朋友生于帕提亚，从孩提时代，他就已经开始弯腰鞠躬了。如果是在德国，他已经炫耀其锋利的枪矛了。如果生在我们前人的时代，他已经学会骑马，并与敌人搏击了。每个种族都会对个体有着一定的影响和约束——是的，这位朋友也一样。（8）那么，他会把精力放在哪些事情上呢？我的意思是，就让他学习一些有益于抵抗所有武器和所有敌人的东西——去学习蔑视死亡吧。没有人怀疑死亡会引发恐惧，以至于会令我们的灵魂受到惊吓。死亡是自然所塑造的，且无法避免。如果死亡不会引发恐惧，我们就不需要鼓起勇气去面对它了。我们会根据本性行事，就像所有人都会维持自己的生存状态一样。（9）如果毫无必要的话，没有人会去学一个东西，他会舒适自在地躺在玫瑰花床上。但为了不向困境中的命运屈服，他必须坚持到底。如果需要的话，他甚至会在受伤和没有枪矛的情况下，继续冲锋陷阵。而在其他道具的帮助下，一个人更容易进入懒散的睡眠状态。

在死亡中，没有东西是可以带来伤害的，因为，已经不存在了，就不会感受到伤害。（10）如果你着迷于长寿，就反思一下，没有任何从我们视线中消失，而又再次被融入世界的物体，是会被摧毁的；它们都是来来往往，反复无常的。它们仅仅是完结了自己的旅程，不会彻底灭亡。我们所畏惧的死亡，也仅仅是在诠释生命，而不会将生命盗走。当我们再次出现在光线之下时，时间也会一起复原。很多人都会反对这点，因为他们忘记了过去。

（11）稍后我会给你更多的解释①，一切似乎已经毁灭的东西，其实只是改变了形态。既然注定要再次返回，你应该在平和的状态下离去。看一看宇宙是如何按规律重复这一过程的吧。你会看到，

① 例如，第七十七封信。——英译者注

夜空中的繁星都没有消失，它们只是变换了一下后，全部又照常出现。夏天过去后，在新的一年又会再次降临；冬天潜伏一阵后，会再次复原，像往常一样。夜晚会将太阳淹没，而白天将很快再次将夜晚击退。徘徊的星辰在重复其轨迹；一片天空继续升起，而另一片却正在下沉。(12) 再说一句，我也该停笔了。那愚昧中的婴儿和孩子们都不害怕死亡，如果理性不能使我们承受那些愚昧，给精神带去平静，那么，这将会是极为可耻的事情。再见。

三十七

论忠于美德

（1）你曾发过誓要成为一个好人。这种誓言是对一个人最强的束缚，可以使你有更健全的理解力。如果有人宣称这是缺乏男子气概，且很容易实现的一种生活，那么，任何人都将会去嘲笑你。我不会让你被欺骗。最光荣和最可耻的契约，都有着同样的措辞①："不管是火烧、监禁，还是被刀剑刺死。"（2）对那些被雇用来进行竞技场决斗的角斗士来说，吃喝都是用鲜血来支付的。安全早已被置之度外，即使不愿意，他们也将经受考验。对你来说，要欣然容忍这些。角斗士可能通过将武器贴近失败者的身躯，来测试观众的怜悯心②。而你永远不要放下武器，或祈求饶恕。你必须昂首直立，永不屈服。额外获得几天或几年的时光，会有什么好处吗？从出生那一刻起，对我们来说就不存在超脱的那一天。

（3）"那我该如何获得自由呢？"你会问。你也许逃脱不了必然，但是，你可以战胜它们。

---

① 指角斗士向师父求教时的著名誓言，作者塞涅卡用自己的言语重新进行了表达。——英译者注
② 指等待观众的赞同或抵制信号。——英译者注

道路是用力量来开拓的。 ①

这条路就是哲学给予你的。专注于哲学吧。这样你就会像所期望的那样安全、无忧、快乐，更重要的是——自由。没有其他任何道路可以实现这个目标。（4）愚蠢②是低下、卑鄙、刻薄、奴性的，且会受到众多残酷激情的影响。这些激情就像严肃的监工一样，有时会轮流监管，有时会一拥而上。只有智慧才能将你解脱出来。只有一条路直通向它，你不会误入歧途的。用坚定的步伐前进，如果你想控制一切，就用理性来做指导吧。如果理性成了你的统治者，那么，你就可以用她统治很多东西。你会从她那里获知该如何行事，又该如何完成。这样你就不会再犯各种各样的错误了。（5）没有人知道自己是何时开始渴望那些他所渴望的东西的。因为没有经过深思熟虑，他就被欲望所引诱。命运时常侵袭我们，就像我们会侵袭命运那样。没能继续前行是可悲的，尤其是在随波逐流后，突然发现自己处于很多事情的旋涡中，再去茫然地发问："我是如何落到这种地步的？"再见。

---

① 来自维吉尔的作品。——英译者注
② 智慧的对立面。——英译者注。

三十八

论安静的对话

（1）你催促说我们该增加通信的频率，这是对的。从交流中，我们可以获得最佳的收益，因为，这种交流可以逐渐实现心灵相通。事先准备讲稿，然后在公众前表达，这种方式有很多的噪音，且与人不够亲近。哲学是好的建议，但没有人会用尽全力吼出建议来。当然，有时我们也需要利用长篇大论，来说服那些提出质疑的人。当目标是让人去学习，而不仅仅是使他产生学习意愿的话，我们必须利用拥有较低声调的对话。这些对话易于接受，且记忆长久，因此，我们不需要千言万语，仅利用这些有效的言语就够了。

（2）话语应该像种子一样被撒播出去。无论这些种子多么渺小，一旦其找到了适于生长的土壤，就会从一个不起眼的东西开始，迅速施展力量，茁壮成长。理性也是采用同样的方式成长的，虽然从外观看并不明显，但随着时间推移会更加显现。即使只有很少的话语，但只要思想真正地理解了它们，就会释放出其应有的力量，且不断壮大。同样，谚语和种子有着同样的品质，它们虽然貌似不起眼，却可以产生巨大的影响。就像我所说的那样，只要它们能被所欣赏的思想接收和消化。随后，那种思想就会以自己的方式产生大量的影响，远超过其所接收到的。再见。

三十九

论高尚的抱负

（1）关于你要的笔记，我的确需要仔细整理并归纳后再给你。然而，相比于这种常用的方法，你可能会从现在大家都称呼的"摘要"方式中获得更多帮助。在之前真正的拉丁语还在使用的时候，其也被称为"概要"。对于那些正在学习某个主题的人来说，前者是非常必要的，而后者主要是为了帮助那些已经有所了解的人。前者可以用来教导，后者用来唤醒记忆。我会给你充分的机会，去接触这两种方式。像你这样的人，不该问我有关这个主题或那个主题的权威；一个为自己观点收集证据的人，会自己去辩证未知事项。（2）因此，我会写你所期望的内容，但会用我自己的方式。至今，我想你已经拥有很多作者的作品，它们能够令你的思维充实有序。去做一个哲学家的列表吧。当看到有这么多人都在为你工作时，就会迫使你自己觉醒；且你会急切盼望成为他们中的一员。这就是高尚灵魂所具有的最为卓越的品质，它可以启发一些高贵的东西。

每一个高尚的人都不会满意于那些低级且卑劣的东西。拥有伟大成就的愿景，会提升其境界，振作其精神。（3）正如火焰直冲向空中，已无法安静地将其熄灭或压制。我们的灵魂也永远在运动中，越热情，这种运动也就越剧烈。然而，快乐就是属于那些可以

把这种热情集中于更好事物上的人！他会把自己置于时运的管辖之
外；他会明智地掌控繁荣；他会减轻弊端，并蔑视其他人所钦佩的
东西。（4）蔑视伟大的东西，尤其是那些过于伟大的东西，反而
倾向于那些平凡的东西，是卓越灵魂的品质。因为平凡的东西是实
用的，且可以令人活力焕发；而过于伟大的东西，往往会带来伤
害。类似地，过于肥沃的土壤不利于作物生长，枝条会因过重而被
压垮，过度的多产不会使果实成熟。对于灵魂来说，也是一样。不
受管控的成功会引导人走向毁灭，不仅会给其他东西带来伤害，也
会伤害自我。（5）有什么样的敌人会对对手如此傲慢张狂，就像
是享乐对于某些人来说一样？唯一的原因就是我们允许这些人无节
制地放纵，使他们接受了别人传染的邪恶。如果他们违背自然法则
的话，就会被这种疯狂所骚扰，因为欲望会无限地膨胀。即使欲望
也有界限，但任性和纵容欲望引发的行为是没有界限的。（6）实
用性可以用来衡量我们的需求。但是，采用什么标准，才能测试其
是否已经过度了呢？这就是为什么人们会陷入享乐中，当他们养成
习惯后，就会难以自拔。这也是为什么人们会如此可怜，因为他们
已经超过标线了——那些本是多余的东西，却成了他们必不可缺的
东西。所以，与其说享受快乐，不如说他们已成了享乐的奴隶。甚
至他们会喜爱这种病态①——这一点是最糟糕的！然后，当人们不
仅被那些可耻的东西所吸引，而且会以之为乐时，就到达了不幸的
地步。既然原本的那些恶习已经逐渐演变成习惯，也就到了无可救
药的地步。再见。

_____

① 指他们的享乐。这些病态已经被培养成为恶习了。——英译者注

四十

论哲学家演讲的适当风格

（1）感谢你经常写信给我，且用这种唯一可以采用的方式，来真实地展现自我。每当收到你的信，就像你来到我身边一样。如果对远方朋友的思念，会令我们快乐的话——虽然他们只是勾起我们的回忆，并通过不真实且薄弱的安慰，来减轻我们的渴望——那么一封可以给我们带来远方朋友真实消息的信，不知会给我们增添多少快乐啊！最为甜蜜的部分是，当见到朋友手写的信，就仿佛真的见到朋友一般。

（2）你写信告诉我，你在居住的地方附近听了哲学家塞拉皮奥（Serapio）的一场演说。你说，"他习惯用强有力的语气来展现词语，且不会一个词一个词地说出，而是一下子表达很多。像这等数量的词语，一个一个读出的话，很难全部展现出来"。我不否认，哲学家的讲演应像生活一样井然有序。那些急促的表达是草率且不规整的。这就是为什么在荷马的作品中，像暴雪一样席卷而下的风格犀利的内容，会留给年轻的演讲者。而留给老年人的内容会相对温和，且比蜂蜜还要甜。

（3）因此，记住我的话：强有力风格的演讲，速度快且词汇繁多的情况，更适用于江湖郎中，而非用于讨论和传授重要且严肃的主题。但我同样强烈反对那些该快速表达时，却吞吞吐吐的人。

他既不应使听众的耳朵处于全负荷状态，也不应震耳欲聋。贫瘠且纤细的风格也同样会使听众分心，因为听众会对结结巴巴的缓慢表达感到厌烦。然而，那些缓慢的表达，要比那些飞快而逝的表达更容易被忘记。最后，人们只会把听懂且掌握的言语而不是那些难以掌握的传授给学生。（4）此外，涉及真理的表达应该朴素且简单。这种快速流行的风格与真理无关，它的目标是给普通的大众留下深刻的印象，用速度来吸引肆无忌惮的听众。它并不是讨论的主题，而是与讨论脱离。但是，如果演讲本身都不能被掌控的话，其他的东西又该如何被掌控呢？难道我不是常常说，所有用来治愈我们思想的演讲，都应该渗透进我们的内心？除非其能维持在我们体内，否则这种治愈将不会奏效。

（5）此外，这种快速的演讲有太多的不真实，其拥有太多的音量，而非力量。我的恐惧应该消失，恼怒应该减轻，幻想应该被丢弃，放纵应该被制止，贪婪应该受到谴责。而又有哪几项能够在仓促中完成呢？什么样的医师可以在眨眼间就治愈他的病人？我是否可以认为，这样令人迷糊的术语和选择不当的词汇，是不可能给人带来享受的？（6）不，但就像绝大多数情况下，你都会满足于已经看到了那些你认为不可能实现的技巧。因此，对于这些词汇专家而言，只听一次就已经完全足够了。那么，人们希望从他们的演讲中学习或模仿什么呢？当他们的演讲混乱不堪，并无法掌控时，他们又怎么能思考灵魂呢？（7）就像从山上往下跑时，你已不能在想停下来的那一点停下了。你的步伐在你希望暂停的那一点，已经承受不住身体所拥有的冲力。所有快速的演讲都已经失去了控制，不能算作哲学。因为哲学会精雕细琢地理清词汇，且应一步一步地进行，而不是一蹴而就。

（8）你会说，"那么，哲学就不该时而运用高一点的声调吗？"

当然，她应该。但是，其品格的尊严应该得以保留，而不应被狂暴且过度的力量所吞没。让哲学去展现那强大的力量，并使其得到控制；让她细水长流，并永远不会演变为湍流。我几乎不会允许演说家用如此快的速度来演讲，因为一旦说出就不会被收回，且会没有规则戒律地发展下去。这样又如何让那些没有经验，且未经过培训的年轻人听懂呢？即使当演说家被欲望或情绪吞噬，想展示其力量时，他也不该提高语速并使用大量词汇，使其超过耳朵的承受程度。

（9）因此，如果你不想成为那些只追求表达多少，而不追求如何表达的人，你就应该正确行事。如果你有选择权，假设必须要进行选择的话，就像普布利乌斯·维尼修斯（Publius Vinicius）①那样结结巴巴地说吧。当阿塞里乌斯（Asellius）被问及维尼修斯是如何说话时，他回答道："逐步的！"［顺便说一句，这是杰米纽斯·瓦列乌斯（Geminus Varius）的评论："我不清楚为何你称那个人是'有口才的'，他甚至不能把三个词一起表达出来。"］那么，为什么你不能像维尼修斯那样去做呢？（10）当有人听维尼修斯一个字一个字地表达时，说他就像在发号施令，而不是在说话。"说，难道你没有什么想要表达的吗？"另外一个选择就是，像昆图斯·哈特利乌斯（Quintus Haterius）②那样快速地表达，他是其所在时代最知名的演说家。在我看来，明智的人应该尽量避免这种表达方式。哈特利乌斯从不犹豫，从不暂停。他只要一开始，就会一直说到底。

（11）然而，我觉得不同风格的演讲，或多或少地适用于不同

---

① 普布利乌斯·维尼修斯（Publius Vinicius）：古罗马元老院成员。——中译者注
② 昆图斯·哈特利乌斯（Quintus Haterius）：古罗马政治家和演说家。——中译者注

国度。你可以忍受一个希腊人没有约束的风格；但我们罗马人已经习惯于将词汇分开，甚至在书写时也是。我们的同胞西塞罗将罗马雄辩术推向了顶峰，他也是一个表达相对缓慢而庄严的人。罗马语言①更倾向于自我权衡，形成有力的表达。（12）费比乌斯是一个值得关注的人，因为他的生活、知识、更重要的是他的口才。他经常迅速而不匆忙地辩论一个主题，你可以称之为轻松且非快速的表达。我承认这是智者所拥有的品质，但我不会这么要求别人。要确保演讲可以在没有障碍的情况下进行。虽然我更倾向于演讲应该深思熟虑地去展现，而不是一涌而出。

（13）我还有另外的表达形式，可能会把你吓跑。因为，只有放弃自己谦逊的理智，才能成功地习得这种风格。你不得不把脸上的羞耻全部擦去，并放弃聆听自己的话语。这种不细心的表达，可能连你自己都会去批评。（14）我再重复一遍，你不可能在获得这种表达风格的同时，保住自己的脸面。此外，你需要每天练习，把注意力从主题转到词汇上。即使词汇自然流出，也应该保持对词汇的控制。就像哲学家具有的审慎步伐那样，演讲也应该是收敛的风格，而不要夸夸其谈。因此，我最终想要表达的是：希望你能使演讲速度慢下来。再见。

---

① 指拉丁文。——中译者注

四十一

论我们心中的神

（1）你正在做的事是极好的，并对你很有帮助；就像你写给我的信那样，如果你能坚持获得全面理解的话。如果你本来通过自己就可以获得，却还要去祈求众神，就是一种愚蠢的行为。我们不需要为了天堂而高举双手，或者乞求守卫让我们离神像的耳朵更近些，就好像这样做，我们的祈祷就更容易被聆听一样。神就在你旁边，一直在陪伴着你，在你心中。（2）鲁基里乌斯，这正是我想说的：一个圣灵就栖息在我们心中，它作为我们的守卫，可以分辨是非。如果我们善待它，它也会同样善待我们。的确，缺少神的帮助，没有人可以实现善良美好。缺少神的协助，有任何人可以超越时运之上吗？是他给予了高贵和正直的忠告。在每个好人心中：

　　都会有一个神栖息，因为神会知道那些我们所不知道的事情。①

（3）如果你曾遇到过高耸入云的茂密森林，其枝叶交织在一起足以把天空遮住。那么，这片森林的高耸，地点的隐蔽，以及那

---

① 来自维吉尔的作品。——英译者注

空地上令人惊讶的严密树荫，就会向你证明神灵的存在。或者说一个由碎石铺盖的洞穴，可以拱形支撑起整座山脉，一个由大自然的鬼斧神工，而不是由人们的双手打造的空旷地点。你的灵魂在这些地方会感受到神灵所带来的震撼。我们会崇拜巨大河流的起源，会在暗中突然喷出水流的地方设立祭坛，会崇拜炙热的喷泉，也会祭祀那些深不可及的池潭。（4）如果你看到居危而不惧的，不受欲望所扰的，在逆境中仍旧快乐，在风暴中依然平静的人，他能从高处俯视其他人，并会以平等的眼光看待众神，你难道不会偷偷地崇敬他吗？难道你不会说："这种品质太伟大和崇高了，不像其所栖息的身体那么渺小。神灵般的力量看来已经降临在这个人身上了。"（5）当一个灵魂超越了其他灵魂，当其仍在掌控中，当其可以视世事如浮云，当其可以笑对我们的恐惧和祈祷时，这就是来自上天力量的体现。如果没有神灵的支撑，这种东西就不会存在。因此，即便来到地面，它的大部分身躯仍安住在出发的地方。就像太阳的光线即使碰到地面，但仍会遵循其光源的方向前进。即使那为了使我们更了解神才降临的伟大灵魂与我们关系紧密，它也会始终与其源头紧紧相连。对于其所依附的来源，它会关注并努力遵循；且只当它作为一种高于我们自己的存在时，才会关注我们的所作所为。

（6）那么，这是什么样的灵魂呢？一个只彰显自身美好，而非外部美好的灵魂。有比赞美一个人外在的品质还要更愚蠢的事吗？有比赞叹瞬间即逝的特点还要更为疯狂的行为吗？一个金制的马嚼子不会使一匹马更好。强制受训后疲惫不堪，且装饰有金色鬃毛的狮子被送到竞技场上，它与那些野性十足的野生狮子不同，后者拥有生性使然的狂野，并具有令人印象深刻的威严外表。这种光芒使看见的人都会感到害怕，相比倦怠并镀金的狮子，也更受观众的青睐。

（7）没有人可以自豪，除非他本身拥有自豪的源泉。我们会赞美一棵葡萄树，如果它生长时会绽放新的嫩芽，或者其果实累累并压弯枝叶坠落于地。相比挂着金葡萄和金叶子的葡萄树，有谁会更喜欢这一棵吗？对于葡萄树来说，其自我的繁殖能力就是美德；对于人来说，我们也该称赞那些属于自我的东西。假设一个人有非常标致的奴隶随从，一所漂亮的房子，农场很大，且收入也很多，然而，这些东西都不是这个人本身所具有的，全都是身外之物。（8）如果要称赞的话，就称赞一个人那些无法被给予，也无法被夺走的特质吧。你会问，这是指什么东西呢？是一个人的灵魂，以及将灵魂带向完美的理智。因为人是理性的动物。因此，如果其能够实现这种与生俱来的品质，他就算是达到了至善的境地。（9）理智会要求他做些什么呢？世界上最简单的东西——根据自己的本性去生活。然而，这看似简单的东西，由于人间的混乱，已经成了一项艰难的任务。人类相互间都把彼此推向了丑恶。若一个人没有任何约束，且全人类都在引诱他时，他又怎么可能得到救赎呢？再见。

四十二

论价值

（1）你的那位朋友，是否已经使你相信他是一个好人了？在如此短的时间内，是不太可能变成好人，或者被认为是好人的。当我说"好人"时，你知道我是在指哪种类型的人吗？像你这位朋友那样的人，是属于第二等级的。而第一等级的人，可能会像凤凰那样罕见，也许五百年才会出现一次。这也毫不惊奇，毕竟伟大的东西只能通过长时间的发展才可以成就。时运经常会造就一些常规的力量，但只会用来取悦大众。而那些博取我们认可的非常卓越的东西，事实上也是很罕见的。

（2）你所说的那个人，与他声称所成就的境界，还有很长的一段距离。而且，如果他真的懂得什么是"好人"的话，他自己都不会相信他已经达到了这个境地。也许，他甚至会因为如此的境地而丧失信心。你说，"然而，他认为邪恶的人非常恶心"。是的，邪恶的人自己也是这么认为的。对于邪恶来说，没有比不满于自己和自己的同伴还要悲惨的惩罚了。（3）"但是，他痛恨使用那些突然获得的，且毫无约束的巨大权力。"我觉得，如果获得这样的权力，他也会做同样的事情。多数人都是这样的，在没有权力时，他们的恶习不会被察觉。然而，只要他们对自己所拥有的力量感到满意后，这些恶习就会与那些成功繁荣所揭露出来的恶习一样胆大。

（4）这些人仅仅是缺少施展他们邪恶的机会。类似地，当毒蛇冷得僵硬时，一个人就会应付自如；这时，不是毒变少了，只是蛇本身已麻木不能动了。对于绝大多数人来说，他们的残忍、野心和放纵只是缺少时机，否则他们也会犯下最坏的罪行。如果你给予他们与欲望相匹配的权力，你很快就会发现，他们的欲望和行径不会有什么不同。

（5）当你声称某人在你的掌控中时，你是否还记得我说过，他是变幻莫测的，你只是抓住了他的皮毛，并不是其把柄？我错了吗？如果你仅抓住他的皮毛，他终究会从你手中逃脱。而你已了解到他之后的结局了吧。无论他尝试过多少行径，最终都要自己承担结果。他没有察觉到，对他人的伤害都是在伤害自己。他也没能反思，一直想要得到的那些东西会带来多少麻烦，即使它们并不是毫无用途的。

（6）因此，关于我们所极力追求的那些东西，我们也要认清这个事实，它们可能没有任何可取之处，或本来就是不可取的。有些东西是多余的，有些东西不值得我们为之付出努力。然而，我们并没有如此清晰地认识到这一点，还把它们视为免费的礼品，其实它们已经消耗了我们太多太多。（7）我们把"买"仅定义为用现金购买东西，而把付出努力所争取的东西都视为免费的礼物，这一点就可以证明我们是多么愚昧。如果我们被迫为房子，或者有吸引力和有利可图的资产进行支付的话，我们就应该拒绝购买。但是，我们却仍然急切地想要得到它们，即使是在焦虑、危险，丧失尊严、个人自由和时间的情况下。的确如此，每个人都认为没有比自己更便宜的东西了。

（8）那么，就让我们在实施所有计划时，都像接近一个强行推销商品的商贩时那样去做；让我们来看看，必须要为那些想要的东西花费多少。很多时候，那些看上去一文不值的东西，却给我们带来了最大的花费。我可以向你展示很多这样的东西，在追求和获取这些东西的过程中，我们的自由就被抢走了。

（9）因此，我建议你去思考一下，这不仅是一个获取时的问题，也是一个失去时的问题。"这个东西注定要消亡。"是的，这只是身外之物罢了。简单得就像你没有它之前那样活下去。如果你已经拥有它很长时间了，那么，你是在满足了对它的欲望之后才失去它的；如果你并未拥有它很长时间，那么，你是在还没有与它结合之前就失去它了。"你将拥有更少的钱。"是的，同时也会有较少的麻烦。（10）"你会拥有较少的影响力。"是的，同时也会有更少的嫉妒。留意一下你自己，注意一下那些失去时令我们痛哭流涕和为之疯狂的东西。你会发现，令我们烦恼的并不是那些失去的东西本身，而是失去这个概念。拥有自我的人将一无所失。然而，有多少人真的拥有自我呢！再见。

四十三

论声望的相对性

（1）你问消息是如何传达到我这里的？是谁告知我的？你正在为这个问题纠结，因为你并没有告诉其他任何人。这就是人们常说的八卦流言。你会说，"什么？难道我是那种可以制造八卦流言的名人吗？"你没有任何理由用罗马来衡量你自己的影响力；你只能用所居住的地方来衡量。（2）任何比邻近点高的地方，都会很显著。显著不是绝对的，会在对比之下提高或降低。一艘在河水中显得很大的船，在海洋中会看起来很小。对于一艘船来说很大的船舵，对于另一艘船可能很小。

（3）所以，你在自己所在的省份①是非常重要的，即使你轻视自己。人们在询问你做什么，如何就餐，以及如何睡觉，并且他们也如愿获悉了。因此，你有更多的理由去谨慎生活了。然而，在你发现自己在别人关注下也可以自由自在地生活之前，在你发现围墙是来保护而不是隐藏你之前，请不要认为自己是真正快乐的。即使我们更易于相信，这些围墙不是用来使我们生活更加安全，而是用来使我们犯的错误更加隐蔽。（4）我将会提到一个标准，它可以用来衡量一个人品格的价值：你几乎找不到任何可以敞开门去生活

---

① 鲁基里乌斯当时是生活在西西里地区。——英译者注

的人。是我们的良心，而非骄傲，使得看门人守在门口。我们住在如此的环境里：生活被突然展示在公众面前，就像是被当场抓住一样。然而，隐藏我们自己，避开人们的眼光又有什么好处呢？（5）一个好的良心会乐于接受大众，一个坏的良心，即使只有自己，也会不安和困惑。如果你的行为是尊荣的，就让每个人都知道；如果是卑贱的，只要你自己知道，其他人知道与否，又有什么关系呢？如果去鄙视这样的见证人，你将会是多么悲惨啊！再见。

四十四

论哲学和血统

（1）你向我重申，你是一个小角色；并声称天性第一，财富第二，这对你来说太刻薄了。尽管事实上，你有能力将自己与大众分开，并上升到人类最幸福的高度！如果哲学中有任何好处存在的话，那将是：它从不关注血统。所有的人，如果追溯到最初起源，都是来源于众神。（2）你是一名罗马骑士，坚持不懈的努力将你提升到这个阶层。当然，对于很多人来说，第十四排是禁坐的①。元老院并不会对所有人开放。军队也是一样，会谨慎选择那些可以承受辛劳和危险的人。但是，一个高尚的思想对所有人都是免费的。根据这项标准，我们所有人都可能会取得优异的成绩。哲学不会拒绝或选择任何人，它的光芒普照一切。（3）苏格拉底不是贵族。克里安西斯曾在一口水井旁工作，并被雇用浇灌花园。哲学并没有发现柏拉图是一个贵族，是哲学使他成为一个贵族。你为什么会对给这些人排名感到失望呢？他们全是你的祖先，如果你以一种配得上他们声望的品德行事的话；并且，如果你可以一开始就说服自己，没有人能在真正的高尚指标上超越你的话，你就会这样做。（4）我们全都有着同样的开端，没有人一开始就有记忆。柏拉图

---

① 指剧场里为骑士预留的座位。——英译者注

说："每一个国王都来源于奴隶种族，并且，每一个奴隶都曾有作为国王的祖先。"时光飞逝，兴衰变迁，已经把所有这些事都缠绕在一起，并且命运已将一切颠倒。（5）那么，有谁出身高贵呢？应该是自然而然就顺应美德的人。这是唯一一个应该考虑的因素，否则，如果你回到古代，每个人都会追溯到一个没有任何东西的时期。从最早的宇宙开端到现如今的岁月，我们已经从辉煌与卑劣交替更换的原始状态中走了出来。一个烟雾缭绕充满半身雕像的大厅，并不会使一个人高贵。过去的生命不会借给我们荣耀，那些在我们之前存在的并不属于我们。只有灵魂才能使我们高贵，无论之前的境地如何，它都可能让我们超越命运。

（6）那么，假设你不是一名罗马骑士，而是一名被解放了的奴隶，你可能会通过努力成为绅士中唯一一个自由民。"如何做到呢？"你问道。只是通过区分好与坏，而不是模仿大众的观点。你该看的，不是这些事情的源头，而是它们所趋向的目标。如果有任何东西可以使生活幸福的话，就其自身价值来说，算是好的，至少它不是在向邪恶堕落。（7）既然所有人都渴望幸福生活，那么，错误出现在哪呢？因为他们把获得幸福的途径，看作是幸福本身；并且，他们所谓的追求幸福，实际上是在远离幸福。尽管幸福生活的总体和本质，是纯粹的没有牵挂的自由，且即使这种自由的核心是坚定的信念，人们仍然会在充满危险的生活旅程中结伴前行，而结伴本身就会带来忧虑，在人生路上跋涉，不仅会承受现有的负担，而且还会给自己增添更多的负担。因此，他们离所追求的越来越远，他们越努力，给自己带来的阻碍也就越多。这就像是在迷宫中仓促行走一样，走得越快陷得越深。再见。

四十五

论诡辩的争论

（1）你抱怨自己所在的地方没有足够的书籍。然而，要紧的是书的质量，而不是数量；有限的阅读可以带来好处，不加限制地去读各种各样的书，只是满足乐趣。想要到达指定终点的人，必须要沿一条道路前行，而不是在多条道路间徘徊。你所建议的不算是旅行，最多算是流浪罢了。

（2）你说，"但是，相比图书，我宁愿收到你的一些建议"。然而，我已经准备把我所有的书都寄给你，把整个仓库都清空。如果可以的话，我应该去你所在的那个地方。这并不是希望你可以很快地结束公职任期，而是强迫我这个老人踏上行程。斯库拉（Scylla）、卡律布狄斯①或其他传说中的海峡都吓不倒我。假设我可以向你致意，并在你面前判断你在精神上取得多少进步的话，我不仅会坐船渡过海峡，更愿意游过这些水域。

（3）你希望我将自己的一些作品寄给你的这个行为，并不会让我自以为博学；这跟索要我的照片，从而奉承我的漂亮没什么区别。我知道那是由于你的仁爱，而非判断。即使是判断的结果，也是仁爱强加于你的判断之上所导致的。（4）但无论我作品的质量

---

① 希腊神话中镇守海峡的两个女妖。——中译者注

如何，就像我没有意识到，且仍然在寻找真理，并执意要找到它那样去阅读吧。因为，我没有为了任何人而出卖自我，也没有自称大师。我会把很大的功绩都归于那些伟人的判断，但有些功绩也是属于我自己的。即使对于这些伟人来说也是一样，他们留给我们的并非都是绝对肯定的答案，也有需要追寻解决的问题。他们也许已经发现了核心的东西，但还没有找到那些剩余的。（5）他们在模棱两可的词语和诡辩的争论中，消耗了太多时间；所有这些东西都是在无目的地浪费智慧。我们这是自己在打结，并给词语双重的解释，然后再去尝试统一它们。

我们还没有被这个问题折腾够吗？我们真的已经知道如何生活，或者如何死亡了吗？我们该继续与灵魂一同前进，担起责任并避免被事物和词语所欺骗。（6）为什么要祈祷自己可以辨别这些相似的词语？除了在讨论中，从来没出现过有人被误导的情况。正是事物将我们引向毁灭：人们必须区分辨别不同的事物。我们拥抱邪恶，而不是美好。我们现在祈求的东西，与我们过去所祈求的东西相反。我们的祈祷相互冲突，我们的计划也相互冲突。（7）奉承与友谊是多么相似啊！它不仅模仿友谊，甚至会在比赛中胜过它。在肆无忌惮和放纵的耳边，奉承被欢迎，且深入到内心的最底层，它所带来的愉悦和所带来的伤害完全一样。告诉我如何才能辨别出这种相似性！一个敌人会装扮成朋友的模样，在充满恭维的话语中靠近我。恶习会以美德之名潜伏在我们心中，鲁莽会在勇敢的伪装下露出马脚，温和被称为迟缓，而懦弱会被认作谨慎。如果我们堕落到这种境地，就会遇到极大的危险。所以，要特别留心加以对待。

（8）同样，那个被询问头上是否长角的人，并不是那么愚蠢，以至于会承认他的前额能感受到它们的存在。他也不会糊涂或愚钝到，你可以通过辩论的方式就将他说服。无论辩论多么巧妙，他都不会承认那是事实。如此的模棱两可就像是魔术师的杯子和筛子一样，是毫无伤害的欺骗，且会给我带来愉悦。因此，告诉我那个把戏是如何实现的吧。并且，我已经对其失去了兴趣。我也对这些词语的把戏持有相同的看法，我们可以把这些诡辩术叫作其他什么名字呢？不知道它们是否会带来伤害，然而，掌握它们并不会带来什么好处。（9）如果你真的想要细究这种诡辩术的话，不如就教导我们，其实真正快乐的人并非大众所认为的那样。换句话说，即使有些人的金库中数额所剩不多，但其财产全都在灵魂中，其正直高尚、坚持不懈、平易近人、平等待人、顺应自然、威武不屈、无所畏惧、改恶向善、专心致志，即使命运给其最沉重的打击，可能会令其轻微擦伤，但绝不会令其受到较大的伤害。命运用各种方式将普通人彻底击垮，而遇到这些人时却无能为力。就像冰雹会在房顶上咆哮不休，却伤害不到房里的人，然后就会融化掉一样。

（10）为什么你会用那个被你称为"骗子"的谬论来烦我，因为太多相关的书已经出版了吗？好吧，假如说我的一生都是个骗局，那就请证明这是错的；且如果你足够敏锐，就把真相告诉我吧。当下这种谬论仍然有着至关重要的作用，虽然其绝大部分都是多余的。即使不是多余的，从给予一个人财富和幸福能力的角度来说，也不算是重要的。如果一个东西是必需的，并不是说它就是好的。如果我们把这个名称用于面包、大麦粥和其他生活必需品，那么，我们就会贬低"好"的含义。（11）好的东西无论在任何场景中都是必需的，但是，必需的东西并不是在任何情况下都是好的，因为特定的一些微不足道的东西确实很必要。没有人会对"好"这个词所代表的高尚含义如此的无知，将其贬低到单调的实用层次上。

（12）那又如何呢？你难道不会努力让所有人都明白，去追寻多余的东西意味着消耗大量的时间；并且，很多人都仅仅是在积累生活手段的过程中，度过一生的吗？想想个别的人，且观察一下普通人，没有谁不渴望明天。（13）"其中会有什么伤害呢？"你会问。那是无尽的伤害，因为这些人不是在生活，而一直在准备生活。他们推迟每一件事情。即使我们密切关注着生命，它仍会很快地消逝。就像我们现在这样，当我们徘徊不前时，生命就会像属于别人那样离我们而去，即便到最后一天才算终结，但其实我们每一天都在死亡的过程中。

我不能超过这封信的限制，它不应该填满读者的左手①。我会改天再来说一说那些爱钻牛角尖的人的情况，他们过于倔强，总把辩论视为至高无上而非次要的。再见。

———————

① 当时的书信用右手打开，读者会用左手来卷起所读过的部分。——英译者注

四十六

论鲁基里乌斯的新书

（1）我收到了你所承诺给我的那本书。我匆忙展开它，想要在闲暇时速览一下，稍加品味。然而，这本书的魅力，却诱导我深入其中。你可能已经知晓该书是多么具有说服力；其表达方式流畅，跟你和我的手迹都不相同。初看起来的话，可能会将其归于蒂托·李维（Titus Livius）[1] 或伊壁鸠鲁。此外，我对其魅力是如此印象深刻，以至于一口气就将其读完了。阳光召唤着我，饥饿警告着我，且云层渐渐下沉，而我却自始至终都沉浸在那本书中。

（2）我不仅高兴，而且欣喜若狂。这本书充满了智慧和灵气！如果它时而舒缓，又时而激情澎湃的话，我应该加上"力量"这个词来形容。然而，我发现其中没有力量的迸发，而是以一股平缓的形式流动着，有一种充满活力与纯真的风格。尽管如此，我还是时常会留意到你的美妙和温和。你的风格是巍峨及高尚的，我希望你能朝这种方式和方向继续下去。主题也很有益，因此，你应该选择一些富有成效，并能支撑且激发思想的话题。

（3）再一次熟读这本书后，我将更全面地与你讨论。同时，我现在的判断还不准确，就像是已经听完别人大声朗读，但自己没

---

① 蒂托·李维（Titus Livius）：古罗马历史学家。——中译者注

有看过似的。你也要允许我去仔细端详这本书。你不必担心，你会听到事实的。你多么幸运，即便距离如此遥远，也没留给人撒谎的余地。即便现在撒谎的借口都没了，但我们之间的习俗至少还可以拿来当作借口。再见。

四十七

论主人与奴隶

（1）我很高兴从到访过你那里的人获知，你与你的奴隶们很融洽地生活在一起。这符合像你一样明智，且受过良好教育的人的行为标准。有人会说，"他们是奴隶"。不，他们是人。"他们是奴隶！"不，他们是我们的同伴。"他们是奴隶！"不，他们是我们朴实的朋友。"他们是奴隶！"不，如果反思一下，若命运对奴隶和自由人赋予同等权利的话，他们可以被视为我们的"同伴奴隶"。

（2）这就是我为什么嘲笑那些人，他们认为和自己的奴隶一起就餐是很丢脸的事。但是，为什么他们认为这很丢脸呢？只是因为主人被拜金的礼节纠缠，与一群站着的奴隶一同就餐，就感到丢脸。主人会吃得过饱，以至于巨大的贪婪将肚子撑大，甚至无法正常消化食物。而要把这些硬塞入的食物弄出来的话，貌似要付出更大的代价。（3）而同时，可怜的奴隶或许连动动嘴唇说话都不能。甚至稍一咕哝就会受到惩罚，发出咳嗽、打喷嚏或是打嗝的声音就会受到鞭打。最轻微的动静都会招致严厉的惩罚。整晚，这些奴隶都必须站着，忍受饥饿，并保持肃静。

（4）结果就是，这些奴隶无法在主人在场时谈论他们的主人，却会私下谈论。而旧时的奴隶，他们不仅可以当着主人的面交谈，甚至会与主人一起交谈。这些没有被封嘴的奴隶，当出现任何涉及主人的危险时，他们都会以自己的性命担保，随时准备为主人献身。他们会在宴会中说话，但会在被惩罚时保持缄默。（5）最后，针对采用高压方式对待奴隶的如下说法变得很流行："你有多少奴隶，就会有多少敌人。"在我们获得奴隶时，他们并不是我们的敌人；是我们自己把他们变成了敌人。

我就不提其他那些以残酷，且非人道的方式对待这些奴隶的事情了，因为我们会把他们看作是禽兽一般，去虐待他们，而不是像对待人一样去对待他们。当我们在宴会上躺卧时，有的奴隶在擦拭那些呕吐的食物，有的趴在桌子下，整理那些喝醉后客人丢下的剩饭。（6）有的奴隶在切割价值不菲的猎鸟肉，用娴熟的手法在胸部或臀部间切削着。这个不幸的家伙，他生活的目的只是正确地切肉。确实，有人要比他还不幸，那就是为了娱乐而非为了必要而去传授这种技艺的人。（7）有的奴隶——像那个上酒的人——必须穿成女人的模样，与过去的自我认知作斗争；他不仅不能摆脱童年的时光，还要被拽回到过去。即使他已经具有了成为士兵的身材，也不得不剃光毛发或将毛发连根拔起，以保持无胡须状态。而且他必须要整夜保持清醒，把时间花在喝醉的主人身上并满足其欲望。在平常，他必须做一个男人，而在宴会中要假装成一个孩童。（8）有的奴隶的职责是评估客人们的价值。可怜的伙计，他们必须紧盯任务，观察哪些人是阿谀奉承的，哪些人是无礼的，包括客人的嗜好和言语，都会被用来判断其是否仍会获得邀请。再想一想那些可怜的准备食物的人员，他们牢记主人们的口味，也知道哪些特别的味道可以促进他们的食欲，哪些食物可以赏心悦目，哪些新的食物组合可以满足他们挑剔的胃口，哪些食物可以通过满足感激发他们的厌恶，还有哪些可以在某一天引起他们的饥饿感。像这样的奴隶，主人却可能会无法忍受与之就餐。他可能会认为，与这些奴隶在同一张桌上就餐会贬低他们的身份！上天啊！

　　但是他在这些人身上创造了多少主人啊！（9）我曾见过卡利斯特（Callistus）① 的前主人站在卡利斯特门前排队；我也看到其被卡利斯特拒于门外，而其他人都被欢迎入内。卡利斯特的前主人曾在卡利斯特身上贴了"出售"的标签，并将其与市场上毫无用处的奴隶放在一起。然而，他的行为最终被清算了，当这位奴隶飞黄腾达后，曾经的主人无比后悔。而卡利斯特已将这位前主人的名字，从可进入门庭的名单中移除了。那位主人的确将卡利斯特卖了出去，然而，看看卡利斯特令其主人付出了多少代价吧！

　　（10）请记住，你所称之为奴隶的人，与你有着同样的起源，会在同一片天空下微笑，与你有着同样的呼吸、生命和死亡。你将奴隶作为自由人的概率，与他将你作为奴隶的概率一样大。马略（Marius）② 时期的大屠杀导致很多有着不凡出身，在军队服役甚至踏进过元老院的人，都被极大地打压下去了。有的人变成了牧羊人，有的成了农舍的看门人。即使你现在可以鄙视他们，但不要忘了，你的资产和地位也随时可能化为泡影。

　　（11）我不想让自己过度卷入这个过于庞大的问题中，去讨论如何对待奴隶。我们罗马人对待奴隶过于傲慢、残忍和无礼了。但是，以下是我最重要的核心建议：要像你希望优于你的人对待你那样，去对待那些不如你的人。在你反思你对奴隶有多大权力时，不要忘记，你的主人对你也有着同样的权力。（12）你会说，"我没有主人。

---

① 卡利斯特（Callistus）：曾为古罗马帝国皇帝卡利古拉所重用的被解放的奴隶（自由人）。——英译者注
② 盖乌斯·马略（Gainus Marius）：古罗马将军、政治家，曾为执政官，并多次从他人手中窃取该职位。——中译者注

你仍很年轻，也许之后会有一个。你不记得海丘巴（Hecuba）①是在多大年纪才沦为奴隶的吗？或者克利萨斯（Croesus）②，或者大流士（Darius）③的母亲，再或是柏拉图④和第欧根尼⑤。

（13）与你的奴隶友善和蔼地相处，让他与你一起交谈，一起计划，一起生活。我知道，如果真是这样的话，所有那些讲究身份的人都会纷纷出来指责我。他们会说："没有什么比这更加降低自己的身份，或更加丢人了。"但是，我有时会惊奇地看到这些人去亲吻不属于自己的奴隶的手。（14）难道你没看到，我们的祖先是如何从主人身上剔除所有不满因素，又从奴隶身上剔除所有无礼行径的吗？他们称主人为"家庭的父亲"，称奴隶为"家庭的成员"，这种传统在上演的哑剧中仍然存在。他们创建了一个节日，在那一天，主人和奴隶会一同就餐——他们不仅将那一天视为习俗，而且将其视为一种无论如何都要进行的活动。他们在家庭中赋予奴隶一些荣誉，并允许其发表观点；他们将整个家庭视为了一个迷你的联邦。

（15）你也许会反驳，"你的意思是说，我必须与所有奴隶一同坐在桌子旁边吗？"不，并非如此，你应该邀请所有被解放的奴隶一起。如果你认为我会阻止一些特定的奴隶加入就餐行列的话——例如，远方的放骡人或牧人——那你就误解我了。我的建议

---

① 海丘巴（Hecuba）：古希腊神话中的女王。——中译者注
② 克利萨斯（Croesus）：古国吕底亚的国王。——中译者注
③ 大流士（Darius）：波斯国王。——中译者注
④ 柏拉图约40岁时访问西西里，后被驱逐。他曾在埃伊纳（Aegina）被贩卖为奴隶，后被一位来自古利奈（Cyrene）的人赎出。——英译者注
⑤ 据称，戴奥真尼斯在从雅典旅行至埃伊纳（Aegina）时被海盗劫持，并在克里特岛（Crete）被出售，后被科林斯人（Corinthian）购买并解放。——英译者注

是通过他们的特点，而不是职责去衡量他们。每个人都会有自己的特点，而职责是偶然分配的。邀请那些值得这种荣誉的奴隶，那么，其他奴隶可能就会去追求这种荣誉。如果他们有任何奴性，是因为与较低的人打交道所导致的话，就应该让他们与更高尚的人打交道，来摆脱这种品质。（16）我亲爱的鲁基里乌斯，你不需要只在论坛或是元老院中寻找朋友，在家里也可以找到。由于缺少艺术家，好的材质经常会闲置。敢于尝试，你就会发现确实是这样的。愚者在购买马匹时，不会考虑马匹本身的状况，而只关心马鞍和缰绳。更为愚蠢的是，只从衣着或等级去判断一个人，而那只不过是一件用于装饰的衣服罢了。

（17）"他是一个奴隶。"然而，他的灵魂可能是一个自由人。"他是一个奴隶。"但是，那会是不可逾越的障碍吗？给我看看哪一个人不是奴隶？有的人是欲望的奴隶，有的人是贪婪的奴隶，有的人是野心的奴隶，所有人都是恐惧的奴隶。我可以告诉你，哪一位前执政官是一个老女巫的奴隶，哪一位百万富翁是一个女仆的奴隶；我也可以指给你看，哪一位极为高贵的年轻人是一个哑剧演员的奴隶！没有什么比自己强加的奴役更可耻了。

因此，你不应该被那些爱挑剔的人妨碍；把你的友善，而非骄傲的高贵，展现给你的奴隶们。他们该尊敬，而不是害怕你。（18）有些人可能认为我是在发放自由帽①给奴隶，并在颠覆主人们至高无上的权威，因为我让奴隶去尊重他们的主人，而不是害怕他们。他们会说："他的真实意思是，奴隶该像顾客，或来访者那样获得尊重！"任何持有这种观点的人都忘了，对于一位神来说都已足够的话，对于一个主人也应该足够了。尊重意味着爱，爱和恐

---

① 当时在宣布奴隶为自由人的仪式上给予奴隶的帽子。——中译者注

惧不能掺杂在一起。（19）我认为，你不希望奴隶害怕你的意愿，是完全正确的，并且仅仅用言语鞭策他们就够了，只有愚蠢的动物才需要皮鞭来抽赶。

那些使我们烦恼的不一定会伤害我们。然而，我们时常被奢华的生活引至狂怒状态，以至于无论是什么，只要没能满足我们心血来潮的幻想，就会激怒我们。（20）我们具有国王般的脾气。就国王们来说也一样，当愤怒达到白热化的程度时，他们会将自己的强项和他人的弱点都忘掉。就像他们真的会受到伤害似的，而他们高贵的身份，已经完全杜绝其受到如此伤害了。他们这是在找茬，为的就是伤害他人。他们坚称受到了伤害，其实就是为了可以惩罚那些招致其愤怒的人。

（21）我不想继续打扰你了，你不需要更多的劝诫。如下这类品质可以被视为好的：形成自己的判断并坚守。邪恶的东西总是易变且善变的，不是变得更好，而是变得不一样。再见。

四十八

论模棱两可的人不配做哲学家

（1）对于你在旅行中写给我的那封与旅途一样长的信，我会稍后回复你。我应该退休了，正在考虑该给你些什么样的建议。对于经常询问我的你来说，也是一样，你已经在是否退休的问题上思考很长时间了。而我又该反思多少呢。毕竟解决问题比提出问题需要更为慎重。当一件事情对我有利，而另外一件对你有利时，尤其如此。我又在模仿伊壁鸠鲁主义的方式讲话吗？（2）然而，事实是，对于我有利的东西，对你同样是有利的。只有关系到你的问题，也同样关系到我，我们才能算是朋友。友谊可以在我们的利益间建立伙伴关系。对于个人而言，没有好坏之分，我们都是一样的。没有人可以独立于世，把一切都视为自己的工具，还能快乐地生活下去。如果一个人要为自己而活，就必须为同胞而活。（3）这种友谊被格外谨慎地维持着，它会使我们去和其他人交往，并体现出人类有着一定的共同权利。同时，它对珍惜以友谊为基础的更亲密的交情，有着巨大的帮助，就像我之前提到的。因为一个人如果与同伴有很多共同点的话，也会与朋友在所有事情上有共同之处。

（4）优秀的鲁基里乌斯，在这一点上，我希望你能用你的精妙辩论技巧告诉我，我该如何帮助一个朋友，或是同胞。你不需要告诉我"朋友"这个词有多少种使用方式，或是"同胞"这个词有多少种含义。瞧啊，智慧和愚蠢相互对立。我该加入哪一方呢？你会建议我加入哪一方？一方面，"伙伴"与"朋友"相等；另一方面，"朋友"与"伙伴"不相等。一方想要将朋友视为自己的一个优势，另一方想要使自己成为朋友的一个优势。你所给我的无非是一堆文字和音节的无序拼凑罢了。（5）很明显，除非我可以想出很巧妙的方式，用虚假的推理，把源于真理的谬论添加到它们身上，否则，我将无法分辨出哪些是可取的，哪些又是需要避免的。我感觉很惭愧！像我们这样的老人，在处理如此严肃的一个问题时，却将其视作游戏一般！

（6）"鼠是一个音节。如果一只鼠吃了奶酪，那么，一个音节就吃了奶酪。"如果我解决不了这个问题，看看还会有什么样的，因无知导致的危险在等着我吧！我将会陷入多么尴尬的境地！毫无疑问，我需小心谨慎，或者，哪天我该用捕鼠器来抓"音节"。或者，如果我疏忽的话，一本书将会吃掉我的奶酪！也许下面的推论更加精明："鼠是一个音节。倘若一个音节不吃奶酪了，那么，一只鼠就不吃奶酪了。"（7）多么幼稚的废话啊！难道我们会为这类问题皱眉吗？难道我们会因此任胡须变长吗？难道这就是我们忍受着苦难去传授给其他人的东西吗？？

你真的知道哲学给人性带来了什么吗？哲学带来了忠告。死亡会带走一个人，贫穷会困住另一个人，此外，第三个人不是关注邻居的财富，就是在为自己的财富而忧虑。某某人会担心坏的运气，另外一个人则希望摆脱好运。一些人会被人虐待，另外一些人则被众神虐待。（8）那么，为什么哲学会为我制造出这样的游戏呢？这不是开玩笑的时候啊。哲学是用来给不幸的人类提供建议的。哲学承诺去帮助海上受困的那些人，还有那些在囚禁中的人，那些生病和贫穷的人，以及那些脑袋正悬于斧头之下的人。哲学，你是走失了吗？你正在做些什么啊？

　　哲学，你嘲笑的那位朋友，现在正处于恐惧之中。帮帮他，将那套在他脖子的枷锁解除。人们全都向你伸出了祈求的双手。有些生命已被毁灭，那些处于毁灭危险中的生命，正在祈求一些帮助。人们的希望，人们的生存，全都依靠着你。他们祈求你能救他们脱离一切的不安，能够向漂泊分散的他们揭示真理之光。（9）告诉他们，自然使什么成为必需的，什么是多余的。告诉他们，自然的法则是多么简单，那些遵守自然法则的人可以多么愉快和顺畅；也告诉他们，那些不信任自然，而相信个人观点的人，又是多么的痛苦和困惑。

　　如果你（哲学）首先可以展示给我，这些逻辑游戏可以在哪些方面缓解压力的话，我就认为它们在缓解压力方面是有些用途的。你的这些游戏可以根除色欲？或者控制它吗？我也许会说那是没有益处的！只会带来伤害。无论何时，只要你想知道，我都可以非常清楚地让你明白，即使一个高尚的灵魂，在涉及这方面的诡异之处时，也会受到削弱和损害。（10）我很惭愧地说，他们提供给人武器，让人去与命运抗争，可这些装备是多么的糟糕啊！这就是通向至高至善的路径吗？哲学会在如此的哗众取宠和吹毛求疵中有所进展吗？即使对于法律的解释者来说，这也是丢脸和耻辱的啊。你们有时故意用问题诱导一个人，而不是清楚地展示其是由于技术上的差错①而导致败诉的。除此之外，你们还会做些什么？然而，就像法官可以恢复那些因此而败诉的人的名誉那样，哲学也可复原

---

　　① 指裁决官在某些诉讼中任命了一名法官，并制定了一个准则，用来表明原告的主张和法官的职责。如果原告陈述不实或索赔过多，则原告败诉。在某些条件下，被告可以要求废除该准则，并申请再次审理此案。这样该案件并没有败诉，因此，故意利用这种优势的律师在做一件可鄙的事情。——英译者注

吹毛求疵的受害者。(11) 为什么你们人类会放弃伟大的承诺,并且高声宣称——你们会用金银的闪烁,而非刀剑的光芒,来使我眼花缭乱。我仍会以强大的定力,去唾弃那些所有人都渴望和害怕的东西。为什么你们会沦落成如此简单的书呆子?你们的答案在哪里?

这就是通往天堂的路吗?①

那就是哲学承诺给我的,我将与众神平等。我是因此被召唤的,我是为此目的而来的。哲学,信守你的承诺!

(12) 因此,我亲爱的鲁基里乌斯,尽可能远离这些所谓哲学家的异议和反对意见。坦白和简单,才是真正的美好。即便你有足够的时间,也要学会节约,将它们花在必要的东西上。而实际上,你的时间是如此之少,去学那些多余的东西是多么的疯狂啊!再见。

---

① 来自维吉尔的作品。——英译者注

四十九

论生命之短暂

（1）亲爱的鲁基里乌斯，如果一个人仅仅通过观看一些可以勾起回忆的风景，就会想起一个朋友，那么，这个人确实是懒惰且粗心的。确实，有时过去熟悉的东西会引发潜伏在灵魂深处的失落感。它并非带回失去的记忆，而是从潜伏状态中将这些记忆再次激发。就像一个朋友最喜欢的奴隶，他的外套，或他房子的情景，会再次唤起悲伤，即使这种悲伤已经被时间冲淡了。

瞧啊，坎帕尼亚（Campania），特别是那不勒斯（Naples）和你最爱的庞贝（Pompeii）[1]，每当我看到时总会感到惊喜；同时，它们也唤起了我对你那美妙如新的思念。你就站在我眼前，而我正在渐渐离你远去。我看到你哽咽并流着泪，无法抑制住从内心涌出的情感。我似乎在片刻前才离开你。当一个人开始回忆时，有什么事情不是在"片刻前"发生的呢？（2）就在片刻前，我还是一个孩童，坐在哲学家梭申（Sotion）[2] 的教室里；就在片刻前，我开始在法庭上申辩；就在片刻前，我失去了申辩的希望；就在片刻

---

① 庞贝可能为鲁基里乌斯的出生地。坎帕尼亚、那不勒斯和庞贝，均为现今意大利境内的地区。

② 梭申（Sotion），古罗马时代的毕达哥拉斯学派哲学家，据称其为作者塞涅卡的早期教师之一。

前，我丧失了自由。时间极其迅速地飞逝着，尤其当人们回想过去时，就会更加清楚。当我们集中注意当下时，我们不会察觉。所以，时间在飞速逝去时，是多么的不经意啊。（3）你想知道为什么会这样吗？所有过去的时光都在同样的地方，展现给我们同样的面孔，并聚集在一起。一切都陷入了同样的深渊中。此外，一个事件的全部只是一个短暂的范畴，包含不了太长的间隔。我们生活的时光只不过是一瞬间，不，甚至会比一瞬间还要短。然而，即便这极其短暂的瞬间，也难逃大自然的愚弄，使其表面上看起来很久。她取出其中的一部分给了婴儿期，一部分给了童年时光，一部分用于年轻岁月，还有一部分时间就是那段逐渐从年轻到衰老的坡度，而老年时光就是剩下的那部分。多么短暂的时光，却有着如此多的阶段！（4）仅仅在片刻前，我才为你的旅程送行。而就是这个"片刻前"，构成了关于我们存在的一个短暂美好的记忆，我们应回想一下，因为它马上就会结束了。在之前的一些岁月中，对我来说，时光似乎并非如此飞快地流逝着。然而现在，它却以难以置信的速度流逝着，也许是因为我觉得终点离我越来越近了，也许是我开始留意，并计较我所失去的时光了。

（5）正因如此，对那些声称把大部分生命的时光用在了不必要事情上的人，我分外恼火。无论多么小心翼翼地珍惜时间，甚至对于必要的事情，它都是不够的。西塞罗宣称，即使他生命的时光翻倍，他也没有机会去读那些抒情诗人的作品。你可以把辩论家也放在同样的类别去对待，但他们是以一种更加悲哀的方式愚蠢着。抒情诗人们公然地游手好闲，而辩论家们认为他们的事业是很严肃的。（6）我不否认，人们必须要瞥一眼辩证法，然而，仅仅是瞥一眼，就像从门口问候一下似的，为的是避免被辩证法所欺骗，或者用于判断自己的追求是否含有任何隐藏的巨大价值。

为什么你要为一些问题而心力憔悴地折磨自己？与其去解决，不如直接忽视它们。当一位士兵无忧无虑地安逸行进时，他可以沿路找些琐事去做。然而，当敌人靠近后方时，命令会使其加快步伐，必然就迫使其扔掉那些在闲暇时光中所收集的东西。（7）我没有时间去深究那些有争议的和不同音调的词语，或是为它们去狡辩。

> 召集大家，看好城门；
> 武器磨光，准备战斗。①

我需要坚强不屈的内心，去面对喧嚣四起的战乱。（8）当老人和妇女都在堆积石头筑垒时，当身着铠甲的年轻人在城门内等候，甚至请求出门迎战时，当敌人的长矛在城门前晃动，每一寸土地都在颤抖时，他们有充足的理由认为我疯了，如果我还在闲坐着，并装腔作势地说，"你不会失去所拥有的东西，你没有失去号角，所以，你拥有号角"②，或其他诸如此类十分愚蠢的把戏。（9）同样，如果我把精力都放在这类东西上，你同样会认为我疯了。即使现在，我仍处于被困状态中。只不过，之前那个例子仅仅是来自外部的一个危险，一座城墙会把敌人和我隔开。然而现在，处理死亡的风险无时无刻不在萦绕着我。我没有时间去管那些无意义的废话，有更重要的事情需要我去处理。我需要做些什么？死亡正在等着我，生命正在飞奔而逝。（10）告诉我一些用于面对这些烦恼的方式吧。借助它，我就不用思考如何从死亡中逃脱，并且生命也不会

---

① 来自维吉尔的作品《埃涅伊德》（Aeneid）。
② 一段荒谬的三段论示例。

从我手中逃离。给我勇气去面对困难，让我平静地去面对那些不可避免的东西。放宽那分派给我的时间上的限制。告诉我生命中的美好，不是在于生命的长度，而在于我们更好地利用了生命。同样，对于一个已经活了很久的人，可能他真正活的时间很短。当我躺着睡觉时，我告诉自己："你可能不会再醒来！"并且，当我醒着时，我告诉自己："你可能不会再睡着！"当我离开家时，我告诉自己："你可能不会再回来！"当我回来时，我告诉自己："你可能永远不会离开！"（11）如果你认为只有在海洋上航行时，生命和死亡才如此接近的话①，那你就错了。不是的，其实无论在哪里，它们之间的距离都是很近的。虽然死亡不会随时随地都近在咫尺地显现出来，但它确实潜伏于每一个地方。

让我摆脱这些暗藏的恐惧，然后，你就会更容易地提供给我那些我所期望的指导。在生命之初，大自然赋予了我们学习的能力。它给予我们理智，而不是完美，但那是一种可以令我们接近完美的能力。（12）与我探讨一下正义、责任、节俭和那两种纯洁：一种是远离他人的影响，另一种是洁身自好。如果你不把我领入歧途的话，我将更容易实现目标。就像那悲剧诗人②所说的：

表达真理的言语是简单的。

因此，我们不该把语言复杂化。原因是，没有什么比这种极致的智慧，更适于一个坚定且伟大的灵魂了。再见。

---

① 指仅隔着作为木料的船身。
② 指古希腊悲剧诗人欧里庇得斯（Euripides）。

五十

论我们的盲目和治疗

（1）你将信寄出后，过了很多个月，我才收到。因此，我想，此时再向送信人打听你在忙些什么，已经毫无用处了。如果他真的能回忆起的话，一定要有很好的记忆力才行。无论你现居何处，我希望此时你正在以我所认可的方式生活着。除去每天进步，改正一些错误，并尝试弄清楚所遇事情中的错误在于自己，而非环境外，你还有什么可忙的呢？的确，我们在不轻易间，就会把一些过错归咎于地点或时间。然而，无论走到哪里，那些过错都会紧跟着我们。

（2）你知道哈帕萨特（Harpasté），她是我妻子的小丑。由于遗产导致的问题，她仍留在我家里。我特别反对这些有着怪癖的人，当我想要找小丑取笑开心时，很轻松就可以实现——我可以取笑一下自己嘛。突然间，这个小丑失明了。听起来很不可思议，但我向你保证这是真的：她不知道自己失明了。她一直让佣人给她换个地方，说她的房间太黑了。

（3）你可以很清楚地看到，哈帕萨特故事中这种滑稽可笑的事情，可能会发生在我们每个人身上。没有人懂得，其实他自己是贪心，或贪得无厌的。盲人会找人指引，然而，我们却自由游荡，并声称："我并不自私，然而，没有人可以在罗马以其他方式生活。我并不奢侈，但是，生活在这样的城市需要很大的开销。拥有易怒的性格，或并未按照有规律的生活方式安顿下来，这并不是我的过错，因为我还年轻。"（4）我们为什么会欺骗自己？折磨我们的罪恶不在外部，它就在我们自己身上，坐落于各个重要的器官。正因我们并不知道自己有病在身，致使获得健康变得更加困难。

倘若我们已经开始治疗，不知道何时才能铲除全部这些疾病和它们所带来的危害呢？而当下，我们甚至没有看医生，如果在疾病早期就去看医生的话，问题可能会更容易解决。如果医生能为我们指出正确途径的话，那些柔弱及无经验的思想，就会得到改善。（5）人们很轻松就能返归自然本性，除去那些已抛弃自然本性的人。我们会羞愧于受到那些合理的教导，但是，天啊，如果我们认为找一个这样的老师有失身份的话，我们也应该放弃伟大的至善偶然间就可以降临到我们身上的任何幻想。

不，我们必须工作。为了传播真理，即使工作不是那么容易。正如我所说的，在灵魂被罪恶固化前，我们就应开始陶冶和塑造它。即使对于罪恶深重的人，我也不会放弃。（6）没有邪恶不会向持续的治疗和小心谨慎的照料所屈服。无论枝条弯曲多少，都可能再次将其掰直。加热会将弯曲的横梁烤直，自然生长的树木，则可以根据需求通过人工方式加以塑造。灵魂又是多么容易被塑造啊！它甚至比任何液体都还要柔韧！在某种状况下，灵魂除去空气还剩下什么呢？并且你明白，空气比其他任何介质都要更加柔韧，相应地，也比其他介质更加稀罕。

（7）鲁基里乌斯，即使我们现在都被邪恶掌控着，或我们长期以来一直都被其掌控着，但也没有任何东西可以阻止你对我们的未来抱有美好希望。对任何人来说，邪恶的理念都要先于美好的，我们都是先被这些邪恶的理念束缚着。学习美德的意思就是忘却恶习。（8）于是，我们该继续全力以赴地摆脱自我的缺点，因为一旦成功，美好将会永远属于我们。美德是不会被忘却的。对于反对者来说，会发现很难对不属于自己的地方有太多依恋，因为他们可能会被驱逐或赶走。但当品质来到正属于他们的地方时，遵守起来也就顺理成章且真心诚意了。美德来源于自然，恶习是与自然相抵触的，且充满敌意。（9）然而，虽然美德被接受后，就不会离开且很容易看守，但在一开始接触时还是很艰辛的，因为柔弱和拘谨的观念，会导致人们害怕不熟悉的东西。所以，在开始时必须要将美德强加于观念之上；随后，人们自然而然地就会适应。当美德开始医治我们时，就会给我们带来愉悦。在健康得以恢复后，人们才会去享受其他的治疗措施。对于哲学而言，学习的同时就意味着美好和快乐。再见。

五十一

论巴亚与道德

（1）我亲爱的鲁基里乌斯，每个人都要做好其力所能及的事情。你那里有高耸且在西西里深受爱戴的埃特纳（Etna）① 火山。［即使我还没弄清楚，为什么梅萨拉（Messala）② 或者瓦吉斯（Valgius）③ 被称为"独特的"？我曾读过关于这两座火山的作品，正如很多地区都会喷出火来，不仅是那些此现象活动频繁的高耸山峰（或许火焰能喷发到最高的高度），低洼的位置也能喷发出火焰来。］对我自己来说也是，我尽量做好力所能及的事情。我曾经对巴亚（Baiae）④ 很满意，然而，我在到达后的第二天就走了。巴亚是个需要避免观光的地方，因为，即使它有着很多秀丽的自然风光，但奢华已经将其占为己有了。（2）你会说："那么，有任何地方需要作为一个厌恶对象挑出来对待吗？"一点都不是。但就像对于一个聪明正直的人来说，一种风格的着装会比另外一种更为合适那样。并不是他厌恶任何一种特别的颜色，只是他认为一些颜色不太适合那

---

① 鲁基里乌斯对埃特纳（Etna）有着特别的兴趣。曾在西西里当过官员的他，可能写作了诗歌《埃特纳》。——英译者注

② 梅萨拉（Messala）：古罗马将军、作者。——中译者注

③ 瓦吉斯（Valgius）：古罗马诗人。——中译者注

④ 离那不勒斯（Naples）不远的一个地方，曾是一个时尚且风流的度假胜地。——英译者注

些过着简朴生活的人。对于地点也是如此，智者或想要拥有智慧的人，会去避免那些令美德感到奇怪和陌生的地方。（3）因此，如果他想要摆脱世间纷争的话，就不会选择去坎能普斯（Canopus）①（坎能普斯无法让任何人拥有简单的生活），也不会去巴亚。两个地方都开始成为邪恶的度假胜地了。在坎能普斯，奢华已被纵容到最高等级；在巴亚甚至更加放荡，就像去那个地方需要一定特许似的。

（4）我们应该选择对身体和性格都有益的居所。就像不介意生活在充满折磨的地方那样，我也不会介意在咖啡馆里生活。去见证那些海滩上闲逛的醉鬼，喧嚣作乐的帆船派对，湖边吵闹的晚餐乐声，和其他各种奢华的方式。也就是说，当奢华从法规的限制中解脱出来，它不单单是一种罪恶，还会将罪恶大肆宣传。为什么我必须要目睹这些呢？（5）我们应该尽可能地远离恶习的影响。我们该强化观念，远离纵容享乐的诱惑。汉尼拔（Hannibal）② 刚强的性格仅仅在一个冬天就松懈了，在坎帕尼亚的放纵，使其丧失了征服阿尔卑斯雪山那英雄般的气势。他靠武力征服了世界，却败给了自己的恶习。（6）我们都需要发起一场战争，一种没有休息或终止的战争。首先，要征服的是纵容享受，正如你所见，即使是最厉害的角色都会被其打败。如果一个人知道他所进行的任务是有多么艰巨后，他就会知道，不能有矫情或软弱的行为。那些热水浴或桑拿室，对我有什么用呢？只有努力工作后才应该流下汗水。

---

① 位于尼罗河（Nile）最西边的支流河口处，拉丁语中意味着道德的放荡。——英译者注
② 汉尼拔（Hannibal）：古国迦太基将军及政治家，被广泛认为是历史上最伟大的军事指挥家之一。——中译者注

（7）假设我们按照汉尼拔那样行事——停止前进，放弃战争，并任由我们的身体被娇惯——的话，每个人都会责怪我们不合时宜的懒惰。这些行为甚至对于胜利者来说都是充满危险的，更别说那些正走在通向胜利道路上的人了。并且，相比那些迦太基人（Carthaginian），我们甚至更没有资格去这么做。因为，如果我们松懈的话，我们的危险要比他们更大；如果我们想要前进，我们也要付出比他们更多的努力。（8）我正在与命运抗争，并且不会按其命令行事。我不会屈服于束缚的枷锁；不但如此，我还会摆脱枷锁的限制——这甚至需要更大的勇气。灵魂不能被纵容惯养。屈服于享乐，同时也意味着屈服于疼痛，屈服于艰辛，屈服于贫穷。就像享乐一样，野心和愤怒也想在我身上拥有同样的权利，那么，我将被这些相互冲突的强烈情感撕裂，或者说被撕成碎片。（9）我已经把自由设为眼下追求的目标，并且我正在为此努力奋斗。你会问，什么是自由？自由意味着在任何情况下，在任何限制下，在任何时间下，都不做奴隶。它意味着被迫与命运进行平等的竞争。当我知道自己占尽上风的那一天，命运的力量将化为泡影。当我自己掌握死亡的时候，我还会任其摆布吗？

（10）因此，任何有着这种想法的人，都应该选择一个简单而纯粹的居所。过于安逸的环境会削弱一个人的精神，且毫无疑问的是，一个人的居所也可能伤害其活力。在粗糙地面磨硬蹄子的动物，可以在任何路上行走；然而，当它们在柔软的湿地草场上被牧养后，蹄子也会很快退化。最勇敢的士兵都来自艰苦的地区，而城里和家中长大的士兵在行动上都较为松散。由辛苦耕作转为手持刀剑的人，永远不会反对辛苦劳作；而时尚且穿着讲究的人，在看到敌军部队扬起的风尘时，就会退缩。（11）在艰苦地区训练会增强一个人的品质，使其适于从事伟大的事业。对于大西庇阿来说，在利特隆（Liternum）① 流放要比在巴亚流放更加值得钦佩。他的没落不需要如此软弱的环境。对于那些首先将罗马变成一个繁荣国度的人来说，也是一样，盖乌斯·马略、格奈乌斯·庞培和恺撒确实在巴亚附近建造了别墅，然而，他们是将其建在山顶上的。这更像是士兵般的情怀，从高处眺望逐渐向远方延伸的土地。留意他们所选择的时机、位置和建筑的类型，你就会发现，那并不是乡下居所，而是营地。（12）你会设想小加图住在一座享乐的宫殿里，当五彩斑斓的游船航行经过时，盘点那些淫荡的女人，同时有玫瑰花香飘浮于湖泊的上空？或者，他会在夜间聆听喧闹的乐队演奏吗？难道他不是更喜欢在自己动手建造的战壕里过上一夜吗？难道任何一个人不都是喜欢被因战争而吹响的小号叫醒，而非被乐队的合唱所惊扰吗？

（13）然而，我为巴亚所发表的高谈阔论已经足够了，即使我永远不会觉得对恶习的批评是足够的。鲁基里乌斯，我希望你能持续抵制恶习，不要妥协，也不要停止。因为，它既没有界限，也没有终点。如果有任何恶习撕开了你的内心，要将其根除掉。如果不能用其他方式去除的话，就连心一起拔除。最重要的是，将放松享乐从你的视线中清除；要痛恨它们胜过一切，因为它们就像是土匪，埃及人称之为"无赖"，他们只会为了伤害才来拥抱我们。再见。

---

① 现今意大利南部的一个地区。——中译者注

论选择老师

（1）鲁基里乌斯，是什么力量在把我们拽向与之前所定目标相异的方向？催促我们前往已经长久撤离的地方？又是什么在与我们的精神搏斗，不允许我们持久地追求一个东西？我们总是改变着主意。在我们的愿望中，没有一个是自由的，没有一个是能够经受住考验的，没有一个是持续的。（2）你说，"然而，愚人无法持之以恒，没有任何东西可以长久地适合他"。我们该如何，并何时才能远离这种愚行呢？没人能仅凭一己之力便摆脱这些愚行，他需要一个助手，帮他走出困境。

（3）伊壁鸠鲁说，有些人在没有任何帮助的情况下，已经开拓出他自己的那条通向真理的路了。他给予了这些人特别的称赞，因为他们的动力来源于自身，且他们通过自己的努力名列前茅。他也说，另外一些需要外部帮助的人，除非能真心地跟随领路人，否则将不会进步。他说，梅特罗多勒斯就是这些人中的一员。这类人也很优秀，但只属于第二等级。我们自己也不是属于第一等级的，如果我们能够被准许进入第二等级，那就已经很不错了。你不要看不起那些只能在别人的帮助下而得到拯救的人，能够被拯救已经很了不起了。

（4）你还会发现另外一类人——这类人不应该被鄙视——他

们可以被强制灌输正确的价值观。他们不需要人指导，只需要有人去鞭策，一路逼迫他们即可。这就是第三类。如果你问我这类人都有谁的话，伊壁鸠鲁说赫马库斯就是。对于后面提到的两种类型来说，他更愿意赞成第二种①，但对另外一种更加尊敬。即使两种类别的人都实现了同样的目标，但对于面临更难处境的人，应该给予更高的荣誉。

（5）设想两座高度和宏伟程度相同，但地基不同的建筑被建造起来。其中一栋建在坚固的地基上，建造过程干净利落。对另外一栋来说，地基就耗费了很多建筑材料，因为被柔软不定的地面吞噬，导致很多劳力都浪费在搭建牢固的根基上了。当一个人比较这两栋建筑时，可以很清晰地看到前面那栋的建造过程，而看不到后面那栋更大及更困难的部分。（6）人们的性格也是如此。一些人柔韧且易于管理，而另外一些是费力劳神的，也就是说，不得不全身心地构建他们自己的基础。我因此认为，那些自我没有问题的人是幸运的。然而，另外那些战胜了自我的卑劣本性，不由着自我放松，而是为智慧挣扎的人，值得拥有更好的自己。

（7）你可能认为，需要更多辛劳才可以克服那已经被植入我们体内的倔强本性。我们的路上会有很多障碍，所以就让我们奋斗吧。且呼喊一些助手来帮忙。你会说，"该叫谁来呢？会是这个人还是那个人？"有另外一个选项可供你选择。你可以在古人中寻找，因为他们有的是时间来帮忙。我们不仅可以从当代人那里，也可以从前人那里获得帮助。（8）那么，让我们先从在世的人中间选择。不能选那些花言巧语的人，他们只是老生常谈，弄些小花样来招摇撞骗。让我们找些身体力行的人，他们会用切身经历来向我

---

① 指梅特罗多勒斯。——英译者注

们证实该去做些什么，也永远不会去做那些他们让我们避免去做的事情。

相比听其言语，不如找一个看到其行动后，会令我们更加钦佩的导师吧。（9）当然，我也不会阻止你去听信那些经常参加公众会议和讨论的哲学家，假如他们出现在人们面前，是为了共同促进自己和其他人，而不是为了一己私利而展现他们学识的话。有比为了赢得喝彩的哲学更为低劣的东西吗？病人在手术期间，会去赞美正在做手术的医生吗？（10）在安静和虔诚的敬畏中，去服从治疗。即使你大声喝彩，我也会将你的叫喊视为伤口被触动时的呻吟。在宏大（哲学）主题的冲击下，你是否愿意忍受，以便证明你的专心？你可能会在适当时候做到。我当然会允许你进行判断，并就更好的方式投下一票。毕达哥拉斯（Pythagoras）① 让其学生保持 5 年的沉默；你是否会认为，他们有权利因此立即热烈鼓掌吗？

（11）如果一个人高兴地离开讲堂，只是因为得到了无知的喝彩声，那将是多么疯狂啊！你为什么可以从那些你自己并不称赞的人的赞扬声中获得快乐呢？费比乌斯经常做一些受欢迎的演讲，然而，他的听众都很克制。偶尔，巨大的喝彩声会迸发出来，但都是因为其主题的伟大，而不是因为演讲声音的愉快跟温和。（12）剧场的喝彩和学校的喝彩应该是有区别的，并且，即使赠予喝彩，也是有一定行为准则的。如果你仔细观察，所有的行为都必定是有迹可寻的。你甚至可以通过最微小的迹象，来衡量其特点。男人的好色可以通过如下方式显露出，如走路的姿势，手的动作，有时是一个回答，有时是用一根手指触碰头部的动作②，有时是眼球的移动

---

① 毕达哥拉斯（Pythagoras）：古希腊数学家、哲学家。——中译者注
② 用一根手指擦摸头部曾被视作女性化或邪恶的标志。——英译者注

等。顽皮的人可以通过笑声显露其特质，疯子可以通过面容及外貌来判断。这些特质都可以通过一些特定的标记显现出来，并且，你可以通过观察如何给予和接受赞美，来断定每个人的性格。（13）从这个角度来看，哲学家的听众都会伸出钦佩的双手，且崇拜的人群有时会疯狂至极。但是，如果你真的明白，就知道那不是赞美，而仅仅是喝彩罢了。这样的高声喝彩应该用于取悦大众，哲学需要在安静中尊崇。（14）的确，年轻人有时必须跟随激情行事。然而，仅在他们无法保持沉默的时候，才应该这么做。这样的称赞会给听众一定的鼓励，并会激励那些年轻的心灵。然而，需要让他们被主题所激发，而不是风格。否则，口才会给他们造成伤害，引起他们对口才的迷恋，而不是对所讲述主题的关注。

（15）现在，我该把这个话题推迟一下，为了证明如何向大众讲演，演讲者在公众面前的哪些放纵行为是可以允许的，且听众在演讲者前该有哪些行为，都需要长期的专题研究。毫无疑问，哲学曾经遭受伤害，现在她已展现出其引人入胜的魅力。如果哲学的展示者是祭司，而非小商贩的话，人们仍可以在圣殿中看到哲学。再见。

五十三

论心灵的缺憾

(1) 你现在几乎可以在任何事情上将我说服，就像我最近被说服去航海一样。我们起航时，海面平静柔和，天空却是乌云密布，就像会出现狂风骤雨那样。即便如此，我想普特奥利（Puteoli）① 离你所爱的帕耳忒诺珀（Parthenope）② 不是很远，即使天气不定，也很快就能到达。所以，为了能够尽快启程，我直接去了尼索斯（Nesis）③。
(2) 但是，当我们逐渐走远时，却产生了该返回还是继续前进的疑惑，之前平静的天气已化为泡影。暴风雨还没到，但平稳的海面开始动荡起来。我问舵手是否可以把我送上岸，他回复说，岸边海水汹涌，并不适合登陆，且在暴风雨中顺风靠岸是他最害怕的事情。(3) 由于晕船开始折磨我，令我肝腹难受，再加上对当下危险的担心，可谓火上浇油。因此，我向舵手提出了严正的命令，强迫其靠岸，不管其愿不愿意。当我们靠近岸边时，我没等船停稳，就像维吉尔所说的：

---

① 现今意大利的一个海边城镇。——中译者注
② 现今意大利的那不勒斯。——中译者注
③ 那不勒斯对面的一座小岛。——英译者注

*船首面对着大海。*①

　　或，

锚已从船头抛下。

　　作为一个冷水的资深爱好者②，我记得自己曾在身穿外衣时就跳入海中，就像其他的那些喜欢在冷水中游泳的人一样。（4）爬过岩石寻找出路，或自己走一条路出来；你觉得我当时的感觉如何？我明白，水手们有足够的理由去担心在这种条件下登岸。当我无法忍受自己时，很难相信我又能忍受什么。你可能知道尤利西斯每次遇到海难的原因，不是因为海神从他出生起就一直对他很不满，仅仅是因为他晕船。如果我必须航海出行的话，也许我要在第二十年后才到达目的地③。

　　（5）当我最终使肠胃平静下来（你知道一个人只有离开海洋后，才能减轻晕船的症状），并通过按摩重新抖擞精神时，我开始反思，我们是如何忘记或忽略弱点的，即使是那些会影响我们身体，而身体一直在提醒着我们的弱点，更别提那些更加隐蔽的，可能带来更严重后果的弱点。（6）稍微的一个冷颤会欺骗我们，但是，当其逐渐恶化后，真正的发烧就会开始。即使对于一个可以容忍很多痛苦的壮士来说，它也会强迫他承认自己得病了。如果脚和关节疼，我们仍可以隐瞒委屈，称自己只是扭伤了关节，或因过度

---

①　这是一种在古代常见的停泊船只的方式。——英译者注
②　参考第八十三封信。——英译者注
③　指尤利西斯在海上花了十年时间才结束行程，作者塞涅卡表示要用双倍的时间。——英译者注

训练感到疲倦。开始时症状轻微，还不能肯定得了什么病。当它引起踝关节肿胀，使双脚都像右脚一般①，便可以确认得的病是痛风。（7）与之相反的是灵魂上的疾病，越严重的反而越难察觉到。亲爱的鲁基里乌斯，你不必对此感到惊讶。就像有些人的睡眠很轻，会在睡觉时去幻想那样。有时，即使在睡眠时，他们也可以意识到自己是在睡觉。然而，深度睡眠就会完全摧毁我们的梦，并且让心灵沉到很深的地方，使其感受不到自己的存在。（8）为什么没有人会承认自己的错误？因为他仍被错误控制着。只有醒过来的人才会讲述他的梦；类似地，承认罪恶，才是健全心灵的标志。

因此，让我们唤醒自我，这样才能纠正错误。然而，哲学是能叫醒我们的唯一力量，唯一能让我们从深睡中摆脱出来的力量。全身心地投入哲学的怀抱吧。你配得上她，她也配得上你。用爱的拥抱相互问候吧。勇敢且坦白地对其他爱好说再见吧。不要仅仅用业余时间来学习哲学。

（9）如果你病了，就不要想你个人的那些顾虑了，并忘掉你的那些工作职责。在减轻自己痛苦的过程中，你不会为任何一位顾客想得周到全面，并负责好他的业务。你应该努力尽快解决病痛。然后呢？难道你现在不会做同样的事情吗？抛开所有的这些障碍并利用你的时间，去获取一种健全的思维。如果一个人全神贯注在其他事务上，这将是不可能实现的。哲学自有其权威；它指定自己的时间，由不得他人做主。她不是在闲暇时才该去从事的，而是每天都该实践的学科。她应像个主妇一样，去掌控我们的日常安排。（10）当亚细亚的一些国度承诺给亚历山大大帝（Alexander）一部分领土和一半的资产时，他回复说："我入侵亚洲不是为了接受你

① 指左脚肿胀得如右脚一般。——英译者注

们所给我的东西，而是让你们保存着我将遗留下的东西。"同样地，哲学也应对所有事物说："我不是为了接受你们所剩下的时间，而是允许你们保存那些我所留下的。"

（11）因此，全身心地专注于哲学吧。坐在她脚下，珍爱她，你和众人之间就会拉开距离。你会领先其他人很多，并且，众神离你也不会那么遥不可及了。你会问，自己与众神的区别都有哪些？他们会活得更加长久。但是，根据我的观念，一位伟大艺术家的标志，就是能把差异性控制在极小的范围内。智者的生命将在一个巨大的表面向外扩散，就像所有的永恒对于一位神明一样。在某一点上，智者要优于神；神是由于自然的奖赏才无所畏惧，而智者的无所畏惧是通过自身努力来实现的。（12）拥有人的弱点和神的安详，是多么美妙的一种荣誉啊！哲学的力量可以超越信仰，让时运所带来的冲击变得迟钝。没有什么攻击可以侵入她的身体，她受到很好的保护且坚韧不摧。她会消磨掉一些攻击的威力，并用宽松的长袍避开，就像它们没有杀伤力一样。对于另外一些攻击，她会先避开，然后再回击，让袭击者自食其果。再见。

五十四

论气喘和死亡

（1）健康状况的不佳，已经令我长时间处于休假状态，且最近状况又突然严重了。"什么样的健康状况？"你会问。你当然有权这么问，也的确没有什么病是我不知道的。然而，我可以说，这是一种特别的疾病。没有必要用其希腊语的名称①，用拉丁语"短促的呼吸"形容它就足够了。它的症状只发生在很短的时间，就像海上突然而至的风暴一样，经常在一小时内就结束。如果时间长的话，谁的呼吸能坚持那么久呢？（2）我经历过肉体所带来的一切疾病和危险，但没有哪一个比这种病更麻烦了。自然如此，其他的可以称为疾病，但这个病是一种连续的"最后喘息"。因此，医生们都叫它"练习如何死亡"。有一天，呼吸终将完成其经常所尝试的练习而实现死亡。（3）你会认为我在写这封信时，怀着一种愉悦的心情吗？对这种健康程度的恢复感到高兴，是荒谬的，就像一位被告人将成功拖延审判视为赢得了整个案件一样。然而，即使在呼吸困难的时候，我也从未停止在愉快和无畏的思考中休息。

（4）我对自己说，"什么？难道死亡会经常这样地考验我吗？

---

① 指哮喘。作者塞涅卡认为拉丁语名字就足够了。——英译者注

就让它继续这么做吧。我自己也已经考验死亡很长时间了"。你会问，"什么时候？"在我出生之前，死亡并不存在，我早就知道它意味着什么。在我之前发生的事情，也会在我之后发生。如果在死亡状况下有任何痛苦的话，在我们降生前，就必然已经有这种痛苦了。然而，事实上，我并没有感到任何不适。（5）而且我问你，你难道不认为，那个将油灯燃尽后熄灭，视为比其被点燃之前更加糟糕的人，是最愚蠢的吗？类似我们这样的凡人，也仿佛被点燃，而后熄灭。痛苦的时段是在开始与结束之间，而这两端之外都是深深的平静。除非我完全搞错了，我亲爱的鲁基里乌斯，我们误认为死亡只会在当下紧随我们，然而事实上，它既存在于我们出生前，也存在于我们去世后。无论我们出生之前有着怎样的境地，都属于死亡。所以，你的生命是否完全没有开始，或你是否已经离开，又有什么关系呢？因为两种状态的你，都是不存在的。

（6）我从没有停止用这类宽慰的忠告来鼓舞自己，当然是默默地做，因为我还没有足够的力量将其大声说出来。一点点的短促呼吸，逐渐演变成较长间隔的喘气，然后渐渐慢下来，并最终结束。即使到现在，虽然气喘已经停止，但呼吸还没有回归正常。我仍可以感受到呼吸的停顿和延迟。就随它去吧。只要不是由于灵魂引起的叹息就好。（7）我敢向你保证的是：我永远不会被死亡的到来吓倒，我已经随时准备好离世了，并且不会为未来做计划①。你会去赞美和模仿那些为了享乐，而不情愿离世的人吗？当你被驱赶时，死亡又有什么美德而言呢？但即使这时，美德也是存在的：我的确正在被驱赶，然而，会像我自愿死去

---

① 意指活在当下，而不是未来。——中译者注

一样。正因为这个缘故，智者永远不会被驱赶，因为那意味着他不情愿地从一个地方离开；智者不会做任何不情愿的事。智者会从必要事务中解脱出来，因为他情愿去做那被强迫去做的事。再见。

五十五

论梵蒂亚的别墅

（1）我刚搭乘轿子回来，但就像我步行同样的距离，而不是坐在轿子上那样，我感到同样的疲乏。不管被抬多长时间，都是很艰难的，也许主要因为这是一种不自然的运动。自然给予我们双腿，就是要让我们自己走路；给予双眼，就是要让我们自己去看。奢华的生活使我们变得软弱，我们已经失去了做那些长时间没有去做的事情的能力。（2）尽管如此，为了让聚集在喉咙处的胆汁吐出来，我发现让身体振作起来很有必要，如果那是我个人问题的话，或者，如果我的呼吸由于某种原因变得过于密集的话，我觉得使其变得稀疏些对我来说会是一件好事。我坚持比平常更久地搭乘轿子，沿着坐落于库美（Cumae）和塞维利乌斯·梵蒂亚（Servilius Vatia）[1]的乡下别墅之间[2]的迷人海滩行进。道路的一边是海，另一边是湖，和一条较窄的小径一样。由于最近的一场暴风，它被压得很结实；因为你知道，当海浪猛烈地拍打沙滩时，会把它压平；但连续的好天气会使它松动，因为被水压实的沙子会失去水分。

（3）正如我平常习惯的那样，我开始四处张望，看看是否存

---

① 塞维利乌斯·梵蒂亚（Servilius Vatia）：据推测，可能是指古罗马政治家、将军，曾两次被选为执政官的梵蒂亚。——中译者注

② 现今意大利那不勒斯的一个区域。——中译者注

在对我有所帮助的东西。这时，我看到了曾经属于梵蒂亚的一栋别墅。这就是那位著名的百万富翁执政官养老的地方啊！他声名远扬不是因为其他什么，只是由于悠闲的生活。并且仅仅因为如此，他被认为是幸运的。每当人们由于和阿西尼乌斯·盖鲁斯（Asinius Gallus）① 的友谊而遭殃，其他人因为仇恨塞贾纳斯（Sejanus）而被害，在塞贾纳斯失势后，又由于与其亲近的关系而被迫害——仇恨和亲近他似乎同样危险——时，人们惯于感叹："噢！梵蒂亚，只有你才知道如何生活啊！"（4）然而，他仅仅是知道如何藏起来罢了，而不是如何生活。生活是悠闲，还是无所事事，这两者之间有天大的区别。梵蒂亚在世时，我每次路过他的乡间别墅时都会对自己说："这里住着梵蒂亚啊！"

但是，我亲爱的鲁基里乌斯，哲学是一件非常神圣且需要尊崇的事情，以至于其可以令每个人都满意。大多数人认为，一个从社会退隐的人是悠闲的、无拘无束、自给自足，且自由自在。然而，这种特权的奖赏对于智者才适用。一位焦虑的患者会知道什么是自由自在的生活吗？什么？难道他知道（这才是最重要的）什么是生活吗？（5）对于那个脱离世间纷争的人，那个由于其欲望给其带来的不幸，生活已被驱离至与世隔绝中的人，那个他不能接受邻居比他更快乐，恐惧被其藏了起来，就像一个受到惊吓且迟钝的动物的人来说，他不是在为自己生活。他活着是为了填饱肚子、睡觉，以及满足他的色欲——这就是世上最可耻的东西。不为其他人活着的人，也没有必要为自己而活。无论如何，即使停滞不前，就算受到欺骗，也要坚定并忠实于一个人的目标，顽强地坚持下去。

---

① 阿西尼乌斯·盖鲁斯（Asinius Gallus）：古罗马政治人物，曾做过执政官。
——中译者注

（6）我无法形容那座别墅的具体状况，因为我只对其正面，对那从外面路过时可以看到的部分较为熟悉。有两座人工的洞穴，它们就像宽敞的会所一样大，是手工建造的，一定花费了不少人力。其中一座遮住了光线，可以用来乘凉；另外的那座敞开，光线较好。溪流横穿过一片梧桐树林，林木从大海和阿其荣湖（Acheron）的小溪获取养分。溪水足够用来养鱼，尽管里面的水持续被抽出。然而，当海面平静时，他们不会利用这条溪水。只有当风暴足够大，渔民们无法出海不得不休假时，他们才会动用那储蓄好的水源。（7）然而，这栋别墅最便利的地方在于，其离巴亚很近，既没有巴亚度假胜地所有的不便，又可以享有其带来的愉悦。我看到了这些吸引力，觉得这栋别墅在每个季节都适合到访。它面朝西，可以用来采风，而在巴亚是不具备这个特点的。所以说，梵蒂亚选择这个地方并不愚蠢，这是个绝好的休闲场所，即使当初看起来有些贫瘠和破旧。

（8）然而，一个人所居住的地方，对平静的生活起不到很大的作用；心灵必须与所有一切相融洽才可以实现真正的平静。我曾看到有人住在艳丽和豪华的别墅里，生活也很沮丧；我也看到他们在忙碌的样子中，所展现出来的孤独。因此，你不要觉得仅仅不在坎帕尼亚，生命就没有得到适当的安置。但是，为什么你没有在那里呢？就让你的思维到这个地方旅行吧。（9）朋友不在时，你仍可以与他们交谈，只要你愿意，谈多少次谈多久都可以。因为我们享受这最大的快乐，当我们彼此分离时，就更加享受。当朋友在场时，我们会有些过度挑剔，因为我们可以在任何时候交谈或坐在一起。一旦分开后，我们不会想念我们刚刚见过的人。（10）因此，我们应当以愉快的心态，来对待朋友的缺席；即使他们现在在场，但每个人都一定会面对朋友缺席的时候。例如下面的情况，首先，夜晚会将人们分开；其次，是两个朋友不同的约定；再次，是每个人不同的研究，以及在国内的短途旅行等。并且，你会注意到，境外旅行并没有剥夺我们太多的东西。（11）友谊应该用精神来维系，这样的朋友永远不会缺席。他可以每天都看到他想要见到的人。

所以，我希望你能与我分享你的研究、饮食和行程。如果有任何东西妨碍我们的想象力，我们的生活也会随之受到限制。我亲爱的鲁基里乌斯，我在收到你来信的时刻，就仿佛看到了你。虽然你我之间有着如此遥远的距离，而我仿佛仍在犹豫是否应该给你写张便条，而不是信件。再见。

五十六

论安静和学习

　　（1）诅咒我吧，如果我认为，对于为了学习自我隔离的人，任何东西都比安静更必要的话。想象一下，各种各样的噪音，是如何在我耳边回荡的吧！我在一个浴场有休息的特权。你可以想象一下那里的各种声音，足以让我痛恨我的听觉能力了！例如，当一个强壮的人正在进行举重锻炼时，他非常努力，或假装努力时，我可以听到其在喘息的声音。每当他吐气时，我都可以听到其高分贝的喘息声。有时，也许我会留意到一些正在享受便宜按摩的懒惰家伙，不停地听到手在其肩膀处发出的击打声，而声音会根据手所接触平坦或凹凸位置的不同而有所变化。也许比赛记分员还会到来，大声喊出分数，称这是最终的结果。（2）另外，也会有逮捕滋事者或扒手的情况，以及总是喜欢在澡堂听到自己声音的喧闹者，或总会引起过分的噪音并溅起水花的爱好者。除去所有这些，也没有其他声音是悦耳的。设想一下脱毛服务员，其为了推广而喊出的响亮且刺耳的声音，持续且从不收敛，除了被客户拔腋窝毛时引发的喊声取而代之外，还有蛋糕商贩的不同叫卖声，香肠商贩、糖果商贩和所有其他各种食物商贩也在售卖他们的商品，每个人都有自己独特的音调。

　　（3）可以这么说："如果能够抵抗这么多不同且嘈杂的噪音，

那你会有多么坚强的意志，或多么迟钝的耳朵啊！我们的朋友克里斯珀斯（Crispus）甚至会被那种持续不断的清晨问候声烦死！”然而，我向你保证，这类喧闹对我来说仅仅类似于波浪或流水声。而你会提醒我，仅仅因为无法忍受尼罗河（Nile）瀑布的喧闹，一个部落曾把他们的城镇搬到了另外的地方。（4）言语似乎要比噪音更能令我分心，因为言语更需要注意力，而噪音仅仅会填满并折磨耳朵。在我周围存在的那些并不分散注意力的喧嚣声包括，路过的马车、同区的机械工、附近的磨锯工，或是伴有管乐和长笛，在喷泉附近排练的乐队——他们简直是在吼叫，而不是歌唱。

（5）除此之外，断断续续的噪音，要比相对稳定的噪音更能打搅到我。然而，现在我已经学会了强化神经来应对这种东西，我甚至可以忍受类似船长对船员们叫喊的高分贝声调。我会强迫自己高度集中思想，使其与外部事物分隔开。假如内心没有困扰的话，假如恐惧和欲望没有在胸膛里争吵的话，假如吝啬与奢侈可以和平共处的话，那么，所有外在的事物都将是混乱嘈杂的。如果我们的情绪起伏不定，拥有一个安静的环境又有什么用呢？

（6）

　　　　*夜晚，一切都归于平静。*①

并不是这样的。当理智没有安定下来之前，就不会有真正的平静。夜晚会让麻烦更多显现，而不是将之消除。它只不过是转变了我们烦恼的形式。即使我们想要睡觉，失眠也会像白天一样骚扰我们。真正的平静，是未经扰乱的心灵在放松时达到的状态。（7）想

---

① 来自诗人瓦罗（Varro）的《阿尔戈英雄记》（*Argonautica*）。——英译者注

想那些不幸的人，他们为了睡觉不得不让整座豪宅安静下来。他会要求所有的随从，在靠近他时用脚尖走路，他的耳朵甚至可能被寂静打扰到。他为了在焦躁中找到合适的睡眠，不得不左右翻滚。（8）在没有听到声响时，他也会抱怨听到了。你会问，为什么会这样？他的灵魂处在骚乱中，必须被抚平，且要抑制住不安分的窃窃私语。你不要认为身体静止时，灵魂就是安详的。有时，平静中也蕴含着不安。

因此，每当我们被无法掌控的惰性包围时，我们必须要激励自己去行动，为那些美好的事物去奔忙。（9）当伟大的将军看到士兵们有些抵触情绪时，就会用一些体力活动去抑制他们，或让他们忙碌于小的战事。非常忙碌的人没有时间去肆意瞎想，且大家通常认为，艰辛的工作可以使人摆脱安逸的邪恶。即使有些人可能会经常想：我因为厌倦了政治，并对那不幸和吃力不讨好的职位感到懊悔，所以才寻求隐居的。然而，在这种焦虑和疲倦导致的隐退中，我的野心有时会重新振作。因为，这并不是说我的夙愿彻底减少并消失了，只是因为其有些厌倦，或许是由于计划失落而丧失心情了。（10）奢华也是如此，有时它看起来是消失了，但当我们建立起节俭的信仰后，它又开始骚扰我们。在我们节俭时，奢华会想办法勾引那刚刚戒掉的，但还没有被痛恨的享受。的确如此，越是潜移默化中形成的，越是拥有更大的力量。所有显现出来的恶习，都不那么严重。当疾病显现出威力后，也就越发可能被治愈了。可以确定，贪婪、野心，以及其他类似的邪恶想法虽隐藏在良好健全的外表下，但也会造成巨大的伤害。

（11）人们认为我们已经退休了，然而并没有。如果我们真的退休了，会发出归隐的信号，并会忽略来自外部的吸引，正像我上面所说的，外部的任何事物都不会分散我们的注意力。一旦美好的思维变得坚固后，就没有人或者鸟的声音可以打扰到它。（12）以文字或偶然的声音为起点的思维，是不稳定的，且没有真正退隐于自我之中。它含有焦虑的元素，且有恐惧深藏其中。这让人成为被关注的猎物，就像维吉尔所写的那样：

> 昔日的我，没有什么进攻可以令我退却，
> 希腊人也不会，即使拥有成群的步兵队。
> 现在的我，却感到风声鹤唳，草木皆兵，
> 为了我的孩子，和我肩扛的负担。①

（13）这个人在第一种状况下是明智的。无论是挥舞的枪矛，还是大批敌军的集结，或是被袭击城镇的混乱，都不会令其畏惧。在第二种情况下，这个人却缺乏了解，为自己的担忧所恐惧，每有声响都令其发慌。即使最轻微的骚动，都会让其惊慌失措。这是因为他所承受的负担令其畏惧。（14）从你最喜欢的命运宠儿中任意选择，拖着他们所拥有的众多责任，扛着他们所承受的许多负担，你就会对维吉尔诗中那个英雄有更为直观的印象，尤其那句"为了他的孩子和他肩扛的负担"。

因此，不管是奉承还是威胁，还是有关你的无意义的喋喋不休，当没有噪音可以骚扰你，没有言语令你感到震惊时，你就可以肯定，你可以平静地与自我相处了。（15）你会说："那又如何呢？这有时不是很简单的一件事吗？仅仅避免喧嚣就可以了？"我承认是这样的。因此，我会改变现在的住所。我只不过想测试

---

① 指埃涅阿斯（Aeneas）逃离特洛伊（Troy），来自作品《埃涅伊德》。——英译者注

自己，并给自己一些练习。尤利西斯为其战友找到了抵抗塞壬（Sirens）① 歌声的如此简单的方式②，为什么我还要继续忍受折磨呢？再见。

---

① 古希腊神话中的女妖。——中译者注
② 指用蜡堵起耳朵，并请求他们尽快通过塞壬所在的地方。——英译者注

五十七

论旅行的磨难

（1）当我该从巴亚返回那不勒斯（Naples）的时候，因为一场风暴正在肆虐，我劝自己要避开在海上的行程。然而，道路上也是泥泞不堪，像是航海那样艰难。那一天我不得不忍受运动员般的待遇，在旅程开始时就涂满了油，然后在那不勒斯隧道里被撒上了沙子①。（2）没有什么地方会比那监狱般的隧道更长了，也没有什么比里面那些火把更暗，它们不能让我们看到黑暗中的事物，而只让我们看到了黑暗本身。然而，即使那地方有光亮，甚至在开放的环境里同样令人窒息和厌恶的灰尘也会遮蔽这些光亮。那个地方的灰尘是如此糟糕，它会来回翻滚；并且，它在无通风的环境里封闭，然后仅在人们通过时扑面而来！我们在同一时刻忍受了这两种麻烦，并且两者截然不同：同一天，在同一条路上挣扎于泥泞和沙尘之间。

（3）然而，这种沮丧的经历给我提供了一些值得思考的东西。由于这种新奇的、不愉快且不平常的遭遇，我感受到了精神上的触动和没有恐惧伴随下的转变。当然，我不是在说我自己，因为我离完美还远着呢。我甚至算不上一个有着中等境界的人；我指的是摆

---

① 就像摔跤运动员那样，要先在身上抹油，然后再撒上沙，以防手滑。——英译者注

脱了命运束缚的人。即使这样一个人的心灵也会被触动，且会变色汗颜。（4）亲爱的鲁基里乌斯，有一些特定的情感，就连勇气都无法预防。自然告诫我们，勇气是多么脆弱啊。当前景渺茫时，它会紧皱眉头；当幽灵突然显现时，它会战栗发抖；站在高高的悬崖边向下张望时，它会头昏眼花。这不是恐惧，这是本能的反应，理性都不能克服。（5）这就是为什么一些勇敢的人，宁愿看到自己流血，也不能见到其他人的血。一些人会在看到刚刚造成的伤口时，眩晕倒下；一些人在处理或看到旧伤口化脓溃烂时，也会产生类似的反应。还有其他一些人，比起让他们去见证剑伤的处置，他们更乐意遭受利剑的伤害。

（6）因此，正如我所说的那样，我经历了一定程度的转变，不能称之为困惑。然后，从那条隧道出来，再一次重见日光时，我的好精神又自然而然地恢复了。我开始慎重思考，或多或少地对事物产生一定的恐惧，是多么愚蠢，因为它们都会以同样的方式终结。是一座岗楼，还是一座山，倒塌在我们身上会有什么不同吗？你会发现，一点区别都没有。尽管如此，即使两种灾祸都会造成同样的致命伤害，有些人会更加恐惧后者。确实是这样的，恐惧依赖的不是效果，而是效果产生的原因。（7）你认为我是在指斯多葛学派的理念吗？他们认为一个人的灵魂，会在其不能承受的巨大重量下被压垮，并立即四散分离，因为它没有自由离开的机会？那并不是我要说的。在我看来，那些如此认为的人是错的。（8）正如火焰不会被压灭，因为它会绕过碾压物体的边缘而逃离；正如空气不会被鞭打、吹刮，或切开，因为它在物体通过后就会流回；灵魂也是类似的，它由很多微小的粒子组成，不可能在身体内被捕获或毁灭；而且，由于其组成物质的微妙，它会躲开每一个正在碾压它的物体。就像闪电，无论击打得多么猛烈和闪耀的范围有多大，其最终都会返回狭小的开端。所以，灵魂也是，它比火焰要更加微妙，可以从身体的任何一个部分逃离。（9）于是，我们会遇到这样的问题，灵魂是否可以永远存在。然而，我们可以确信：如果灵魂在身体被碾碎后依然存在的话，灵魂就不会被毁灭，也就不会灭亡。不朽的规则永远不会允许例外的出现，且没有任何东西可以伤害到永恒。再见。

五十八

论本质

（1）我们罗马的语言文字是多么匮乏，不，是多么贫瘠啊！直到今天我才明白这一点。我们刚巧谈到了古希腊的柏拉图，他有上千个主题需要讨论，这些讨论都需要相关的词汇，我们罗马完全没有。我们也曾有一定的词汇，但由于过于挑剔它们的用法，后来就失传了。但是，谁会在贫瘠中去挑剔呢？（2）有一种被希腊人叫作 *oestrus*（牛虻）的昆虫，会遍布于整个牧场并叮咬牧牛，使其变得狂野。它在我们拉丁语里曾经叫作 *asilus*。你可能会更加相信维吉尔的观点：

> 在斯拉如斯（*Silarus*）的树林附近，和阿尔伯努斯
> （*Alburnus*）的阴凉处，
> 飞着如橡树般绿色的昆虫，
> 罗马人称之为 *asilus*。在希腊，这个词是 *oestrus*。
> 它有着低沉而刺耳的嗡嗡声，
> 会使牧群像受到恐怖袭击般
> 在树丛中变得狂野。

（3）这就是我对这个被弃用字来源的推断。为了不让你等太

久，我可以给你展示其他的例证。例如：*cernere ferro inter se*（一决胜负），也会被维吉尔证实：

> 来自五湖四海的英雄们，会以刀剑来一决胜负。

这个"一决胜负"我们现在会用 *decernere* 来表达。而原始的那个词已经弃用了。（4）古人在条件从句中曾用 *iusso*（将会），而不是 *iussero* 这个词。若你不信我的话，你可能会相信维吉尔：

> 其他的士兵会来与我争斗，而我将会奉陪到底。

（5）我列举上面这些例子，不是想展示我在语言学习上浪费了多少时间。我只是想让你明白，在当下的恩尼乌斯（Ennius）①和阿齐乌斯（Accius）②的作品中，有多少词都随着时间流逝而被抛弃了。即使对于我们每天都要查阅的维吉尔的作品，有些词都已经从我们身边消失了。

（6）我想你会说："之前这么多开场白的目的和意义是什么？"我不会瞒着你太久的。如果可能的话，我想对你说 *essentia*（存在）这个字，以博取你的赞美。如果不能的话，即使会破坏幽默感，我也要冒一次险。我个人认为西塞罗有很大的权威，我会借用其权威来使用这个字。如果你想要更近一些的例证，我会引用费比乌斯，他言行谨慎、有教养且干练的风格会适合我们精致的口味。我亲爱的鲁基里乌斯，我们能做些什么呢？为了找到希腊人叫作 οὐσία（存

---

① 恩尼乌斯（Ennius）：古罗马诗人。——中译者注
② 阿齐乌斯（Accius）：古罗马诗人和学者，生活于公元前 2 世纪。——中译者注

在）的词，我们还能怎么做呢？这是一个无法或缺，可以支撑自然万物的词啊。我因此恳求你允许我用这个 *essentia* 来表示它。无论如何，我还是会小心翼翼地行使你授予我的这种特权，也许仅仅因为拥有这种权利我就该感到满意了。（7）瞧一瞧，你的溺爱会给我带来些什么？如果我无法用拉丁语来清晰表达"存在"的话，是不是就给了我去谴责我们语言贫瘠的机会了？如果你发现有个单音节的词我翻译不了的话，你也必将更加责备我们罗马人狭隘的局限性了。你会问"这个词是什么？"，是 *ὄν* 。① 你想我可能能力不足，你认为这个词已经在用了，它可以被翻译成拉丁词 *quod est*。然而，我发现一个很大的区别。你正强迫我用一个动词，来表达一个名词。（8）如果我必须这么做的话，我宁愿用 *quod est*。听我们的一位博学的朋友说，柏拉图有六种方式来表达这种观念。我会把它们都解释给你听，然而，首先要提及叫作 *genus*（属）和 *species*（种）的东西。

然而当下，由于采用不同的分类方式，我们在寻找 *genus* 的基本观念，它是不同的 *species* 所依赖的概念，是所有分类的源头，是普遍可以接受的。如果我们返回到开始认同的"属"观念上，种类的观念也就形成了，因为我们会追溯到最基本的观念上。（9）就像亚里士多德所说，既然"人"是一个物种，那么，"马"或"狗"都是一个物种。因此，我们必然发现所有术语的一些共同联系，能代表它们且从属于它们自身本质的共同点。可以用什么词？就是"动物"。因此，会开始出现"动物"这个种类，包括了"人"、"马"和"狗"等所有这些概念。（10）但是，有一些具有生命（*anima*）的东西并不是"animals"（动物）。我们通常认为

---

① 希腊语"存在"的意思。——中译者注

植物和树木也具有生命，这就是为什么我们会用成长和死亡形容它们。因此，"living things"（生物）这个术语会占据一个更高的位置，因为动物和植物都被包含在这个类别里。此外，还有些没有生命的物体，如石头。因此，就会出现另外一个比"living things"更高级别的术语，就是"substance"（本质）。那么，我会用"本质"来创建一个类别，并将具有生命，或不具有生命的东西，都涵盖在这个类别里。（11）问题又来了，有些东西要比"实质"更加高级，因此我们会说有些东西拥有实质，有些东西缺少实质。那么，什么术语会从其中衍生出来呢？后来我们给了其一个不恰当的名词，"that which exist"（存在的）。如果我们使用这个术语的话，它们就可以被分为不同类别。所以，我们可以说：存在的不是拥有本质，就是缺少本质。

（12）于是，genus 这个词的意思就是，"基本的"、"原始的"和"一般的"（general）。当然，会有其他的 genera（类、属），但它们是特别的类，例如"人类"。人类由不同的种类组成，如果按国籍分，有希腊人、罗马人、帕提亚人等。如果按肤色分，有白色、黑色和黄色等。这个术语也包含个体：小加图、西塞罗、卢克莱修（Lucretius）① 等。所以，人类可以算是一个属别，且包含很多种类。然而，只要它从属于另外一个术语的话，它也会算作是另外的种类。但是，genus 是普遍的，没有其他术语会比它更高级。它是分类的最基本术语，所有的东西都被涵盖其中。

（13）而斯多葛主义学者会用另外一个术语，甚至比 genus 更加高级。刚刚提到了 genus 这个词，它是被摆在首要位置，且涵盖

---

① 卢克莱修（Lucretius）：古罗马诗人和哲学家。——中译者注

一切的术语。（14）而我要把"存在的"进一步分为两种类别——有本质的存在和无本质的存在。没有第三类。我如何区分"本质"呢？可以说是有生命的，也可以说是没有生命的。我又该如何区分"有生命的"呢？可以说："有些东西有意志，有些只有生命。"或其他类似的理念，如："有些事物有移动、进化、改变位置的能力；而其他一些只是根植于某块地方，仅仅通过它们的根来实现生长。"此外，我该如何划分"动物"呢？它们要么易于消亡，要么不易消亡。（15）一些斯多葛主义学者会把"something"（有些事物）视为主要的 *genus* 种类之一。原因是，他们说："在自然的规则中有些事物是存在的，且其他一些事物是不存在的。但即使是不存在的事物，也是自然规则的一部分。这些东西已然浮现在脑海中，例如，半人半马兽、巨人，以及其他无依据的幻想。即使没有身体上的一致性，但它们已经有了一定的形状。"

（16）是时候回到我想要和你讨论的主题上来了，那就是，柏拉图是如何用六种方式将所有存在的东西区分开的。第一类的存在，是不能用视觉、触觉，或其他任何感官所感受到的，只能通过思维感知。任何属于类的观念，例如有关"人"的属类观念，不是眼睛可以认知的。但眼睛可以认知个别的人，例如塞西罗和小加图。"动物"这个术语也是不能看到的，但可以通过思维获悉。然而个别种类的动物是可以看到的，例如：一匹马、一只狗。

（17）根据柏拉图的意思，第二类的存在，是显著且突出于其他任何一切的，是独树一帜的。当下，可以不加区分地使用"诗人"这个词，因为这个术语适用于描述所有的诗歌作者。然而，对希腊人来说，这个词是某一个人的显著标志。当一个人说"那个诗人"时，你就知道他的意思是指荷马。那么，显著的存在是指什么呢？当然是指神，它比任何人都伟大，也更有权势。

（18）第三类由适当且相应的感知所构成。它们在数量上超乎想象，并无法用眼睛看到。你会问："这些是什么？"可以说，它们是柏拉图自己的构想。他称之为"理念"，只有通过它们，所有可见的东西才被创造出来。通过它们的模式，所有的东西才被塑造。它们是永恒的、无法改变的、不容侵犯的。（19）这个"理念"（或者说柏拉图关于它的构想）指的是："该'理念'是自然所创造事物的永恒模型。"为了让你更加明白这个主题，我该解释一下这个定义。假设我想制作一张你的肖像；我脑海中会浮现出一定的轮廓，并自行展现出来，这就令我具有了你个人在这幅画中的模型。外在的展示可以作为指引，而这个需要去效仿的模型就是"理念"。因此，自然界中存在着无数个这样的模型，例如：人、鱼、树等。根据这种模型，自然创造的一切都可以在脑海中得到展示。

（20）第四类的存在称之为"形式"。如果你想要理解"形式"意味着什么，必须要集中注意力，因为这个主题很复杂。这不是我个人所说，而是柏拉图的意思。然而，如果没有遇到困难，我们也就无法更清晰地区分。我刚刚举了艺术家的案例。当那个艺术家想要用色彩重现维吉尔时，他自己就应该去观察维吉尔。"理念"就是维吉尔的外表，也就是他需要的工作模型。当艺术家通过这个"理念"来绘制，并在作品中展现时，就是指"形式"。（21）你会问两者的区别是什么，前者是指模型，后者是通过模型而得到并表现在作品中的形状。艺术家会遵循前者来创造后者。一座雕塑具有一定的外观，这种外观就是"形式"。模型自己也有一定的外观，雕塑家会通过观察它来塑造这座雕塑，而该模型就是"理念"。如果你想要进一步区分，我会把"形式"视为艺术家的作品，"理念"则在作品之外。其不仅在作品之外，而且要先于作品本身。

（22）第五类的存在，是指通常意义上可以感知的东西。这些东西与我们切身相关，例如：人、牛和其他事物。第六类是指虚构的存在，例如：空虚或时间。

柏拉图没有将任何可以看得到或摸得着的东西包含在这个严格意义的术语里。这些东西首先要与我们有关，例如：人、牛和其他事物。他们处于不稳定的状态中，持续地衰落或增长着。没有谁年轻时和年老后是同样的状态，也没有谁后天和前天是同一个状态。我们的身体像水一样流动着，每个看得见的物体都随时间飞逝而变化着。就我们看到的事物来说，没有一个是一成不变的。当我讨论这种变化时，我自身也在经历着变化。（23）这正是赫拉克利特所说的："在我们两次踏入同一条河流时，其实是进入了一条不同的河流。"溪流虽然是同一个名字，但水流已经流淌过去了。当然，相对于人类，河流可以更加明显地体现出来。尽管如此，我们人类的生命也是以同样的速度在飞逝着。令我感到不可思议的是，我们却因与稍纵即逝身体的分离而感到疯狂，害怕有一天会死去；然而，每一刻我们都在经历着前一刻的死亡啊。当害怕发生的事情其实每天都在发生时，你难道还会害怕吗？（24）一个物体会受到各种形式的影响，变化并衰落，对于人来说也是一样。宇宙也同样如此，永恒持久地在改变，永远不会处于同一状态。即使它本身拥有全部曾经拥有的，也不是以曾经拥有的方式拥有着。其不断变换着自己的结构。

（25）你会说："非常好。那么，我能从这些精巧的推理中得到什么呢？"如果你想让我直说的话，什么都得不到。尽管如此，就像雕刻师在长期紧张状态下疲惫不堪时，需要让他们暂停工作，慰劳一下他们。我们有时也应放松一下思维，用一些娱乐方式重新振作精神。即使你自身的娱乐方式已经很好了，但如果你留心的话，仍可以从不同形式的娱乐中，选择一些有益的项目。（26）鲁基里乌斯，这就是我的习惯：尝试从思考的每一个领域提取，并表达一些有用的元素，不管它离哲学有多么遥远。现在，相比于改变我们所讨论的主题，改变个人品格是不是更难以实现？如何才能借用柏拉图的"理念"来成为一个更好的人呢？如何才能从中吸取价值来抑制欲望呢？也许正是这种"理念"（想法），那服务于我们的感知，及唤醒并激发我们的东西，被柏拉图归为不真实存在的类别。（27）这些东西是虚构的，即使当下它们可以展示出特定的外表，然而并不是持久或固定的。尽管如此，我们仍会渴望它们，就像它们会永远存在，或我们会一直拥有它们一样。

我们是软弱的，苍白无力地站在不真实的世界之中，就让我们把精神集中于永恒的东西上吧。让我们尊敬万物飘忽不定的完美轮廓，即使想要阻止其灭亡的神，也因物质的属性而无能为力；只有通过理智，才可能克服这种缺陷。（28）对于所有持续的事物，不是因为它们是永恒的，而是它们获得了万物使者的守护。而那些不朽的事物，本身也不需要去守护。那位使者将会保护它们，并采用自己的力量去战胜物质本身存在的弱点。让我们去鄙视那些毫无价值的对象，这些东西会令我们怀疑其是否真实存在。（29）同时，让我们去反思，去见证天意如何从世界的危险中拯救自己，而世界也无非像我们自己一样，终有一死。某种程度上来说，如果我们获得能力，来控制和制止那些享乐的话——而正是这些享乐，曾导致绝大多数人走向毁灭——我们的远见可以让我们弱小的身体在世间逗留更久。（30）柏拉图自己也是在刻苦艰辛中，迈向老年的。可以确定，他曾是一个拥有健壮身体的富人（他的名字就来源于他宽阔的胸膛），但是，由于航海和不顾性命的冒险，使其健康受到了较大的影响。尽管如此，通过节俭的生活、限制所有欲望和刻苦钻研，虽然面对无数艰难险阻，他年老时却成就非凡。（31）我敢肯定柏拉图很幸运，得益于其谨慎的生活，正好过完了81个春秋后，于生日当天去世。为此，当时一位正在雅典访问的东方智者在柏拉图死后进行了献祭。这位智者认为，对于一个人来说，其生命很圆满——因为他已经度过了九九八十一的完美年岁。① 毋庸置疑，这位东方的智者为了实现这样的圆满，会非常乐意放弃自己的一些时光，并做出牺牲。

（32）节俭的生活可以让人活得很久。对我来说，不该拒绝年老，也不该渴望它。当一个人将自己塑造成值得自己去享受的状态时，自己与自己相伴的时间越长，也就越发是一种享受。因此，问题是，当我们必须表明观点时，是否该人为缩短过于衰老的年纪，还是自然而然地等待生命终点到来。一个不敢直面命运的人是怯懦的。就像无节制地给予他美酒后，他会把酒缸喝空，甚至残渣也一点不留。（33）我们也会有这样的疑问："假设思维和感官都健全正常，可以继续支撑精神，且精力还没有消耗殆尽的时候，生命的尽头是残渣，还是最清晰和纯净的部分？"因为这一点很大程度上决定了，一个人是该去延长生命，还是选择死亡。（34）如果身体无法正常运转，为什么不该释放挣扎中的灵魂呢？也许一个人在大限到来前就该考虑一下。以免当时限到达后，已经丧失了执行的能力。因为在悲惨中生活的危险，要大于即将死亡的危险。所以，那些拒绝赌上一点点时间，去赢取巨大收获机会②的人是愚蠢的。

很少有人会从极度年迈的时光，健全地活到死亡的那一刻；很

---

①　指柏拉图正好生活了9个9年的时光，前文中提到柏拉图于81岁生日时去世。——中译者注

②　指获得成为不朽的机会。——英译者注

多人都会一动不动地躺着，无法自理。那么，你认为丧失一部分生命，与失去了断生命的权利，哪一个才是真的残酷呢？（35）不要不情愿地听我讲，好像我所说的都直接针对你一样，权衡一下我所说的吧。这就是我想表达的：如果可以完整地保留自我，至少是较好的那一部分自己的话，我不会放弃年老的生活。如果年迈会损害我的思维，把各项感官都弄得支离破碎，让我仅剩一口气，那么我会像在一座摇摇欲坠的房子中一样，飞速逃离。（36）我不会通过寻死的方式来逃离疾病，只要它可以治疗，且不会阻碍灵魂。我也不会因疼痛而对自己下毒手，因为在这种情况下，死亡就是失败的象征。然而，如果我发现这种疼痛将会一直持续下去的话，我会选择离世。不是因为这种疼痛，而是因为它会成为我所有生活理由中一道难以逾越的障碍。那些因为疼痛而选择死亡的人，是软弱的懦夫；但活着仅仅是为了勇敢面对痛苦的人，是愚蠢的。

（37）我写得太长了，还有另外的事需要去处理。如果一个人无法结束一封信的话，又如何能结束生命呢？所以，再见吧。相比我所有关于死亡的谈话，你会更加喜欢这最后的词。再见。

五十九

论享乐与喜悦

（1）从你的信中，我获取了巨大的快乐。请允许我使用这个词的一般意义，而不是用斯多葛学派引进的意思。斯多葛学派认为享乐是一种恶行。并且，其很可能就是一种恶，但是，当我们想要表示愉快的心理状态时，习惯上也会采用这个词。（2）我留意到，如果我们用准则①来衡量词语的话，享乐有着不好的名声，而只有智者才能获得喜悦。因为"喜悦"是精神上的兴高采烈，是一种信仰其本身所具有的美好和真实的精神。通常来讲，从朋友晋升执政官职位，从其结婚，或生子等事情中，我们会得到很大的喜悦。然而，这些远非喜悦的本质，更多只是悲伤的开始罢了。真正的喜悦永远不会停止，且永远不会转换为悲伤。

（3）因此，我们的维吉尔会说：

心灵的邪恶喜悦。

他的话虽然具有说服力，但严格来讲并不恰当。没有"喜悦"是邪恶的。他把享乐称为"喜悦"，并表述了上述意思。他阐明了

---

① 由古罗马行政官颁发的指令，在公众场合通常发布在白色的板上。——英译者注

这样一种观念，即人们在自我的邪恶中感到喜悦。（4）不管怎么样，我说从你的信中获得了很多快乐，并没有错。即使愚者可能会将其理解为"喜悦"，如果愚者有着崇高理由的话。然而，由于愚者飘忽不定的情感，很快就可能转变方向，我称之为"享乐"，原因是它受到了伪善观念的刺激，超出了控制范围。

回到主题上来，让我告诉你，是信中的哪些东西，使我感到高兴的。你适当地掌控了一些词语，没有被其带入歧途，或使其超出你所设定的限制之外。（5）很多作家都会被一些迷人的短语引诱到其他的话题上，而不是他们原先想要讨论的话题。你并不是这样，所有的词语都很适合主题，并紧密地联系在一起。你表达了你想要表达的一切，但你的意思仍然要比你所表达的多。这就证明了你主题的重要性，表明了你的思想和文字没有包含任何多余或虚夸的东西。

（6）我的确在作品中发现了一些隐喻的表达方式，但不是很夸张的那种，并能够经得住推敲。我也看到了存在明喻的表达方式。当然，如果有人阻止我们这么表达，声称只有诗人才能这么做，那么他明显没有读过我们古代散文作家的作品，还不知道如何运用这种值得称赞的风格。对于那些风格简单、明快，仅仅去展示情景的作者来说，会使用很多比较的修辞法。我认为这很有必要，不是因为这种修辞必然会使他们成为诗人，而是其会支撑表达，使发言者和听众能够面对面地讨论主题。（7）例如，我最近正在读塞克图斯（Sextius）① 的作品。他是一位很敏锐的哲学家，虽然用希腊文书写，却有着罗马人的道德情操。他作品中的一个比喻方式特别吸引我，即，一支军队正在空旷的广场上行进，而敌人可能会从任何一个角落出现，战斗随时可能爆发。他说，"这就是智者应

---

① 塞克图斯（Sextius）：古罗马哲学家。——中译者注

该做的，随时准备与四面八方的敌人战斗。这样，无论袭击来自哪里，他都会应付自如"。这也就是伟大的领导者在带领军队打仗时可以看到的。所有的士兵都明白指挥官的命令，只要一有指示，就会同时将命令下达到骑兵和步兵级别，整齐划一。（8）他表示，这对我们自己来说，甚至更有必要。因为士兵们经常会毫无理由地战战兢兢，即使最安全的行进，他们也会认为很危险。然而，愚者会一直惶恐不安，对前后左右都感到畏惧。愚者一旦遇到风险，会对一切都胆战心惊、措手不及，甚至会被援军吓到。智者对一切则早有准备，十分机警，他不会在贫穷、悲痛、耻辱、疼痛的攻击下退缩，而且会毫无畏惧地面对它们。

（9）人类的力量会被很多恶习所束缚并削弱，长时间沉浸其中的我们，已经很难脱身。我们不仅被玷污了，而且被深深地刻上了烙印。为了避免从一种困境转换到另外一种困境中，我经常会在心中提出这样的疑问：为什么它们能长时间持续地控制我们？首先，是因为我们没有坚定地抗争，没有用尽全力去拯救自我；其次，因为我们没有充分地信任智者的言语，没有放开心态去接受他们的教导。面对这样巨大的问题，我们只给予了极其微小的付出。（10）然而，如果一个人只在作恶之余来学习如何对抗恶习的话，他怎么能知道如何做才对呢？没有人能通过表象，深入到本质。我们只是表面上略知一二，认为只花很少时间来寻找智慧就足够了，并认为这对于繁忙的人来说，是多余的。（11）我们最大的阻碍，就是过于满足于自我了。如果有人称我们是好人，或是明智和高尚的，我们就会自以为是。我们并不会因为适度的赞美而满意，而是会接受一切无耻的奉承，就像理所当然一样。我们会乐于接受那些夸奖我们是最好、最聪明的话，即使知道他们在说谎。我们是如此自鸣得意，以至于渴望因某些行为而得到赞扬，却特别沉迷于相反的情况。当一个人正在施以酷刑时，却被称为是"最温和的"；当他正在抢劫时，却被称为是"最慷慨的"；当他正处于醉酒和乱性中时，却被称为是"最有节制的"。这导致我们不愿改变，因为我们认为自己已经是最棒的人了。

（12）亚历山大大帝远征至印度时，征服了那些甚至邻邦都没有听说过的部落。在某次封锁城市的过程中，当他正在试探城墙，试图找到防御中最弱的地点时，被箭射伤。即便如此，他仍然持续围城，想要完成已经开始的事情。然而，伤口的表面逐渐凝固，血液流动被抑制，并开始肿胀。最终，当他被迫撤退时，他感叹道："所有人都宣称我是朱庇特的儿子，但这伤口证明了我只是个凡人罢了。"（13）让我们也这样做吧。依命运的不同，每个人都会被奉承所愚弄。我们该对那些奉承我们的人说："你说我是理智的，而我明白有多少我所期望的东西是无用的，有多少我渴望的东西会对我造成伤害。我甚至不了解，知足究竟教会了动物什么，又该用什么来衡量食物和饮品。我也不知道我到底能拥有多少。"

（14）我现在应该告诉你，要如何知道自己并不明智。智者是快乐、平静，且坚定的，会像众神一样生活。现在来质问一下你自己吧。你是否永远不会情绪低落，即使预料到了将会到来的事情，就好像心灵不会被任何焦虑所干扰那样？灵魂是否整日整夜都会维持坚定、平衡、正直和自我满足？如果已经达成的话，你就已经获得了凡人所可能拥有的最伟大的美好。然而，如果你寻求各式各样的享乐的话，你注定会了解到，你缺乏智慧的程度，就像缺乏喜悦那样。喜悦是你渴望实现的目标，就像期望获得财富和名誉一样。但你会在仕途路上徘徊，换句话说，你这是在忧虑中寻找喜悦。就好像你热切渴望得到的那些事物，会带给你快乐似的，但它们只不过是悲伤的源头罢了。

（15）我认为，所有这种类型的人，都被烙上了追求喜悦的印记，但他们还不知道在哪里可以获得那美好且持久的喜悦。有些人会在宴会里狂欢，在自我放纵中寻找；有些人会去追逐名利，在众人簇拥下祈求；有些人会通过情妇来搜寻；有些人会在无意义的文化展示和无用的著作中探寻。所有这些人，都被虚伪且短暂的快乐引入歧途了。例如，就像醉鬼会为了一个小时的狂欢，而忍受很多天的不适一样，或者牺牲精神上的安宁，去获得掌声和名望那般。

（16）认真思考一下，智慧的效用，其实就是持续不变的喜悦。智者的心灵就像接近日月的苍穹，不会受云层和风暴的影响，有着永恒的平静。如果智者永远不会失去喜悦的话，那么，你就有一个追求智慧的理由了。这种喜悦，仅可能在对所拥有美德的了解中获得。除了勇敢、正直和自我克制外，没有人可以真正地获得喜悦。（17）你会问："你是什么意思？愚者和恶棍不也欢喜吗？"我会说，只会如狮子捕获猎物一般罢了。当人们厌倦了酒精和情色后，当夜晚在他们堕落前到来时，当巨大的享乐堆积于渺小的身体上，并开始腐化时，他们会感慨维吉尔的诗句：

> 你可知道，在虚假的灯红酒绿般的喜悦中，
> 我们是如何度过那些最后的夜晚的。

（18）享乐之人会在虚假的灯红酒绿带来的喜悦中度过每个夜晚，就像那是其生命最后的夜晚一样。然而，众神和那些效仿众神的人所拥有的喜悦，是不会被破坏，且不会失去的。那些从外部而来的喜悦最终会失去，因为它既不能依靠一个人的力量来实现，也不会因为一个人的意念而改变。非命运给予的，也不会被命运所剥夺。再见。

六十

论具有伤害性的祈祷

（1）我很生气地提出控诉，成为控告人。你仍然会期望保姆、守护人，或者母亲为你祈祷吗？你难道还不明白，他们在祈祷什么样的罪恶吗？唉！我们自己人的这些愿望对我们是有多么大的危害啊！他们的愿望实现的越多，造成的伤害也就越大。除了罪恶外，没有什么东西会从年轻时一直围绕着我们；到了现在这个年纪也是如此，我一点都不感到惊奇。我们是在父母的诅咒中长大的。众神会听到我们站在自己立场之上的呼喊吗？那个不祈求任何恩惠的声音！

（2）如果我们自己都不能支撑自己的话，又该请求众神多久呢？经过多长时间，我们才能用谷粒填满城市的那些市场？人群要为我们的稻谷忙碌多长时间？要花上多长时间，那么多船只才能把用餐的必需品通过不同的海洋运到目的地？牛群在几亩地上喂养时，就可以吃饱；一片森林对于一群大象来说，也就足够了。然而，人类要从陆地和海洋中获取食物。（3）那又如何呢？难道自然在给了我们微小的身体时，同时也给了我们——即使最大最贪婪的动物都无法相比的——无法满足的食欲吗？根本不是这样的。需要多少东西才可以让自然满足呢？微乎其微的东西，就会令其心满意足。并不是自然的食欲，而是我们自己的强烈渴望才会让我们付出最多。（4）正如塞勒斯特（Sallust）[①] 所指出的，"任由他们的胃口决定"该用于标识动物，而不是人类。而有些人确实该被标识出——不是在动物中，而是在已去世的人中。那真实活着的人，会对很多人有用；那真实活着的人，会利用其自己。那些钻进一个坑，像动物一样成长的人，在家中并不比在坟墓中好上多少。就在那大理石制成的房子门框上，你可以像刻墓志铭一样刻上他的名字，因为在他去世前，他就已经死去了。再见。

---

① 塞勒斯特（Sallust）：古罗马历史学家、政治家。——中译者注

六十一

论愉快地面对死亡

（1）让我们停止渴望那些我们一直在渴望的东西吧。至少我现在正在这么做。年老后，我已经不再渴望孩童时所渴望的东西了。为了达到这个目的，我日以继夜努力着。这就是我的任务，这就是我所想要的——结束长期以来困扰我的问题。我把每一天都作为生命的最后日子那样，去努力生活。即使这一天就是我的终点，我也不会着急，不会后悔。（2）我就是在这种思考状态下写这封信的——即使死亡会在写信的过程中即刻到来。我已随时都准备好离世了，由于不会对未来某一天离世过于担心，我可以享受现在的生活。

在我年老之前，我曾尝试好好去生活。现在我已经老了，该尝试如何好好地离世了，而好好地离世意味着愉快地离世。做任何事情都要心甘情愿。（3）若不情愿，就会成为强制性的；若情愿，就不会是强制性的。我的意思是：一个愉快地接受命令的人，会从奴役最痛苦的部分——那些不愿意去做的事情——中解脱。那些在命令下做事的人是不快乐的，因为他并不情愿这么做。因此，为了情愿去做那些环境要求我们去做的任何事情，我们应摆正心态。总之，我们可以在没有悲伤的情况下，反思我们的终点。（4）在我们为生活做好准备前，我们必须要准备好死亡。生命已经装饰得很好了，但我们依然贪恋这些装饰。在我们看来，某些似乎缺少的东西，将会一直缺少下去。活得是不是长久，不在于我们的年纪和日子如何，而在于我们的心态。亲爱的鲁基里乌斯，我已经活得够久了。我已经完成了夙愿，正等待着死亡。再见。

六十二

论好的陪伴

（1）我们被那些人欺骗了，他们想让我们认为，大量的事务可以阻碍对自由的学习。他们假装忙忙碌碌地与人一起处理事务，实际上只是自己繁忙罢了。鲁基里乌斯，对我来说，时间是自由的。确实，不管在哪里，我都掌控着自己的时间。我不会任由其他事务来摆弄自己，也不会为浪费时间寻找任何借口。无论身处哪里，我都会持续冥想，用有益的思考来填充大脑。（2）当与朋友打交道时，我不会放弃与自己的相伴，也不会花费太多的时间在那些偶然遇到的人，或在官场上结交的人身上。但我会花时间与那些最好的人相伴，无论他们住在哪里，多大岁数，我的思考都会向他们靠拢。（3）例如，极为优秀的德米特里厄斯①，我会抛弃豪华的锦缎衣物，像他一样半裸着，并与其交谈，我非常崇敬他。为什么不崇敬呢？我发现他什么都不缺。任何人都有权利去鄙视一切，然而，没有人可以拥有一切。拥有财富的最佳捷径就是，去鄙视财富。我们的朋友德米特里厄斯，不仅能够鄙视一切，而且还把一切给予其他人②。再见。

---

① 德米特里厄斯：犬儒派哲学家，曾在卡里古拉（Caligula）统治时期于罗马教学，后被尼禄（Nero）驱逐。——英译者注
② 指其已经实现了斯多葛主义的独立于所有外部事物控制的理念；他已经成为一位国王，且将一切事物给予他人，自己不需要任何东西。——英译者注

六十三

论失去朋友的哀伤

（1）听说你朋友弗拉库斯（Flaccus）去世了，我很伤心。希望你不要过度哀伤，或者我该建议你，一点也不要为此悲伤，因为我知道这是一个更好的处理方式。除非一个人已经具有了高于命运的境界，否则，会有谁能够如此幸运，拥有绝对坚定的灵魂呢？即使这样的人也会被类似这样的事情所刺激，然而，这只不过是一点刺痛罢了。只要我们还没有过度悲哀，只要我们还能自我克制，即便泪流满面也是可以理解的。当失去朋友时，不要无动于衷，也不要过度哀伤。我们可以哭泣，但不能嚎啕大哭。

（2）伟大的希腊诗人荷马认为，哭泣的特权仅限于一天之内，他在书①中告诉我们，甚至尼俄伯（Niobe）② 在悲伤中都会记得吃饭，你认为我的这条规则很严厉吗？你想要知道悲伤和过度哭泣的原因吗？因为我们会在泪水中寻找丧亲之痛的证明，不是在抑制悲痛，而只是展示一下。没有人会哀悼给自己看。对我们不合时宜的愚昧，我真是感到惭愧！甚至在我们的悲伤中，都可以看到自私的元素。

---

① 荷马所著的《伊里亚特》。——英译者注
② 古希腊神话中的人物，其多个子女都被杀害，最后自己化为一座正在哭泣的石雕。——中译者注

（3）你说，"那么，我就该忘掉我的朋友吗？"在悲伤中会有一段持续时间很短的记忆，这无疑是你可以许诺给他的。很快，在某些情况下，眉头的阴云就会被笑声所驱散。用不了多久，我就不再去抚慰各种哀伤了，甚至最深的哀伤的也不会去管。现在你一直关注自己的苦楚，一旦你停止关注自我，所遭受的悲痛就会消散。即使你在关注的时候，悲伤也会逐渐从你身边溜走，越是悲伤，悲伤消失得也就越快。

（4）让我们回忆一下那些丧失亲友的往事，现如今它们都变成了愉快的记忆。当一个人在反思时无法摆脱痛苦的话，也就不能愉快地回想任何事情。同样道理，我们所爱并失去的亲友名字，会刺激我们的神经。即使在这种刺激中，也会有欣慰存在。（5）就像我的朋友阿塔罗斯曾说："失去朋友的记忆，就像某些水果中含有一种令人舒适的酸味，或像陈年老酒的苦味，会令我们欣喜一样。的确如此，在一段时间过后，曾经带来痛苦的记忆会逐渐消散，纯粹的愉悦便会涌上心头。"（6）如果按照阿塔罗斯所讲，"想念一下在世的朋友，如享用蛋糕和蜂蜜一样；而回忆过世的朋友，会给人一丝哀伤的欣慰。然而，谁会否认，即使这些苦中带酸的东西，也会激发我们的食欲呢？"（7）从我的角度来说，我并不同意他的观点。回忆死去的朋友，对我来说是甜蜜且有吸引力的。原因是，我已经像在某天会失去他们那样，拥有过他们；虽然已经失去他们，但我好像仍然拥有他们。

因此，鲁基里乌斯，依照你平静的心态去行事，不要再误解命运赐予的礼物了。命运虽然会带走一些你所拥有的东西，然而，命运至少曾经将它们给予过你。（8）让我们尽情享受朋友的陪伴，因为我们不知道何时会失去这种待遇。想一想，当我们漂泊在外时，有多久见不到朋友；当我们在同一个地方时，又有多久不能与朋友见面；我们就会明白，朋友在世时，我们就已经失去了很多相处的时间。（9）你会忍受那些平常不在乎朋友，而直到失去朋友时，才会放声痛哭的人吗？他们之所以这时才放声哀悼，是怕别人质疑他们与死者是不是真的好朋友。这时去寻找感情的证据，为时已晚。（10）如果我们有其他的朋友，若他们没能为了失去的那个朋友而安慰我们的话，我们肯定会不满于他们。从另外一个角度来说，如果我们没有其他朋友，这一事实本身要比命运夺走了一位朋友对我们的伤害更大。因为命运仅仅夺走了我们的一个朋友，而我们却没能结交其他朋友，因而失去了所有的朋友。（11）此外，那些无法交到多个朋友的人，也不会和唯一的那个朋友有很深的交情。如果一个人仅有的一件外衣被抢，他却只是哭哭啼啼，而不是想办法取暖，或者找些东西来遮挡避寒，你难道不认为那是极为愚蠢的吗？

如果你刚在葬礼上告别了一个要好的朋友，就去结交一个新朋友吧。相比于为其哀悼，不如找一个新朋友替代他在你心中的位置。（12）我想要补充的是，我知道这是一句陈词滥调，但也不该因为人们常常提及就把它忽略掉：即使一个人还没有自己了结其哀伤，哀伤也会随着时间的流逝而逐渐消散。对于一个理智的人来说，化解悲伤最为可耻的方式就是逐渐地厌倦悲伤。我希望你能抛弃哀伤，而不是让哀伤抛弃你。你该尽快停止哀悼，因为，即使你想延长哀悼的时间，也不太可能。（13）我们的祖先①曾规定，对于女性来说，哀悼期限为一年。不是说她们需要哀悼那么久，而是说她们不该哀悼更长时间。对于男性来说，并没有规定，因为哀悼根本不被认为是一种高尚品德的表现。尽管如此，在所有悲伤的女

---

①　起源于努马·庞皮留斯（Numa Pompilius，约公元前753至公元前673年）时期的古罗马习俗。——英译者注

性中，你知道有哪位是在眼泪几乎流了一个月后，才被从葬礼中或尸体旁拖走的？没有什么会像哀伤一样，在如此短的时间就会令人厌烦。刚开始时，它会引来别人的安慰；但当持续的时间变长后，就会立刻被嘲笑。既可以说是装腔作势，也可以看作是愚蠢可笑。

（14）那个表达这种观点的人不是别人，正是我。无论我的期望如何，我都曾为非常要好的一位朋友阿奈乌斯·赛纳斯（Annaeus Serenus）① 过度哀悼过。我应该被包含在那些被哀伤所打败的案例中。然而如今，我会谴责自己的这种行为。并且我弄明白了，导致我会如此悲痛欲绝的主要原因是，我从来没有想过他可能会在我之前离世。充满我脑海的唯一一念头就是，他很年轻，比我还要年轻很多，命运应该按年纪来排序！

（15）因此，让我们不断地思考一下自己的死亡，就像那些我们所爱的人的死亡一样。在过去，我应该会说："我朋友赛纳斯比我要年轻。但那又如何呢？他自然可能会比我晚去世些，当然也可能在我之前去世。"正是因为我之前没有这种想法，当命运突然降临时，我才毫无准备。现在正是你该去反思的时间，所有的东西终将腐朽，而且他们的死亡都是没有固定法则可循的。那些在任何时间都可能发生的事情，也可能会在今天发生。（16）所以，亲爱的鲁基里乌斯，反思一下吧。我们也许马上就要到达这位我们所哀悼的朋友到达的地方了。如果智者所讲的故事是真的，也许刚刚离我们而去的人，只是被提前送到目的地，正在等着我们的到来。再见。

---

① 阿奈乌斯·赛纳斯（Annaeus Serenus）：作者塞涅卡较亲密的一位朋友，可能是一位亲戚。由于吃了毒蘑菇，他于公元63年去世。——英译者注

六十四

论哲学家的任务

（1）昨天你与我们一起。如果我仅说"昨天"你可能会抱怨，这就是我为什么要加上"与我们"。就我而言，你总在与我相伴。对于突然来访的一些朋友，要用更明亮的火把来招待。并不是那种从富人厨房烟囱中冒出来，会吓到看守人员的那种，而是相对温和的火焰，意味着客人们已经到了。（2）我们谈论了不同的主题，就像平常吃晚饭时会讨论的一样。讨论并非贯穿到底，而是从一个主题跳到另外一个。然后，我们读了一本由老昆图斯·塞克图斯（Quintus Sextius the Elder）写的书。如果你相信我的话，他确实是一位伟人，也是一位真正的斯多葛主义者，即使他否认这一点。（3）上帝啊！在他身上存在着怎样的力量和精神啊！并不是所有哲学家都这样，有些人虽然有着很大的声望，作品却不值一提。我们立下规则，互相辩论，针锋相对。这些人的辩论没有精神朝气，因为他们本身就没有精神朝气。然而，当你在读塞克斯图斯的书时，你会说："他是有活力的、强壮的、自由的、要超越个人之上的，在我选择他的书之前，就已被其强势的自信所吸引了。"（4）我该告诉你，我在读他作品时候的思想状态：我想去挑战每个危险，我想要大喊："命运，你为什么要让我等待？来吧！我已经准备好了！"我认为一个人探索前进道路时的精神，也正体现着一个人的价值：

> 在温顺的羊群中，他担心祈祷，
> 是不是有熊会从路中窜出，
> 或是，
> 有没有狮子潜伏在山中。①

（5）我想要战胜一些东西，一些可以测试我耐力的东西。这是塞克斯图斯所具有的另外一种超群的品质：他会向你展示幸福生活的美好，而不会让你感到去实现它是绝望的。你会明白这个目标很高，只有具备意志的人才可以接近。

（6）美德本身也会对你产生同样的作用，她会使你仰慕并想要得到她。对我来说，智慧的沉思会占去我很多时间。我会像第一次注视苍穹一样，不懈地注视智慧。（7）因此，我崇拜智慧本身的发现，及智慧的发现者。可以说，能从这么多前辈身上继承智慧，是一件快乐的事情。为了我，他们奉献出宝贝；为了我，他们遭受苦难。所以，我们该扮演好主人的角色，不断发扬我们所继承的智慧。这种所继承的遗产，从我这一代传到下一代时，应该比之前更伟大。还有很多事情需要去做，并且还有很多事情会继续存在下去。从今天到一千年以后所出生的人，都可以在此之上添加更多的智慧遗产，并一直传承下去。（8）即使前辈们已经发现了一切，总有一件事会是新的——应用他人的发现，对他人的发现进行科学研究和分类。假设有一副用于治疗眼睛的药方流传到我们手中，不需要我们在此基础上再添加些什么，然而，即使这样，这药方也必

---

① 来自维吉尔的作品。——英译者注

须要进行调整，以适用于特殊的疾病和疾病的不同阶段。例如，有一个药方可以缓解眼睑的颗粒，有一个可以减少眼睑的肿胀，有的可以预防疼痛或眼泪涌出，有的可以增强视力。那么，就需要混搭这些药方，找准适当时机，在不同的情况下适当地应用它们。

　　用于治疗心灵的方法也被古人发现了，我们的任务就是学习这种方法，并掌握治疗时机。（9）我们的先辈已经取得了很大的进步，然而，问题还没有完全解决。即使这样，他们也应该得到尊重，并获得崇高的敬意。为什么不该保留伟人们的雕像，来激发热情并庆祝他们的生日？为什么不该用尊敬和荣誉，来持续向他们致敬？我所欠下的对自己老师和对全人类老师的尊敬是一样的，他们才是如此巨大恩赐得以流传的源泉。（10）如果碰到领事或执政官，我会送上超出他们职位之上的礼节，去尊敬他们：我会下车、脱冠，并让路。然后呢？对于那些最值得尊敬的人，我在内心中该去轻视吗？如：老加图、小加图、智者拉埃柳斯、苏格拉底、柏拉图、芝诺和克里安西斯？我真的很崇拜他们，并一直对这些崇高的名字怀有敬意。再见。

六十五

论首要起因

（1）昨天，我和病魔进行了一场斗争。上午，病魔占据了全部的时间；而下午，它开始屈服于我。首先，我用阅读来测试了一下自己的精神状态；当阅读可行后，我向精神提出了更多的要求，或者说，提出了更多的让步。然后，我进行了一点书写测试，它的确占用了超乎寻常的注意力，因为题目比较难，而且我不希望被病魔打败。在这期间，一些朋友拜访了我，就像病人在过度放纵一样，他们强烈制止了我的写作。（2）所以，对话替换了写作。在这仍具有争论意义的话题里，我该咨询一下你的意见，因为我们把你视为裁判。你手头的任务比你想象的要多，因为我们所进行的争论具有三重性。

正如你所知，我们斯多葛哲学家认为，世间有两个东西是万物的起源——起因和物质。物质是不活动且无生命的，可以被用于任何目的；但当没有动因时，将会处于闲置状态。起因，也就是我们所说的原因，会塑造物质，并令物质按照其意愿行事，产生不同的结果。也就是说，每一件事物都有着自身的组成元素，以及一个制作者。前者是物质，后者是起因。

（3）所有的艺术都可以视作是对自然的模仿；那么，让我把上述这些一般原理，应用在由人们所制作的东西上。例如，一座雕塑有着其构成物质，然后要经过艺术家双手的处理才算完成，是艺术家给了这些物质以形状。所以，对于这座雕塑来说，物质是铜，起因是工匠。并且，这适用于所有事物，因为他们都有构成的物质和制作人。（4）斯多葛学者认为只有一个起因，即制作人。而亚里士多德认为"起因"（cause）这个词有三类用法，他说："第一类起因是实际的物质，没有它什么也做不成，第二类起因是制作人，第三类是形式，用于表现每件作品，例如：雕塑。"亚里士多德称最后一个为 idos。他说，"另外，还有第四类起因——也就是作品作为一个整体存在的目的"。（5）让我告诉你这意味着什么吧。青铜是雕塑的"第一起因"，没有它就没用东西可以雕刻与塑造，也就做不成雕塑。"第二起因"是雕塑家，没有工匠的技术，青铜不可能被塑造成雕塑的轮廓。"第三起因"是形式，也就是为什么雕塑被称为"扛着长矛的人"或"束着头发的男孩"①，没有它也就不会用这名字进行命名。"第四起因"是作品的目的。如果没有目的的存在，雕塑本身也就不会被塑造。（6）这个目的是什么？它是吸引艺术家的原因，是艺术家在塑造雕塑时，所遵循的东西。如果雕塑是为了出售，原因就是为了金钱；如果是为了出名，原因就是声望；如果是为了庙宇而建，原因就是宗教信仰。因此，这也是雕塑制作的原因之一。如果你认为，我们应把其从事物的起因中去除，那么，还有什么会成为事物被制成的必要因素呢？

（7）在这四类起因之上，柏拉图添加了第五个起因——他自己称之为"理念"（idea）。这也就是艺术家在决定塑造后，在创作过程中一直所遵循的。无论他的理念是外在的，可以观察到；还是内在的，只有其本身才能感知。两者并没有本质的区别。在艺术

---

① 指古希腊雕塑家波利克里托斯（Polyclitus）的著名作品。——英译者注

家内心中，上帝诉说着一切事物的理念。他的思想参透了事物的和谐，以及事物全部的可以用于塑造的尺度。艺术家脑海中充满了柏拉图称之为"理念"的形式——它们是永恒不朽的。即使人会去世，人类本身，或人的这个概念，仍会延续下去，且不会因某些人的痛苦和毁灭而改变。（8）也就是说，有五类起因，就像柏拉图所说：材料、制作者、外表、模型和观念。最终才成就了这些事物。就以之前的雕塑为例，返回到我们之前开始的地方——材料是青铜，制作者是艺术家，外表是材料所采用的形式，模型是制作者所模仿的图案，观念是制作者心中的目的。最终，所有这一切才造就了这座雕塑。（9）以柏拉图的观点来看，整个宇宙都存在着这些因素。制作者是上帝，材料是物质，外表是可见万物的形状和布置。模型，毫无疑问是上帝在其伟大和美妙创造时，所遵循的模式。（10）目的就是在其行事中的观念。你会问，上帝的目的到底是什么？是美好善良。至少，柏拉图是这么说的："上帝创造世界的原因是什么？上帝是善良美好的，且没有一个善良美好的人会抱怨美好的事物。因此，上帝创造了美好的世界。"请作为裁判的你，发表一下你的观点吧。说一下谁的话似乎对你来说是最真实的，而非谁的话是绝对的真理。因为真理也许已经超出我们的理解范畴了。

（11）这些由亚里士多德和柏拉图所定义的起因，要么太多，要么太少。如果把"起因"作为事物制成所需的一切必要元素的话，他们所提及的元素就太少了①。时间必须包含在起因中，因为没有时间，什么也做不成。他们也必须要包括空间，没有空间，事

---

① 斯多葛主义的理念不同于亚里士多德和柏拉图，认为除去物质外没有什么是真实的；此外，他们将一切都与起因相关联。——英译者注

物也不可能做成。运动（motion）也是，没有什么可以在运动之外制成或毁灭。没有运动，就不会存在艺术，不会有任何改变。（12）然而，我正在寻找一个首要的、普遍的起因。它必须简单，就像物质一样。你会问，那起因是什么？一定是具有"创造性的原因"①，也就是说，上帝。那些你所提及的元素，并不是一系列独立的起因，它们都依靠着这唯一的东西，就是那个创造性的起因。（13）你会坚持认为形式是起因吗？那不过是艺术家在作品上的标记。它是起因的一部分，而不是全部。模型也不是起因，只是起因不可缺少的工具。就像凿东西需要用凿子一样，模型对艺术家也是不可或缺的，没有它们，艺术品不可能制成。尽管如此，这些东西都不是艺术的一部分，也不是艺术的根本起因。（14）也许你会说，"那么，艺术家创造作品的目的，就是那个起因了吧"。它可以被看作起因，然而，仅仅是辅助的起因，而不是首要的。有着无数的辅助起因，我们需要讨论的是重要的那个。柏拉图和亚里士多德认为，整个完美造就的宇宙是一个起因。这种观点相比于他们平常话语所具有的洞察性来说，是不一致的。因为，一件作品本身，和一件作品的起因之间，有着巨大的差别。

（15）考虑到这种情况，要么是表达自己的观点，要么就称问题不够清晰，并表示要再听一遍，这更为容易一些。你也许会回复说："你在这些问题上浪费这么多时间，会得到什么乐趣呢？它们既不会缓解你的情绪，也不会满足你的欲望。"就目前而言，我对待它们，就像是它们会给我内心带来极大安慰一样。并且，我首先会在自己心中问询，然后会在围绕着我的世界中寻找。（16）就像你所想的那样，即使现在写这封信时，我也不认为我在浪费时间。

---

① 自然的创造性力量，也就是天意，或宙斯（Zeus）的意志。——英译者注

就所有这些问题而言，倘若它们没有被切分，并被撕碎成如此无价值的碎片的话，它们就可以使灵魂得到提升。而一直被重担压住的、想要被释放的灵魂，也会恢复到曾经的状态。我们的灵魂一直在遭受着身体所带来的负担，当负担加大后，会压垮并束缚住灵魂，只有哲学才可能提供帮助。它通过对世界的观察，会给予我们新的勇气，并会使灵魂从平凡的事物，转变为神圣的事物。这样，灵魂就可以拥有自由，可以驰骋宇宙①。同时，它可以从束缚中解脱，在天堂重获生命。（17）就像在昏暗的灯光下工作的熟练工匠，当全身心投入精致复杂的工作，眼睛产生疲劳时，让他们到户外去，在休闲明亮的灯光下放松一样。灵魂也是如此，在黑暗的房间中被束缚住，只有通过寻找开阔的天空，并思考宇宙才能获得安息。

（18）追寻智慧的智者的确被身体束缚得很紧，但为了做更好的自我，他会尽可能脱离身体，把注意力集中在更为崇高的事物上。可以这么说，他忠于自己的誓言，把生命的长度视为其服务的期限。智者经历过严格的训练，他既不会热爱，也不会痛恨生命。即使他知道一个更广阔的命运正在等着他，也会尽量去容忍当下的平凡命运。（19）你会禁止我去凝视整个宇宙吗？你会逼迫我从整体退回到局部吗？我难道不该去质问一切的起源吗？是谁造就了宇宙？是谁凝聚了物质，并使它分布到各个部位？我难道不该探寻是谁造就了宇宙吗？如此的庞然大物，是如何利用法则来造就的？是谁收集了所有那些被分散的粒子？是谁分离了那些不规则的元素，并使它们分布在一个巨大无形的宇宙中？光是从哪里来？是否来自

---

① 根据斯多葛主义的观点，灵魂由火或空气组成，是神圣物质的一部分；在死后，它会变为一颗星辰。斯多葛主义主张，好的灵魂会持续到世界的尽头，坏的灵魂会提前消亡。——英译者注

火，或是来自比火更加明亮的东西？（20）我难道不该问这些问题吗？我就不该追根溯源吗？我是否只能来到这个世界一次，还是可以多次再生？我离世后会去往哪里？当我的灵魂从被人类奴役的法则中解脱出来后，会去往何处？你难道会禁止我去往天堂吗？换句话说，你会让我卑躬屈膝地活下去吗？（21）不，我有着更高的存在目的。我会把身体视为一条锁住自由的链条，相比于被其所奴役，我注定有着更伟大的命运。因此，我为命运准备了一定的缓冲区，没有任何伤口可以穿透，并触及灵魂。身体是我唯一可以遭受创伤的部分，只有身体会暴露在危险中，而我的灵魂则自由自在。（22）我永远不会让肉体把我引向恐惧，或找任何借口假称，不值得去做个美好善良的人。我永远不会为了崇敬这微小的身躯而撒谎。如果适当时刻到来，我也会断绝与其往来。即使当下，我的灵魂与肉体被捆绑在一起，但这种联系不是平等的；灵魂会根据自己的原则来进行判断。只有去鄙视肉体，灵魂才可以获得真正的自由。

（23）返回到我们所谈论的主题上来，通过思考我们刚刚所讲的，可以极大地帮助我们实现这种自由。万物都是由物质和上帝构成的。上帝掌控着物质，而物质会跟随着神的指引。换句话说，创造东西的上帝，要比遵循上帝指示所创造的东西，更加珍贵和强大。（24）神在宇宙中的位置，就像灵魂与人的关系一样。世界的物质所对应的是我们的身体，因此，就让低级的（身体与物质）去服务于高级的（灵魂与神）吧。让我们勇敢地面对危险吧。让我们不要去恐惧错误、伤口、束缚或贫穷。死亡是什么？它可能是终点，或是变化的进程。我不害怕停止我的存在，那就像是没有开始一样。我也不会害怕转化到另外的一种状态中，因为无论如何，我都不会像现在这样被束缚。再见。

六十六

论不同方面的美德

（1）我刚碰到一位多年没见的老同学克拉努斯（Claranus）。不必说，他也是位老人了，但我向你保证，虽然他身体虚弱，但精神上却很健壮。大自然很不公平地给了如此少见的灵魂一个简陋的身体作为居所。也许，她这是想向我们证明，绝对强健和快乐的精神，可以隐藏于任何外表之下。尽管如此，克拉努斯克服了所有这些障碍，其贬低自己身体的程度，已经到了可以使其贬低其他任何事物的程度。（2）就像诗中所唱：

*在一种公平的形式下，价值会展现更多的愉悦。*①

我个人认为它是被误解了。美德不需要任何东西来表现。它本身就是极大的荣誉，并会让其寄居的身体变得神圣。无论如何，我都开始用不一样的视角来看待克拉努斯了。他对我来说似乎很英俊，身体与精神一样良好健康。（3）伟大的人可以出身于茅庐，就像伟大和美好的灵魂，可以来自丑陋和卑微的身体一样。正因如此，自然对我来说，似乎在以这种方式来培育人，并想要证明美德

————————

① 来自维吉尔的作品。——英译者注

在任何地方都可以出现。就像其所做的那样，自然是否可能光凭自己就造就出灵魂。事实上，自然成就了一件更为伟大的事情。她造就了一些，虽然身体受到束缚，却仍旧可以突破限制的人。（4）我觉得克拉努斯代表了一种模式，即我们通过他可以懂得，灵魂不仅不会被丑陋的身体所扭曲，相反，身体会被灵魂的光芒所美化。

虽然我和克拉努斯在共处的几天中谈论了很多话题，但我现在还是要一口气地全都告诉你。（5）第一天，我们探讨了如下这个问题：如果美好有三种类别的话，它们怎么可能平等？从我们斯多葛的哲学原则上来说，其中一些是首要的，例如：快乐、和平，以及一个国家的繁荣。其他的归属于第二类，由不那么愉快的元素构成，例如：对痛苦的忍耐，重病期间的自我控制。我们该为第一类的美好而祈祷；只有需要时，再去祈祷第二类。另外的是第三个类别，例如：适度的步伐、平静和诚实的面容，以及智者的豁达。（6）如果我们只能祈求一种类别，而不是多种的话，在我们比较它们时，这些东西怎么可能平等呢？如果我们想要把它们区分开的话，最好还是返回到第一类的美好上来，考虑其本质是什么。灵魂在真理的基础之上，可以熟练地识别该追求哪些，避免哪些。通过遵循自然来建立价值标准，而不是遵循个人观点。灵魂会透过整个世界，凝思观察各种现象，严格关注想法和行动，超越困难和奉承，不会屈服于任何厄运，会超越任何祝福和磨难，绝对的美妙，完美地搭配优雅、强壮和健康，平静且豁达，坚如磐石，不挠不屈。这样的灵魂就像美德本身一样。（7）如果能展现在视野下，并展示其所有的话，你会发现它也会有外在的表现。然而，它有着很多不同的面相。美德会通过生命和行动的不同特征来展现自己，而美德本身会一成不变。至高的善不会缩小，就像美德不会退化。它仅会根据具体的情况，来转化为不同的品质。（8）它会将其触及的一切都转变成自己的样子，染上自己的颜色。它会美化我们的行为、我们的朋友，有时甚至它进入的整个家庭都会变得井井有条。无论它处理的是什么东西，都会讨人喜欢、显著且值得尊敬。

因此，美德的力量和伟大已无法超越，因为它已经达到了最高级。就像你无法找到比笔直还要笔直的、比真理还要真实的，或比适度还要更加适度的东西。（9）每一种美德都是无限的，因为界限只是用于可测量的有限度的事物。永恒本身已经不会变得更高级了，就像忠贞和真实一样。对于完美而言，还有什么可以改善的呢？只有不完美的东西才有改善的空间。就像美德也不需要再改善一样，如果有任何东西可以被改善，那么其必有缺陷。荣誉也同样无须改进。就像我上面提到的那些品质一样，它是值得去尊敬的。那又怎样呢？你认为礼节、正义、合法，也属于同一个类别吗？还是它们都属于有固定限制的范畴？能改进的特性，证明了一件事物本身仍不完美。

（10）从各种情况来说，美好品质都适用于同样的规则。国家的利益和个人的利益是相互交融在一起的，就像不可能将值得赞美的事物与值得拥有的事物分开对待一样。因此，每种美德都是平等的。美德所成就的作品，以及所有拥有这些美德的人，都是非常幸运的。（11）而植物和动物所具有的美德易于退化腐烂、非常脆弱，稍纵即逝且不稳定。它们的美德不断地升起并堕落，因此不具有人类美德般的价值。而对于人类的美德来说，则是一成不变的。正确的理由有且只有一种。没有什么比美好更加美好，也没有什么比神圣更加神圣。（12）平凡的生命会腐烂、堕落、被耗尽，成长、疲惫不堪及重新振作。就他们的情况来讲，考虑到命运的不确定性，存在着不平等。但对于神圣的事物来说，特质是始终如一的。理性不是别的，它是一种寄居于人类身体中的神圣精神。如果理性是神圣的，那么美好的品质在任何情况下都不会缺少理性，且美好的品质在各种情况下，也将会是神圣的。此外，神圣的事物之间不会存在区别，因此，美好事物之间也不会有区别。那么，快乐和勇敢不屈地面对折磨，也是同一种美好。因为同样是伟大的灵魂，只是一个在放松愉快的状态中，另外一个却在抗争和迎战的行动里。（13）什么？难道你不认为，那勇敢袭击敌人要塞的战士所具有的美德，和那些被包围，却依然用最大耐心坚守的战士所具有的美德，是平等的吗？小西庇阿（Scipio Africanus Minor）是伟大的，当其进攻努曼提亚（Numantia）① 而无法征服时，他就将整座城市包围，最终导致敌人在投降前把整座城市毁掉。而守卫者的灵魂也同样是伟大的，他们知道只要通向死亡的大门打开，阻挡是没有用的。但他们还是尽可能地拥抱每一刻的自由。同样地，其他的美德也具有同样的平等：安详、朴素、慷慨、坚定、镇定和忍耐。因为支撑它们的都是同一个——那个使灵魂变得直率和坚定不移的美德。

（14）你会说："那么，快乐和勇敢不屈地面对痛苦之间，就没有区别了吗？"就美德本身来讲，一点区别没有。无论哪种情况，两者都是极好的。就第一种情况来说，其意味着灵魂自然的放松；而另外一种是非自然的痛苦。如果就情况本身来讲，两者有着极大的区别，但都属于无关紧要的东西。因此，美德本身在两种情况下都是相等的。（15）美德不会被其所接触的事物改变，如果它艰难且顽固，不会使美德变坏；如果它舒适且快乐，也不会使美德变好。美德都将保持平等。无论哪种情况，都是在平等的正直、平等的智慧和平等的荣誉下去完成一件事。因此，当美德在同等情形

---

① 指西班牙的一座城市，被小西庇阿于公元前133年夷为平地。——英译者注

下参与进来后，一个人不可能通过努力超越这种情形，无论他是在快乐里，还是于受难中。这两种美德是平等的，没有任何一个可以是更好的。（16）如果美德之外的事物无法减少或增加美德，那么，尊荣的东西就不会是唯一美好的品质。如果你认同这一点，那么尊荣就会完全消失。为什么？让我告诉你：这是因为任何不情愿做的事，都不是尊荣的，只是被强制去做罢了。而每一件尊荣的行为都是自愿的。如果它伴随着勉强、抱怨、怯弱或恐惧，它就会失去最佳的品质——自我肯定。不自由的东西不可能是尊荣的，恐惧意味着被奴役。（17）尊荣的东西是平静的，完全没有困扰。如果它曾反对、悲痛，或将任何东西视为是邪恶的，它就会受到干扰，并开始挣扎于困惑之中。一方面，正义在呼唤它；另一方面，邪恶在试图将其拽回。因此，当一个人准备做些尊荣的事情时，他不该把困难视为邪恶的，即使认为这些困难很麻烦，他也应该甘愿付诸行动。每一件光荣的行为都不会是在命令，或强制下做出的；它是纯粹的，且不掺杂任何邪恶的成分。

（18）我知道这时你可能会回复说："难道你这是在尝试让我们相信，无论一个人是快乐的，还是在拷问台上被拷问得精疲力竭，都无所谓吗？"我会回答："伊壁鸠鲁同样表示，即使智者在法拉里斯（Phalaris）铜牛①中被拷问，也会大喊：'这很舒适，不必为我担心。'"如果我说，在宴会上放纵的人和勇敢面对拷问的受害者，有着同样的美善，你为什么还会疑惑呢？而伊壁鸠鲁所说的事情，不更加难以相信吗？（19）我想回复的是，快乐和痛苦之间，的确有很大的区别。如果有人问我会选择哪个的话，我会选择

---

①　相传为古希腊的一种由青铜制成的中空牛状刑具，罪犯被放入其中，施刑者会在铜牛底下点燃烈火。——中译者注

前者，并避开后者。前者遵循自然，而后者则是违背自然的。如果他们要用这种标准来衡量的话，两者会有极大的区别。但如果把美德的因素考虑进来的话，不管是快乐还是痛苦，美德都是相同的。（20）苦恼、痛苦和其他的麻烦，都是无关紧要的，因为它们都会被美德所克服。正像是太阳的光明会覆盖其他光亮一样，美德也会击碎和压垮所有的痛苦、烦恼和错误。并且，美德的光辉所到之处，所有其他没有借助美德的光线都将熄灭。而当遇到美德后，所有的麻烦都只会像大海上空的浮云一般，不值一提。

（21）这可以通过以下事实得到证明：善人绝不会犹豫去做任何高尚的事业。即使会遭遇到刽子手、拷问者及火刑，他也会坚持下去，他不会考虑注定将遭受什么，而是必须要去做什么。他会把自己托付给高尚的事业，以就像托付给善良的人一样。并且，他会认为这是一件对自己有利、安全且适当的事情。即使充满了悲痛和艰难险阻，他都会对高尚的事业持有相同的看法，就像对贫困或被流放的善人持有同样的态度一样。（22）让我们来对比一下，一位非常富有的人，和一位身上分文没有，但心中却拥有一切的人。即使他们拥有不等的财富，但他们有着同样的美善。我所提及的标准，同样适用于事物和人类。不管寄居于健康且自由的身躯，还是有病或被束缚的身躯，美德都是同样值得称赞的。（23）因此，涉及你自己的美德也是如此。无论命运给予你一副健全的身体，还是残缺的身体，你对美德的称赞并没有什么不同。这意味着不要因为着装像个奴隶，就去贬低一位大师级的人物。时运掌控的所有东西——金钱、容貌和地位——都是不稳定的。它们是虚弱的、变幻莫测、易于毁灭，且不稳定的。另外一方面，拥有美德的东西是自由且固定不变的，不会因命运的善待而升值，也不会因逆境而贬值。（24）友谊对于人类，正像价值对于事物一样。我觉得你不会更加喜欢一位善人，如果他富有而不是贫穷的话。正如相比一个苗条且精致的人，你也不会更加喜欢一个身体强壮、肌肉发达的人。相应地，相比一个充满困惑和辛劳的美善的东西，你也不会更愿追求和喜爱一个愉快且平静的东西。（25）如果你这样做，对于两位同样的好人，你会更加关心那个干净漂亮的，而不是那个脏乱不整洁的。下一步，你就会更加关心健全且毫无瑕疵的好人，而不是那个虚弱或有残缺的。逐渐地，你就会在两个完全平等且谨慎的人中间，选择那个有着长长卷发的人！无论何时，如果每个人的美德都是平等的，他们身上其他属性的不平等就不会显著。因为，所有其他东西都不是主要的，只不过是用于辅助罢了。（26）会有人不公平地对待他们的孩子吗？相比生病的那个，而更加关心健康的？相比矮小或中等身高的那个，却更加关心高挑的？野兽会没有偏袒地对待它们的后代，会躺下来喂养所有幼仔。鸟儿也会平等地分配食物。就像阿伽门农（Agamemnon）[1] 急切地回到他的迈锡尼（Mycenae）王国一样，尤利西斯也想尽早赶回伊萨卡岛（Ithaca）[2]。没有人会只因漂亮美丽而爱其故乡，他热爱家乡，因为那是他所拥有的。

（27）所有这些东西的目的是什么？你应该明白，美德会平等看待她所有的作品，就像它们是其孩子那样，她会仁慈地对待每一个，甚至会更加仁慈地对待那些遇到困难的。即使父母都会更加偏袒那些值得同情的后代。美德也是一样，她不是更加深爱那些身陷困难或身抗重负的作品，但就像好的父母一样，她会给予它们更多的关怀。

（28）为什么没有比其他任何的善都更好的善？因为没有比合

---

① 阿伽门农（Agamemnon）：特洛伊战争中的古希腊统帅。——中译者注
② 指尤利西斯的故乡。——中译者注

适更加合适的东西，也没有比平坦更加平坦的。对于既定的物体，你不能说一个东西比另外一个更为平等。正如没有什么比尊荣更加尊荣。（29）也就是说，如果所有的美德生而平等，那么，那三种不同的美善①也是平等的。这就是我想要表达的：自我约束地去享受快乐和自我约束地去承受痛苦，是平等的。一种情况下的快乐并不会超越另一种在遭受拷问时毅然坚定，并可以吞没痛苦呻吟的受害者的灵魂。第一种善是令人向往的，而第二种是值得钦佩的。无论哪种情况，它们都是相等的。因为依附于后者身上的任何麻烦，都会由美善的品质所补偿。（30）任何不认为它们相等的人，都是在把目光从美德本身转向其他外部事物上。而真正的美善是相等的。虚假的种类包含了太多的空虚。因此，当它们在天平上称重时，就会发现不足，即使它们看起来雄伟壮观。

（31）的确，我亲爱的鲁基里乌斯，由真正理性认可的美善是可靠且持久的。它会巩固并提升心灵，所以心灵会始终如一。然而，对于那些不假思索就被称赞的事物，它们只不过是大众眼中的美好，是用空洞的愉悦来吹嘘我们罢了。再说一次，那些就像邪恶一般令人担心的事情，不过是人们脑海中被激发的恐惧罢了。就像动物一样，人的精神也会被危险的假象所扰乱。（32）因此，缺少理性，这些东西就会扰乱或刺激心灵。不值得喜悦的东西，也不值得去担心。只有理性不会改变，且会坚持自己的抉择。理性不是感觉的奴隶，而是它的主人。理性与理性相等，就像一条直线等于另外一条直线。因此，美德与美德也是相等的。美德是正确的理性，且所有的美德都是理性。理性就是原因，如果它们正确的话。且如果它们正确，也会相互平等。（33）就像理性一样，所有的行为也

---

① 指灵魂的、身体的和外部的。——英译者注

是这样。因此，所有的行为也是相等的。因为行为类似于理性，它
们之间也是相似的。而且，如果行为是光荣且正确的话，我认为行
为之间也是相等的。当然，根据具体情况的不同，会存在极大的差
别。它一会儿宽广、一会儿狭窄，一会儿光荣、一会儿卑鄙，一会
儿广大无边、一会儿受到限制。然而，它们在这些状况中都是平
等，且都是尊荣的。（34）同样地，所有的好人，只要他们是善良
的，都是平等的。的确，他们有着不同的年龄，一位年长，一位年
轻；他们有着不同的身躯，一位清秀，一位丑陋；他们有着不同的
财富，一位富有，影响力巨大，举世闻名；一位贫穷，默默无闻且
不为人知。尽管如此，考虑到他们内在的善良，他们都是平等的。
（35）感觉并不会裁决什么是善恶，它们不知道哪些是有用的，哪
些是没用的。除非感觉可以直接面对事实，否则它们不会有自己的
观点。它们不会展望未来，也不会回忆过去，并且不知道结果是如
何产生的。然而，一系列相继的行为正是由此交织在一起，一个统
一并直线延续下去的生命体形成了。理性才是善恶的裁决者。她会
将外在事物认作是无关紧要的，将那些既不美善也非邪恶的事物，
仅仅视为琐碎的附属品。因为她所有的善都寄居于灵魂中。

　　（36）理性会把某些善视为主要的，并会特意关注。例如，成
功、好的孩子和国家的福祉。对于某些其他的善，她会认为是次要
的。这些善只会在逆境中展现出来，例如，在严重的疾病或流放中
保持安定。有一些善是中立的，它们既不顺应自然，也不违背自
然。例如，谨慎的步伐、镇定的坐姿。比起站立或行走，坐着也同
样是顺应自然的行为。（37）有两种不同类别的高等级的善。主要
的善会顺应自然。例如，从守本分的孩子的行为中获得愉悦，或对
国家的繁荣感到高兴。次要的善会违背自然。例如，在折磨中不屈
不挠，或在高烧中忍受饥渴。（38）你会问："那么，任何违背自

然的都会是好的吗？"当然不是，只是在某些情况下，善表现出来是违背自然的。例如受伤、遭受火刑，身体不适——这些都是违背自然的。然而，一个人在如此的不幸中，去维持一个不屈不挠的灵魂，却是顺应自然的。(39) 让我再简述一下我的观点，有时涉及善的物质是违背自然的，但是，这种善本身并不会违背自然。因为所有的善都伴随着理性，而理性是顺应自然的。

"那么，什么是理性？"你会问。它是自然的复制。"那么，什么么是一个人可拥有的最高的善？"那就是让自己去顺应自然规律行事。(40) 反对者会说："毫无疑问，相较于被摧毁后的重建，在没有受到攻击下的和平会带来更多的快乐。"并说，"同样不容置疑的是，没有受损害的健康，比在致命的疾病中强忍痛苦后而恢复健康，要更加快乐。同样地，毫无疑问，愉快要比灵魂在忍受伤口的折磨，或忍受火刑时的痛苦挣扎，要好上许多"。(41) 绝不是这样的。经历过危险的东西有着很大的不同，因为人们会以亲历者的角度来衡量它们的用途。对于善来说，仅仅需要考虑它们是否与自然合一，这适用于所有的善。我们在元老院会议上对一个人的议案进行投票时，不能说 "A 议案要比 B 议案更适合"。进而，所有人都投票赞成同一个议案。我会对美德持有同样的主张——它们全都顺应自然。并且，我也会对美好品质持有同样的看法——它们都是顺应自然的。(42) 有的人，年轻时就去世了，有的人年老才过世，有的人甚至在幼儿时，刚刚对生命有一瞥，没有任何享受时就离世了。虽然死亡允许第一种人在生命道路上行进了一段距离，当第二种人成熟后才了断其生命，而在刚开始阶段就摧毁了第三种人的生命，然而，他们以同样的方式经历了死亡。(43) 有些人在晚餐桌边去世，有些人在睡梦中去世，有些人在花天酒地中去世。相比下，有些人被剑刺穿，或遭蛇咬身亡，或被废墟掩压，或被一点点地折磨而死。有些离世过程可能被认为更好，有些则更坏，但所有的死亡本身都是平等的。死亡的方式虽不同，但结果是一样的。死亡没有高级与低级之分，因为它对所有的生命的限制是一样的，即生命的结束。

（44）我向你保证，美好的品质也同样如此。你会在纯粹享乐中发现，也会在悲伤痛苦中找到。一种品质在控制着命运带来的好处，另外一种克服了命运的攻击。它们每一种都是平等的，即使一种走在平坦舒适的道路上，而另外一种的路却是坎坷不平的。它们所有的终点都是一样的，因为它们是善良的，它们值得称赞，它们伴随着美德和理性。美德造就的所有东西都是相等的。（45）你不用怀疑，这就是我们斯多葛学派的原则之一。我们也会在伊壁鸠鲁的作品中看到两种美好的品质，其中之一就是"至善"，或可以说是福音；至善是由不受痛苦约束的身体，和不受干扰的灵魂组成的。这种美好的品质一旦完成，将不会再增强。因为完成的东西，又怎么可能增强呢？让我们假设身体已经摆脱了痛苦，除去痛苦外，还会有什么样的增强吗？假设灵魂是安然镇定的，在这种平静上，还会有其他增长吗？（46）就像好的天气，已经纯净到最为纯净的地步，就不会再更加明亮了。所以，当一个人照料好他的身躯和灵魂后，将从两者中提取的美好品质编织在一起的话，他的状态将是完美的。他的祈祷也就圆满实现了，灵魂中不会再有动荡，身体也不会有痛苦。除了这两件事外，没有什么样的乐趣可以增加其"至善"了。他们只会调节，也就是说，在其之上添加香料罢了。对于一个人的本质来说，绝对的善就是满足于平静的身体和平静的灵魂。（47）我此刻可以向你展示伊壁鸠鲁的作品，其分级别列举了善，就像我们的斯多葛学院那样。他表示，他喜欢的一些东西应该在这个级别里，例如：身体可以摆脱所有麻烦，灵魂的放松，在关注自我的品质时就可以获得愉悦状态。而对于另外一些事情，尽管他情愿这些事情从来没有发生过，但他会赞扬和认同。例如：我之前提到的，由于疾病和严重痛苦所导致的顺从，也是伊壁鸠鲁在生命最后和最神圣关头所表现出来的。他告诉我们，他不得不忍受坏掉的膀胱和溃烂的胃部所带来的极大折磨——极其疼痛，以至于都无法再增加痛苦了。"即使这样，"他说，"我也没有感到任何的不快乐。"除非一个人可以拥有"至善"，否则是无法在愉快中度过这样一天的。

（48）就像我们之前提到的，即使对于伊壁鸠鲁来说，有些美好的品质也不愿意去经历。然而，因为环境已酿成了，所以必须要欢迎并认可，然后用最高的意愿去对待它们。我们不能说那种品质决定了快乐的生命，伊壁鸠鲁在最后所说的那种状态，并不属于最高等级。（49）鲁基里乌斯，请允许我贸然地说：如果有的品质比其他的品质更伟大的话，相比那些相对温和并诱人的，我更倾向于严厉的，并认为它们是更加伟大的。相比于在一定程度上维持快乐，在困难重重中历尽艰辛开拓自己的路，是一种更伟大的成就。（50）我完全意识到了，一个人很好地历经荣华，并勇敢地承受厄运，也同样是需要理性的。那个当敌人没有进攻时，在营地外毫无恐惧熟睡的士兵，和腿部肌腱被割断，却用膝盖支撑，仍不放下武器的士兵，是一样勇敢的。但是，人们会为那个从前线返回的鲜血淋漓的士兵大声疾呼："干得好，你是个英雄！"因此，我也应该为那些经历磨难后的品质给予更多的赞美，并鼓起勇气与命运作抗争。（51）我该犹豫是将更多的赞美给予那有着残废右手的慕修斯①，还是世界上

---

①　古罗马英雄，相传其刺杀敌人失败后，将右手伸入火中，手已烧焦却毫不畏惧。——中译者注

健全完好的最勇敢的人？慕修斯傲然屹立着，毫不在意敌人和火焰，注视着手上流出的血滴在敌人的祭坛上。直到鼓吹此种惩罚的波尔塞纳也开始羡慕这位英雄的名望，并命令将火刑解除。

（52）为什么我不该把这种品质看作是最核心的呢？并认为它要比其他没有经历危险和遭受命运折磨的那些品质更加伟大？就像在仅有一只手的情况下战胜敌人，要比拥有健全的双手的情况下战胜敌人更加稀奇。"那么，你自己会想要得到这种品质吗？"当然会。如果对它没有欲望的话，是永远不能得到它的。（53）相反地，我是否该去追求享受，伸开四肢让奴隶按摩？或者找一个女人，即便是男人装扮的女人，来揉手指关节？我不敢相信慕修斯是如此的幸运，他将手平静地伸入火焰中，就像伸向按摩师一样。他克服了之前所有的错误，在手无寸铁且受伤的情况下，结束了战争。在有一只手残废的情况下，征服了两位国王。再见。

六十七

论身体不佳和忍受苦难

（1）如果我可以用普通的言语来开始这封信，我就会说，春天正逐渐离去，虽然夏天已经开始，但还不能期盼什么热的天气。现在仍然很凉，并不能确定天气会如何变化。且可能会返回到冬天时的状态，你想知道天气为何如此不稳定吗？我还不敢去冰凉的水中洗澡，即便在这种时候，我也会给水加些热。你可能会说，这无法展现出身体对热和冷的忍耐力。非常正确，鲁基里乌斯，像我这个年龄的人，已经习惯了身体自然的凉意了，甚至盛夏时都很少能够缓解。（2）因此，绝大多数时候，我的身体都包裹得很厚实，感谢晚年让我很长时间都躺在床上①。我为什么不该因此感谢晚年呢？我缺少能力去做的事情，也是我不该希望做的。我的绝大多数对话，都是与书本进行的。当收到你的信时，我设想与你在一起的感觉，应该直接说出答案，而不是写下来。因此，就像我们在聊天一样，一起来探讨一下你的问题吧。

（3）你问我，是否每一种美好的品质都是值得拥有的。你说："如果美好的品质是勇敢地面对酷刑，毫无畏惧地走向行刑桩，用顺从来忍受病痛的话，那么，紧跟而来的东西就应该是值得拥有

---

① 作者塞涅卡的身体很脆弱。在信中他曾谈到过哮喘（第五十四封）、白内障（第七十八封）和发烧（第一百零四封）。——英译者注

的。然而，我没看到它们中的任何东西是值得追求的。我至今都没有见过任何人，因为被杖打得血肉模糊，或被中风折磨，或被拷打而身体变得更长了而履行誓言。"（4）我亲爱的鲁基里乌斯，你必须要分清这些情况。然后，你就会明白它们中存在一些东西，是值得向往的。我会更愿意摆脱折磨，但如果必须要忍受的话，我会用勇敢和荣誉来要求自己。当然，我更愿意和平，但如果战争爆发，我会毫无畏惧地忍受伤口、饥饿和战争可能带来的一切。我不会疯狂到渴望病痛，但如果我必须忍受的话，我会毫无怨言，血气方刚地面对一切。结论是，没有任何苦难是令人向往的；而美德是令人向往的，且它会耐心地让我们克服所有的苦难。

（5）我们斯多葛学派的一些人认为，所有这些品质中，一份坚定的耐力虽然不是那么值得拥有，但也不该被轻视。因为，我们只需去祈祷那些纯粹的、平静的，以及无法被打扰的美好品质。我个人并不同意他们的观点。为什么？首先，因为任何美好的品质都是值得拥有的东西。其次，如果美德是值得拥有的，且美好的品质不会缺少美德，那么，每一种好的品质都是值得拥有的。另外，即使在折磨下，坚毅的忍耐也是值得拥有的。（6）在这里，我问你：勇气值不值得拥有？那可以蔑视和克服危险的勇气。勇气最漂亮和最令人钦佩的部分是，它在磨难前不会退缩，敢于面对伤口，有时不仅不会逃避武器的攻击，甚至会挺身而出。如果勇气是值得拥有的，忍受折磨也同样如此，因为它是勇气的一部分。就像我所推荐的，只有通过仔细思考这些东西，才不会被其他东西引入歧途。不仅是忍受折磨，而且要勇敢地去忍受，这是令人更加向往的。我会向往勇敢地忍受，因为它是一种美德。

（7）"但是，"你说，"谁会向往这样的东西呢？"有些祈祷是开放和坦率的，请求很明确。有些祈祷是间接表达的，在一个标题下包含很多请求。例如，我向往尊荣的一生。那么，尊荣的一生由不同类型的操守组成。它可能包括关押雷古勒斯（Regulus）① 的箱子，或小加图用自己双手撕裂的伤口，或是茹提利乌斯的流放，或是将苏格拉底从监狱送向天堂的毒酒杯。也就是说，在祈求一生尊荣的同时，也同样祈求了这些苦难。有时候，没有这些苦难，生命不可能是尊荣的。

（8）

> 噢！值得拥有三倍或四倍祝福的是他们！
> 那些在高高的特洛伊城下，
> 在父母眼中，快乐地面对死亡的战士！②

无论你把这样的祈祷给其他人，还是自己认可过去曾经这么向往过，又有什么用呢？（9）德西乌斯（Decius）③ 为国家牺牲了自己，他在战争中用力刺激战马，冲入敌人阵营而阵亡。德西乌斯的儿子效仿父亲的英勇，再次验证了那神圣并经常被引用的口号，冲向了敌军。他认为自己的牺牲，可以带来胜利的征兆，并认为高尚的死亡是值得去向往的。那么，你是否还怀疑，尊荣的死去是最好的方式，并会义无反顾地去行事呢？（10）当一个人在勇敢面对死亡时，他在使用所有的美德。忍受可能是唯一一个最显而易见的美德了。但勇敢也一样，忍受、服从和承受痛苦是其分支。远见也是

---

① 雷古勒斯（Regulus）：古罗马政治家、将军，曾当过执政官。在一场战役中被俘虏后，敌军让其宣誓与罗马求和并返回国后，他被释放回罗马。而后，为了遵守誓言而返回敌方阵营，雷古勒斯被残忍杀害。——中译者注
② 来自维吉尔的作品。——英译者注
③ 古罗马为国捐躯的战士。——中译者注

一样。没有远见，不会有可以落实的计划。是远见提醒一个人尽量勇敢地去忍受那些无法避免的事情。坚定也应包含在内，否则在没有外力的情况下，目标也会被抛弃。还有整个无法分割的美德的陪伴，每一个尊荣的行为都是由一种美德造就的，而且要符合整体美德的裁决。对于全部美德都认可的东西，即使看起来可能是其中一种美德独立完成的作品，也都是值得拥有的。

（11）什么？你认为只有那些能带来快乐和舒适的东西，才是令人向往，需要开门热情迎接的吗？有些美好的品质特征，是令人生畏的。有些特定的祈祷，不是享乐的人群可以提出的，只有那些虔诚地鞠躬并礼拜的人才可以。（12）你想一想，雷古勒斯会照这种方式祈祷，以便到达迦太基吗？用英雄的气魄来鼓舞自己，远离一些大众的观点吧。从一个适当的角度，去看待那个超越美丽和庄严的美德吧。这种形象不是用燃香和花环就可以礼拜的，而需要付出我们的血汗。（13）想一想小加图把无瑕的双手置于神圣的胸前，然后用力撕开那并未致命的伤口！① 你会对他做什么样的祈祷呢？ "我很伤心，希望一切都如你所愿。"？或是 "祝你一切顺利！"？

（14）说到这里，我想起了我们的朋友狄米忒斯（Demetrius），他把那种免受命运骚扰的舒适生活，叫作"死海"。如果没有任何东西可以唤醒你，激发你行动的话，也不会有任何东西用危险和困惑来测试你的决心。如果你依赖于稳定舒适，那不是绝对的宁静，仅仅是表面的平静罢了。（15）斯多葛学派的学者阿塔罗斯经常说："相比于奢华，我更希望投入命运的怀抱。如果被折磨，我会勇敢

---

① 指小加图自杀未果，而醒后用双手再次将伤口撕开最后毙命的英勇行为。——中译者注

地面对，一切都很好。如果是死亡，我也会勇敢地去面对，同样也很好。"听一听伊壁鸠鲁如何说，他会告诉你，那其实是令人高兴的。我永远不会用柔弱的词语，来形容如此令人尊敬及如此严肃崇高的行为。(16) 为什么我不该认为它是值得向往的呢？不是因为那会烧伤我的火，而是因为其没有征服我吗？没有比美德更卓越或更美好的东西，无论我们做什么，只要遵从她的指导，就一定是善的，且是值得拥有的。再见。

六十八

论智慧和退休

（1）我赞同你的规划，退休并让自己放松。同时，也把退休后的生活遮盖起来。在这样做的过程中，你可能确信会遵循斯多葛学派的方式，而不是那些戒律。但你终究还是会依照他们的戒律行事，只有这样，你才会对自己和斯多葛学派的任何观念均感到满意。（2）我们斯多葛学派不会敦促人们在任何情况下，或任何时间，或任何条件下，参与公共生活。此外，当我们把智者指派到那值得去拥有公共生活的地方，用另外一种方式说，也就是指派到宇宙中时，那么，即使他归隐，也将无法离开公共生活。不，也许他只是放弃了那里的一个小角落，而把自己放入了更广阔的领域中。当智者进入天堂后，他会明白，当坐在高官或裁决者的位置上时，他是多么的卑微。将这铭记于心，不管是神圣的事情，还是人间所涉及的事务，智者永远都不会更加积极地参与其中。

（3）现在回到我该给你的建议上来——不要张扬你的退休。没必要给自己贴个"哲学家和寂静主义者"的标签。可以用其他名称来标榜你退休的目的，只需称健康和身体虚弱，或仅仅是懒惰。去吹捧退休，只是毫无价值的自我追求罢了。（4）有些动物会通过混淆与巢穴附近其他动物足迹的方式，来隐藏自己。你也应该这样做，否则，总会有人跟随你的足迹上门。很多人不会注意表面可见的东西，而是会去注视那些隐藏和遮盖起来的东西。例如，上锁的房间会引来盗贼。对外展示出来的东西都是便宜的，强盗不会关注那些展示在外的东西。世界就是这样，所有无知的人也是如此：他们会渴望探寻那些隐藏的东西。因此，人最好不要去吹嘘退休。（5）然而，如果过于隐藏自我，从人们的视线中退隐的话，也是一种吹嘘的表现。某某人去了他在塔伦特姆（Tarentum）①的休息寓所；另外一个人在那不勒斯闭关；还有一个人，很多年都没出过门了。宣传一个人的退休，就是在招揽大众。（6）当从世上归隐后，你的事务就是与自己交流，而不是让别人谈论你。那么，关于自己，该说些什么呢？就像人们经常喜欢谈论邻居那样，说一下自己的毛病。那么，你就会同时习惯于谈论和聆听真相了。总之，思考一下你所认为自己的最大弱点。（7）每个人都最清楚自己身体的缺陷。所以，有人才会通过呕吐的方式来缓解肠胃的不适，而有人会采用经常进食的方式来促进肠胃功能，有人会采用定期禁食的方式来清理和净化身体。那些脚疼的人要么禁酒，要么避免洗澡。一般来说，在其他方面粗心大意的人，也会尽全力来缓解那些经常折磨他们的病痛。所以，这就是我们的灵魂。某些部分可以说是在病假单中，而这些部分必须要进行治疗。

（8）那么，我自己在闲暇时做些什么呢？我正尝试治愈我的疼痛。如果我给你展示一只肿胀的脚，或发炎的手，或干瘪的腿筋，相信你会让我安静地躺在一个地方，并在伤病的地方涂上药剂。然而，我的问题要比所有这些都严重，而且无法向你展示。那些脓肿或溃烂都在我的胸膛内部。祈祷并请求你，千万不要赞美我，不要说："多么了不起的人！他已经学会去轻视万物，并谴责

---

① 现今意大利南部一城市。——中译者注

人们疯狂的生活了。他已然从人世间解脱了！"除去自己以外，我没有谴责过任何东西。（9）你没有理由为了进步而找我。如果你认为可以从我这里得到帮助的话，那就错了。我这里住着的不是医生，只是一位病人。我更希望你在离开我时说："我过去曾认为他是一个快乐且有学识的人，所以才恭听其教诲。但是，我被骗了。我什么也没看到，也没有听到那些我想要听到的。"如果你如此感觉，并这样说，那么，就说明你进步了。我更希望你原谅，而不是嫉妒我的退休。

（10）然后，你说："塞涅卡，你这是在向我推荐退休吗？你很快就会像伊壁鸠鲁的格言那样活了！"只要你能用退休时光去做一些比你现在所做的事情更伟大，更美好的事情，我的确要向你推荐。去敲有势力人家的大门，去收集无子女老人的名字，对公众行使最高权威——这种权力只会给你引来憎恨，且是非常短暂的。如果你将其视为真正的价值，那将会是很粗俗的。（11）有的人在公众影响力上要远胜于我，有的人军官职位的薪水也要比我高，有的人宾客人数也要比我多。但是，假如我可以战胜命运的话，被这些人超过也是值得的。我可能在人数上无法和命运竞争，因为很多人都支持她。

（12）难道在早些时候，你就开始有意识地遵循这个目的！难道我们不能在死亡来临前，去谈论快乐的生活吗！事已至此，让我们不要再拖延了。现在，经验告诉我们，世上有很多不必要的且令人厌恶的东西。而且，我们很早之前就应该相信理性。（13）让我们做那些人们迟到后经常做的事，为了争取失去的时间而加快速度——让我们策马飞奔吧！我们生命所剩的时光是最适合这些追求的，因为沸腾和起泡的时光都成为过去了。青春时无法控制的热忱所导致的过失，如今已渐渐虚弱了。但还是要多付出一些努力，才能将它们完全消灭。

（14）你说，"在你离世时才能学到的东西，会在什么时候，且如何才能给你带来利益呢？"正是以如此的方式，我会以成为一个更好的人的方式离世。然而，你毋庸置疑，相比于那通过多次尝试，且伴随着长期及反复对之前过失的悔恨而赢得的胜利，激情逐渐缓和且达到相对平稳状态的晚年，比任何时间都更适于获得一个健全的心灵。这的确是获得这种美好品质的时间，那些在晚年获得智慧的人，是通过过往的时光来获得的。再见。

六十九

论平静与不安

（1）我不喜欢你更换地址，并匆忙从一个地方搬到另一个地方。我的理由是，首先，经常的迁移意味着躁动的心灵。除非心灵已经停止遐想和好奇，否则将不会平静。为了能够控制好心灵，你必须把不安的身体停下来。（2）我的第二个理由是，不间断的治疗才可以取得最好的治疗效果。你不应该让安静，或过往已经被遗忘的生活，再次被搅乱。给眼睛一些时间，让它们忘记看到的东西。并且，慢慢让耳朵习惯于有益的话语。无论你何时在外，即使仅仅从一个地方搬到另外一个地方，都会遇到一些东西，会勾起你之前的渴望。（3）正如那想要摆脱旧爱的人，一定要避免每一件会引起对曾经爱人回忆的东西（没有什么东西会像爱那样容易复发）。同样地，如果一个人想要放弃所有那些对曾经强烈渴望东西的欲望，就必须让眼睛和耳朵远离那些所放弃的物品。每当眼睛注意到值得关注的事物时，情绪和情感就会很快被勾起。（4）所有的邪恶都会带来引诱。贪婪会承诺金钱，奢华会承诺各种享受，野心会承诺紫色的长袍①和欢呼，欢呼会带来影响力，而有了影响力就可以得到一切。（5）恶习会用奖励来引诱你，而我所说的这种

---

① 紫色的长袍在古罗马是权贵的象征。——中译者注

生活，不会有这些奖励。考虑到恶习会因长期放纵而不断膨胀，人的一生可能都不会将其征服并控制住。如果我们再因各种干扰而不得不中断努力的话，机会就更少了。即使持续地关心和注意，都很难使一个人完全摒弃恶习。（6）如果你能聆听我的劝告，思考并练习如何迎接死亡，甚至，如果时机到了的话，就去邀请死亡。那么，不管是死亡降临到我们头上，还是我们走向死亡，两者是没有区别的。当愚者说"在死亡到来时离世，是件美好的事情"，不要相信他们的错误言论。所有人都会在自己的死亡到来时离世。你可以反思这种观念：没有人会离世，除去死亡来临那天。你并没有在浪费自己的时间，因为你离世后的一切都不属于你。再见。

七十

论在适当的时间放手

（1）过了好长的一段时间，我终于访问了你深爱的庞贝①。我再次重温了我年轻的时光。对我来说，我仍然可以做那些年轻时做的，不，只是在不久前做的所有事情。（2）鲁基里乌斯，就像在海上航行一样，我们度过了生命。引用诗人维吉尔的诗句就是：

陆地和城市都被抛在了船尾。

在这时光飞逝的行程中，我们首先路过了年少时期，然后是年轻，逐渐到中年，接下来是最佳的年迈时光。最后，我们开始接近人类的目的地。（3）认为这目的地是危险的暗礁的人们，是多么的愚蠢！那其实是个港湾，我们某天都必须要到达的地方，也是我们可能永远无法抗拒的地方。如果一个人很早就到达了这个港湾，也不会比那位快速领航的水手，有更多的权利去抱怨。正如你所知，对于一些水手来说，他们会被迟缓的风所戏弄和阻止，从而感到厌烦并对缓慢的平静感到厌恶。而另外一些水手则会因稳健的劲风而加快航行速度。

———————————

① 可能是鲁基里乌斯的故乡。——英译者注

（4）你同样可以认为这些正发生在我们身上：生命以最快的速度载着一些人驶向那个港湾，即使他们在途中徘徊，也终将会抵达；而对于另外一些人而言，他们感到焦虑和困扰。你可能已经意识到了，对于这样的生命，一个人不该紧抓着不放。因为苟且地生活并不是一种美好，只有认真地生活才算是。因此，智者不会尽可能地活得更久，而是活到应该活的年岁。（5）他会标记出在什么地方，和谁一起，是如何落实其存在的，并会有下一步的计划。他会一直反思生命的质量，而不是数量。一旦生命中有太多的事件给他带来麻烦，不仅是当危机降临时，且只要命运似乎在玩弄他时，并打乱心灵的平静，他就会将自己解脱。这种解脱的特权是属于他自己的。他会仔细斟酌该不该终结自己的生命。他会坚持认为，不管是顺其自然，还是自我了断，是晚些时候还是早些时候，都没有区别。他不会认为死亡是可怕的，就好像它是一种巨大的损失一样；当一个人仅剩很少的东西时，也就不会失去太多。（6）早些或晚些离世不是最主要的，而离世的好坏，才是需要关心的。好的离世意味着从困境中解脱出来。

这就是我为什么觉得，那个有名的罗得斯岛人（Rhodian）的言语，是没有男子气概的。这个人被他的暴君投入笼子里，并被像野兽一样对待。当有人向他建议绝食自尽时，他回复说："只要人还活着，就会保有一切希望。"（7）这可能是正确的，生命是不能用金钱购买的。无论多么丰厚或有保障的奖赏，我都不会用羞耻示弱的代价来争取。我是否该思考一下，命运对所有活着的人，掌控着所有权力，而不是去反思，对于那些知道如何赴死的人，她没有任何权力？（8）对于有些人来说，如果他知道死亡和折磨在同时等着他的话，如果可以，他会选择以牺牲一只手的代价来接受折磨和惩罚，而不是死亡。因恐惧死亡而死的人是愚蠢的。如果刽子手要来，就等着他来。为什么要先于其自我了断呢？为什么要从他人手中夺取如此残酷的任务呢？你会埋怨刽子手的特权，还是仅仅想减轻其任务量？（9）苏格拉底可以选择以绝食的方式了结生命，而不是通过喝毒药的方式。尽管这样，他还是在监狱中度过了 30 余天来等待死亡，他并不是一直在念着"一切可能发生的事"，或"过了这么久，应该还有希望"，而是为了显示其对法律的效忠，用最后的时光来教导和启迪朋友。还有什么比为了避免服毒而自尽更加愚蠢的呢？

（10）斯克里波尼亚（Scribonia）① 是德鲁苏·荔波（Drusus Libo）的姑姑，一位严厉的老派女性。荔波这个年轻人出身富足，且比那个时代任何人的野心都要大，但愚蠢至极，像他这样的人在任何时代都一样。当荔波被从元老院驱逐后，只有极少的跟随者——所有的亲戚都无情地抛弃了他，他们将其视为一具尸体，而不是一名罪犯。他开始思考是否该自尽，或等待死亡。斯克里波尼亚对他说："你替他人做事，会获得什么乐趣吗？"但他没有听取其意见，用暴力了结了自己的生命。他毕竟是对的。当一个人注定要在两三天内死于他人之手，却仍继续生活的话，那真是在"替他人做事"。

（11）因此，当一个不受我们管控的力量威胁我们的生命时，我们是该提前赴死，还是等待死亡的降临？这个问题还没有定论。不管哪一种观点，都会引来很多争论。如果一种是被折磨而死，另外一种是简单轻松地死去，为什么不选择后者呢？就像去航行前要先选择自己的船，或定居前要选择自己的房子一样，在离世前，我也应该选择自己死去的方式。（12）此外，一段漫长的生活，并不

---

①　古罗马奥古斯丁大帝的第二任妻子。——中译者注

意味着一定是更好的生命；一段漫长的死，则必然意味着糟糕的生命。没有任何比死亡那一刻更该迁就灵魂的场合了。让灵魂自己决定是否需要离开。无论其是通过刀剑，还是通过绞索，或通过流血，放手让它去做，以突破奴役的束缚。除自己外，每个人都该使其生活获得他人的认同，而死亡只需要自己认可。死亡的最佳形式是我们喜欢接受的那种。（13）那些如此反思的人是愚蠢的："有人会说，我的行为不够勇敢。有的会说，我过于任性了。还有人会说，一种特别的死亡才能展示更强大的精神。"你真正该反思的是："我思考的目的，与谈话的人之间没有任何关联！"你的目的应该仅仅是从命运中尽快逃离，否则，很多人都会认为你做得不对。

（14）你可以看到很多自称已拥有智慧的人，主张一个人不该暴力地对待自己的生命，并声称这样自我走向毁灭的人，是被诅咒的。他们说，我们该顺其自然地等待终结。但是，说这话的人没有看到，他是在关闭通向自由之路。永恒法则中最佳的恩惠就是，它只允许我们从一个入口进入生命，但有很多出口可以选择。（15）当我可以在折磨中选择离世并远离痛苦的话，我还有必要等待疾病或其他人所带来的残忍吗？这就是我们不能抱怨生命的原因之一：它不会让任何人违背其意愿。人类的处境很好，因为所有人的不幸都是由自己的过错酿成的。如果你想的话，就去生活；如果不想，那么，你可以返回到你来的地方。（16）为了缓解头痛，你会经常拔罐子；为了减肥，你会放血。如果你想刺穿心脏，豁开伤口是没有必要的。一把小刀就可以打开通向自由的路，刺开一个小口就可以实现宁静。

那么，是什么让我们如此懒惰呢？没有人会反思或反省，某一天其必须要离开生命这间房屋。就像老租户由于喜欢一个特别的地方或习惯，即使遭受不公平的对待，也不愿搬离一样。（17）你会从身体的限制中解脱出来吗？就像你将要离开身体一样，去拥抱生活吧。时刻提醒自己，某一天你会被剥夺使用身体的权利；那么，你将会在必然离开时，勇敢地去面对。如果一个人无穷无尽地去渴望所有东西的话，他又怎会去思考自己的死亡呢？（18）对于我们来说，没有任何东西会如此重要，需要我们去思考。我们在其他方面的训练，可能是毫无必要的。我们的灵魂已经准备好去面对贫困，但我们却很富有。我们已经准备好去蔑视痛苦，但我们却很幸运地拥有健康的身体，从没有被迫去测试这种优点。我们已经学会勇敢地面对丧失所爱的折磨，但命运却保留着我们所爱的那些人。（19）只有那一天降临时，才真的需要检测我们的训练成果。

你不要怀疑，只有伟大的人才有力量突破人类奴役的束缚。你也不要怀疑，除去小加图之外，很少有人可以这么做。小加图没能用剑成功使灵魂解脱，但最终用手将其拖了出来。在生命中拥有最悲惨命运的人，有着逃离至安全地点的巨大冲动。当他们被禁止按自身意愿离世，或自主选择死亡方式时，他们会随手抓起身边的东西，用尽全部力气将本来不具伤害性的物体，变成自己的武器。（20）例如，最近一所野兽角斗士培训学校的日耳曼人已经准备好参加早上的展览活动，中间他去了厕所——仅有这一件事，他被允许在没有看守的陪伴下去做。在如厕期间，他在一个木棒上捆绑了海绵，并将其插入喉咙。就这样，海绵堵住了气管并阻塞了呼吸。这是多么侮辱的死法啊！（21）是的，这的确不是一种很优雅或合适的死法，但那些过分讲究的死，又是何其愚蠢？多么勇敢的家伙！他肯定会去选择自己的命运！即使用剑，他也会非常勇敢！以这样的勇气，他也会跳入深海，或跳下悬崖！即使身边没有什么可利用的资源，他也成功找到了一种死亡的方式和一件致命的武器。

因此，你就会明白，除去意愿外，没有什么可以延迟死亡。倘若我们就这一点达成一致的话——最为恶劣的死亡，要比最公平的奴役更为可取。就让人们根据自己的喜好，去评判这位勇者的行为吧。

（22）因为已从卑微的阶层为例开始展示，我会继续这样做下去。如果人们看到，即使他们最为鄙视的阶层的人，都可以去蔑视死亡，那么，他们自己也会有更高的要求。"小加图"们、"西庇阿①"们和其他那些经常被钦佩的名字，我们认为这些都已经超出了效仿范围。但是，我现在就向你证实，我所说的这种美德，在角斗士训练学校中经常可以看到，在战争中的将领身上也时常可见。（23）之后，另外一个角斗士被送往同一个表演场地，他和其他犯人一起被装在一辆马车中。就像熟睡一样，他的头在路上不断摇晃，慢慢地把头伸到可以触到车条的姿势。然后，他将脖子突然伸到车轮中，就在那个载着他的马车上，以这种方式了断了生命。

（24）当一个人想要离世时，没有什么可以阻止。自然为我们守护的是一片开放的空间。当身处困境时，我们可以环顾四周，为自己寻找一条简单的出路。当你手边有很多机会和方式可以解脱时，应该思考哪一个是获得自由的最佳途径，并做出选择。但如果机会不是很多，那么，就抓住次优的，即使是没有听说过的那个。如果不缺乏勇气的话，也绝对不会缺乏拥抱死亡的机智。（25）即使是那些最低微的奴隶，在受到折磨的刺激下，也会找到一种方式去欺骗那最为警觉的守卫！他绝对是伟大的，不仅决心死去，而且找到了死去的方式。

不仅如此，我向你承诺，同样的事情会有很多。（26）在一次

---

① 西庇阿·纳西卡（P. Cornelius Scipio Nasica），罗马统帅，海军将领，公元前46年被恺撒的舰队击败。

模拟海战中，一个野蛮人把用来对付敌人的矛插入了自己的喉咙。"为什么，"他说，"唉，为什么我还没从这些折磨及愚弄中逃脱出来？为什么我要武装起来，再去等待死亡的到来？"这种示例更为显著，因为人们从中能够了解到，死亡要比杀害更加尊荣。

（27）那又如何呢？如果这种精神能够被危险的人拥有的话，难道就不会被那些通过长时间冥思和理性训练自己去面对这种意外的人获得吗？是理性教会了我们，命运虽有不同的路径，但终点是同一个。是理性告诉我们，无论何时遇到那些不可避免的事情，都是没有区别的。（28）如果我们愿意的话，理性也同样建议我们死去。如果不可能的话，她建议我们根据自己的能力，抓住任何可能的方式去自我了断。"靠掠夺生命而生"是犯罪行为；但另一方面，"靠掠夺自己的生命死去"是最为高尚的。再见。

七十一

论至善

（1）你持续问我一些特殊的问题，忘记了你我之间隔着那片巨大的海洋。然而，由于这些建议的价值绝大多数取决于给出的时间，因此，当我个人关于某些事情的观点传到你那里时，更好的反对观点可能已经形成了。建议遵从于环境，而环境是一直在变化，而并非停止不前的。因此，建议应该在短时间提出，即便如此，同样为时已晚。应该"随时应变"，就像人们常说的那样。我会向你展示如何发现这种方法。

（2）一旦你希望知道什么是需要避免的，或什么是需要追求的，就思考一下其与至善的关系和生命的目的。无论我们做什么，都应该与此保持一致。除非一个人已经设定了生命的主要目的，否则他将不可能整理好这些细节。艺术家可以准备好一切颜色，但除非他决定要画些什么，否则将不会产生作品。我们之所以犯错误，原因之一是，我们仅仅考虑了部分生命，而没能将生命看作一个整体。（3）弓箭手在瞄准和调整目标前，必须要知道目标在哪里。我们计划失败的原因之一，就是没有确定的目标。当一个人不清楚想去的港湾在哪里时，所有的风向都可能是错误的。如果我们靠运气生活的话，那么，运气必然会对我们的生活有着巨大的影响。（4）然而，有些人的情况是，他们自己都不清楚自己所知道的一些东西。正如我们会经常去寻找那些站在我们身边的人一样，我们很容易忘记至善的目标就在我们附近。

要推导出至善的本质，一个人不需要很多言语，或很多轮商讨。也就是说，至善的本质应该是清晰可见的一个整体，用食指就可以指出，而非由零散分开的不同东西组成。当你说，至善是尊荣的时候，有什么善是可以被分成很小的部分吗？此外（你可能对此更加感到惊奇），尊荣才是唯一的善，所有其他的善都是不纯净的。（5）一旦你在这一点上能说服自己，如果你开始全身心地喜爱美德（仅仅喜爱是不够的），美德所接触过的任何东西，对你来说都将是充满祝福和美好的，无论其他人如何看待它。如果你能忽视折磨，你的心灵会比施加折磨的人更加平静。如果你不埋怨命运，并不屈服于病痛——简而言之，对于所有这些其他人视为不幸的东西，如果你能成功凌驾于它们之上的话，它们对于你来说都将是可控的，并会以良好的方式结束。

更清楚地表达一下就是，所有的善都是尊荣的，所有的困难都只会占据"善"的名号，而美德使它们变得尊荣。（6）很多人都认为，我们斯多葛信徒对人类命运有着更大的期望。如果只考虑身体的话，他们有权利这么认为。但如果向内面对灵魂的话，他们马上就会用神的标准来衡量人。杰出的鲁基里乌斯，振作起来吧。不要计较那些哲学家的文字游戏，他们把最为尊荣的主题转换成音节的把戏，并用传授琐碎片段的方式，贬低并耗尽了灵魂。只有这样，你才会变得像发现这些格言戒律的人，而不是变得像那些通过教导，让哲学变得困难，而不是更加伟大的人。

（7）苏格拉底思考整个哲学和行为规则时，坚持认为最高的智慧在于分清善恶。他说："如果我的言语能对你有影响的话，为了使你变得快乐，就遵循这些规则吧。即使有些人会认为你很愚蠢。任凭其他人如何侮辱你，误解你，只要美德与你同在，你就不会感到任何痛苦。如果你想要快乐，如果你想要成为一个好人，就任由其他人鄙视你吧。"没有人可以实现这一点，除非他认为所有的善都是平等的。所有的善都是尊荣的，所有尊荣的都是平等的。（8）你可能会说："那又如何？难道小加图被选为长官，和他在选举中失败这两者之间，就没有区别吗？或者小加图在法尔萨利阿（Pharsalia）战线上失败或是胜利，也没有区别吗？尽管小加图的派别被打败了，但小加图没有被打败；难道他被打败后所体现的美德，与他赢得胜利和平返回故土后所体现的美德，是不一样的吗？"当然是一样的。因为这都是同样的美德，只是邪恶的命运取胜了，而善良的命运被抑制住了。无论如何，美德都不能增加或减少，它始终如一。（9）"但是，"你会反驳道，"格奈乌斯·庞培会失去他的军队。那些贵族，那些最高贵的开国元勋们，庞培派别的那些精英和武装的元老院，都将会在一次战役中被击溃。寡头政治将会四分五裂，一部分在埃及，一部分在非洲，另一部分在西班牙！这个可怜的国家将一下子不复存在！"（10）是的，所有这些都可能会出现。朱巴（Juba）熟知其王国的每一个地点，这对其可能不会有帮助；他的人民勇敢地为国王战斗的决心，也将不会有作用。即便是尤蒂卡（Utica）的人民，在遭受到重创后，也可能会使忠心动摇。以西庇阿为名的人所具有的好时运，也可能将其葬送在非洲。但很久之前，命运就"见证了小加图不该受到伤害"。

（11）"无论如何，他都是被打败了！"好吧，可以把这归于小加图的失败中。小加图会用一颗坚定的内心，来承受所有阻挠其胜利的东西，就像承受其在执政时期所遇到的障碍一样。竞选失败的那天，他是在观看演出中度过的。在准备死去的晚上，他是在阅读①中度过的。他把失去执政官席位和失去生命认为是同等重要的，且他说服了自己，去忍受任何可能发生的事情。（12）为什么不该勇敢且平和地去面对政府的改变呢？有什么东西不会改变吗？不管是大地、天空，还是整个宇宙的构成，都会变化，因为它们都是由神控制的。万物都不是一成不变的，且终将在某些时候被抛弃。（13）万物都是在规定的时间内运动着。它们注定要出生、成长，然后灭亡。我们头上的星空和我们的寄居所在，包括看起来固定的大地，都将走向毁灭并消失。任何东西都会有老去的时候，大自然会将所有这些东西都推向同一个终点，不同的只是时间长短。一切终将停止存在，但并不会灭亡，而是被分解成自然的元素。（14）对于我们的心灵而言，这个过程意味着毁灭，因为我们仅顾着离我们最近的东西。懒惰的心灵，只会效忠于身体，并不会超越其范畴。如果不是这样，心灵就会以更大的勇气去面对终点和其所拥有的东西。只要它可以期望，生命和死亡对于我们就像整个宇宙那样，会轮番交替，无论什么东西，只要结合在一起，就都会再次分开，无论什么东西，只要被分开，就将再次结合。这就是神的永恒艺术，神控制着万物，并一直致力于这项任务。

（15）智者也会有小加图那样的感言，他在回顾生命时说道："全人类，不管是现在，还是未来，都将面临死亡。无论任何时代，所有那些能支配世界的城市，和所有帝国的那些宏伟的装饰，都不是它们自己的。人们会在某天质疑自己身处何方，他们会被各种原因导致的毁灭一扫而空。有些会被战争毁灭，有些会因无所事事而日渐衰退。例如，有些因过度的太平引发的懒惰而毁灭，有些被奢华的恶习带入毁灭，即使强大的帝国也无法幸免。所有这些肥

---

①　柏拉图的《费多篇》（Phaedo）。——英译者注

沃的土地都会被海水淹没，或被向更低的地面移动的泥土瞬间裹挟进巨大的峡谷中。那么，如果我仅比这些毁灭早一点点，我为什么要生气或伤心呢？（16）让伟大的灵魂听从神的旨意，毫不迟疑地面对那由宇宙规则所制定的命运。这样，灵魂在死亡时可以被送往一个更好的生命体，注定与神一起寄居于更大的光辉与平静中。或者，灵魂至少会在不遭受任何伤害的情况下，与自然再次融合，返回宇宙之中。

因此，小加图尊荣地死亡和尊荣地活着一样美好，因为美德是一成不变的。苏格拉底常说，真理和美德是一样的。真理不会增加，美德也一样，因为它是均衡且完整的。（17）因此，你不用质疑美好品质的平等性，它们都是精心挑选，且由环境强加的。你一旦认为它们之间是不平等的，例如，认为勇敢地面对折磨，没有其他的品质好，你就会把其纳入邪恶中。你将会认为苏格拉底在狱中是不幸的；小加图怀着比之前更大的勇气，去再次撕开伤口也是不幸的；雷古勒斯为了谨守与敌人的誓言而付出的代价也是不幸的。没有人会持有这样的观点，即使是世上最没有男子气概的人，也不会持有这样的观点。"即使人们会否认雷古勒斯这样的人是快乐的，但都不会不认为雷古勒斯是卑微的。"（18）之前的确有学园派的学者①认为，尽管在这样的折磨中，一个人也是幸福的，但不认为他是完全幸福的。我们不能认可这种观点，除非一个人是幸福的，否则他还没有获得至善。没有什么比至善还要高一级，如果美德在这个人心中，如果灾难没有伤及美德的话，即使身体受到伤害，美德仍会完好无损，且其一定会持续。因为我知道美德是昂扬和高尚的，它会被任何东西所激发煽动。（19）有着高尚教养的年

---

① 如色诺克拉底（Xenocrates）和斯珀西波斯（Speusippus）。——英译者注

轻人通常会认为，当他们被一些尊荣事物的美丽深深吸引，以至于会鄙视机遇的恩赐时，这种精神就一定会灌输其中，并通过智慧与其交流。智慧将确信，只有一种尊荣的品质不会被缩短，也不会延伸，就像木匠用来测量直线的尺子，不能弯曲。任何对尺子的改变，都会破坏所测量的直线。（20）这同样适用于美德，我们可以说：美德也同样是笔直的，不可弯曲。对于已经坚硬的物体，如何能使其更加坚硬呢？正如美德，人们会用其来评判一切，而没有东西可以评判美德。如果美德这条标尺不能变得更加笔直，那些美德所造就的事物也不会时长时短。因为它们必须与美德相符，因此，它们也是平等的。

（21）"什么？"你说，"你认为在宴会上享乐和屈服于折磨，是没有区别的吗？"这仿佛让你很吃惊？你可能会对下面这点更加吃惊——在宴会上躺着是罪恶的，但在拷问架上躺着确是美好的，如果前者是一种羞耻的行为，而后者是一种尊荣行为的话。不是物质，而是美德决定了这些行为的好或坏。所有美德所涉及的行为都有着同样的价值。（22）这时，那个用自己的灵魂来衡量所有人灵魂的人，可能正把拳头挥向我的脸。因为我声称，那个进行高尚审判的人，和高尚地遭受审判的人，所拥有的品质是相同的。或者，因为我声称，那个庆祝胜利的人，和那个由胜者的战车拖着的，精神上不屈的失败者，所拥有的品质是相同的。这些评论家认为，他们自己不能做的，就是做不到的。他们这是在用自己的弱点，去评判美德。（23）如果一个人在承受火刑前，在受伤时、被杀时，或是被关进监狱时，美德能够帮助他，甚至能够使其高兴、满意，为什么你会感到震惊呢？对于一个奢侈的人来说，简朴的生活就是惩罚；对一个懒惰的人来说，劳动就是惩罚；花花公子们会去怜悯勤奋的人；对懒散的人来说，学习就是折磨。类似地，我们会认为那些由于自身意志薄弱而失败的事情是困难的，且超出了我们的忍耐力，却忘记了，对于很多人来说，戒酒或在床上被吵醒都是一种折磨。这些事情并不困难，只是我们自己过于软弱无能。（24）我们在评判伟大事物的时候，必须怀有伟大的灵魂。否则，那些本来属于我们自己的错误，看起来就好像是他人的过失。就像有些很笔直很完整的物体，被放入水中后，对于旁观者来说，它们可能就变得弯曲或破裂了。重要的不仅是你看到了什么，而且是从什么样的角度去看。我们的灵魂对于视觉反应过于迟钝，以至于很难弄清事实。（25）如果去问一个未受影响且意志坚定的年轻人，他会表示，那肩扛所有困难而不屈的，凌驾于命运之上的人，是更加幸运的。当天气良好时，没有理由对一个人的平静感到惊奇。真正可以令人惊奇的是，当其他人都消沉时，他一个人却很振奋；当其他人都跌倒时，他却挺立不摇。

（26）在折磨和困难中有着什么样的邪恶元素？在我看来，这种邪恶会使心灵消沉、扭曲，并塌陷。但所有这些东西都不会出现在贤者身上，他在任何负担下都会笔直而立。没有东西可以使他屈服，任何必须容忍的东西都不会使其烦恼。他从来不会抱怨所受的那些打击，而那些打击可能会出现在任何人身上。他明白自己的力量，并且知道自己生来就是为了承受负担。（27）我不认为智者就不属于人类中的一员，也不承认他会像石头一样无法感知痛苦。我认为智者由两部分组成：一部分是无理智的——这部分可能被咬，被烧或被伤到。另外一部分是理智的——这部分拥有坚定的信念，是有胆量的，且不可征服的。后者才拥有人的至善。在至善没有完全获得前，心灵会左右摇摆，处于不确定之中。只有至善实现后，心灵才会坚定不移。（28）所以，当一个人刚开始，或正准备培养美德时，或者仅仅是刚了解一点，但还没完全明白时，他会出现多次倒退，并会缺少精神上的坚持。因为他还没有穿过充满麻烦的领域，仍处于不稳定的阶段。对于那些拥有完整美德的快活之人来说，当勇气经受最严厉的测试时，他会更爱自己。他不仅会忍受，而且会乐于面对所有令其他人恐惧的东西，就像这些东西是为了赢得荣誉需要承担的责任，以及必须要付出的代价一样。他会更喜欢被这样评价："多么高尚啊！"而不是"多么幸运啊！"①

（29）现在已到了你的耐心在召唤我的时候了。你不要认为我们人类的美德可以超越自然，智者也会感到焦虑，也会感到痛苦，也会感到苍白无力。因为这些都属于身体的感觉。那么，最糟糕的悲痛寄居在哪里？什么是真正的邪恶呢？毫无疑问，它们是我们的另外一个组成部分。就是这些困难会拖累我们的心灵，会强迫并奴役其进行忏悔，去懊悔心灵的存在。（30）智者的确会用美德来战胜命运，而很多自称有智慧的人，有时却会害怕一些最不现实的威胁。此时，我们不能错误地用智者的标准，去要求初学者。我仍在劝导自己，去按照我之前给别人提的建议行事，即使这些劝导还没有被遵守。如果是这种情况的话，我就不会强烈期望这些原则得到落实，或者去教导其他人，否则，他们一有困难，就将匆忙地向我寻求帮助。（31）就像羊毛会一下被染成某种颜色，而其他一些东西，要浸泡很多次后，才能逐渐被上色一样。类似地，其他学派的系统理论一旦被认同，人们就可以立即应用。但我所说的这个系统，必须要深入沉浸很长一段时间后，不仅是表面染色，且要完全渗透入灵魂中，才会呈现出效果。（32）如果用简单的词语迅速概括主旨，那就是："美德是唯一的美好，没有美德的话，就不会有

----

① 因为他忍受并征服了厄运，而非从厄运中逃脱。——英译者注

美好；美德处于我们高尚的一侧，也就是理性的那边。"这个美德是什么呢？一个真实且不会动摇的判断。从那里会涌出所有精神的动力，且每一个外部的表象都被其澄清分类。（33）它会用这种标准去评判一切美德所认为是美好的事物，且这些美好之间也是平等的。

身体上的美好品质，当然对身体有益；但它们不是绝对的美好。它们的确有着一定的重要性，但并不具有真正的价值。因为它们之间差异巨大，有些价值很小，而有些价值却很大。（34）我们不得不认识到，智慧的追随者之间有很大的差异。有的人进步很大，可以勇敢地直面命运，却无法坚持，因为被命运的光芒弄得眼花缭乱。有的人可以达到与命运对视的地步，也就是说，还没有完全超越命运。（35）还没有达到完美的地步，必然意味着不稳定的出现，有时会进步，有时会后退或变得虚弱。除非能够努力坚持，否则必定将倒退回来。如果一个人丧失了所有热情和信念，其必然会退步。没有人能在其中断的点上，协助其恢复进程。（36）因此，就让我们不屈不挠地向前进发吧！相比走过的路，前方还有更多的路在等着我们。比进步本身更为重要的，是对进步的渴望。

我完全明白这项任务意味着什么。这正是我全心全意想要得到的东西。我看到你也被唤起，抱着极大的热忱向这无尽的美善前进着。那么，就让我们抓紧时间，只有在这种条件下，生命对我们而言才是一种恩惠。否则，在我们忙碌于厌恶的事情时，将一定会出现可耻的延迟。让我们明白，所有的时间都属于我们自己。然而，除非我们首先学会掌控自己，否则将不会实现。（37）当所有激情被掌控后，我们什么时候才可以去鄙视所有这些命运呢？什么时候才有权说"我已经征服了！"？如果你问我已经征服了谁，不是波斯人，不是遥远的米底亚人（Medes），也不是好战的来自达亥（Dahae）之外的民族①，全都不是，而是贪婪、野心，以及对死亡的恐惧——是它们把那些征服世界的征服者都打败了。再见。

---

① 一个斯基泰游牧部落。——英译者注

七十二

论繁忙是哲学的敌人

（1）我曾经很清楚你所问我的那件事，不需要思考，就已了然于胸。但我已经有段时间未曾想过了，不能立刻记起来。感觉我的记忆就像书一样，在不使用时被卷了起来。想要应付偶尔使用的话，我需要时常检测一下那被储存起来的东西，让记忆展开。就让我们暂时推迟一下这件事，因为它需要太多的精力和关注了。一旦我可以在同一个地方闲下来，就会考虑你所提的问题。（2）有些主题，甚至在乘马车的途中也可以写，而有些则需要找个安静的地方来单独研究。无论如何，即使在从白天忙到晚上的日子里，我都该完成一些东西。我们永远不会有空闲的时候，新的繁忙会不断到来。因为我们像对待种子一般播种它们，一个事情会衍生出许多个。然后，我们总会将这些事情推迟，说道："一旦我做完这个，就会立刻安定下来努力工作"，或者，"只要我把那个麻烦解决，就会全身心地投入学习中。"

（3）但是，对哲学的研习不能等到空闲时才去做，为了致力于哲学，一切事情都该忽略。即使将从孩童到生命终点的时间全用上，也是不够的。不管你彻底抛弃哲学，还是间隔地研习，效果都是类似的。因为它不会在你抛弃它的时候，或在持续被打断的情况下，继续维持下去，而是会返回原始状态。就像东西在被使劲拉扯的情况下，会导致四散分离那样。我们必须去抵制那些占用我们时间的事务，不仅要整顿，而且要彻底清除。的确，对于有益的学习来说，没有什么时间是不适合的。而很多人在有助于学习的环境下也没有去学习。（4）他会说："会有些妨碍我的事情出现。"不会的，这种情况不会出现在精神充满快乐并保持警觉的人身上，无论他在忙些什么。对于那些还在完善中的人来说，愉悦的状态可能被扰乱。另一方面，智者的快乐则是一成不变的，无论什么时间，在哪里，其都会处于平静中。因为，他的快乐不依靠于任何外部的东西，他也不会从他人或命运那里祈求恩惠。智者的快乐属于其本身，它不会像那些从外部进入灵魂的东西一样离开，因为它源于灵魂。（5）有些时候，外部的事务会提醒他死亡的必然，但这就像是光线一样，只会散射在皮肤表面。我再重复一遍，有些麻烦对他来说可能就像风吹过一样，他的至善品质是不会动摇的。这就是我想表达的：外部的不利因素，就像强壮和健康身体上的疹子或疮疤一样，不是那么深层的疾病。（6）我想说，一个完全拥有智慧的人和一个正在获取智慧的人的区别，就像是一个完全健康仅有一点小病的人，和一个刚从严重和长期病痛中恢复的人的区别一样。如果后者一不小心的话，旧病便会复发，老毛病会再次缠身。而智者不会退化，或陷入更多的疾病中。身体的健康是暂时的，医生都无法保证，即使病人已经被治愈。而且，医生也许时常会被之前求医的病人再次召唤。而对于精神来说，一旦治愈后，将会一直延续下去。

（7）我该告诉你我所谓的健康是什么意思：如果精神对自己满意，如果它对自己有信心，如果它明白，所有那些人们所祈求的事情，以及所有被给予和追求的好处，都与生命的快乐无关，那么，在这些条件下，就可以说是彻底健康了。如果有任何空间可以弥补，就说明是不完美的，有任何可以遭受损失的情况发生，就表明不是永久的。就让人们永远快乐，真正地去拥有愉悦吧！现如今，所有大众渴求的东西，都是反反复复的。命运没有给予我们任何可以真正拥有的东西①。但当理性根据我们自己的口味，将命运赐予我们的那些礼物调和并混在一起时，命运的这些礼物也会取悦我们。原因是，如果我们过于贪婪，外部的事物就都会拒绝融入我们，只有理性才会使其易于接受。（8）阿塔罗斯经常提到下面的比喻："你见过会朝着其主人扔过去的面包或肉大叫的狗吗？无论它用嘴接到什么，都会直接吞下，并张开下巴，想要得到更多的食物。这正如我们自己那样。我们会站着期待，无论命运扔给我们什么，我们都会立即接受，没有任何真正的愉悦，然后会警觉地站着，并渴望得到更多。"但智者并不是这样的，他会心满意足。即使有东西降临，他也会毫不在意地接受，并将其置于一旁。（9）他所拥有的快乐是至高的、永恒的，并且是真正属于他自己的。假设一个人有着良好的意愿，并且取得了进步，但仍距目标较远，他一路上起伏不平，跌跌撞撞，一会儿上升到天堂，一会儿又落在地上。对于那些缺乏经验和训练的人来说，下降的过程将一发不可收拾。这样的人会落入伊壁鸠鲁所描述的混沌之中——空荡且无边。（10）还有第三种类型的人，他们会玩弄智慧。他们的确没有接触过，也没见过智慧，也就是说，他们离智慧遥不可及。他们没有紧迫，也没有后退。这样的人不是身处干燥的内陆，而是已经到达了港口。

（11）于是，对那些已抵达智慧的人，那些离智慧遥不可及的

---

① 作者塞涅卡常将生命比喻成旅店，与个人可拥有的一座房子做对比。——英译者注

人，以及中间那些冒着巨大的跌落风险，还在反反复复追求智慧的人而言，考虑到三者之间的巨大区别，我们不该陷入那些占用我们时间的事务。我们应该将它们排除在外，它们一旦进入，就会带来更多能接替它们的东西。就让我们在刚开始时抗拒它们，比起在中途制止，更好的方式是防患于未然。再见。

七十三

论哲学家与国王

　　（1）我不认为那些忠于哲学的人是顽固且反叛的，是鄙视执政官或国王等掌握公务大权的。相反，没有哪类人会像统治者那样受到哲学家的欢迎。这样才对，因为相比享受着平静和安逸的哲学家，统治者并不会给任何人带来更多的恩惠。（2）因此，对那些在国家安全的保障下，以正确生活为目的，且获得了巨大收益的人来说，必然要将这种美好的缔造者，视作父亲一样去珍爱。无论如何，这种对统治者的喜爱要比那些在公众视野中不安宁，欠统治者太多，但对统治者仍期望很多的人更多。后者从未大方地提供恩惠，且其不断膨胀的欲望，从未彻底被满足。对于那些一心想要得到好处，却忘记所收到好处的人来说，在所有的贪婪中，没有什么比他们的忘恩负义更为邪恶的了。（3）此外，在公众生活中，没有人会记得他超越的那些人，只会记得那些超过他的人。相比于为超越他们的人而感到愤怒，对于不如他们的人，这些人只是感到稍有不快。这就是所有野心的问题，其不会向后看。不仅是野心如此变化无常，每一种欲望都是如此，因为它总是在应该熄灭时又燃起。

　　（4）但对于另一个离开元老院和法庭，以及所有国家事务的人来说，他是正直且纯粹的，可以退休并做些更为高尚的事务，并去珍爱那些使他可以这么做的人。他是唯一一个自发感谢他们的人，也是唯一一个在他们不知情的情况下，亏欠他们很多的人。正如一个人会崇敬那些为他解惑和帮助过他的老师一样，哲人也会尊敬那些给予其保护，并使其有关美好品质的理论得到实践的人。（5）但你会说："其他人也一样会受到国王权力的保护。"绝对正确。但是，正如同样是因好的天气而受益的人，有些认为其欠下尼普顿（Neptune）①更多的恩情，因为其货船航行得更远，且带来更多价值。正如相比于路人的许愿，商人的许愿会伴随着更多的报答。正如对于商人自己来说，从事香料、高档织物等价值连城物品交易的商人所表达的感谢，要比那些从事廉价货品交易的商人所表达的感谢，更加真挚热切一样。同样地，和平会给所有人带来好处，但那些好好利用和平的人，会更加感激和平。

（6）对很多高等公民来说，和平会比战争带来更多的麻烦。难道你认为对那些饮酒作乐，或欲望纵横，甚至想用战争来制止恶习的人来说，他们会像我们那样去享受和平吗？不会的，除非你认为智者如此不公，以至于相信作为个体，他对像其他人一样享有的好处，没有任何亏欠之感。我欠太阳和月亮很多恩情，但它们不只为我而升。即使四季和掌控四季的神明不会考虑我个人的利益，我个人还是很感激他们。（7）渴望永生的愚者会把拥有物和所属权分隔开，认为与公众一起分享的，就不是属于自己的。但是，我们的哲人会认为，与所有人一起分享的，才是其真正所拥有的。除非每个人都拥有一部分，否则这些东西不可能成为共有的财产。即使仅分享很小的一部分，也属于整个团体的一分子。（8）然而，伟大的和真正的公共物品不会这样分配，每个人只有很少的份额。它

---

① 古罗马传说中的海神。——中译者注

们会被完整地赋予每一个个体。在分配粮食的时候，所有人都会按照所承诺的量进行分发。对有些宴会和庆典①来说，肉会按照一个人所能拿走的量进行分配。但是，对于平静和自由这些公共产品来说，它们属于所有人，正如属于每个个体一样。

（9）因此，哲人会关心能够令其使用或享受这些东西，使其豁免于国家危机情况下的兵役、放哨、守卫城墙，以及其他强制措施所带来的责任的人，他也会感谢国家的领导人。这就是哲学教导我们大家的——光荣地认可那些所收到的好处，并尊荣地偿还这些代价。即使有时候，认可本身就是一种偿还。（10）因此，我们的哲人会认可其欠下统治者很多恩情，因为是统治者使这一切变得可能。借助统治者的智力和远见，哲人们可以享受空闲，掌控自己的时间，获得不受公众事务干扰的宁静。

> 牧羊人！神给予了我闲暇时光，
> 他永远是我心中的神。②

（11）即使我们拥有闲暇时光的诗人，也应将这种闲暇归功于它的创造者，尽管最大的恩惠是：

> 正如你所见，
> 他使我放任自如，
> 与乡村的芦苇共乐。③

---

① 在一些特定的庆典节日中，会向人群发放熟肉或生肉。——英译者注
② 维吉尔将赋予其闲暇时光的领导人视为"神"，因为他可以在闲暇时光里研究天堂般美好的事情。——英译者注
③ 来自维吉尔的作品。——英译者注

我们该如何去高度评价哲人这些与神共处的，并使我们也像神一样的空闲时光呢？（12）是的，鲁基里乌斯，这就是我想表达的。我邀请你走上一条可以通向天堂的捷径。塞克图斯常说，朱庇特也不会比好人拥有更多的力量。当然，朱庇特有更多的礼物可以提供给人类。但是，当你在两个好人之间挑选时，富有的那位不一定更好。正如对有着同样航海技术的两位舵手而言，你貌似会认为在更大更气派船上的那位更好一样。（13）从哪方面来说，朱庇特会比我们的好人更好呢？朱庇特的善行可以持续得更为长久，但智者也不会因其美德只持续较短的时间，而低估自己的价值。或者，以两位智者为例，那位年长的不会比年少的更为快乐。类似地，神也不会比智者更为快乐[1]，即使他会比人拥有更长的时间。美德不会因为持续时间长，而更加伟大。（14）朱庇特拥有一切，但他必然会将其所拥有的分给其他人。这些东西唯一的用处是：朱庇特是所有人能够使用这些东西的原因。智者会审视和嘲笑其他人所拥有的，就像朱庇特一样平静地去对待一切。他们会以更大的尊荣看待自我，原因是，朱庇特不能利用他们，智者也不愿意被利用。（15）因此，当塞克图斯给我们指明通向绝对完美的路径时，让我们相信他的呼喊吧！"这就是通往星辰的路！节俭、自我约束和勇气，就是通行方式！"[2]

众神是不会轻视或嫉妒人的，他们会向你敞开门，会在你攀爬时拉你一把。（16）你会对人成为众神中的一员感到惊奇吗？神会靠近人，且会走得很近，以至于成为人的一部分。没有神的心灵不

---

① 根据斯多葛的理念，智者与众神平等。——英译者注
② 来自维吉尔的作品。——英译者注

会是美好的。神圣的种子会撒遍人间，如果一位好的农夫收到它们，这些种子会像在天堂般一样，开花结果。然而，如果那位农夫是邪恶的，就像是贫瘠或沼泽般的土壤，会将这些种子扼杀，长出的将不是小麦，而是稗子。再见。

七十四

论将美德视为混乱世界的避难所

（1）你的信给我带来了快乐，并将我从懒惰中唤起。同时，也提升了我已经懈怠了的记忆力。

我亲爱的鲁基里乌斯，你当然是正确的，实现快乐生活的主要途径在于，相信只有尊荣才是唯一的美好。若认为任何其他事情是好的，都会使自己陷入命运的掌握中，被其他东西所控制。那些认为尊荣才是美好的人，其内心会充满快乐。

（2）有的人会因孩子的离世而悲痛，有的人会担心得病，有的人会因做了些丢脸的事，或被玷污了名誉而悔恨。你会看到，有的人会因对邻居妻子的热情而遭受折磨，有的人会因自己的激情而受苦。你也会看到，有的人会因选举失败而心烦意乱，而其他人会因赢得选举而苦恼。（3）世间最为不开心的人群，是预想死亡的那部分人。死亡会随时威胁他们，使他们陷入绝望。因为没有哪个地方是死亡不能接近的。因此，就像士兵在敌人的地盘巡逻一样，他们必须四处观望，一有风吹草动就需提防。除非抛离这种恐惧，否则一个人将永远不会安下心来。（4）你会想起那些财产被没收，并遭到流放的人。你也会想起那些富足中一贫如洗的人（这是最为严重的一种贫困）。你会想起那些所乘船只遭遇事故的人，或是那些承受类似海难遭遇的人。当愤怒，或是大众的嫉妒对身居高位的人造成致命威胁时，就像一个人最自信最平静时所遭遇的风暴，或者令地面都颤抖的闪电所造成的威胁那样。所以，在这些突发的暴烈灾难中，即使只有一个人受到打击，其他人也会感到恐惧。而且，遭受到这种灾害的可能性，会使他们与真正的受害者一样沮丧。

（5）当一个人突然在精神上遭遇挫折时，这种气氛也会在其邻居身上显现出来。就像鸟类一样，甚至会被投掷的声音吓到，我们也会因风吹草动而分散注意力。因此，如果一个人屈服于如此愚昧的幻想，就不会获得快乐。在没有带来平静的情况下，任何东西都不会带来幸福快乐。在忧虑中度过一生，不是一种好的生活方式。（6）无论是谁，如果向命运投降，就会陷入不安的网中，且无法挣脱。如果一个人想要摆脱不安，只有一条路可走——去藐视外部的事物，并且满足于那尊荣的东西。所有认为有比美德还要好的，或认为除美德之外还有其他美好的人，都是在拥抱那些命运所抛出的东西，并在焦急地等待其恩惠。（7）设想一下你自己身处命运所主办的庆典中，命运在向凡人们展示荣誉、财富和影响力。其中的一些礼物已经被想要抢夺的人弄得支离破碎；有的礼物被一些奸诈的人所瓜分；还有另外一些礼物，被某些人获取后，却给他们带来了极大的伤害。有的恩惠落到了一些漫不经心的人身上，其他的一些被追求者弄丢了，因为他们过于急切地争取，正因为太过于贪婪，以至于其被毁掉。在所有人中，没有一个人的快乐在命运的溺爱中持续到了明天，即使很幸运地得到了战利品的人，也是一样。

因此，最为明智的人一看到那些施舍的东西①，就会马上离

---

① 在古罗马的公众活动中，有时会向大众分发些金币、食物等东西。——英译者注

开。因为他知道，即使为了很小的恩惠，人们也会付出很大的代价。没有人会和他在出口进行争抢，或在他离开时进行攻击。混乱一般都会出现在分发奖品的地方。（8）类似的情况也会出现在当命运向我们抛出礼物时。可怜的我们变得兴奋，被弄得焦头烂额，希望能有很多双手，四下张望。礼物似乎扔得太慢了，只是在激起我们的欲望，因为可以收到的礼物太少，而所有人都在等待。（9）我们热衷于在它们掉落的过程中拦截。无论抓住什么样的礼物，这些人都会高兴。而有些人会被空空的希望所愚弄。我们要么是对那些毫无价值的战利品付出了高昂的代价，并给自己带来了损失；要么就是被欺骗，并陷入挫败。因此，让我们摆脱这种类型的游戏，给那些贪婪的人让路。让他们去关注这些悬于他们头上的所谓"美好"，让他们自身也处于悬挂状态。

（10）无论谁决心想要幸福快乐，都该知道美好只存在于尊荣之中。如果他把任何其他的东西视为美好的话，首先，他就做出了关于上天的一个负面的判断。因为正直的人经常遭受苦难，如果你将分配给宇宙的永恒时光拿来作对比的话，我们的时间是极其短暂的。

（11）正因为有着如此的抱怨，我们对上天所赐予的时间没有感激之情。我们抱怨，因为时间不会一直伴随我们，因为时间总是太少、不确定，又稍纵即逝。因此，我们既没有生活的意愿，也没有死亡的意愿。我们既被对生命的仇恨占据着，也被对死亡的恐惧所包围着。我们所有的计划都很茫然，即使再大的成功繁荣也不能让我们满意。导致所有这些的原因是，我们还没有实现那无法衡量及无法超越的美好境地。在这种境地中，我们所有的愿望都必须停止，因为没有什么会超越这种至高境地。（12）你会好奇为什么美德不需要任何其他的东西？因为它会满足其所拥有的，不会贪求其所没有的。对于美德来说，其所拥有的就足够多了。

　　如果背离这种判断的话，责任和忠诚将不复存在。所有想拥有这两种品质的人，都必须要忍受世人所称的邪恶。我们必须放弃很多痴迷的东西，将它们视作公共产品。（13）放弃是一种勇气，应该经常测试。放弃是灵魂的一种伟大，除非学会毫不在意那些大众认为至关重要的东西，否则将不会展现其价值。如果我们害怕付出，如果我们将任何东西凌驾于忠诚之上，如果我们着眼于那些不是最佳的东西，放弃将会是仁慈和对仁慈的报答。

　　（14）要忽视这些问题，要么那些所称的公共产品并非公共产品，要么人们比神还要幸运，因为神无法享受其给予我们的那些东西。因为欲望与神无关，与讲究的宴会和财富无关，也无关于那些诱惑人们的，并将其领入腐败的任何东西。因此，要么相信它们是神不具有的公共产品，要么认为神不拥有它们是一种证明，证明了这些东西并不是公共产品。（15）另外，很多被人类视为是不好的东西，对于动物来说却绝对是好的。动物会以更佳的胃口进食，不会因为沉溺于寻欢作乐而受到影响，并且，它们的力量也更强大更稳定。因此可以说，它们要比人类更加幸运。在动物的生活方式中，没有邪恶，也没有伤害。相比于人类，它们更频繁也更容易享受快乐，并不会感到羞耻和遗憾。

　　（16）在这种情形中，你应该考虑一下，一个人是否有权将那些人胜于神的东西认为是好的。让我们把至善限于灵魂。如果将它从我们最好的那部分中拿走，应用到最坏的那部分，也就是说，将其从灵魂移到感官上的话，至善也就失去了意义。对于无法讲话的野兽来说，他们的感官要更加敏感。我们不能将总体的快乐置于肉体中，真正的美好是理智赋予的，是巨大且永恒的。它们不会消失，也不会越来越少，或逐渐缩小。（17）有些东西根据个人观点来说是美好的，即使人们会用与真正美好的东西同样的名字来称呼它们，但它们并不包含美好的本质。就让我们称其为"优点"，如果用术语的话，就是"优先的"东西。让我们认清，它们是我们的所有物，并不是我们自己的一部分。让我们拥有它们，但要记住，它们只是身外之物。即使它们是我们的所有物，但只是次要且贫乏的，不会让任何人引以为傲。有什么会比自满于那些不是由自己努力而成就的事情还更为愚蠢的吗？（18）就让这种类别的一切添加到我们身上，但不要过于紧密。这样，如果其离开的话，可能就不会伤到我们自己了。让我们使用这些东西，但不要过于吹嘘它们。让我们珍惜地使用，就像它们只是暂时寄存在我们这里，并终将离开那样。任何人如果不理智地拥有它们，将永远不会长久保持。就像繁荣本身，如果不理智地去控制的话，也会走向毁灭。如果有人信任那些最为转瞬即逝的美好，他将会很快与它们别离，并遭受折磨。很少有人能够豁达地放下繁荣与兴旺。其余的人，会像使他们变得显赫的东西那样衰落，并且，就是被那些之前提升他们的东西所压垮的。（19）因此，必须要有先见之明，坚持有限或节俭地使用这些东西，因为使用这些东西的许可，就意味着消减这些东西的使用次数。那些没有限制的东西都不会持久，除非理智设限，使其受到控制。很多城市的命运都可以证明这一点，因为一旦它们习惯于过度奢华，就会毁掉那些美德造就的东西，最终，城市的统治就会终止。我们应当增强抵抗这种灾难的能力。但是，没有任何墙可以抵御命运的侵袭，就让我们增强内在的防御吧。如果我们内心安全的话，可能还会受到攻击，但绝不会被俘。

你想知道这种抵御的武器是什么吗？（20）是不受外部事件影响的能力；是懂得每一个可以带来伤害的东西，都是为了守护世界，都是宇宙运行规则的一部分的能力。让人类满足于任何取悦于神的事物吧。让人类去对自己和自己的资源感叹吧。他不可能被战胜，因为他掌握着控制邪恶的力量，那将运气、痛苦和错误都牢牢地掌控于手中的力量——理智。（21）去爱理智吧！它可以帮你对抗最严峻的艰难险阻。为了疼爱它们的后代，野兽会冲向猎人的枪矛。是它们的野性和爆发力，使它们免于被人类驯化。通常情况下，对光荣的渴望会激发年轻人的心灵，使他们鄙视折磨与死亡。美德的外表和对其的向往，就可以激励一些人去了结自己的生命。同样地，理性比其他任何情绪都要强壮和稳定，且会更加有力地去克服所遇到的恐怖和危险。

（22）有些人对我们说："如果你声称尊荣之外的都不是美好的，那么，你就错了。类似这种观念，不会使你免受命运的干扰和攻击。你主张拥有忠诚的孩子，良好治理的国家和好的父母，认为这些是美好的。但是，你不能看到这些你所疼爱的东西遭受危险的同时，你自己却自由安逸。所以，当国家被围困，或孩子离世，或父母被奴役时，你所拥有的平静会就被干扰。"（23）我首先要声明一下，我们斯多葛学派的人通常如何回复这些反对者，然后，我会添加一些我个人的观点。

当失去的美好是由苦难来代替时，情形则是完全不同的。例如，当健康受到损害时，我们会生病；当眼睛被挖出后，我们就失去了光明；当腿部的肌肉被割伤后，我们失去的不仅是速度，而且是行动的能力。但是，我们之前所提到的美好所处的那种情形，却不会存在这种风险。为什么？如果我失去了一位好朋友，我不会找一位假的朋友来替代他的位置。当我埋葬一位孝顺的儿子后，我也不会找不孝的孩子作交换。（24）其次，这并不意味着一位朋友或孩子的消失，只是意味着他们的身体不见罢了。美好，仅有唯一一个消失的方式，那就是转变为邪恶。但根据自然法则，这是不可能的，因为每一项美德及美德的成就，都是不可能堕落的。另外，即使朋友离世了，或孝顺的孩子过世了，还是可以找到一些东西来替代他们在心中的位置。你会问，这是什么东西？这就是最初使他们变得美好的东西，也就是美德。（25）美德会填满我们心灵的空缺，它会占据整个灵魂，并移除那些失落感。美德自身就足够了，因为所有美好的力量和开端都存在于美德之中。如果水源没有遭到毁坏的话，流出的水被切断或流走，又有什么关系呢？一位已经失去孩子的父亲，和一位孩子没有受到伤害的父亲相比，你不会认为后者的生活会更加井井有条，会更加明智，或者会更令人尊敬。因此，也就是说，（生活）不会变得更好。拥有更多的朋友，不会使人更加聪明；而朋友的离去，同样也不会使其变得更加愚蠢。因此，也就不会让人更加幸福，或更加伤感。只要你的美德没有受到伤害，你就不会感到任何东西从你身边消失。（26）你可能会说："难道一个人被很多朋友和孩子包围着，不更加快乐吗？"为什么会这样呢？至善既不会被损害，也不会增加。无论命运如何，至善都会一如既往。尽管时光变迁，至善都是一成不变的，无论是年老或临终之时。

（27）不管你画一个大圆圈还是小圆圈，影响其面积的是大小而不是形状。一个圆圈将会持续很长一段时间，即使你收缩其范围，或是将其与地面完全融合，每一个圆还是会有着同样的形状。笔直的东西不应由其大小、数量或是持续时间来进行评判。它既不会更长，也不会更短。无论你如何压缩那尊荣的生命，甚至从百年减少到一天，其都是一样尊荣的。（28）有时，美德会广泛地分布，执掌国家、城市和地区，构建法律，发展友谊，且调节与亲戚、子女之间的责任。有时，它会受到贫穷、流放，或是丧亲等方面的狭隘限制。尽管如此，美德从来不会变小，即使从一个令人骄傲的水平跌到一个较低微的地位，从一个皇室宫殿降级到一个简陋居所，或从一个普遍及巨大的管辖权缩小到一个私人房屋或一个小角落里。（29）即使美德退回自己的居所，并四面封闭，也是一样的伟大。因为，美德的精神同样巨大且正直，它的睿智同样完整，他的正义同样不屈不挠。因此，美德是同样快乐幸福的。快乐幸福只有一个高尚的、稳定的，且平静的居所，那就是在自己的心灵中。在不了解什么是神圣和人性的东西时，这种状态是无法实现的。

（30）而我所承诺给你用来反驳的第二种答案，也会沿用这个推理。智者不会因为丧失子女或朋友而悲痛。因为他会以忍受自己死亡的精神，去忍受他们的离世。且他不会对任何一种死亡感到恐惧和悲痛。因为美德的根本原则是一致的①，所有美德的成就都会与美德本身保持和谐统一。但是，如果应该受到鼓舞的灵魂，被悲伤或失落感弄得沮丧的话，美德的这种和谐就会消失。被困扰和烦恼，或在需要行动时却呆滞，对于一个人来说永远是不光彩的。因为尊荣的东西不会受限，不会害怕，会勇于行动。（31）"什么？"你会问，"难道智者的情绪就不会受到影响吗？难道他的容貌不会为之变色？不会为之动容？手脚不会变凉吗？世上有些事情不会受到意志的干预，而是一种无意识的，一种本能冲动的结果。"我承认这确实如此，但智者会维持一个坚定的信仰，这些东西都不是邪恶的，并不能摧毁一颗健全的心灵。（32）无论需要完成什么，美德都可以怀着勇气并时刻准备去做。任何人都会承认，以懒惰和不情愿的精神去做一件事情，或指导身体与意识朝着不同的方向进发，导致情感上的分裂，是愚蠢的。因为愚者正是因为自己去吹嘘和赞美而受到鄙视，且那些甚至会令她引以为豪的事，她也不会高

---

① "与自然和谐统一"的理念是斯多葛学派的核心教理之一。——英译者注

兴地去做。若愚者对某些不幸感到恐惧，她的每时每刻都会在等待中煎熬，就像不幸已经到来那样——无论她害怕哪些可能受到的伤害，她都已经开始遭受恐惧的煎熬了。（33）就像身体在真正生病前，会出现一些潜在症状一样，例如，有些虚弱，并不是因工作导致的疲乏，四肢发抖等。所以，在疾病真正到来的很长一段时间前，微弱的精神就已经被其影响到了。精神会预见到疾病，在其到来前就已被打垮了。

被未来所折磨，而不是保存力量对抗真正的苦难，还有什么比这更加荒谬吗？如果你不能摆脱它的话，至少应该尽可能推迟。（34）你难道不明白，没有人应该被未来所折磨？如果一个人被告知，他将在五十年后经受折磨，那么，他现在还没有受到影响。除非他跨越中间的这些年限，设身处地将自己置于那将会到来的麻烦中。同样地，喜欢悲痛的灵魂，会抓住那早已过去并从记忆中消除的事情，来当作悲伤的借口。过去和未来，都是不存在的，我们不会感觉到它们。除非作为你自己感知的结果，否则痛苦将不会存在。再见。

七十五

论灵魂的疾病

（1）你抱怨我给你的信，或多或少写得有些粗心大意。除非一个人想要装模作样，否则谁会认真讲话呢？我情愿让我的信和对话一样，就像你我坐在一起交谈那样自然且简单。我的信没有什么约束或者虚伪可言。（2）如果可能的话，我宁愿展示出我的情感，而不是将它说出来。即使我要争论一个观点，也不会咬牙跺脚，或手舞足蹈，或放声大喊。我该把这些让给演说家来做，我自己会乐于用不加修饰，或降低威严的方式，来向你传达我的情感。（3）我想让你完全相信这一点——无论我说什么，我不仅能够切身感受到，而且会与之交融在一起。这就好像男人给其爱人的吻是一种，而给其子女的吻是另外一种。然而，对于父亲的怀抱，尽管其如此圣洁和内敛，很多情意还是会从中展现出来。

尽管我们关于事物的对话非常重要，但我不想让其贫乏和枯燥。因为，即使哲学也会伴随着灵巧。然而，一个人不应该过多地去关注文字的表面。（4）我的核心观点是：让我们表达我们所感受的，并且感受我们所表达的；让言语表达与现实生活和谐统一。对于履行承诺的人来说，他是言行一致的。（5）除非他保持一致，否则，我们将不会知道他是怎样的人，有多强大。我们表达的目的不是去取悦人，而是去帮助人。如果你可以毫不费力地就拥有雄辩口才，那么无论是与生俱来，还是轻易获得的，都要充分应用，并将其用到最为高贵的地方。让我们用口才展示事实，而不仅是展示口才本身。口才和其他技艺都与大脑的灵巧程度有关，而我们这封信中讨论的主要事务是有关于灵魂的。

（6）一位病人不会找口才很好的医生，但如果碰巧那位医治他的医生会优雅地谈论接下来的治疗对策，那么，这位病人将在很大程度上受益。尽管如此，他也不会为发现一位口才好的医生而感到幸运。对于一位熟练又英俊的舵手而言，也是一样的道理。（7）你为什么要取悦我的耳朵？为什么要娱乐我？这是别人的事，我需要治病，进行手术或减肥。治疗，才是医生被招来的原因。

你需要去消除一种长期且严重的弊病，它已影响到大众的福祉了。就像在瘟疫爆发时的医生那样，你有着同样重要的事情去做。你还在担心文字吗？如果能处理好这些事情，就已经很幸运了。你什么时候去学习所有那些该去学的？你什么时候会把那些所学到的铭记于心？你什么时候会把其全部付诸实践？像其他东西那样，仅仅记住这些是不够的，必须要经过实践的考验才可以。那些仅仅知道的人不会获得快乐，实际应用的人才会。（8）你会说："什么？在你所定义的'幸福'之下，就不会有其他等级的幸福了吗？在智慧之下，会立即出现巨大的沦落吗？"我想不会的。尽管那已经取得一定进步的人，身边仍会围绕着大量愚者，但他与那些人之间有着很长的一段距离。即使在那些取得进步的人群中，每个人之间的距离也是很大的。有些哲学家认为，他们可以被分为三个等级。（9）第一类，是那些虽还没有完全到达智慧，但已很接近的人。即使离智慧不是很远，但仍然处于智慧之外。如果你问我这些人是谁的话，他们是那些已经搁置所有激情和恶习的人，他们已经知道哪些东西值得拥有。但他们的信心还没有经过测试。虽然还没能落实所有的美好品质，但他们已不会再次陷入曾经的过错之中了。这些人已经到达了一个不会后退的点，但他们还没有意识到我曾在另外一封信①中提到的那些事情，就是"他们没有充分留意（利用）到自己所拥有的学识"。他们已被允许享受那些美好的品质，但还不能完全确定他们可以享受到。（10）有些人把我刚刚说的这个等级——那些正在取得进步的人，定义为已经逃离心灵困惑的人，但激情仍处于较为不稳定的地方，他们随时可能跌倒。除非彻底清除这些弊端，否则，没有人可以逃脱陷入邪恶的危险。除了那些可以利用智慧的人之外，没人可以做到这一点。

（11）我之前经常解释心灵的弊病和激情之间的区别。我会再次提醒你一遍：这些弊病是长期顽固的恶习，例如，贪婪和野心。它们已把心灵紧紧地裹挟起来，并逐渐演化为永久的邪恶了。简单来说，"弊病"是指对于判断持续的歪曲，因此，适度想要的东西被认为是极度想要的。或者，如果你愿意的话，我们可以这样定义："弊病"是过分热衷于那些稍微想要得到的，或并不想要得到的东西；或高度重视那些应该适度重视，或根本不需要重视的东西。（12）"激情"是精神中那些不满的、突如其来的冲动。它们经常出现，且在不会被注意到的情况下，就可以引发一种病态。正如黏膜炎②，当偶尔一次来袭时，它只会引起咳嗽，还没有习以为常。但当其频繁且长久出现后，就会引起肺痨。因此，我们可以说，那些取得很大进步的人已经摆脱了"弊病"，即使非常接近完美，但他们仍会感受到一定的"激情"。

---

① 第七十一封。——英译者注
② 作者塞涅卡本人所患的一种呼吸道疾病。——英译者注

（13）第二种类别，由那些已经摆脱了极大的心灵弊病和激情，但还没有完全免疫的人组成。他们可能会退化到之前的状态中。（14）第三类人，是能够摆脱绝大多数的，特别是那些重大恶习的人，虽然还没有克服所有恶习。例如，他们已经不再贪财，但仍会感到愤怒。他们已不再被欲望烦恼，但仍会被野心打扰。他们已不再渴望，但仍怀有恐惧。即使他们足以经受住一定程度的考验，但仍会向一些事情屈服，因为他们仍怀有恐惧。他们会鄙视死亡，但仍对痛苦感到畏惧。

（15）让我们反思一下这个主题。如果被归于第一类别的话，对我们来说已经很好了。通过很大的运气、与生俱来的天赋和艰巨的持续学习，我们才可以达到第二类。即使是第三类，也不应该被轻视。想一想在你周围的那些邪恶，注意一下是否有罪行尚未被列举，它们每天会发展到什么程度，且它们在家里和社会上是否普遍存在。你会发现，如果我们不属于那最卑下的行列，其实就已经取得了相当大的进步了。

（16）"对我来说，"你说，"我希望可以上升到比这更高的一个等级！"我会为你祈祷，而不会向你承诺一定可以实现，因为我们已经被阻碍了。我们一边努力向着美德进发，一边被恶习所阻挠着。我很惭愧地说，我们至今只是在有空闲时，才会敬仰那些尊荣的东西。但是，如果我们能用最大的韧性，突破那些阻碍我们的事情和紧缠着我们的罪恶的话，会有多么丰盛的奖励在等着我们啊！（17）到那时，欲望和恐惧将不会击垮我们。我们将不会被恐惧所烦扰，也不会沉溺于享乐，我们将不会害怕死亡或者众神。我们将会了解到，死亡并不邪恶，众神也无法掌控邪恶。伤害本身不会比承受伤害的主体更具有威力。完全美好的东西，不会带来一点伤害。（18）一旦我们从这些犹如酒桶残渣般的恶习中逃离至崇高的地步，完美无瑕的平静心灵和自由，就将会等着我们。你会好奇，这种自由是什么？它意味着将不再害怕人或神，意味着不再渴望邪恶或极端，意味着拥有掌控自己的至高权力。这种自由是无价的美好，可以让我们真正成为自己的主人。再见。

七十六

论在老年时学习智慧

（1）如果我不告诉你我整天的活动安排，你就威胁要向我展示出憎恨。看看现在，你我之间是多么坦白啊。我甚至会把下面的事情都袒露给你。我四天前在一所学校听了一堂哲学家长篇大论的课，这节课于两点钟开始。"一个多么适当的去听这种课的时间啊！"你说。是的，确实很适当！若仅仅因为好久没学了，就拒绝学习的话，还有什么比这更愚蠢的吗？（2）"你这是什么意思？我必须要效仿那些花花公子和年轻人所谓的时尚吗？"但如果这是唯一一件玷污我年长岁月的事，我倒不以为然。所有年纪的人都可以参加这个课程。你反驳说："我们变得年老，仅仅为了区别于年轻人吗？"但是，身为一个老年人，如果可以被载入剧场主持竞技，并且，在没有我的情况下，竞技比赛就无法开始，那我还会对参加一位哲学家的课程感到羞耻吗？

（3）只要你感到无知，就应该持续学习，直到生命的终点，正如谚语所说，"只要你还活着，就该持续学习如何生活"。这句谚语不仅适合当下这种情况，也适合其他任何情况。尽管如此，我仍可以在那所学校教授些什么东西。你会问，你会教些什么呢？那就是，即使是一位老人，也应该持续学习。（4）但每当我进入讲堂后，我就会对人类感到羞愧。正如你所知，我在被迫去往麦楚纳斯（Metronax）① 的房子的路上，正好经过那不勒斯剧院（Neapolitan Theatre）。那栋建筑里挤满了人，大家激情满满地争论，争论谁才有资格被称为优秀的长笛演奏家。甚至希腊的乐手和预言家都吸引了人群的关注。但在另一个地方，讨论的问题是："怎样才是一位好人？"课程所教的是"如何成为一位好人"。这样的课程却很少人出席。绝大多数人会认为，这极少数出席的人，都不是在做什么正经的事，他们甚至会被戏称为无头脑的游手好闲人士。我希望我可以在这种嘲讽中得到祝福，因为一个人应该用平静的心态去面对无知者的阻拦。当一个人向着高尚的目标前进时，他应该对一切嘲讽不屑一顾。

（5）那么，就继续加快前进吧！鲁基里乌斯。以免像我一样，你也要被迫在晚年学习。不，你必须要更努力，因为你已经好久没有接触这个主题了。当你年老后，这个主题将很难彻底学通。"我该取得多少进展呢？"你会问。就像你想要努力取得的那么多。（6）你为什么要等待呢？智慧不会平白无故地降临到一个人身上。金钱会主动上门，名号会被赐予给你，影响力和权威也许会强加于你，但美德不会无故降临到你身上。知识不会仅用一点力，或受一点苦就能获得；如果一个人能够一下子获得全部美好品质的话，受苦也是值得的。（7）只有一种美好，也就是尊荣。对于所有其他大众认可的东西来说，你都不会发现真理或确定性。然而，为什么说只有尊荣的才可以称为是美好呢。由于你认为我之前的信讨论得不够深入，且觉得我推荐给你的那个理论未经证实。那么，我现在将会融入一些其他作者的观点来进行阐述。

（8）一切东西都是用其本身的美好品质为标准来进行衡量的。

---

① 麦楚纳斯（Metronax）：古罗马哲学家。——中译者注

葡萄树会因其高产和所酿美酒的口味，获得评价。鹿会因其速度被评估。我们会通过牲畜后背的强健程度来判断其承载量。因为，它们只用后背来承载重物。对于用来寻找野兽踪迹的狗，嗅觉的灵敏度是首要的；如果用来追捕猎物，行动速度是首要的；如果用来袭击和骚扰，勇气才是首要的。对任何事物来说，其品质都是由其存在的方式和判断的准则来决定的。（9）对于人来说，什么品质才是最重要的？是理性。凭借理性的美德，人可以超越动物，仅屈于众神之下。因此，完美的理性是人类特有的品质。人类所有其他的品质，都一定程度上在与动物和植物共享。人类是强壮的，狮子也很强壮。人类很清秀，孔雀也很清秀。人类行动迅速，马的行动也很迅速。我不是说，人类在所有这些品质上都会被超越。我不是在找最适合人类的品质，而是在找人类特有的品质。人类有躯干，树也有躯干。人类有能力按照意愿行动，野兽和蠕虫也可以。人类有声音，但听听狗的声音有多么响亮，鹰的声音有多么尖锐，牛的声音有多么低沉，夜莺的声音是多么甜美动人！（10）那么，人类特有的是什么呢？理性。当理性适当并达到完美后，人类的幸福就算圆满了。因此，如果一切都值得称赞，当人们将特有的品质推向完美，且如果人类特有的品质是理性的话，人就会自然而然地达到预想的终点。如果人将理性推向完美，他就会是值得称赞的，并且会顺应自然地到达终点。这种完美的理性被称为美德，同样也是尊荣的。

（11）对于人来说，仅有一种美好品质属于他们。我们不需要寻找什么是一种好的品质，而需要知道哪种好的品质是属于人的。除去理性外，如果没有什么其他属性为人类所特有的话，那么，理性就是那一个特有的品质，且这种品质堪比所有其他加在一起的品质。如果一个人是不好的，我想他应该受到抵制；如果是好的，我想他应该得到赞同。因此，可以说一个人的属性是被赞同还是被抵制，是其首要且唯一决定性的品质。（12）你不需要怀疑这是不是一种美好的品质，只需要怀疑其是不是唯一的美好品质。如果一个人拥有所有其他的东西，例如，健康、财富、优良的血统，且宾客满堂，但他被公认为是坏人的话，你会抵制他。同样地，如果一个人不具有我所提到的那些东西，且没有钱、没有同伴、没有地位，不具有优良的血统，但被公认为是好人的话，你会去赞同他。因此，被赞同或被抵制的属性可以说是人特有的品质，即使拥有它的人缺少其他东西，也会得到赞美。而那不具有这种品质的人，即使他拥有充足的一切，也会受到谴责和抵制。（13）对于人来说是好的东西，对于事物来说也一样。一艘船被认为是好的，不是因为装饰有昂贵的颜色，不是因为其船头镀有金银，或象牙制成的雕像，也不是因为其载有皇室成员，或富有的国王；而是因为其稳健、坚固和可靠，缝隙间不会漏水，经得住海浪的冲击，抵挡得住急风暴雨的侵袭。（14）你评判一把好剑的话，不会因为其有着黄金打造的剑套，也不会因为其剑鞘镶有宝石，而会看其是否锋利，是否可以刺穿盔甲。用木匠的规矩来说就是：我们不会考虑其是否美观，而要看其是否笔直。每件事物是否值得赞扬，在于衡量其属性的标准和其特有的品质。

（15）对于人来说也是一样，耕了多少公顷地，有多少钱，有多少人参加了他的宴会，他躺着的那个沙发多么昂贵，他喝酒的那个杯子多么晶莹剔透，这都无关紧要；要紧的是他的品质有多么美好。如果他理智且井井有条，有着正直且顺应自然的本性，那么，他就是美好善良的。（16）这就是所谓的美德，这就是我们所指的"尊荣的"，这就是人唯一的美好品质。仅凭理性就可以将人推向完美；当完美后，仅凭理性就可以使人快乐。而且，这是人唯一的美好品质，也是唯一能够让人快乐的方式。我们的确说过，那些由美德造就的东西①也是美好的，例如，平静、国家繁荣及子女孝顺等。但美德本身是唯一的美好，美德之外将不会有美好的存在。

（17）如果每个品质都是在灵魂中，那么，只要是可以增强、提高和扩大灵魂的，都是好的。无论如何，美德都会令灵魂更强、更高，且更大。对于所有其他那些激发我们欲望、压抑并削弱灵魂的东西，我们会认为它们在增进灵魂，但它们只是在使灵魂膨胀，用空虚欺骗它。因此，美德才是唯一那个会让灵魂更好的品质。

（18）我们生命所有的行为，作为一个整体，都被什么是尊荣、什么是卑鄙这种思考控制着。正是将这尊荣和卑鄙的判断标准置于理性的参考下，我们才决定是否去做一件事。我会解释一下我的意思：一位善人会去做那些他认为尊荣的事，即使会遇到困难；即使会受到伤害，会遇到危险，他也会去做。而他不会做那些他认为是卑鄙的事情，即使那会给他带来金钱、享受或是权力。没有任何东西会阻止他去做那些尊荣可敬的事情，也没有任何东西会引诱他做那些卑鄙下贱的事。（19）因此，如果他决心坚定地跟随那些尊荣的，坚定地避免那些卑鄙的，那么生命中的每一个行为都会考虑到这两件东西；如果他认为除尊荣外，没有什么是好的，除卑鄙外，没有什么是不好的；如果仅凭美德使其避免堕落，且让其平稳前进的话，那么，美德将会是其唯一的美好品质。而且，一切与其关联的东西都将是美好的。这种状况已经变得坚固牢靠，不会改变。愚蠢可能会变为智慧，但智慧永远不会堕落到愚蠢之中。

（20）你也许仍然记得，我说过，那些一般意义上被渴望或被恐惧的事物，会被一个人突然的激情所征服。曾经有过这样的例

---

① 例如：和平、国家的繁荣和孩子的忠诚等。——英译者注

子，有的人宁愿把手置于火焰中，有的人会微笑面对虐待者的拷问，有的人即使在子女的葬礼中也不落泪，有的人面对死亡也毫不畏惧。这是爱、愤怒、欲望在向这些危险挑战。如果一时被激起的倔强精神都可以实现这些，那么，凭借美德又能实现些什么呢！美德不会那样冲动或突然地行事，而是会持续且孤注一掷地去做。（21）那些经常在人激情澎湃时被鄙视的东西，也经常会被智者所鄙视，它们既不是好的，也不是坏的。美德本身是唯一的美好品质，她会傲然游走于命运的两种极端之间，且会对两者都表示出极大的蔑视。

（22）然而，如果你认可这种观点，即除尊荣之外，还有其他美好品质的话，那么所有的美德都会遭殃。因为，如果美德之外的东西必须被纳入考虑范围的话，不可能会有任何一项美德可以获胜并持续。如果有这种东西存在的话，那么，它就会与理性产生冲突，因为理性是美德的来源。同样，与真理也会有异议，因为真理在理性外是不会存在的。然而，任何与真理有异议的观点，都将会是错误的。（23）你会承认，一位好人必定对众神有着极高的责任感。因此，他会平静地面对任何发生在他身上的事，因为他知道这是神圣的旨意，也是万物都会遵守的法则。这样的话，对他来说只有一种美好品质，那就是尊荣。这种品质中的一个要求就是，我们应该听从众神，不要因突然降临的灾难或哀伤而恼怒，而是要耐心地认可命运，并听从它的指示。（24）如果除去尊荣外还有美好品质的话，我们就会被对生命的贪婪，及那些用于装饰生命的东西所带来的贪婪所扰乱。我们就会进入一种无法忍受的、没有止境的、不稳定的状态中。所以，唯一的美好品质就是尊荣，它是受到约束的。

（25）我曾经表示，如果众神不喜欢的东西（如金钱和官职荣誉）是美好品质的话，那么，人的生活甚至会比众神更加幸福。进一步的考虑会是：如果这是真的，那么，当灵魂离开身体后，其会维持一个比之前更为快乐的状态。然而，如果我们为了身体才拥有的那些东西（如金钱和官职荣誉）被称为美好的话，当灵魂离开身体后，将会变得更为糟糕。这会与我们的信念相反，认为限制于身体内的灵魂，要比其离开身体前往宇宙后更加快乐。（26）我也曾说过，如果那些不能说话的动物和人类拥有同等的善，那么，这些动物也将拥有一个快乐的生命——这当然是不可能的。为了捍卫那尊荣的东西，一个人必须忍受一切。但是，如果除尊荣的东西外，还有其他美好品质的话，那么，这就不是必要的了。

即使我在之前的信中已经广泛讨论过这个问题了，但我还是要概括并简短地阐述一下争论。（27）但是，类似的这种观点，在你看来可能永远不那么真实，除非你可以提升一下心灵，质问你自己：在职责召唤你时，你是否愿意为国家献身，为了同胞的安全而牺牲自己；你是否不仅会平和地献出自己的生命，而且，会乐意做出这种贡献。如果你愿意这么做，那么，在你眼中就不会有其他的美好品质了。因为，你为了获得这种品质，正在放弃一切。想一下这种尊荣有着多么大的力量：即使在片刻前才得到通知，你也会为国家而牺牲，当你知道你应该这么做的时候。（28）有时，由于高尚的行为，一个人甚至在稍纵即逝的时间里，就可以赢得极大的喜悦。即使在他死后，由于从人类的视野中消失，高尚行为的任何结果都不会对他产生丝毫影响了。然而，仅仅去想象一下这种高尚的行为被落实，就会给人带来一种喜悦，并且，勇敢和正直的人在想象用生命为国家的自由和人民的解放做出的功勋后，会感受到极大的快乐，并享受那灾难本身带来的成果。（29）即使在对高尚努力结果的想象所带来的愉悦也被剥夺的情况下，他（前文勇敢正直的人）还是会毫不犹豫地奉献出生命，并对自己尽职尽责的行为感到满意。此外，你可能会去尽量劝阻他说："你的功绩很快将会被忘记"，或"你的同胞很少会感谢你"。他会回答："所有这些都不关我的事，我思考的是行为本身，而且，我知道这是尊荣的。因此，无论在哪里得到这种尊荣的召唤，我都会奋不顾身地前往。"

（30）因此，这种尊荣才是唯一的美好品质。不仅每一个完善的灵魂都能感受到它，而且，每一个天生高尚且正直的灵魂，都会感受到它。所有其他的品质，都是微不足道且反复无常的。正因如此，如果拥有其他微不足道的品质，我们会受到烦扰。即使由于命运的善良，它们被堆积在一起，但会沉沉地压在所有者身上，经常会压得他们喘不过气来，有时甚至会压垮他们。（31）你所注视的那些所有身穿尊贵紫色袍子的权贵，没有一个是快乐的，他们就像那些只有在舞台上才被授予权杖和披风的演员一样。他们在公众前炫耀那扩张的港口和高贵的靴子，可一旦靴子脱掉后，就会露出他们的本来面目。没有任何一个被富贵和荣誉抬高的人，是真正伟大的。为什么对你来说他们看起来很伟大？因为你把基座和人一起来衡量罢了。一个侏儒并不高，即使他站在山顶上。一座巨大的雕塑即使放在井中也很高大。（32）这就是我们所犯下的错误，这就是我们被欺骗的原因：我们不重视一个人是谁，而是被其外表所迷惑。如果我们想要探寻一个人真正的价值，想要知道这个人有什么品格的话，就在其没有装饰的情况下去探寻吧。把他继承的财产、他的身份和财富等其他伪装搁置在一边，甚至让他裸露出身体。端详一下他的灵魂、品质和身材，这时再判断他的伟大是借来的，还是他自己的。

（33）若一个人可以毫无畏惧地直视刀剑，如果他知道灵魂死后是从口中还是从伤口上离开，对他来说都没有区别，那么，你可以称他为快乐的。你也可以认为他是快乐的，如果当他面对身体的折磨时，无论是意外还是来自更强的对手，他都能毫不在意。他可以无忧无虑地倾听枷锁、流放，还有其他那些引发人内心恐惧的东西，并说道：

> "哦，亲爱的，不会再有突如其来的劳苦
> 出现在我眼前，或灵魂中，
> 我已预料并审视了一切。"①

"你今天用这些恐怖威胁我，但我过去已经时常用它们来威胁我自己了，并已经准备好用一个男人般的气概去面对命运。"（34）如果不幸已经被事先考虑过了，当它真的到来时，你会感觉很温和。然而，对于依靠运气的愚者来说，每一件事到来，都像是突如其来一样。对于没有经验的人来说，很大一部分的不幸，都是由于毫无准备造成的。这可以由如下事实证明，当人们已经习惯了那些刚开始觉得是困难的事情时，下一次再遇到后，就会怀着更大的勇气去面对。（35）因此，智者会让自己习惯于那些将要遇到的麻烦，并用长时间的反思来减轻其所带来的痛苦。而这对于其他人来说，将会是通过长期的忍耐来实现的。我们有时会听到没有经验的人说："我就知道这样的事会出现。"但是，智者知道所有的一切都在等着他。无论发生什么，他都会说："我就知道。"再见。

---

① 来自维吉尔的作品。——英译者注

七十七

论了结自己的生命

（1）今天，"亚历山大"船突然闯入我们的视野——我是指那些被安置在外海，用来通知舰队到来的"邮船"。帕尼亚人（Campanians）① 很乐于看到它们，站在普特奥利（Puteoli）② 的港口的民众，无论面对多么拥挤和多么整齐的舰队，都可以认出"亚历山大"船，只有这些船会在近海铺开它们上桅杆的帆，所有其他船只在外海时才会这么做，（2）因为没有什么比上面的帆布更能增加船体的速度了，就是它给予船体绝大部分的速度。所以，当风变得比平时更强后，他们会降低帆的高度，因为风在离水面近的地方强度较小。这就是为什么会有卡普里（Capreae）③ 和用来观望的海岬。

> *高高的帕拉斯在风暴之上观望着。④*

所有其他的船都要配合主帆，"亚历山大"邮船上的桅杆很明

---

① 较早的一个意大利部落。——中译者注
② 那不勒斯地区的海湾，当时是罗马的重要港口。——英译者注
③ 那不勒斯靠近港口的地方。——中译者注
④ 帕拉斯（Pallas），指智慧女神雅典娜。本句出处未知。——中译者注

显地凸了出来。

（3）当每个人都在水边忙碌等待船的到来时，我却懒散地待在一边默默高兴着。即使我也马上就要收到朋友的信件了，我不会那么着急地想要知道，我的事务在外是如何处理的，或那些信件会给我带来什么消息。至少现在，我没有什么损失，但也没有什么收获。即使我还不算是一位老人，但对此也忍不住感到欣慰。而事实上，我的欣慰要巨大得多。无论我还剩下多少财产，都应该足够用来旅行，因为这是开始后，不需要一直持续到结束的行程。（4）如果一个人在半路，或在沿途任何一个地点停下来的话，一场征程就不能算是完成了。就像如果没有实现尊荣，就是不完整的生命一样。若你能崇高地离世，无论什么时候，生命都将会是完整的。但是，通常情况下，人们必须勇敢地离世，因此，我们的理由就不需要那么重要。因为，使我们继续逗留于世的，从来不是那些重要的理由。

（5）你很熟悉的图利乌斯·马塞利纳斯拥有一个安静的灵魂，他年轻时就突然变得衰老，患上了一种病，但还没有严重到令人绝望的地步。不过这种病旷日持久，变得很麻烦，且引起了较大的关注，以至于他开始思考死亡。他召集很多朋友聚在一起，每个人都给马塞利纳斯提了建议。有个胆小的朋友劝他去做那些已下决心要做的事；奉承且甜言蜜语的朋友会提供一些愉快的建议，尤其是当马塞利纳斯再次考虑这事时，会令其更加开心的那些建议。（6）但我们斯多葛学派的那位朋友，却罕见地赞扬了他，称其是勇敢且有气魄的男人。对我来说，这是对他的最好建议。他说："亲爱的马塞利纳斯，不要再折磨自己了，就像你考虑的问题有多么重要似的。活着并不是一件重要的事情，你的所有奴隶在活着，所有的动物也在活着。但是，光荣、理智、勇敢地死去，才是重要的。反思一下，你做同样的这件事有多久了：吃饭、睡觉、渴望——这是人们日常的反复。不仅理智、勇敢或不幸福的人可能会感受到死亡，腻烦了活着的人也可以。"

（7）马塞利纳斯并不需要有人来敦促，只是需要有人来帮助，而他的奴隶拒绝了他的请求。因此，那个斯多葛同僚消除了这些奴隶的恐惧，告诉他们这么做并没有危险，除非主人的死不能确定是自杀还是他杀，才有危险。此外，防止主人强行自杀和杀害主人的做法，同样都是很糟糕的行径。（8）然后，他建议马塞利纳斯，如果可以向在其生命中出现的人分发一些礼物的话，那将会是一种很仁慈的做法。当生命终结时，就像宴会终结一样，剩余的食物会分配给桌边的侍者。马塞利纳斯非常尽职且大方地分配了自己的财产，即使他自己也不是很富有。他也把一些财产分发给了那些哀伤中的奴隶，并安慰了他们。（9）他不需要刀剑或杀戮。在禁食三天后，他们在卧室搭了一个帐篷。然后，将一个浴盆抬了进来，让他躺在其中，再用热水一直往其身上浇，他便在逐渐丧失知觉中离世了。他是带着一种喜悦的感觉离世的，就像他说的那样，是一个缓慢消散、逐渐离开的感觉。那些曾经有过昏倒经验的人，可能体会过这种感觉。

（10）我讲的这件小轶事不会令你感到不悦，因为你会看到你的朋友在离世时，既没有受难，也没有遭罪。虽然他自杀了，但采用了最为温和的方式，慢慢从生命中淡出。这件事也可能有其他用途，例如，当遇到危急时刻，可以此为例。有的时候，我们应该离世时，会感到不情愿；有时候，我们真的要离世时，也会感到不情愿。（11）没有人可以愚昧到，还不知道我们在某天注定要离世的。尽管如此，当一个人临近死亡时，他还是会逃避、颤抖并哀伤。你可以想象一个人因为没活到1000多年而哭泣，是多么愚蠢吗？因为从现在开始不能活上1000年而哭泣，不也一样愚蠢吗？

你将来不会存在的时期，和你出生之前不存在的时期，都是一样的。这些时光都是不属于你的。（12）不过，当下的时光是已经分配给你的。即使你想延长的话，又能延长多久呢？为什么要哭泣？为什么去祈祷？你这是在自己找罪受。

> 停止幻想吧。你的祈祷会变得扭曲，
> 神圣的旨意已经发布，注定要走向终结。①

这些旨意是固定且无法更改的，它们由巨大且永恒的力量所支配。你的终点也和所有的终点一样。对你来说，这有什么奇怪的吗？你天生就被这样的法则约束着。这种命运已降临在你的父亲、母亲、祖先，世间所有在你之前存在过的人身上。并且，它也会降临在世间所有在你之后存在的人身上。这种捆绑一切事物，并吸引万物走上其轨道的命运序列，是不可能被任何力量所打破或更改的。（13）想一下那众多注定在你之后走向死亡的人，和那众多正和你一起走在死亡路上的人！我想，在成千上万人的陪伴下，你也许能更加勇敢地面对死亡。另外，在你踌躇思考死亡时，还有数以万计的人和动物，他们正以不同的方式走近终点。你难道不相信，某一天你会到达自己一直走向的目的地吗？所有旅程都会有终点。

（14）我想，你可能认为我现在会举一些伟人的例子。不，我会用一个男孩为例。例如，那个流传下来的关于一个斯巴达（Spartan）年轻人的故事：他很小时就被俘虏，一直用多利克（Doric）方言叫喊着，"我不会成为奴隶的！"并坚守着诺言。当他第一次被命令去做·个可耻且低下的工作时——他被要求去拿一

---

① 来自维吉尔的作品。——英译者注

个尿壶，他立刻把头撞向了墙。（15）如果自由就在附近，谁还会继续做奴隶呢？你是否愿意让自己的儿子以这种方式离世，而不是在懦弱的屈服中逐渐变老？当一个孩子都可以勇敢地面对死亡时，你为什么还会感到悲痛呢？假使你不想跟随他的步伐，你也会被带领着。从他人那里夺回事情的主导权吧。你难道不会借用那个男孩的勇气大喊"我不会成为奴隶的！"吗？不幸的家伙，你是其他人的奴隶，你是自己工作的奴隶，你是生命的奴隶。对于生命来说，如果缺少面对死亡的勇气，就是奴役。

（16）你有什么值得去等待的吗？那些令你感到快乐的事，会耽搁并阻碍你，并已被你耗尽了。对你来说，它们没有一个是新颖的，也没有一个让你感到憎恨，但你已被其吸引。你已经知道了酒和饮料的味道，不管流过你膀胱的是 100 升还是 1000 升，都不会有区别。而你不是别的东西，只是个酒的过滤器罢了。如果你是个喜欢牡蛎和鲻鱼的内行，奢华使你在接下来几年可以持续拥有它们。而正是这些东西，使你不情愿离开。（17）除此之外，你还会舍不得那些从你身上夺走的东西吗？朋友？但是，谁能成为你的朋友呢？国家？什么？相比于晚宴中迟到，你会更加顾虑国家吗？太阳的光芒？如果你可以的话，你会将其熄灭；你有什么过去所做的事情，适于在阳光下进行吗？承认事实吧。你并不是为了元老院会议室，或是议会论坛，或是大自然，才想要推迟死亡的。是因为你不愿意离开海鲜市场，即使你已经被这些商铺搞得筋疲力尽了。

（18）你害怕死亡，但怎么会在盛宴中蔑视它呢？你想要好好地活着，但你知道如何生活吗？你害怕死亡，但生命的终点不都是死亡吗？盖乌斯·恺撒在路过拉蒂纳（Via Latina）① 时，一个囚犯

---

① 现今意大利境内的一个地区。——中译者注

从队伍中站了出来，他花白的胡须一直垂到胸前，并祈求能判其死刑。"什么！"恺撒说道，"你现在还活着吗？"应该把这个答案给予那些视死亡为一种解脱的人。"你害怕死亡？什么！难道你现在还活着吗？"（19）有的人会说，"但是，我希望继续活下去，因为我还有很多尊荣的追求。我不想离开生命中那些能够以忠诚和热情去施展抱负的责任"。你是否已经意识到了，死亡也是生命的一个责任？你并不是在抛弃那些责任，因为并没有一定要完成责任的数量限制。（20）没有哪些生命不是短暂的。与大自然相比，即使内斯特（Nestor）①的生命也是很短暂的，或斯塔蒂亚（Sattia）②，她要求在墓碑上刻下她已经活了99年的标识。你看，有些人会为长寿而自豪。如果那位女士幸运地活到了100岁，谁又能活得像她那么久呢？生活就像一场演出，重要的不在于上台演了多久，而在于演得有多好。演出不管在什么时候停止，都是一样的。你可以随时选择终止，只要确保终止前演得精彩就可以了。再见。

---

① 《荷马史诗》中的人物。——中译者注
② 传统上关于长寿老人的例子。——英译者注

七十八

论心灵治愈的力量

（1）听说你最近经常被黏膜炎（Catarrh）引发的鼻塞困扰，并在黏膜炎长期的困扰下时常发烧，我感到很难过。特别是因为我也经历过这种疾病，并在早期时没有把它当回事。因为我那时还年轻，觉得可以挺过煎熬并勇敢地面对它。但我最终还是屈服了，沦落到这种只能抽鼻子的境地，并导致身体极为消瘦。（2）我有时会经常唤起了结生命的念头，但一想起我慈祥的老父亲，就放弃了这种想法。我反思了一下，不在于我有多么大的力量勇敢地去面对死亡，而是我父亲有多么脆弱地面对失去我的痛苦。所以，我命令自己活下去。有时，即使活下去也是需要勇气的。

（3）我该告诉你在那段时间是什么安慰着我，这些使我心灵平静的东西，就像药物一样有效地支撑着我。尊荣的安慰会像治疗一样，只要是让灵魂振奋的东西，也都会对身体有帮助。我对哲学的学习和研究，拯救了我。我会把恢复和重获力量的功劳，都归于哲学。我欠哲学一条命，它是我最应尽的义务！（4）我的朋友在恢复健康方面也极大地帮助了我，他们过去常常在床边陪伴并鼓舞我。卓越的鲁基里乌斯，对于病人来说，没有什么比朋友的关怀更有助于恢复身体，更有助于消除对死亡的期待和恐惧了。事实上，我认为如果不是他们救了我，我可能已经死了。是的，我再重复一遍。对我来说，我并不应该与这些朋友一同活下去，而是应该通过他们活下去。我想自己不是在被迫放弃灵魂，而是把灵魂交给了这些朋友。

所有这些东西都给了我面对折磨的勇气。此外，最为悲惨的境地就是丧失了对死亡的热情的同时，也失去了对生活的热情。（5）这些就是你该去寻找的解药。医生会让你多走路和运动，会警告你不要无所事事，会让你大声朗读，以便锻炼肺部和受影响的器官，或者去航海，用舒缓的运动来锻炼肠胃。他也会建议给你一些适当的食物，建议你合理饮酒，或抑制饮酒以防引发咳嗽。但对我来说，我可以给你的忠告不仅是针对疾病的，也是针对整个生命的治疗方式——"去蔑视死亡"。当我们从对死亡的恐惧中逃脱出来后，世界上也将不会再有悲伤。（6）对死亡的恐惧、身体的痛苦和享乐的终结（或中断）是组成所有疾病的三个重要元素。有关死亡已经谈得够多了，我再补充一句话：这种恐惧并不是针对疾病本身，而是对大自然的恐惧。疾病通常会推迟死亡，并且对死亡的想象已成为很多人的救赎。你会死去，并不是因为生命，而是因为你还活着。即使疾病治愈了，死亡同样会等着你。当你恢复后，你所逃脱的并不是死亡，而是病痛。

（7）让我们现在返回到疾病的那些不便上来，其一般都会伴随着巨大的折磨。然而，这种折磨可以忍受，因为时常中断，而极度痛苦时就必须终结。没有人能长时间承受这种非常严重的折磨。温柔的大自然已经指派痛苦，其要么可以忍受，要么就很短暂。（8）最为严重的痛苦会在身体最薄弱的地方出现，神经、关节，以及身体其他较窄小的地方，在受到挤压时都会遭受最大的伤害。但这些部分很快就变得麻木，因为痛苦本身使身体失去了对痛的感知。之所以如此，一种原因可能是生命力在阻止疾病变得更糟糕时，丧失了某种特殊的用于警告我们的力量；另外一种可能是，身体内病态的体液无处可去时，在堵塞的地方相冲突，丧失了感知能力。（9）所以，所有脚上和手上的痛风，所有脊髓和神经的疼痛，都会在一定时期内让之前受到其折磨的地方变得迟钝。所有这些情况中，最初的痛楚是引起悲伤的原因。然后，随着时间的流逝，它们会反复发作，当麻木最终到来后，痛苦就会终止。牙齿、眼睛和耳朵的疼痛最为严重，因为疼痛都是从身体狭隘的地方开始。然而，它们确实都没有头部的疼痛那么严重。如果疼痛比平时更暴力的话，甚至可能导致精神错乱和昏迷。（10）因此，这可以说是对于极度痛苦的一种安慰了——如果痛苦超越了忍耐极限的话，你将失去感受痛苦的能力。这就是为什么那些没有经验的人，会对身体的痛楚感到不耐烦，因为他们还没有习惯于精神上的满足，被身体牢牢地困住了。具有高尚胸怀且理智的人会把身体和灵魂分割开，并会寄居于更好或更神圣的那部分，仅会在不得已的时候去抱怨那脆弱的部分。

（11）有人会说，"在没有那些通常的享乐伴随的情况下，很难去节食，并忍受饥渴和挨饿"。在一个人刚开始尝试去放弃它们的时候，确实很难。但稍后欲望会逐渐隐退，因为引发欲望的食欲已经变得厌烦，并放弃了我们。随后，胃口变得难以取悦，之前渴望的食物变得让人憎恨。我们的欲望都逐渐消失了。若欲望消失，我们也就没有了痛苦。（12）而且，每一种疼痛都会停止，或至少会缓解。另外，一个人可以采取预防措施，以防止其反复。且在它再次施加威胁时，可以用补救措施来进行制止。每一种疼痛都会有预先的征兆。的确，疼痛总是具有习惯性和周期性。如果一个人可以对疼痛不屑一顾的话，那么，他就足以忍受疾病所带来的痛苦了。（13）但不要给自己找麻烦，抱怨会给人带来更多负担。如果不去在乎的话，疼痛是不重要的。另外，如果你鼓励自己说，"这没有什么，只不过是小事一桩。坚定一些，马上就好了"，那么，想象它不重要的话，也会使它变得不重要。一切都取决于人的观点，野心、奢华、贪婪，都听命于一个人的观点。我们遭受的折磨，同样取决于个人的观点。（14）一个人如果说服自己是不幸的话，那么才是真正的不幸。我认为，我们应该远离对那些过去痛苦经历的抱怨，例如："没有什么比我的遭遇更糟糕了。我都受了什么样的苦，遭了什么样的罪啊！没有人认为我能够恢复。我的家人经常为我哀伤，医生对我已不抱希望！即使被置于绞刑架上的人，也不会遭受这般的痛苦！"然而，即使所有这些都是事实，也都已经是过去了。仅仅因为曾经的不幸，就让自己处于回忆的苦难中，这样又会给我们带来什么好处呢？此外，这些人都是在给自己找麻烦，且自欺欺人。令人高兴的是，那些使人受罪的都已经结束了。而且，在病痛将要结束时感到愉悦，是很自然的事。

因此，有两种东西必须要彻底根除——对未来苦难的恐惧，以及对过去苦难的回忆。因为后者已经与我们无关，而前者还不需要我们关心。（15）当一个人正处于麻烦中时，他应该说：

> 当某天我们回忆现在的悲伤时，
> 终将带来喜悦。①

让这样的人竭尽全力去对抗痛苦吧。如果投降，他将会被击败；如果努力克服苦难，他就会胜利。然而，事实上，人们应该设法坚持，而绝大多数人都走向了自我毁灭。如果你不坚持的话，那

---

①　来自维吉尔的作品。——英译者注

些压在你身上的负担会使你步履蹒跚，并让你逐渐陷入深渊，且会跟随着你，不断施压。但如果你站稳脚跟，坚定反击的话，它就会被抑制住。（16）运动员的脸部和身体会受到多么大的压力啊！尽管如此，为了取得荣誉，他们忍受各种折磨。他们能忍受这一切，不仅是为了竞争，也是为了取得能够竞争的能力。他们的每一项训练都意味着折磨。同样地，让我们也努力去赢取胜利吧。胜利的奖励将不是花环，或棕榈叶，或那吹响的用来宣布我们名字的号角；而是美德，灵魂的坚定，以及命运被彻底征服之后永恒的平静。有人会说，"我仍然会感到极大的痛苦"。（17）那又如何？如果你像妇人一样去忍受的话，就可以感到轻松了吗？就像对于撤退的军队来说，敌人的出现将会带来更大的危险。对于每个麻烦来说都是这样的，如果我们投降并撤退的话，命运将会给我们带来更大的麻烦。"但是，这个麻烦很糟糕。"什么？可以更轻松地忍受负担——这就是我们强壮的目的吗？你会更倾向于患有持续时间久的疾病，还是想要其快速且短暂？如果病痛较长的话，那就意味着喘息，让你可以休息一段时间，时间较为充裕。就像到来那样，它终将会消失。短暂且快速的病痛意味着两者中的一个：自己结束或是被终结。自己结束和被终结，又有什么区别呢？无论哪种情况，病痛都将会终止。

（18）把注意力从疼痛转移到其他东西上，也可以提供一定的帮助。去回想脑海中那些尊荣或勇敢的事迹，思考生命中美好的那部分。想一下那些你特别钦佩的东西。然后，回忆一下所有那些征服痛苦的勇士：那些在静脉被割开的情况下，仍旧读书的人；即使被残酷地绑在刑具上，每次微笑都会激怒拷问者，但也会不停止微笑的人。如果痛苦可以被一个微笑征服，难道就不能被理性征服吗？（19）现在你可以告诉我任何你想到的，感冒引发的深至肠胃的咳嗽；发烧，烧到内脏，使人口干舌燥；四肢扭曲，以致关节朝不同方向生长。甚至比这些更糟糕的，如绞刑架、拷问台，还有那些令尚未愈合的伤口再次裂开，使伤痕不断加深的刑具。即便在这些东西的折磨下，有的人也不会发出一点牢骚。"再来！"拷问者说道，但是，受害者并没有求饶。"再来！"拷问者又说道，但没有听到答案。"再来！"这时，受害者会心地笑了。有这样的例子，你难道不该也去嘲笑一下痛苦吗？

（20）你反对说，"但是，病痛已不允许我做这些事，它已经把我从所有应尽的义务中剥离开来"。是你的身体受到了疾病的困扰，而不是你的灵魂。这理由就像阻碍跑者的脚，可能会影响到工匠或艺术家的手工作品一样，是不成立的。如果灵魂经常练习的话，你还可以辩论和教导，聆听和学习，调研和冥思。还有什么是必需的吗？如果你生病时仍保持自制力的话，你还认为自己会无所作为吗？你可以向大家展示，疾病其实也是可以被克服的，或者至少是可以容忍的。（21）我向你保证，即使满身的病痛，也会有美德的立足之地。一个人不仅可以在面对刀剑和战场时，证实灵魂的机警和无惧，甚至在被铺盖包裹中，也可以展示出英勇的一面。你还有一些事情可以去做：勇敢地与疾病搏斗。如果它没能强迫你什么，也没能蒙骗你什么，那你展示出的将是一个非常高尚的例子。如果我们的病痛也可以招来观众的话，那将会是多大的荣誉啊！做自己的观众，为自己喝彩吧！

（22）再说一遍，有两种形式的愉悦。疾病会抑制身体方面的愉悦，但不能完全消除它们。不，如果要考虑真相的话，疾病只会激发愉悦。一个人越渴，他就会更加喜欢喝水；一个人越饿，他就更能从食物中享受快乐。无论是什么东西，只要在一段时间的节制后，再次降临到一个人身上，都会引发更大的热情。另外一种，就是精神方面的愉悦。相比身体方面的愉悦，它要更高尚且较为明确，没有医生会阻止病人得到这种愉悦。所有寻求精神愉悦的人，都很清楚那是什么，且会去蔑视感官层次上的诱惑。（23）人们会说，"可怜的家伙！"但是，为什么呢？是因为他没有把雪和酒混在一起享用吗？或是因为他没有适当地加入冰块，把酒弄得更凉爽？或是因为他的桌上没有新鲜的来自鲁克林努斯（Lucrine）① 盐水湖的打开的牡蛎？或是因为餐厅没有做饭时的喧闹，也没有上餐时餐具的响声？奢华已经开创了这种流行方式，厨房被置于紧邻餐桌的地方，这样食物就不会变凉，或者因热度不够而变得僵硬。（24）"可怜的家伙！"他仅能吃有限的食物。餐桌上不会有山珍海味，餐具柜上也不会有美味的鸟类胸肉，因为看到整只鸟端上来，就会令其生厌。但是，罪恶对你又做了些什么呢？你总会像病人一样进食，不，是有时像正常人一样进食。

（25）然而，如果我们不惧怕死亡的话，所有这些东西都可以轻易地忍受——稀粥、温水，包括其他任何对于挑剔的人来说无法忍耐的东西。对于那些沉溺于奢华中的人，他们的病将不是在身体中，而是在灵魂里。一旦我们明白了善与恶的限制，就该停下。仅在这之后，生命才不会让我们感到厌倦，死亡也不会令我们恐惧。（26）对于过度放纵的人来说，永远不会拥有一个可以发现多样、伟大及神圣东西的人生。仅有懒散闲暇又会让人痛恨自己的生活。对于游于世间的人来说，真理永远不会被遮挡，那些虚假的才会令人生恶。（27）从另一方面来说，如果死亡临近，即使不期而遇，即使在一个人的盛年时到来，他也已然尽享了最长生命所能给予的一切。这样的人在很大程度上对宇宙有了充分的了解。他懂得尊荣

---

① 是坎帕尼亚的一片盐水湖。——英译者注

的东西不取决于时间的长短。而对于那些用无尽且空洞的享受来衡量的人来说，任何生命都是很短暂的。

（28）时常用这样的思考来唤醒自己，同时，也花些时间在我们的通信上。我们总会有再次团聚的时候，即使时间可能很短暂。但是，如果我们知道如何运用的话，时间就会变长。正如波西杜尼斯（Posidonius）① 所说："智者的一天比愚者的一生还要长。"（29）同时，要把这个想法铭记于心：不向逆境屈服，不要信任成功与繁华，警惕变化无常的命运。那些期待已久的事情，来时会更加温和。再见。

---

① 波西杜尼斯（Posidonius）：古希腊斯多葛派哲学家、政治家、天文学家、地理学家、历史学家和教师，来自现今的叙利亚地区。——中译者注

七十九

论科学发现的奖赏

　　（1）我一直在等你的来信，期盼你告诉我你在西西里的旅途中发生的事情，特别是有关卡律布狄斯的信息。我已经很清楚斯库拉①是一块岩石——一块岩石的确是不值得水手们害怕的。但是，关于卡律布狄斯，为了明白其是否和传说中的一样，我希望得到一份全面的描述。如果你有机会研究它的话——它的确很值得你的研究——就请从如下几个方面介绍一下吧：它是由来自同一个方向的风吹打而形成的旋涡吗？是否所有的风暴都会影响到旋涡的深度？是否所有陷入旋涡的物体都会在水下被冲到很远之外的地方，然后在陶尔米纳（Tauromenium）②海滩附近浮出水面？（2）如果你能较为全面地描述这些方面的话，我会斗胆给你另外一项任务——为我爬一下埃特纳火山。有一些博物学家推断说，那座火山日益衰落，且正逐步恢复平静。水手过去经常能从很远的地方看到它。可能不是因为山的高度变低了，而是因为它的喷发没有之前那么强烈和频繁，且喷发出的火焰变得暗淡了。同样，火山喷发的黑烟在白天时也变得不活跃了。无论如何，如下这两种说法都有可能是真的：一种说法是，因为火山每天都在喷发，所以山就会变得越来

---

① 西西里海峡靠近意大利一侧的危险礁岩。——中译者注
② 现今意大利南部西西里的一个区域。——中译者注

矮；另一种说法是，火山仍然维持着同样的大小，因为它并没有吞食自己，而是从地下峡谷中吸收了其他物质，火山本身不是养料来源，它只是作为一个通道将物质喷出。（3）利西亚（Lycia）① 有一个非常有名的地方，被当地人叫作"赫费斯提翁"（Hephaestion）。那个地方充满了洞，且被一种没有杀伤力的火焰包围着，但不会伤害到那里长出的植物。因为那种火焰不会烧焦物体，仅会温和地发光，这使得那个地方的土壤富饶且肥沃。

（4）让我们推迟一下有关这个主题的讨论，当你给我一份有关那里的积雪距山口长度的描述时，让我们审视一下这个问题——我的意思是那些积雪在夏天都不会融化，与附近火焰的距离是安全的。但你不需要仅仅为我去做这件事，因为即使没有任何人的委托，你自己也会满足于写作带来的快感。（5）不，我不是建议仅在诗中描述埃特纳，不要在那些所有诗人都会表达的主题上轻描淡写。奥维德（Ovid）② 不会因为维吉尔已经写过一个主题，就不再去写同样的主题。这些作家也都不会吓走科尼利厄斯·西弗勒斯（Cornelius Severus）③。此外，这个主题给他们都带来了较为满意的作品。对我来说，那些前人的作品并没有垄断所有可能的表达，他们只是开拓了新的方式。

（6）一个主题是否已经穷尽，或只是刚刚开始，这会产生巨大的差别。对于后者来说，主题每一天都在逐渐增长，已经被发掘的内容不会阻挡更新的发现。此外，那最后写作的会处于更有利的位置，他随手就可以找到词汇，用不同的方式，展现出新的面孔。并且，当他使用这些词汇时，并不属于偷窃他人的成果，因为它们

---

① 现今土耳其境内的一个地区。——中译者注
② 奥维德（Ovid）：古罗马诗人。——中译者注
③ 科尼利厄斯·西弗勒斯（Cornelius Severus）：古罗马诗人。——中译者注

属于人类共同的财产。（7）如果埃特纳火山不能令你垂涎三尺的话，我可能就错怪你了。你一直想要书写一些拥有更为宏大风格的作品，且以比较老式的学院风格表达。你谦逊的性格不会让你有更为高远的期盼。在我看来，在你这种非常显著的性格下，你很可能去节制你与生俱来的那些能力，避免任何超越他人的风险。你是如此崇敬那些过去的大师。（8）智慧相比于其他品质而言有这个优势，除了在追求智慧的过程中存在差异，否则，没有人可以超越其他人。当全部到达终点后，大家都是平等的。游戏结束，没有人可以比其他人更高。太阳可以再变大吗？月亮可以变得更圆吗？海洋也不会再增加。整个宇宙都会维持同样的特征，同样的界限。（9）已经触及绝对高度的事物，不会长得更高。因此，已获得智慧的人，都会站在同样的立足点上。他们每个人会有自己独特的品质：有的人会更加和蔼可亲，有的人更加灵活，有的人对讲话会有更多准备，有的人更具有说服力。但关系到我们当下所讨论的品质的话，在哪种要素可以带来快乐的问题上，他们都是平等的。（10）我不知道你的埃特纳火山是否会崩塌成废墟，那在离火山很远的外海上都可以看到的高耸山峰，是否会被不断喷发的火焰所磨耗得矮些。但我敢肯定的是，美德不会被任何火焰或废墟压到更低的水平上。她是伟大事物中唯一一个不会下降的，对她来说，没有上升或下降的可能。她的高度就像天空上的星星一样，是固定的。因此，就让我们努力提升自我到这个高度吧。

　　（11）绝大多数的任务都已经完结了，不，如果坦白来讲的话，并不是这样。因为美德并不仅仅意味着好于那最低下的东西。看到一丝日光的人，就可以吹嘘自己的视力吗？那在雾中看到阳光的人可能会满足，因为其已经逃脱了黑暗，但他还没有享受光的祝福。（12）我们的灵魂也没有任何理由去高兴，直至它们从黑暗中解脱出来。它们不断在黑暗中探索，还不能用微弱的视力瞥见光明。只有完全吸收了白昼的光，并返回到天空中，重新获得出生时所占据的位置，它们才可以再次获得愉悦。灵魂被其原始的来源呼唤着。一旦灵魂摆脱了罪恶，并且纯洁而轻快地登上崇高的思想境地后，它甚至可以在摆脱身体的束缚前，就实现其目标。

（13）亲爱的鲁基里乌斯，我很高兴我们能被这个理念占据着，即使很少有人或没有人知道，也不影响我们竭尽所能地追求。名望是美德的影子，即使美德不情愿，它也会跟随着美德。就像影子有时会在前，有时会在后，甚至会被落下一样。名望有时也会超过我们，在我们前面显现出自己，有时她会在后面，尤其是被嫉妒拉拽后，相对会来得更晚些。（14）有多长时间，人们都认为德谟克利特疯了！荣耀差点错过苏格拉底。我们的国家又错怪了加图多么久啊！他们拒绝了他，直到失去时，才知道其价值。如果茹提利乌斯没有被流放，他的清白和美德有可能不会被留意到。他受苦的时刻，也正是胜利的时刻。他难道不该感谢命运，并张开双臂欢迎被流放的日子吗？我曾提及过那些在被迫害时，命运给他们带来了名望的人。但其中有多少人是在死后，美德才得以公之于众的啊！而又有多少人不是被名望拯救，而是被毁灭的呢？（15）例如，伊壁鸠鲁，他被广泛钦佩着，不仅是文化高的阶层，文化低的阶层也是如此。但这个人在希腊却不为人所知，就像他把自己藏起来一样。所以，当过了很多年之后，他在一封信的最后赞美了他和朋友梅特罗多勒斯之间的友谊："在希腊这片著名的土地上，我和梅特罗多勒斯是如此的幸运，不被人所知，甚至闻所未闻，这并没有给我们带来任何坏处。"（16）因此，人们在其死后才发现他的价值，不是吗？不正是因为这样，他的名望才没有被发扬光大吗？梅特罗多勒斯在一封信中也承认了这个事实：伊壁鸠鲁和他自己不为大众所知。但是，他表示，在伊壁鸠鲁和他自己身后，任何想要跟随其脚步的人，都会赢得极大的荣誉。

（17）美德永远不会在视野中消失，即使消失也并不是什么损失。即使隐藏起来，或被其同时代的东西压制，但终究有一天，她会显现出来。那种仅为少数人而生的人，只会想到当下这代人。在你之后会有成千上万年，和成千上万代的人，而这些是你应该考虑到的。邪恶有可能会让当下的这代人闭嘴保持缄默，但后人会在没有偏见和偏爱的情况下品评议论你。如果美德可以从名望中获取任何奖赏的话，那么，名望也不会消失。的确，我们自己不该被后代人的观点所影响。但是，即使我们可能不会感知到，后代人也会珍惜并敬爱我们。（18）不管是在世或死后，美德都会给一个人奖赏，如果这个人能忠诚地跟随她，且不隐藏自己的话。无论他是在公众视野前被提及，还是在没有准备的情况下，都是一样的。借口不会成就任何事情。很少有人会被那轻易撕下来的面具所欺骗。真理在所有地方都是一样的。欺骗我们的东西不会有任何实质。谎言像一层薄纸，如果你能谨慎检查的话，他们就会变得如透明一般。再见。

八十

论言语的欺骗

（1）我今天有些空闲时间，要感谢我参加的那个比赛，活动了所有的筋骨。没有人可以阻挡或干扰我对思维的训练，由于自信，我的进步也愈加显著。我的门没有持续地发出噪音，我的窗帘也没有被拽起①，我的思维可以稳固地进步——这对一个独立探寻自己道路的人来说已经足够了。那么，我难道没有跟随其他前辈的步伐吗？我有，但是，我想要自己发现一些新的东西，可以改变或拒绝他们。即使我认可他们，但我并不是他们的奴隶。

（2）当我向自己保证，该去拥有些安静且不受干扰的退休时间后，那是一句非常大胆的言语。看啊，运动场里传出了巨大的喝彩声，虽然这并没有令我分心，但这噪音却转移了我思考的参照物。我对自己说，有那么多的人在训练身体，而只有这么少的人在训练心灵啊！看看有多少人涌向那些游戏——是如此的虚假且仅仅为了消遣，而那教授善良技艺的地方又是多么的冷清！我们赞美的那些有着强健肌肉和肩膀的运动员，他们的思维是多么的愚蠢！

（3）我思考最多的问题是，如果身体可以训练到这样的一个等级，其可以经受住一些对手的拳打脚踢，可以抵抗炎热沙漠上太阳的暴

---

① 指作者没有被持续干扰。——中译者注

晒，用自己的血液止渴；如果这都可以实现，那么，把心灵训练到不屈服命运的打击，即使被打翻在脚下，也会努力再次站起来，将会多么的容易啊？

即使身体要强壮起来需要很多东西的支持，身体内的精神也一样需要营养和训练。运动员必须有充足的食物、充足的饮料和充足的油的支撑，另外还需要长期训练。但人们不需要装备和花销，就可以获得美德。所有能使你成为一个好人的元素都在于你自己。(4) 为了变好，你有什么需要吗？去期盼变好。如果我们能竭尽全力去摆脱奴役，这比起期盼来不是更好吗？这种奴役会压迫我们所有人，即使最低等级的奴隶也会跟着一起堕落。为了换取自由，他们付出了其所能搜刮来的一切。鉴于你声称自由是与生俱来的权利，那么，你是否想用一切代价来换取它呢？(5) 为什么你要看一眼你的保险箱？自由不是买来的。因此，把"自由"这笔项目计入账本是没有用的，因为自由既不属于那些买了它的人，也不属于那些卖了他的人。你必须把自由这种品质赋予你自己，并从自身中寻找自由。

首先，你要从对死亡的恐惧中解放自己，因为死亡会将你的脖子拷上枷锁。其次，要从对贫困的恐惧中解放自己。(6) 如果你想了解贫穷中的罪恶是多么微小的话，就去对比一下穷人和富人的面孔吧。穷人的微笑更加频繁，且更加真实。他们不会深陷烦恼之中，即使焦虑降临，只会像浮云一样飘过。但是，那些被人称为快乐的人，他们的快乐是假装的。他们的悲伤是沉重的，且更为沉重的是，他们不能将悲伤展示出来，而必须要在彻骨痛心的哀伤中表现出快乐。(7) 我经常想使用下面的说明方式，并且在我看来，除此之外，没有什么能更有效地表达人类生命的这场剧作了。我们在生命中被分配了不同的角色，而表演得却是如此之差。远方那个男人步履蹒跚地走上舞台，头向后甩了一下，说道：

> *看看吧，我就是阿尔戈斯（Argos）所敬为上帝的人，*
> *也是珀罗普斯（Pelops）留有的广阔土地的继承人，*
> *从赫勒斯滂（Hellespont）和爱奥尼亚（Ionian）的海，*
> *一直到伊斯米安（Isthmian）海峡。①*

这个家伙是谁？他不过是个奴隶，工资是五斗谷粒和五罗马便士。（8）另一位骄傲、任性且对自己能力信心满满的人，声称：

> *安静，梅涅劳斯（Menelaus），否则，这双手会*
> *让你好看！*

这位奴隶睡在破布上，每天收到一点点补助。你也可以用同样的方式来形容那些花花公子，你可以看到他们搭着仆人抬的轿子，高高在上，游走于人群之中，穿着邋遢。不管哪种情况，我们的快乐都像是演员穿戴的面具。如果把面具撕下的话，你就会轻蔑那些演员。

（9）当你去买一匹马，你会要求将其遮盖物揭开；当你查看出售的奴隶时，你会脱下他们的衣物，这样就可以看到他们身体上的缺点了；如果你去评判一个人，你会在其伪装时下定论吗？经营奴隶买卖的商人会将奴隶自身的缺憾用华美精致的服饰遮挡，而这立即会引起买家的怀疑。如果你看到一个奴隶的腿或胳膊裹上了衣物，你会要求将其揭开，这样，那部分身体才会向你展示出来。

---

① 作者未知。——英译者注

（10）你看到斯基泰（Scythian）国王或萨尔马提亚（Sarmatian）国王头上装饰的徽章了吗？如果你想知道他值多少，并弄清他全部的价值，请脱掉其王冠。很多邪恶都潜伏在它的下面。但是，我为什么要谈论其他人呢？如果你想衡量一下自己的价值，把金钱、财产、荣誉都放在一边，掂量一下你自己的灵魂。请不要用别人的言语来衡量自己的价值。再见。

八十一

论收益

（1）你抱怨说碰上了一个忘恩负义的人。如果这是你第一次碰到，你该去感谢你的好运或谨慎。在这种情况下，谨慎不会带来太多效果，只会令你心胸狭窄。如果想避免这样的遭遇，你将得不到相应的收益。也就是说，这种收益不会被给予其他人，只会从你自己身上失去。

然而，没有收获要好于没有付出。即使收成不好，人们也应该再次播种。通常来说，因荒芜的土地导致的损失，会由另一年的丰收弥补回来。（2）为了找到一个有情义的人，值得去多接触一些忘恩负义的人。所有人在赋予好处时，都时常会被欺骗。徘徊迷路对于旅行者来说并不坏，因为他下次就可以找到正确的路了。在遭遇一次翻船事故后，水手们会再次航行。银行家不会因为骗子的恐吓而离开法庭。如果你被强迫放弃一切引起麻烦的东西，生活将会在无所事事中变得单调乏味。对于你遇到的这个情况来说，它可能会令你更加慷慨。但当事情的结果不确定时，为了能够最终成功，你必须要一再尝试。（3）然而，我已经在一部名为"有关收益"的作品中充分地讨论过这件事了。

我认为更应该去研究的是一个我感觉还没有被充分阐明的问题："一个给我们带来巨大金钱收益，令我们摆脱债务的人，如果其稍后给我们带来了伤害，那么，他是否真的帮助了我们。"如果你愿意的话，也可以加上这个条件："当后面造成的伤害，比之前带来的帮助更大时。"（4）即使你想找一个正式且公平严格的裁判来做裁定，你也会发现他将倾向于另外一个，并宣布："虽然伤害比好处更大，但即便在受伤害之后，我们也不能抹杀那些好处。"伤害的确更为巨大，但是，帮助的行为是在先的。因此，时间也应该纳入考虑范畴。（5）其他的一些情形非常清晰，我不需要提醒你应关注以下这几点，例如：帮助时是否很乐意？伤害是不是在不情愿的条件下做出的？因为好处和伤害都取决于精神上的出发点。"我本来不想给予那些收益，但是，他通过尊重、请求或是希望，赢得了我的信任。"（6）我们关于每种责任的感觉，都取决于不同情况下，收益所赋予时的出发点。我们看重的不是礼物的数量，而是背后所代表的良好意愿的质量。所以，现在让我们撇掉那些猜测。前者的行动是有益的，后者是超越之前益处的一种伤害。善良的人都会记上这两类账单，他会增加好处的一面，并减少伤害的那一面，他宁愿欺骗自己。

而更为宽容的裁决者（我希望成为其中的一位），会让我们忘记那些伤害，铭记和解。（7）"当然，"你会说，"正义的一部分就是要给所有人以公道。对于收益的付出，要给予回报；对于伤害，要以眼还眼，以牙还牙。"当一个人造成伤害，另外一个人给予好处时，我认为这确实是对的。但如果造成伤害和给予收益的是同一个人的话，两者就会抵消。的确，一个人过去即使没有什么良好的行径，也应该得到宽恕。如果他对人有益的话，即使做了错事，更应该宽宏大量地对待。（8）我不认为好处和伤害是等价的，一份好处要比一份伤害更高。并不是所有懂得感激的人都知道一份好处可以带来多少恩情。即使是自私粗鲁的家伙，特别是在其收到别人的礼物后，也可能知道礼物所代表的含义，但他不知道因此欠下多少恩情。只有智者明确地知道每一件事情所代表的价值。刚刚我提到的那些愚者，无论有多么好的意图，他们不是回报得过少，就是回报的时间或地点并不恰当。愚者会浪费并丢失掉那应该做出回报的机会。（9）针对一些特定的主题，有着非常准确的措辞。有一个历史悠久的术语，用符号来表明一些行为的准则，其最有效地列出了人们的义务。你知道，我们习惯这样表达："A 报答了 B 所施与的帮助。"报答，意味着按照自己的意愿来回馈所欠下的。我们不会说，"他偿还了那个所帮的忙"。"偿还"通常用于指一个人有要求进行偿付，或是他们在不情愿的情况下进行偿付，或者他们无论什么情况下都需要偿付，或者通过第三方进行偿付。我们不会说，"他已经'恢复了'收益或'解决了'收益"。我们还从来没有找到那令我们满意的词汇，来很恰当地描述有关钱的债务。（10）报答意味着，你从一个人那里收到一些东西，然后回馈一些东西给他。这个词语暗示着自愿的回馈，报答者是自己给自己下命令。

智者在任何情况下都会自问：自己收获了多少，从谁那里获得的，什么时候，什么地点，以什么形式。我们斯多葛主义者认为，除智者外，没有人清楚如何报答恩情；除智者外，没有人知道如何给予一份好处——我是指相比好处的接收者，更享受的是赠予好处的人。（11）由于我们斯多葛学派人士惯常做出这样令人惊奇的声明，希腊人称其为"悖论"，有些人会认为这只是此类声明中的其中一个罢了。他们会说："那么，难道你认为只有智者才懂得如何报答吗？难道其他人就不懂得偿还债务吗？或者，通过购买商品的方式，来支付等价的金额？"为了避免被误解，让我告诉你，其实伊壁鸠鲁说过同样的事。至少梅特罗多勒斯有过这样的评论，只有智者才懂得如何报答恩惠。（12）再者，当我们说，"只有智者知道如何去爱，只有智者是真正的朋友"时，反对者会表达同样的惊讶。此外，报答恩惠是爱和友谊的一部分。不，其只是一般的行为，要比真正的友谊更为常见。此外，当我们说，"除智者外不会有忠诚"时，同样的反对者也会感到惊讶。就像他没有说过这样的话似的！或者，你知道有哪个忠诚的人不懂得如何报答恩惠吗？（13）因此，这些反对者应该停止玷污我们斯多葛学者的名声，就像我们在吹牛似的。他们应该清楚，智者拥有诚实的本质，一般人只会看到诚实的影子和假象。除智者之外，不会有人懂得报答恩惠。即使一个傻子也可以根据其知识和能力报答恩惠，他的问题不在于缺少报恩的意愿，而在于其知识与能力。这种意愿不会来自于教导。

（14）智者会相互比较所有的东西。因此，同样的东西，根据时间、地点和原因的不同，可能会有所变化。通常，花在宫殿上的巨额财富，可能没有在适当时机花费1000银币所产生的效果更大。你是全力给予帮助，还是从旁出手相助；你的慷慨是救了他，还只是帮助了他，这都会有很大的区别。通常很小的帮助，都会带来极大的影响。你认为拿掉一个人需要的东西，或是以得到报答为目的提供帮助，这两者有什么本质区别吗？

（15）我们不该再退回到之前已经充分探讨过的主题上了。关于收益和伤害的对比，善良的人肯定会以最高的公平原则去判断。然而，他会更容易倾向于收益，而不是伤害。（16）此外，有关这类事情，人们关注的方面不同，一般都会带来巨大影响。例如，人们说："你在奴隶的问题上，给我带来了好处；但是，在我父亲的问题上，却给我造成了伤害。"或者，"你救了我的儿子，但是，剥夺了我父亲的生命"。类似地，他会提出所有其他的可以进行相互对比的问题，并且，如果区别很微小的话，他会假装没注意到。即使它们的区别很大，若可以在不损害职责和忠诚的前提下达成妥协，我们好人也会忽视它——假设伤害只影响到他们自己的话。（17）总而言之，这个问题可以归结为：好人可以轻松地维持平衡，且会为自己的信誉承担很多。他不会因为受到伤害，而放弃帮助他人。他所依靠的那一方，以及展示出来的倾向，将会是其职责所系，因此也是知恩图报的。任何收到好处时，比报答时更感到高兴的人都是错误的。就像那些给予帮助的人，要比收到帮助的人感到更为轻松，是错误的；从巨大的债务中解脱出来的人，感受到的喜悦也更多。（18）对于忘恩负义的人来说，也会在这方面犯同样的错误。他们不得不连本带息地偿付给恩人。但是，他们却认为只需要偿付成本，而不是利息。这就导致债务越来越高，偿付的越晚，所需要偿付的也就越多。如果一个人不连本带息报答的话，那么，他可以说是忘恩负义。因此，当比较收入和支出时，也应该考虑到利息的因素。（19）我们应该竭尽所能地去感恩。

感恩对我们自身来说是一件很好的东西，而某种意义上，它被普遍认为关系到他人的正义，却并非如此。感恩的所得很大程度上会归于其本身。所有帮助邻居的人，都会帮助到他自己。我的意思不是说，你所帮助的人，也会想要帮助你。或是，你所保护过的人，也会想要保护你。或是，善行会循环返回到施善者身上，就像恶行会反作用于施恶者一样。就好像，如果他们的不幸是由自己一手造成的，他们并不会感到遗憾。所有美德的回馈，最终都会落到美德自己身上。因为美德不会惦记着报答，对于善行的报答就是去落实这个善行。（20）我会很感激，不是因为我的善行可能会使邻居报答我，而仅仅是因为我做了一个最美好的行为。我很感激，不是因为善行会给我带来好处，而是因为其本身就会使我感到高兴。

为了向你证明这个事实，我声明，即使在忘恩负义之外，我可能不会被感激；即使只有在伤害的行为下，我才可以报答恩惠；即使是这样，我都会以精神上最大的平静去追求尊荣（或努力实现尊荣所要求的一切），甚至身处耻辱之中也不在乎。我觉得，为了避免丧失成为一个好人的良心和荣誉，没有人会把任何东西看得比美德更高或更神圣。（21）因此，正如我所说的那样，相比于给邻居带来的收益，知恩图报会给你自己带来更多收益。因为，你的邻居每天都会有一种被回馈的体验，而你会有一种来自灵魂的至高愉悦的感受——拥有感激之情。如果邪恶会使人不快乐，美德会使人获得祝福；并且，如果心存感激是一种美德，那么，报答将仅仅是一种习惯，但你所获得的东西将是无价的。只有高尚且受到祝福的灵魂，才会拥有感激之情。与这种感受相反的，就是立即体会到最大的不幸。如果忘恩负义，没有人会在未来感到不幸。我觉得他会立即感到不幸，而且永远不会收到恩惠。

（22）因此，别让自己忘恩负义，不仅是为了他人，更是为了我们自己。当我们犯了过错，只会有最微小的影响会反映在邻居身上。而最严重的后果，如果我可以用这个词的话，都会作用到其制造者身上。我的老师阿塔罗斯常说："邪恶本身会喝掉其自己所酿造的最大部分的毒药。"毒蛇所携带的用于摧毁其他人的毒药，和所提到的这种毒药不一样，其不会伤害到毒蛇本身。而这种毒药会对持有者带来毁灭性的伤害。（23）忘恩负义的人会折磨自己，他痛恨其所收到的那些恩惠，因为他必须要对这些恩惠进行报答。他会尝试贬低这些恩惠的价值，但实际上却扩大并夸张了所受到的伤害。还有比一个忘记收益，却抓住伤害不放更为糟糕的人吗？

另一方面，智慧会感恩每一份收益，且会自然而然地赞美它们，还会在回忆它们时，感到喜悦。（24）邪恶的人对收益只有一种喜悦，且只持续在接受它们的那很短的时间里。然而，智者会从那短暂的接受时间里，获得持久且永恒的快乐。智者在接受收益后所获得的喜悦，要比接受时更多，而且这种喜悦永不褪色，会持续陪伴着他。智者不会在意别人对他所犯下的过错，智者不仅会偶然，而且会自动忘记别人的过错。（25）他不会刻意解释所有的一切，或者，对已经发生的事找个借口。智者宁愿将人们的罪恶归咎到运气身上，也不会曲解一句话或一个眼神，他会以宽恕的心态看待灾祸。他忘记了伤害而非服务。他会尽可能让记忆停留在更早且更好的行径上，针对那些值得感谢的人，他绝不会改变其态度。除非邪恶的行径远超那些善良的行径，且它们之间有着即使闭上眼，都无法忽略的明显距离。即便如此，在受到压倒性的伤害后，他会努力恢复在收到好处之前时的态度。在伤害和收益相当的情况下，仍会存留一定程度的好感。（26）就像当投票表决双方数量相等时，被告会获得释放。也正如善良的品质，总会尝试以良好的倾向，来解释所有疑问。当一个人的功绩与其罪恶相等时，智者肯定不再感受到责任，但还是无法停止地想要去感受。并且，即使在他们互不相欠后，他还是会表现得像欠了对方什么似的。

（27）除非一个人学会鄙视那些令大众心烦意乱的东西，否则，没有谁可以学会感激。如果一个人想要报答恩惠，他必须愿意为此遭受流放，或为此流血，或忍受贫穷，或忍受那经常发生的——即清白被玷污和中伤。一个人为了维持感激之情，必须要付出高昂的代价。（28）当人们需要时，没有什么会比恩惠更为珍贵。不过，一旦如愿以偿，人们便对其不屑一顾。你会好奇，是什么使我们忘记那些收到的恩惠？是人们极端地想要获得其他恩惠的贪婪。人们不会考虑那些已经得到的，只会顾及那些想要得到的。人们会受财富、名声、权力和一切看起来有价值东西的影响，而偏离正轨，然而，这些东西实际上一分不值。（29）人们不知道如何衡量价值。我们在衡量时，应该参考事物的本质，而不是它们的名望。除非我们已习惯于赞叹这些东西，否则它们将不会迷惑我们的心灵。这些东西没有被赞扬，因为它们应该被渴求；但它们被渴求，是因为它们已经被赞扬了。当个人的错误成为公众错误的一部分，那么，公众的错误也会引起个人的过失。

（30）正如我们相信这样的价值衡量一样，让我们相信人间的这个真理：没有什么比一颗感恩的心更加尊荣的了。这种表达会在所有的城市和所有的种族那里产生共鸣，即使那些野蛮的国度也不例外。无论好人还是坏人，他们都会同意这一点。（31）有些人会赞美享乐，有些人更喜欢勤劳。有些人会说痛苦是最大的邪恶，而有些人却一点也不以为然。有些人会认为财富是至善的一部分，而其他一些人会说这种理论会伤害到全人类，并认为没有人会比那命运都发现没有什么可以给予的人，更加富有。尽管存在着各种各样的观念，但所有人都会赞成，应该将感谢回馈给那些值得它的人。即使有抵抗，大众在这个问题上也都会同意。但当下，我们还是会报之以怨，而不是报之以德。一个人会忘恩负义的主要原因，是他发现无法完全报答恩惠。（32）这种疯狂已经到达这样一种程度，以至于给予一个人很大的恩惠都变得非常危险。只是因为他认为不偿还是可耻的，所以，其宁愿他的恩人死去。"拿着你自己所收到的东西吧。我不会想要你偿还，也不会再次询问。你可以放心地接受这个恩惠。"没有比接收恩惠时产生的仇恨更糟糕的仇恨了。再见。

八十二

论自然而然对死亡的恐惧

（1）我已经不用再为你感到担心了。你会问，"那么，你找了哪位神为自己担保呢？"让我告诉你，一位不会欺骗任何人的神，且她有着正直和善良的灵魂。你较好的那部分品质很安全。命运能够给你带来伤害，但我不再担心你给自己带来伤害的可能了。你已经开始前进，并开始以平静而非奢华的生活方式安顿下来。（2）我宁愿处于麻烦之中，也不愿被置于奢华享受之中。而且，一般人认为"麻烦"意味着一个"艰难、粗糙且辛苦"的生活，而你却有更好的方式来解释"麻烦"。当某些人成为不受欢迎的对象时，我们经常听到如下的赞美其生活的方式："谁谁的生活很奢侈。"但他们的意思是："那个人被奢侈弄得很软弱。"因为灵魂会被逐渐软化，直到堕落至无法自拔的地步。对于一个真正的男人来说，变得更强难道不好吗？其次，那些花花公子会担心，这会令他们的生活变得类似。躺着无所事事和躺在棺材中可是有着天壤之别啊！（3）你会说，"难道闲躺着不比深陷于这些事务的旋涡中更好吗？"过度紧张和过度懒惰都是不推荐的。我认为那些躺在香气芬芳的沙发上无所事事的，与那些被刽子手的钩子拖拽的人，都同样接近死亡。

不知进取地享乐是一种死亡，这种享乐是活人的一座坟墓。（4）那么，退休又有什么好处呢？就像真正引起我们焦虑的那些东西，不会跟着我们一起漂洋过海似的！存在死亡的恐惧到达不了的地方吗？有哪些非常坚固和非常偏远的地方，是痛苦的恐惧触及不到的吗？无论藏在哪里，人类的疾病都会环绕在你周围。围绕着我们的有很多外在的东西，它们会欺骗我们，或令我们苦恼。即使独居于世，也会有很多东西令我们烦恼和不安。

（5）因此，用哲学来武装自己吧。它是一堵坚不可摧的墙。即便敌人众多，命运也无法将其攻克。如果灵魂可以放弃外部事物的话，它就会立于无懈可击之地。它可以独立于自己的堡垒中，即使枪林弹雨也无济于事。命运并没有我们想象中那种强大的穿透力，她只会俘获那些听命于她的。（6）那么，就让我们尽量远离她吧。只有通过了解自我和了解大自然，才可能实现。灵魂应该知道它该去向哪里，又来自何方，什么是好，什么是坏，追求什么，避免什么，该如何区别什么是需要的，什么是不需要的，并驯服欲望，抚平恐惧。

（7）有些人会妄自尊大，他们认为，即使没有哲学的帮助，自己也能够制止那些邪恶的东西。但是，当一些意外让他们措手不及时，他们就不得不进行忏悔了。当拷问者命令他们伸出手时，且当死亡正在逼近时，他们那些自夸的词汇就会从口头消失。你可以对这样的人说："当邪恶不在附近时，你可以轻易地向邪恶宣战。但你表示能够忍受的痛苦现在到来了；你大肆夸耀可以抵抗的死亡如今出现了！鞭子声声，刀光闪闪：

　　　　啊，现在，埃涅阿斯（Aeneas）①，你必须要坚持

---

① 埃涅阿斯（Aeneas）：相传特洛伊战争中的勇士。——中译者注

*一颗勇敢的心！"*①

（8）这样敢于面对生死的坚强内心，是来自灵魂经常的学习和练习，而不是来自口头说教，并且要随时准备面对死亡。如果想要使自己可以直面生死，你可能需要的不是那些人——他们尝试让你相信，用那些吹毛求疵的逻辑得出来的结论：死亡并不邪恶。卓越的鲁基里乌斯，嘲笑那些希腊人的荒谬令我感到高兴；而持续让我感到惊奇的是，我还没有成功摆脱自我。（9）我们斯多葛的大师芝诺用了一个这样的三段论："没有邪恶是光荣的；但是，死亡是光荣的；因此，死亡并不邪恶。"干得好，芝诺！我已从恐惧中解脱出来，从此，我将不会再犹豫把我的脖子放在绞刑架上了。你是否会用更严肃的一些话来形容？而不是用这种将要被屠杀的例子来说明呢？的确，鲁基里乌斯，我无法轻易地告诉你，用这个三段论来说明死亡的恐惧可以被终结的人更愚蠢，还是那些反对这个推论的人更愚蠢，就好像他们的反对会有用一样。（10）反对者提出了一个反这个三段论的观点，是基于这样的命题：我们斯多葛学者认为死亡是"无关紧要的"——希腊人称之为"αδιαφορα"，就是与幸福和不幸福都没有任何关系的东西。反对者会说："没有任何无关紧要的东西可以是光荣的；死亡是光荣的；因此，死亡不是无关紧要的。"你懂得这段推论中所包含的谬论：实际上，仅仅死亡本身并不是光荣的；但是，勇敢地面对死亡是光荣的。当有人说"没有什么无关紧要的东西是光荣的"，我非常同意这句话，并认为除了处理无关紧要的东西的相关品质外，没有什么是光荣的。我把疾病、痛苦、贫穷、流放和死亡，都归为"无关紧要的"，它们既不

---

①　来自维吉尔的作品。——英译者注

好，也不坏。（11）这些东西本质上并是光荣的。但是，离开这些，就没有任何东西可以视为是光荣的。我们并不会赞美贫穷，而会赞美那贫穷不能移的人。我们也不会赞美流放，而会赞美那为了防止其他人被流放，而甘愿自己遭受流放的精神。我们也不会赞美痛苦，而会去赞美遭受痛苦也不屈服的人。人们赞美的不是死亡，而是不会向死亡屈服的灵魂。（12）所有的这些东西，既不值得敬仰也不光荣，但任何一个受到美德影响的东西，都会变得值得敬仰，且是光荣的。这些无关紧要的东西都在光荣与不光荣之间，决定性的问题仅仅是邪恶，还是美德在支撑着它们。例如，小加图的死是光荣的，而布鲁图斯（D. Lunius Brutus）① 的死就是卑鄙且耻辱的。这个布鲁图斯被判死罪，却想要推迟死刑。他为了保护自己，躲了一段时间。当被传唤行刑，命令其露出喉咙时，他声称："只有能活下来，我才会露出我的喉咙接受行刑！"当不可能回头时，逃跑是多么愚蠢啊！"只有能活下来，我才会露出我的喉咙接受行刑！"他近乎在说："祈求安东尼（Mark Antony）② 饶恕！"这个家伙的确应该被判处死刑。

（13）正像我阐述的那样，死亡本身来说既不是邪恶的，也不是善良的。小加图经历的死亡令人敬仰，而布鲁图斯的死则极为可耻。如果把美德赋予在任何东西上面，都会呈现出前所未有的光辉。就像一间阳光明媚的房间，即使它在晚上会漆黑一片。（14）白天会令其充满光亮，而夜晚会将光芒遮盖。我们会将财富、力量、美貌、名声、王权，以及和这些相反的死亡、流放、疾病、痛苦，包括所有邪恶的东西，和那些或多或少令我们不安的恐惧，都视为无关紧要的和"中性的"，既不好也不坏。能决定善与恶的只有邪恶或美

---

① 布鲁图斯（D. Lunius Brutus）：古罗马将军、政治家。——中译者注
② 马克·安东尼（Antony）：古罗马政治家、将军。——中译者注

德。一个物体本身并不是热或冷的，当其被投入火炉后会变热，当其被扔到水中后会变凉。当与尊荣相关时，死亡就是尊荣的；我所称尊荣的意思是指，美德和一颗鄙视任何艰难险阻的灵魂。

（15）此外，在这种我们称之为"中性的"东西之间，还有巨大的区别。例如，死亡问题与头发该不该梳平的问题，它们之间区别很大。死亡属于那些看起来邪恶，但实际上并不邪恶的东西。有些事物会根植于我们心中，像自爱、生存欲、自我保护和痛恨死亡；因为死亡会剥夺我们的很多东西，且会将我们与那些已经习惯的富庶生活隔离开。还有另外一个元素会让我们疏远死亡：我们已经熟悉当下，但对未来如何改变却感到无知，因此我们会逃避那些未知的事物。而且，对阴暗世界感到恐惧，是很自然的事情，而那正是死亡可能会导致的。（16）因此，即使死亡是无关紧要的东西，我们也不能轻易就将其忽略。灵魂必须要长期练习才可以变得坚强，从而学会容忍死亡的接近和到来时的景象。

死亡被鄙视的还不够。我们相信了太多关于死亡的故事。很多思想家都努力尝试增加死亡的邪恶名声，他们描绘了地下的监狱和那被永恒黑夜所笼罩的土地：

> 血迹斑斑的洞穴中，站着地狱巨大的守卫，
>
> 他伸展着丑陋且吱吱作响的骨头，
>
> 无止境地恐吓着那脱离躯体的幽灵。①

即使你可以说服自己，证明这些仅仅是故事，且对于死者来说，没有什么是可以恐惧的。但是，另外一种恐惧也会悄悄接近

---

① 来自维吉尔的作品。——英译者注

你——和下地狱的恐惧相似，即无处可去的恐惧。

（17）面对这些在耳中萦绕已久的观念，我们该如何勇敢地像忍受其他不光荣的事物那样去忍受死亡，且跻身于人类精神的最伟大成就之中呢？如果把死亡视为邪恶的话，人们的精神永远不会提高到美德的高度。只有相信死亡是无关紧要的东西，精神才会有相应的提高。对于一个人来说，发自内心地去追求那据信是邪恶的命运，并不符合自然的法则。他会不情愿地缓慢前行。不情愿和胆怯永远实现不了光荣的东西，且美德在强迫中也做不成任何事情。（18）此外，除非一个人可以全身心地投入，并将其生命融入美德之中，否则他的所作所为将不会是尊荣的。然而，当一个人面对邪恶时，可能是想避免遭遇更严重的邪恶所带来的恐惧，也可能是希望忍受一种邪恶而获得丰盛的好处。对于这种情况来说，有两种相互冲突的决策。一方面，有动机在嘱咐他实现其目标；另一方面，也有动机在限制他，使其想要逃离那引起恐慌或危险的东西。因此，他就会被两种方向相反的力量所撕拽。如果真的发生的话，其行为所具有的光荣就会消失。因为，美德只有在精神处于和谐状态下，才会落实其承诺。一切的美德行为都没有恐惧的因素存于其中。

> 不要向邪恶妥协，且要一往直前，
> 向那命运准许的方向前进。①

（19）如果你被说服并认为那些东西是属于真正邪恶的话，你将无法"勇往直前"。将这样的想法从灵魂中根除，否则，你仍会犹豫不决，且会根据来自外界的刺激而行事。你将会被像一个军人

---

① 来自维吉尔的作品。——英译者注

那样被迫前进。

的确，我们斯多葛学派的学校会让人们去思考芝诺的那个三段论。并且，就像我之前所提到的，反对这三段论的是虚伪且错误的。对我来讲，我不认为应将这类问题归于辩证法则的问题，或是破旧体系的问题，而是认为我们应该远离这类情况：当向一个人提出问题后，强迫其承认一种前提，然后使其回答一个与其观点相反的答案。当真理受到威胁时，我们必须更加坦率地行事。当恐惧来袭时，我们也必须更加勇敢地去面对。（20）针对这样的问题，辩论家们会讨论其中的微妙，我更倾向于用理智来解释与衡量，目的是在赢得赞许的情况下，也不强迫别人接受我的判断。

当一位将军即将采取行动，而整支军队的士兵都面临妻子和孩子的死亡危险时，他该如何劝说他们去战斗？提醒他注意法比奥（Fabii）家族①，后者虽和一个部落开战，但那场战争关系到整个国家。我也提醒你一下，曾经的那些斯巴达人在塞莫皮莱（Thermopylae）②打的那场战争！他们没有胜利的希望，也没有返回的希望。他们所站的地方就是他们的坟墓。（21）你会用什么样的言语来鼓励他们呢？让他们用身体挡住要道，为自己的整个部落牺牲自我，即使放弃生命也不放弃岗位？你是否会说："这等邪恶不光彩，只有死亡是光彩的，因此，死亡并不邪恶"？多么有力的鼓励！这样的言语之后，难道有谁会在冲向敌人密集的刀枪，战死于路旁时犹豫不决吗？看看列奥尼达斯（Leonidas）③是如何勇敢地鼓励其战士的！他说："勇士们，就让我们一同在地狱享用早餐

---

① 古罗马早期一著名家族，为了国家做出很大的牺牲。——中译者注
② 希腊东部，斯巴达人在抵御波斯人进攻，而最终全部阵亡的一场战争的地点。——中译者注
③ 塞莫皮莱战争中斯巴达一方的领袖。——中译者注

吧!"这些人并没有咀嚼着食物,喉咙中也没有,手上也没有。但是,他们全都急切地接受了早餐的邀请,甚至也接受了晚餐的邀请!(22)也想一想那知名的罗马将军①,他的战士被命令去占领一个地方,当即将要与庞大的敌军交战时,他这样向士兵们致辞:"勇士们,现在你们必须占领那个地方,而是否回来并不是必须的!"

那么,你看到了,美德是多么的直白和绝对。那些欺骗性的逻辑,又怎么能让人变得更加勇敢,或更加正直呢?它只会干扰人的精神,而精神永远都不应被限制,不应被强迫处理琐碎和棘手的问题,尤其是当有更伟大的事情需要其去做的时候。(23)不仅仅是斯巴达的300位勇士②,全人类都应该从对死亡的恐惧中解脱出来。但是,该如何向所有那些人证明,死亡并非邪恶呢?该如何战胜我们过往生命中的那些观念——那些自婴儿时期就开始影响我们的观念?可以用什么来解救人类的无助?什么样的言语会引领人们迅速且热情地冲向危险之中?用什么样的言语可以劝说人们避开恐惧?又有什么样的智慧可以避开全人类对你的误判?你会给我一些提示语吗?或是把琐碎的推论串联起来?只有伟大的武器,才可以摧毁伟大的怪物。(24)你回忆说,非洲那凶猛的毒蛇,比战争中的罗马军团更加可怕,用弓箭和投掷器攻击它都没有作用,甚至长射程攻城车也无济于事。那种蛇体形巨大且强健,任何人投掷的长矛或其他武器都无法对其造成伤害。但其最终还是被如磨盘一般巨大的岩石摧毁了。那么,你会向死亡投掷那些无用的武器吗?你会用锥子去阻止一头狮子的怒吼吗?你的论证的确很锋利,但只是犹如谷物的茎一般,看似锋利罢了。并且,有一些论证由于过于微妙而显得毫无用途。再见。

---

① 指卡尔普尔尼乌斯(Calpurnius)。——英译者注
② 列奥尼达斯的战士。——英译者注

八十三

论醉酒

（1）你让我告诉你，我每一天的完整行程安排。若你认为我这些天没有什么可隐藏的话，就肯定对我有很好的印象。无论如何，这都是我们应该具有的生活方式——就像我们在所有人注视下那样。同时，这也是我们应该思考的方式——就像有人可以看到我们内心深处的灵魂那样。并且，这就是一个人应该有的样子。到底是出于什么原因，致使有些东西被人隐藏起来？没有什么可以逃脱上帝的目光。上帝可以见证我们的灵魂，可以深入我们的思考中，且可以随时离开。（2）因此，我会按你要求的那样去做，并很荣幸地写信告知你，我正在进行的事务和安排。我会持续关注自我，并且每天反省——一个最为有用的习惯。这正是令我们变坏的原因：没有人会回顾或反省自己的生活。我们的想法全都专注于我们即将要做的，而不是已经做的；但是，我们未来的计划却经常取决于过去。

（3）我今天还很完整，没有谁从我身边窃取任何一部分，全部的时间都用来休息和阅读。有很少的一点时间用来锻炼身体，在这一点上，我可以感谢年迈——因为锻炼只需要一点精力就够了，刚刚开始，我就会感觉疲倦了。不管一个人有多么强壮，疲倦本身就是锻炼的目的和终点。（4）你会问，谁是我的陪练？是你所知道的，我的奴隶法瑞斯（Pharius），很讨人喜欢的家伙，对我来说，他一个人就足够了。但我应该用他来交换另外一个。像我这个年龄的人，需要一个较为年轻的奴隶。法瑞斯再怎么说，也和我处于同一个年龄段，我们都正在掉牙了。即使现在，我都很难在跑步时追上他的步伐，再过一段时间，我也许将更难赶上他。所以，你可以看出，我们从每天的锻炼中能够获得什么好处。对于朝不同方向前进的两个人来说，很短的时间内就会拉开很长的距离。我的奴隶在向上攀登的时候，我正在向下走，你就会明白我的速度是多么快了。不，说得更准确些，对于现在来说，我的生命不是在向下走，而是垂直坠落。（5）你会好奇，我们今天的比赛结果如何？平局——这很少发生在比赛中。在用这种方式感到疲倦后——我还不能称其为锻炼，我会洗个凉水澡。在我家，这通常意味着缺少热水。我之前曾是个冷水的爱好者，曾经常用跳入运河的方式来庆祝新年。而就像开始阅读或书写一样，或是作一篇演讲稿那样自然地习惯于用跳入维尔欧（Virgo）渠中来迎接新年的那个我，已经转变了习惯，开始使用木制浴池，然后又换至我最喜欢的那个浴池。只有在浴池被阳光晒得温暖的情况下，且当我没有病时，我才会去洗澡。我已经没有什么力气来洗浴了。（6）这之后，我会在没有桌子的情况下，吃些面包作为早餐。吃完后，没有必要洗手。之后，我将小憩一会儿。你知道我的习惯，我睡得很少，且对此束手无策。如果不是一直保持醒着的话，我就已经很满意了。有时，我知道我已经睡过了；有时，却不是很清楚自己到底睡没睡着。

（7）瞧，现在那比赛的喧嚣声唤起了我！我的耳朵被突然和时常到来的呼喊骚扰着。但这不会扰乱我的思绪，或者干扰到思考的持续性。我可以完全忽略喧嚣。对我来说，各种掺杂在一起的声音就像水流，或是风吹拂树梢，或是其他没有任何意义的声响一样。

（8）那么，你会好奇，我是把注意力集中在什么地方？我会告诉你。昨天徘徊在我脑海中的思考依旧存在，也就是说，当那些最为睿智的人，遇到最为重要的问题，却提出复杂且没有什么帮助的证明时，他们是什么意思。那些证明可能是真实的，却与谬误相似。（9）伟大的且深受尊敬的芝诺，我们勇敢且神圣的斯多葛哲学学院的创始人，他希望劝阻我们别喝醉。那么，听听他是如何去论证好人不会喝醉的："没有人会把秘密委托给一个喝醉的人；但是，人们会把秘密委托给一个好人；因此，好人不会喝醉。"看看芝诺是多么荒谬，当他建立类似的推论时，还有很多其他类似的例子，但举这一个例子就足够了："没有人会把秘密委托给一个睡着的人；但是，人们会把秘密委托给一个好人；因此，好人不会睡觉。"（10）波西杜尼斯以唯一可能的方式为我们的大师芝诺辩护。但我认为，即使这样也是不能辩护的。波西杜尼斯声称，"醉酒"这个词可以用于以下两种情况：第一种是指一个人喝了很多酒，且无法控制自己；第二种是指一个人习惯于醉酒，是这种习惯的奴隶。他说，芝诺的意思是指后者——那个习惯于醉酒的人，不是指那个已经喝醉的人。而且，没有人会委托给这个人任何秘密，因为其喝酒时可能会泄露出来。（11）这是一个谬论。因为这个推论的第一段是指一个人实际上已经喝醉了，不是指一个人将要喝醉。你很明白，一个喝醉的人和一个酒鬼之间有着巨大的区别。对于一个实际上已经喝醉的人来说，他可能是第一次喝多，且可能没有这种习惯。对于酒鬼来说，他可能经常都处于醉酒状态。因此，我会用通常的意思来解释这个词，特别是因为这个推论是由一位以用字谨慎和很注重言语而得名的人做出的。此外，如果这就是芝诺的意思，这就是他希望对我们产生的意义，他是在努力使自己确信模棱两可的词在谬论中能够起到作用，当真理是要探求的目标时，没有人会用这种方式表达。

（12）即使让我们承认，芝诺的意思和波西杜尼斯所表达的意思一样，结论仍然是错误的——秘密不能委托给一位习惯喝醉的酒鬼。想象一下，有多少不冷静的士兵受将军、船长或队长的委托去传递消息，从而导致消息被泄露的！关于臭名昭著的针对恺撒的谋杀，我是指战胜庞培且控制国家的那个恺撒。提里乌斯·辛波尔（Tillius Cimber）①　就像盖尤斯·卡西乌斯（Gaius Cassius）②　一样被信任。卡西乌斯一生都只喝水，辛波尔是一个酒鬼和好事者。辛波尔曾说："去扛一位老师？我就扛不了我的酒了！"（13）所以，让每个人都留意那些喝酒后不能被信任，但平时却可以因其言语获得信任的人。我想起一个案例，应该分享一下，以免遗忘。生命应该有清晰的图景，我们不要一直总回忆暗淡的过去。

（14）卢修斯·皮索（Lucius Piso）是罗马负责公共安全的总监，自其上任之初就醉醺醺的。他经常整晚在宴会中度过，然后会一直睡到中午。他就是这样度过早上时光的。即便如此，他都会勤奋地完成他的工作，包括守卫城市。即便神圣的奥古斯都（Augustus）③都会委托给他秘密的指令，命令其到色雷斯（Thrace）抵抗敌军的入侵。皮索最终征服了那个国家。当提比略去坎帕尼亚度假时，也是同样信任皮索，令其在罗马城处理一些棘手的事情，并引起了怀疑和仇恨。（15）我想，也许是因为皮索的醉酒对于君主来说是件

---

① 提里乌斯·辛波尔（Tillius Cimber）：刺杀恺撒成员之一。——中译者注
② 盖尤斯·卡西乌斯（Gaius Cassius）：刺杀恺撒预谋者及刺杀成员之一。——中译者注
③ 奥古斯都（Augustus）：古罗马帝王。——中译者注

好事，所以他才被任命为罗马城的长官。可苏斯（Cossus）① 是一个拥有权威且懂得平衡的人，但有一次，在参加完宴会后，他去议会开会时却烂醉如泥。他全身麻木无法动弹，不得不被抬回家。但正是这个人，获得提比略的信任，提比略亲自给他下了很多命令，其中有些甚至都不能让王室的成员知晓。可苏斯从来没有泄露过任何一个秘密，不管是个人的，还是官方的。

（16）所以，让我们摒弃类似的高谈阔论吧。"醉酒缠身的人无法掌控自己的灵魂。新的酒会冲爆酒桶，由于发酵，底部的残渣会漂浮至表面。所以，当酒冒泡时，藏在下面的东西都会被带上来，成为可见的东西。作为一个被酒瘾征服的人来说，过度饮酒后，会无法压住吃进去的食物，甚至也不能保守秘密。这样的人会公开透露出自己和他人的秘密。"（17）当然，类似的事情会经常出现。但另外的情况也会存在。例如，我们会找那些习惯于无节制喝酒的人，咨询一些非常重要的事情。因此，这种假装为芝诺的推论做辩护的命题，其本身也是错误的，秘密不应该委托给那些习惯喝醉的酒鬼。

坦白地去指责和揭示出醉酒的缺点会更好！即使对于一般的好人来说，都该避免这类恶习。更不要提完美的圣人了，他们会满意于消除饮酒的渴望。如果圣人时不时地会受到朋友友善的欢呼，那么饮酒也会有点过度；但是，他们时常都能控制住而不会喝醉。（18）对于圣人的精神也会被过多的酒精所扰乱，并且会像酒鬼一样做出愚蠢行为的问题，我们稍后再说。但同时，如果你想证明一个好人不会喝醉的话，为什么要用逻辑推理来解决呢？就展示一下喝光一个人都搬不动的酒，且声称不清楚自己饮酒能力的人，是多

---

① 可苏斯（Cossus）：古罗马政治家、将军。——中译者注

么的可耻；再展示一下，当醉鬼们清醒后，会对他们醉酒时所做的事情，有多么的惭愧；论述一下，醉酒无非就是特意假装的一种精神错乱的状况吧。如果将醉酒的状态延续几天的话，你还会怀疑这种愚蠢的行为吗？即便短暂的延续，那种愚蠢程度也丝毫不会减少，只是持续时间较短罢了。（19）想一想马其顿（Macedonia）的亚历山大（Alexander of Macedon），他在一次宴会上捅死了其最要好和最忠诚的朋友克利托斯（Clitus）。在亚历山大明白自己做了什么之后，他后悔得想要寻死，且他的确应该去死。

醉酒会暴露出各种各样的恶习，并且会移除那遮盖我们邪恶罪行的羞耻感。很多人没有从事那些被禁止的行为，是因为有对于罪恶的羞耻感，而不是因为他们的本性是善良的。（20）当酒精发作时，其会控制人的思绪，导致那些潜伏在隐蔽地方的邪恶都跳了出来。醉酒不会产生恶习，它只是把邪恶暴露出来。在这种时候，好色的人甚至不会去到私密的卧室，就大发情欲；在这种时候，不贞洁的男人会说出他的罪行；在这种时候，你倔强的伙伴也不会再抑制其言语和手脚。傲慢的人会更加傲慢，无情的人会更加无情，诽谤的人会更加充满恶意。每一种恶习都会自由发挥，并展示出来。（21）此外，喝醉后我们会忘记自己是谁，会表达迟钝且口齿不清、目光无神、步履蹒跚、头昏脑胀，感到天旋地转，不仅如此，当酒精产生气体使肠子膨胀时，胃也会遭受折磨。然而，只要人们尚且持有一定的力量，这些问题都还可以忍受。但当疲乏损害其力量，当醉酒转变为消化问题时，一个人还能如何补救呢？

（22）想一下全国有多少不幸的事件是由醉酒引起的吧！这种邪恶已经背叛了那最为英勇好战的民族；这种邪恶已经捣毁了那顽强抵御战争多年的城墙；这种邪恶已经在外来民族的迫使下，动摇了那些坚定不屈的人民；这种邪恶已经征服了那些战场上无敌的战士。（23）正如我前面提到的亚历山大，他安全经历了很多次行军、很多场战斗、很多需要克服时间或地点等不利因素的战役，跨越了很多来源不明的河流和海洋。但他却被那著名的赫拉克勒斯（Hercules）死亡之碗①和无节制的酗酒击倒。

（24）喝那么多酒有什么光荣的吗？当你赢得胜利，而其他宾客都横躺睡着或呕吐时，他们也会拒绝你的干杯请求。当你成为狂欢中最后一个清醒的人的时候，当你用酒量征服所有人，并证明没有人可以像你一样能喝时，你其实是被酒桶所征服了。（25）马克·安东尼是一位有着卓越能力的伟大人物，是什么使他染上异国的习惯和那些非罗马人的恶习，最终导致其走向毁灭的呢？如果不是嗜酒的话，那么，会是与喝酒一样强烈的对克莉奥帕特拉（Celopatra）②的喜爱吗？正是饮酒才令其成为国家的公敌，使其无法与他的对手匹敌，使其残酷无情——当其坐在桌子旁边时，敌人将领的头颅被带了上来。在华丽和奢侈的皇室宴会上，他会去当面验证那被杀害之人的脸和手，来证明其确实已死亡。即使在痛饮中，他也不忘杀戮。在他即将喝醉时做出这种事情，是令人无法忍受的；而喝醉后去做这些事情，会更让人无法忍受！（26）残忍通常伴随着嗜酒，一个人健全的精神会沦陷，变得野蛮。正如纠缠不去的疾病会让人变得焦躁且易怒，至少会令他们欲望交织，变得狂野起来。所以，持续的醉酒也会使灵魂变得野蛮。对于那些经常发狂的人，这种疯狂的习惯会持续。即使当酒劲过去之后，那些由于酒精带来的恶习依旧会存在。

（27）因此，你应该阐述，为什么智者不该喝醉。要用事实来

---

① 据称是一种饮酒的器具。——中译者注
② 克莉奥帕特拉（Celopatra）：被称为埃及艳后。——中译者注

解释其丑陋与邪恶，不应仅仅用文字。做到这一点最为简单，也就是说，向世人展示出一旦人们超出应有的尺度，其称之为快乐的东西，就将变为惩罚。如果你尝试证明智者在喝醉的情况下，也可以行为端正的话，你也可以推导出如下的三段论，即使喝了毒药也不会死，即使吃了安眠药也不会睡觉，即使用了藜芦①也不会清除胃部的堵塞。但是，当一个人步履蹒跚且口齿不清时，你还有什么理由相信他仍处于半醒半醉的状态呢？再见。

---

①　一种植物，拥有腹泻功效，在古代被广泛应用。——英译者注

八十四

论收集想法

（1）你所提到的那个让我克服懒惰的旅程，对于我的健康和研究都很有帮助。你可以看出为什么这些旅程对我的健康有帮助：鉴于我对文学的热爱令我懒惰且对身体毫不关心，我会要求副手陪我一起锻炼。对于我的研究来说，我会告诉你为什么旅程也能帮到忙，因为我在旅程中丝毫没有停止阅读。我认为阅读是不可或缺的。首先，它能让我安于独处。此外，当我了解到其他人的研究发现时，会使我对他们的发现做出判断，并反思是否还有其他的发现存在。当思绪被研究搞得疲倦后，阅读可以令人精神焕发。然而，在没有研究的情况下，这种精神上的焕发是无法实现的。（2）我们不应该把自己限制于写作或阅读中，持续写作会令我们筋疲力尽，而持续阅读会令我们软弱和松懈。如果我们将两者交汇融合，阅读所丧失掉的成果，可能会被手中的笔所填充。

（3）我们应该像人们所说的蜜蜂那样，精挑细选适合的花朵来生产蜂蜜，然后在蜂巢里安排和协调所采集到的成果。正如我们的维吉尔所说的那样，这些蜜蜂：

> 紧紧捆扎着那些流动着的蜂蜜，
> 然后用芬芳的甜蜜填满了蜂巢。

（4）还不清楚它们是一次性利用从花朵中取得的那些汁液，还是将那些收集来的汁液放入蜂巢后，再将其与一定的物质混在一起才酿成了蜂蜜。有的权威人士认为，蜜蜂不拥有生产蜂蜜的艺术，它们只是收集罢了。并且，他们说蜂蜜在印度的一些特殊芦苇上可以找到，是由当地气候所产生的一种奇怪露水而制造，或是来自芦苇本身的汁液，其具有不寻常的甜蜜。并且，他们说我们这里的草也是一样，有着同样的品质，只是不太清晰和明显。一种生物具有这种与生俱来的能力，其能够寻找和收集这种汁液。其他的一些人认为，蜜蜂从那些最艳丽和绽放的花朵中挑选的物质，是通过一种可称之为发酵的方式——将分开的元素整合为一种物质——被转换成一种特有的形式并存储起来的。

（5）但我不能再误入歧途，讨论一些不沾边的话题了。我想说的是，我们也应该像这些蜜蜂那样，从不同阅读的来源中挑选收集，而且为了保存这些东西，最好将它们分开。然后，小心谨慎地运用我们与生俱来的本性，将那些不同的花朵混合交融成一种美味的混合体。即使会出卖来源，但显然它会成为一个不同的东西。这也正是我们所看到的，大自然在我们身体上做的事情，与我们自己的劳作丝毫无关。（6）我们所吃的食物，只要其保持原有的品质，且以未消化的形态填充在我们胃里的话，对我们来说就会是一种负担。但这些食物在经过器官消化后，其原有的形态已经转变了。所以，更能滋养我们的是那些经过消化的食物。我们应该确保，无论吸收什么东西，都应该进行消化转换，要不然其很难成为我们的一部分。（7）我们必须对知识进行消化，否则其只会进入我们的记忆，但无法成为我们推理的力量。就让我们真心地欢迎这些食物，并将其转换为我们的一部分吧，就像一个东西可以由很多元素组成，一个数字可以由其他数字加以推算，并组合而成那样。这就是我们的思维应该做的：将所有的原料隐藏起来，只将原料制成品展示出来。（8）即使由于钦佩，你内心中会展示出一幅令你印象深刻的人物肖像，但我建议你应该向孩子效仿父亲一样去效仿他。而不是作为一幅画来模仿原件，因为画是没有生命力的东西。

你会说，"什么？难道那不像你所模仿的风格，你所推理的方式，你想要的辛辣表达方法吗？"我认为，如果是真正的复制品，有时很难看出谁在模仿谁。作为一份真正的复制品，它会从我们所称之为原件的作品中提取出所有的特点，然后会逐一印上其自己所特有的形式。在这样的方式下，原件与复制品就会混合在一起。（9）你没有注意到合唱中有多少声音吗？然而，在众多声音中，只有一种声音得以展现出来。在合唱中，男高音有一个，男低音有一个，还有一个男中音。除男士外，还会有女士的加入，长笛会与他们的声音交织在一起。所以，在合唱中，每个个体的声音会被覆盖，我们所能听到的是全部交融在一起的声音。（10）为了澄清一下，我指的合唱是哲学家所知的旧时的形式，我们当下的歌手要比旧时剧院的歌手多上很多。所有的过道都会填满歌手，整个现场都会被乐器包围，舞台回响着各种乐器声。然而，在各种不和谐中，产生了一种和谐的声音。

我想要我的思维也具有合唱团这样的品质。思维应该配备很多种艺术，很多戒律格言和从各代历史中提取出来的行为准则。然后，所有这些能和谐地融合在一起。（11）你会问，"这该如何实现呢？"用持久的努力，以及做任何事情前都先由理智来判断认可的模式。如果你愿意听其教导的话，它会告诉你："放弃那些令你四处奔波的事务。放弃那些财富，它们要么会带来危险，要么会给所有者带来负担。放弃那些身体和精神上的享乐，它们只会使你变得软弱。放弃对官位名誉的追求，它是个浮夸且空虚的东西，一个没有目的，且会让人瞻前顾后陷入无止境焦虑的东西。它会带来嫉妒的折磨，事实上可能会是双倍的嫉妒。如果一个人是被嫉妒的对象，且也会嫉妒别人，那么，你就知道他的处境会有多么悲惨了。"

（12）你还在注视那高大宏伟的宅院，那些在门口喧嚣争吵着竞相要送上敬意的人吗？他们会在你进门时侮辱你，而你进去后则会有更多的侮辱。走在通向富人家院子的台阶和走廊中，大群人都在相互拥挤着。那将会是你站立的地方，不仅像悬崖峭壁，而且地面很滑。与其这样，不如朝着智慧的道路前进，那将会是实现平和及富足的方式。（13）一切有关人的看起来显著的事务，无论其事实上可能多么渺小——只有在与最小的东西相比才可以注意到它——都是通过千辛万苦才能实现的。通向崇高之境的是一条坎坷的道路，如果想要攀登这种超越命运范畴的高峰，你的确需要从高于人们视野的境界去俯视，只有这样，你才可能从地平面前进至顶峰。再见。

八十五

论一些徒劳的推论

（1）我本来想饶了你，且忽略那有待讨论的棘手问题。我曾经很满意地向你表述了我们斯多葛学派学者的一些浅尝辄止的观点，他们渴望证明美德本身就足够支撑幸福快乐的生命。但是现在，你恳求我附上所有的推论，不管是我们斯多葛学派本身，还是其他学派为了贬低我们而制造的那些论点。如果我真的要做这件事的话，成果将会是一本书，而不是一封信。而且，我已经一次次表明了，我对这样的论证不感兴趣。像这样，在竞技场上代表众神，与手里仅仅持有锥子的人作战，我会感到很羞愧。

（2）"谨慎的人也会自律；自律的人也会坚定；坚定的人也会平静；平静的人不会悲伤；没有悲伤的人是快乐的。因此，谨慎的人是快乐的，且谨慎足够支撑起幸福的生活。"

（3）有一些逍遥学派的学者会这样解释"平静"、"坚定"和"没有悲伤"，他们认为"平静"意味着一个人很少心烦意乱，且有时只是心烦意乱到一个适当的程度，而不是指一个人从来没有心烦意乱过。类似地，他们所称的一个"没有悲伤"的人，不是不会遭遇伤感，而是很少陷入这种令人厌烦的状态，或是不会达到悲痛欲绝的程度。且他们说，一个没有悲伤的人的精神状态并不符合人性；或者，智者不会被伤感征服，但还是偶尔会被其触动。还有其他类似的争论全都来自他们学派的教导。（4）他们不会完全放弃遇到的那些激情，只会缓和它们。那么，我们所谓智者的品质，将会多么的微不足道！如果其仅仅比懦夫勇敢一点，比最为失意的人快乐一点，比最放荡不羁的人多一点自律，且比最卑鄙的人崇高一点的话！拉扎斯（Ladas）[1] 会与腿瘸的人和虚弱的人比赛跑步速度吗？

> 她风驰电掣般掠过，
> 毫发无伤，
> 或蜻蜓点水般越过
> 湖泊海洋，
> 丝毫不湿身。[2]

这是以自己的标准来衡量的速度，不是与那些最慢人相比而赢得的赞誉。对于一个稍微发烧的人，你会说他很健康吗？不会的，健康意味着没有病。（5）他们说，"智者的平静好像熟透的石榴一样——果实并不是已经全部变软了，只是比之前没有熟时要软"。这种观点是错误的。我所指的不是一个逐渐消除邪恶的人，而是指完全摆脱邪恶的人。他身上应该一点邪恶都没有，哪怕是一些微小的邪恶也不存在。如果有邪恶存在的话，邪恶会逐渐成长，并在成长中束缚人。就像一位严重的白内障患者会双眼失明，而一位普通的白内障患者只会视线模糊一样。

（6）如果根据你的定义，那么无论智者怀有何种激情，他的

---

① 拉扎斯（Ladas）：古希腊亚历山大大帝的信使，以速度快著称。——中译者注
② 来自维吉尔的作品。——英译者注

理智都不会与其般配，且会迅速受到冲击，就像在一条湍急的河流中那样。特别是，如果你指派给他不止一种激情，如果他需要抵抗全部激情的话。即使很多这样相对温和的激情，也会比一种强大的激情所带来的冲击更大。（7）一个人会渴望金钱，即使是适度的渴望。他会有野心，但野心还没有完全被唤起。他会有强烈的脾气，但可以被平息。他会前后不一致，但还没到变幻莫测的地步。他会有情欲，但不是非常强烈的那种。相较于一个具备所有恶习，而这些恶习并不处于极端状态下的人，我们可以更好地处理那种仅有一种极端恶习的人。（8）重申一遍，无论激情多么强烈，都是一样的。它不会知道什么是服从，也不会接受建议。正如无论是野生还是驯养且温和的动物，都不会顺从理性，因为它们天生就听不进去建议。就像各种大小的激情都不会跟从或听取建议一样。老虎和狮子不会丢弃它们的野性，即使它们的野性会变得缓和。但当你毫无防备时，它们变得温和的野性就会被激发而变得疯狂。就像恶习从来不会被真正驯服一样。（9）此外，如果理智昌盛的话，激情甚至都不会有机会展现。但如果它们已经开启，就会持续地与理智抗争。所以，相比在激情集聚一定力量后再去控制，在其开始时就制止的话会更为简单。因此，这种半路去控制的方式是错误且无用的，它就像是我们宣称的"适度"疯狂，或"适度"病了一样。（10）唯有美德具有适度节制的功能。邪恶会令精神苦恼，且不会容纳这种适度的节制。完全根除恶习要比控制它们更为容易。当人类的恶习长久持续且肆虐时，有人会怀疑它们是不是已经超出了控制范围，例如，贪婪、残忍和放纵。就像激情也同样是超出控制范围的东西，因为我们正是从激情开始，才逐步走向那些邪恶的。（11）此外，如果你授予悲伤、恐惧、欲望和其他不恰当的冲动任何特权的话，它们就会摆脱我们的控制。为什么？正是因为激起它们的方式不在我们的力量控制之内。它们会随着被激起的原因大小，而成比例地产生相应的变化。恐惧会逐渐扩大，如果引发的原因变得更大或离得更近时。欲望也会变得更强烈，如果获得更大收益的希望已经付诸行动。（12）如果激情的存在超出了我们的控制能力，那么，它们的程度我们也控制不了。一旦你允许它们开始，它们就会与激发的原因一起增长，会无所顾忌地任意扩张。而且，无论这些恶习曾经多么渺小，它们都会逐渐变大。有害的东西总会超出限制。无论开始时多么微乎其微的疾病，都会迅速扩张。有时甚至疾病最为轻微的扩张，也会压垮已经软弱无力的身躯！

（13）如果事情一开始就处于我们的控制之外，而我们却相信它们的终结会受到我们的控制，这将会是多么荒谬啊！当我无法在开始的时候制止一个东西时，又如何有力量终止它呢？毕竟，将一个东西排斥在外，要比让一个东西进来后再进行管控，更为容易些。（14）有些人已经做了如下区别，他们说："如果一个人具有自控力和智慧，那么，他精神上的态度和习惯会处于安宁状态，而精神上的表现就不得而知了。因为，就心智的习惯而言，他没有被扰乱，或遭遇悲伤、恐惧。但有很多外来的因素，会给他带来困扰。"（15）他们想要表达的是："某人的确不是一个性情暴躁的人，但他有时还是会发脾气"和"他的确不惧怕什么，但有时仍会感到恐惧"。换句话说，这个人没有过错，只是未能摆脱恐惧的激情。然而，恐惧一旦进来，就会成为一种惯常的恶习。且愤怒也是一样，一旦进入心里，就会改变之前摆脱愤怒的心灵状态。（16）此外，如果智者不是无所畏惧的话，那么，等到他为了国家、法律和自由，该勇敢面对刀枪、火焰而英勇向前的时候，他会变得踌躇不决，且不情愿献身。这样不够坚定的精神，并不适合智者的特质。

（17）因此，我们要注意到，那两种应该进行分别测试的原则不该混淆在一起。结论也应该独立得出，一个结论是，只有作为善行的美德是尊荣的；另外一个是，美德足以支撑一个人幸福的一生。如果只有作为善行的美德是尊荣的，每一个人都会同意，美德足以支撑起幸福快乐的生活。相反，如果美德本身可以令人快乐，则不能得出唯一美好的是尊荣的结论。（18）色诺克拉底（Xenocrates）①和斯珀西波斯（Speusippus）②认为一个人仅通过美德就可以变得幸福快乐；但是，他们不认为美德是唯一美好的东西。伊壁鸠鲁也同样觉得，一个拥有美德的人是幸福的。但是，美德本身不足以支撑起幸福的生活，因为，是来源于美德的快乐，而不是美德本身，使一个人幸福。这没有太大的区别。同一位哲学家也表示，没有快乐的美德永远不会存在。因此，如果美德永远和快乐联系在一起，且不可分割的话；美德本身就将会是足够的。因为，美德会与快乐为伴，并不会离开它单独存在。（19）但是，说一个人拥有美德就会拥有快乐，但不是绝对的快乐，这是荒谬的。我无法弄明白这怎么可能。因为幸福生活本身包含着一种完美且无法超越的美好，如果一个人拥有这种美好，生活就会是完全快乐的。

如果众神的生命不包含任何更伟大或更好的东西，且幸福生活是神圣的话，那么，对一个人来说，就没有可提升的高度了。（20）同样，如果幸福生活是指别无他求的话，那么，每一个幸福的生活都是完美的。其将是快乐的，同时也是最快乐的。幸福生活是至高的善行，对这一点你有任何疑问吗？因此，如果幸福生活拥有至高的善行的话，它就是最为快乐的。正如至高的善行不会增

---

① 色诺克拉底（Xenocrates）：古希腊哲学家、数学家，曾任古希腊柏拉图学院的领导者。——中译者注

② 斯珀西波斯（Speusippus）：古希腊哲学家，柏拉图的外甥。——中译者注

加——有什么会比至高的还高吗？所以，生活的幸福度也不会再增加。如果不拥有至高的善行的话，就不好说了。那么，如果你发现一个人比另外一个更为快乐，你也会找到另外一个更为快乐的人。那么，你这就是在对至高的善行做出无数的区别。没有比至高的善行还要高级的品质了。（21）如果一个人的生活没有另外一个人的快乐，他就会急切地想要拥有另外那个人的快乐，而不是自己所拥有的。但是，除了自己的生活，快乐的人不会希望得到他人的生活。这两件事情中必然有一件是难以相信的：对一个快乐的人来说，他会想要得到其他的，而不是其所拥有的；或者，他不应该想要得到那些比其所拥有的更好的东西。当然，如果他越谨慎，他也就会更想要得到最好的，并且他会想尽一切办法实现。但是，如果一个人总是能够或可能去渴求其他别的东西，他又如何能开心呢？（22）我告诉你这个问题的根源：人们不懂得幸福生活是一个单位；将这样的生活建立在最崇高的层面之上，是这个单位的本质，而不是其附属范畴。因此，长寿与短寿的生活之间，伸展与限制的生活之间，丰富多彩与局限于一点的生活之间，都是完全平等的。那些用数量，或是长度，或是部分来衡量生活的人，会泯灭其独特的品质。那么，对于快乐生活而言，什么才是其特有的品质呢？是生活的充实完整程度。①（23）我觉得，饱足是我们吃与喝的衡量标准。A 吃了很多，而 B 吃的较少。这会有什么区别吗？他们每个都满足了。或是，A 喝了很多，而 B 喝的较少。这又有什么区别呢？他们都不口渴了。此外，A 活了很多年，而 B 活了较短的时间；如果 A 很多年里的幸福和 B 的幸福一样多的话，活了多久都

---

① 快乐生活由美德构成。作者塞涅卡常说，美德是绝对的，不可以增加或减少。——英译者注

无关紧要。你声称那些"拥有较少幸福的"人是不幸福的，因为"幸福"这个词本身不会增加或减少。

（24）"一个勇敢的人是无所畏惧的；一个无所畏惧的人是不会悲伤的；一个不会悲伤的人是快乐的。"这是我们斯多葛学院构建的三段论。有些人尝试反驳这个推论，也就是说，我们斯多葛学派认可了一个假的且有争议的前提——勇敢的人是无所畏惧的。他们说，"什么啊！难道勇敢的人就不怕邪恶的威胁吗？这是疯狂且愚蠢的人才具有的特质，而不是勇敢的人应该有的。的确，勇士也会感到一丝恐惧，而不会绝对将其摆脱"。（25）那些如此主张的人，又返回到了之前的论点上，他们将程度较轻的恶习等同于美德。的确，对于那些稍微只有一点恐惧感的人来说，并不能摆脱邪恶，只是在一定程度上受到其干扰。回答是，"并非如此。我认为一个不惧那盘旋于头顶的邪恶的人是疯狂的"。确实如此，"如果那个人所面临的威胁是由真正的邪恶所带来的话"。但是，如果那个人认为它们并非邪恶，认为唯一的邪恶是卑鄙的话，他将挺身而出，毫无顾忌地去面对其他人都害怕的那些危险。或者，如果愚者和疯狂的人的特点是不惧怕邪恶的话，那么，对于更为明智的智者来说，他将更不惧怕这种事情！（26）他们回答说，"那么，勇敢的人会铤而走险，这是你们斯多葛学派的信条"。并非如此。勇敢的人不会惧怕危险，然而，他会尽可能避开危险。对这样的人来说，小心谨慎是上策，而不是恐惧。"那么，他就不怕死亡、坐牢、火刑和其他类似命运的折磨了吗？"一点也不怕。因为他知道这些并非邪恶，只是看起来像邪恶。他认为所有这些都是人们生存的祸因。（27）如果你给他描述奴役、鞭打、枷锁、贫困、疾病或折磨的困扰，或其他任何你可能想到的类似东西，他都会将其视为由于心灵错乱而引发的恐怖。只有那些胆小的人才会害怕这些东西。或者，如果有一天，我们必须要按照自由意志行事的话，你认为那会是一种邪恶吗？

（28）你会问，那什么是邪恶呢？是指我们向那些被称为邪恶的东西妥协；是指当我们应该克服一切来维持自由时，却向邪恶投降，放弃个人的自由。除非我们鄙视那些放置在我们脖子上的枷锁，否则，我们就失去了自由。如果人们知道勇敢是什么，他们就不会怀疑一位勇敢之人的行径。勇敢不是肆无忌惮地草率行事，或喜欢冒险，或追求引发恐惧的对象。勇敢是分清什么是邪恶，什么不是邪恶。勇敢是细心照顾好自身，并用极大的耐心忍受一切外表被伪造成邪恶的东西。（29）问题是，"那又如何呢？""如果刀剑在勇士的脖子上挥舞着；如果他全身被不断地刺扎着；如果他看到自己的肠子露在外面；如果为了能让他更强烈地感受到折磨，他被置于一旁等待；且如果鲜血从之前不再流血的肠子里再次冒出的话，他仍不会感到害怕吗？你会说他同样不会感到痛苦吗？"是的，他会感到痛苦，因为没有任何美德可以使人类摆脱自己的感觉。然而，他没有恐惧。不屈的勇士会站在高耸的地方俯视自己的痛苦。你会问我，是什么精神在这些境况中鼓舞他？正是安慰生病朋友的那种精神。

（30）"邪恶的东西会造成伤害，造成伤害的东西会令人变得更糟糕。但是，痛苦和贫穷不会使人变得更糟糕，所以，它们并不是邪恶的。"反对者会说，"你的命题是错的，因为伤害一个人的，不一定会使其变得更糟糕。就像风暴会伤害航海的船员，但它不会令船员变得更糟糕。"（31）有一些斯多葛学者会如此回复这样的争论："船员会因风暴变得更糟糕，因为他不能实现其目标，继续沿着航道前行。就船员的本身技能而言，他没有变得更糟糕，但他的工作由于受到影响，而变得糟糕了。"对于这个争论，有些逍遥学派的人士会反驳说："因此，即使是智者，贫穷也会使其变得更糟糕，并且痛苦和其他类似的东西都会。虽然这些东西不会夺走其美德，但它们会妨碍美德的作用。"（32）如果那些船员和智者本属于同一类情况的话，这有可能是正确的。智者的目的不是完成其尝试的所有冒险，而是正确地做所有的事情。而船员的目的是在任何风险下，都要将船驶入规定的港口。技艺是女佣，她们必须完成其承诺的事情。但是，智慧是主人和统治者。技艺是为生活服务的，而智慧是发号施令的。

（33）对我自己而言，则有不一样的答案。船员的技艺不会因为所遇到的风暴变得更糟糕，其技艺的表现也没有变得更糟糕。船员所承诺的不是一帆风顺的航行，而是其服务的表现程度，也就是说，驾驶船只的专业知识。其遭受时运带来的打击越大，其知识也将变得越明显。他有能力说，"尼普顿，你休想弄沉这艘船"。这才体现了他所拥有的实力。风暴不会干扰船员们的工作，而只会影响其成功与否。（34）你会说，"那么，无论是因为自身被卷入海中，或是船只失灵，还是桅杆被折断等事故导致其船只没有到达口岸，船员都不会受到伤害吗？或者他都不会感到灰心丧气吗？"不，仅仅作为一名船员时，他不会受到伤害。否则，他将不配当船员。确实，其不仅没有妨碍到该船员的技艺，甚至还帮忙展示了他的技巧。就像谚语所说的那样，每个人都是在平静海面上航行的船员。这些灾祸会妨碍航行，但不会妨碍到舵手。（35）一位船员有双重的身份：一个身份与其他乘客一样，也是一名乘客；另外一个身份只针对他自己，因为他是船员。作为乘客，风暴会伤害到他；但风暴不会伤害到作为船员的他。（36）此外，船员的技艺是另外一种关系到乘客的品质，就像一位医生的技艺关系到病人那样。但智者的品质是一般性的，其不仅属于那些在生活中陪伴着他的人，也属于他自己。因为船员向其他人所承诺的服务，可能会因风暴而被打扰，船员也可能会受到伤害。（37）但是，智者并不会被贫穷、痛苦，或是生命中的其他风暴所伤害。除了那些关系到他人的职责外，他的所有职责都没有被妨碍。智者本身总是处于行动之中，每次当时运挡路时，他都会表现出最佳状态。因为他实际上已经在运用着智慧，并且正如我所讲的，这种智慧对他人和智者本身都是好的。（38）此外，即使在外界环境限制下，也不能阻止他帮助其他人。由于贫穷，他可能展示不了该如何治理国家。但是，他仍然会教导人们该如何应对贫穷。他的事业会伴随其一生。

因此，没有任何命运和外界的影响可以阻碍智者的行动。对于那些分散他注意力，并阻止他参与到其他行动中的一切事物，他都会做好充分准备：如果能带来好与善，他会控制它们；如果带来的是邪恶，他会征服它们。（39）我想表达的是，智者已经完全教会自己，无论在顺境还是逆境中，都会展现出美德。并且，他会着眼于美德本身，而不是美德所需要处理的事物。因此，无论贫穷，或是痛苦，还是其他的一切，都不能使其灰心丧气，偏离正轨。（40）你认为智者会被邪恶压垮吗？他会利用它们。菲狄亚斯不仅知道如何用象牙做雕塑，他也会用铜器做雕塑。无论你给他大理石，还是低劣材料，他都能雕刻成该材料可能雕出的最佳塑像来。所以，智者也会展现出美德，如果可能，他会在财富中，若不可能，则在贫穷中；如果可能，他会在自己的国家里，若不可能，则会在流放中；如果可能，他会作为一位领导者，若不可能，则会作为一般的士兵；如果可能，他会在健康中，若不可能，则会在病态里。智者无论遇到怎样的时运，都会成就斐然。

（41）野兽驯养员是不会犯过失的。他们会把那令人害怕的凶猛野兽驯服，使它们服从人的意志。他们不满于仅仅消除野兽的残暴，甚至将它们驯服到能与人类同居一室的境地。驯养员会将手伸入狮子的口中，也会亲吻一下老虎。一位小巧的埃塞俄比亚人（Aethiopian）会命令大象跪在地上，或走在绳子上。类似地，智者在驯服邪恶时，也会有如此娴熟的技巧。痛苦、贫困、羞耻、关押和流放，这些是人们普遍害怕的东西，当它们遇到智者时，都会被驯服。再见。

八十六

论大西庇阿的庄园

（1）我正在曾经属于大西庇阿的乡下庭院休息。我是在这位伟大将军的祭坛——本人认为这同时也是他的坟墓——旁边，为他做了精神礼拜后，才写的这封信。我确信，这位将军的确已经魂飞天堂了，那里是其出发的地方。不仅大西庇阿能指挥强大的军队，冈比西斯（Cambyses）①也指挥过强大的军队。但冈比西斯是个疯狂的家伙，并充分利用了其疯狂；而大西庇阿则展示出了过人的克制和责任感。相比于为罗马而战，我认为他勇于撤出罗马的品质更加令人钦佩。曾有两个主要选项：大西庇阿继续留守罗马，或者罗马应该维持其自由。（2）他说过："我的愿望是，尽量不侵犯我们罗马的法律，或是罗马的习俗。让所有罗马公民享有公平的权利。没有我在，我的国家会拥有最多的，我可能会提供的好处。我已经成为罗马自由的起点，且我也应该成为其证明。如果我的存在会损害罗马的利益，那我应该被流放！"

（3）除去钦佩这种为了缓和国家紧张局势而自愿流放的慷慨外，我还能做什么呢？事情已经发展到如此的地步，以至于不是自由会伤害到大西庇阿，就是大西庇阿会伤害到自由。从上天的角度

---

① 冈比西斯（Cambyses）：古波斯国王。——中译者注

看这些事件的话，它们都没有错。结果，大西庇阿选择给法律让位，并退守利特隆；他认为国家会感激他自愿的流放，就像汉尼拔的遭遇那样。

（4）我已经看了一下大西庇阿那座用开凿的石块所建造的房子。庭院的墙内环绕着一些树；两边都建有防御性的塔楼；有座巨大的隐匿于建筑和草丛中的水井，足够支撑一支军队的供给；一座古代风格的小澡堂隐蔽在黑暗角落，之所以建在黑暗处，是因为前人认为，一个人只有在黑暗中才应该洗热水澡。对比大西庇阿的生活方式和我们当下的生活方式，给我带来了很大的满足感。（5）想一下，这里安葬着"迦太基最惧怕的人"。罗马人应该感谢其所做的贡献，他从来没有被俘虏过，且经常在野外沐浴其被战事搞得疲倦的身躯！就像旧时优秀的罗马人经常做的那样，他习惯于使自己忙碌，亲自治理国家。他曾在这昏暗的屋檐下站立过，那块地板仍然承受着曾经的那份重量。

（6）现如今谁能忍受用这种方式洗澡呢？如果我们的墙面没有装饰光彩熠熠的玻璃；如果我们来自亚历山大城的大理石砖并不精美，边缘没有朝向四周的纹理，且不像画作一样多彩；如果我们拱形的天花板没有装饰镜面；如果我们的游泳池没有色雷斯（Thasian）① 大理石——这种大理石所营造的秀美景象甚至在庙宇中都很罕见——的衬托，当我们的身体被汗水耗干后，身体会浸泡在泳池中；且如果那水不是出自银色的水龙头，我们会认为自己很穷很简陋。（7）我之前仅仅在谈一般的澡堂设施，对于那些富有的自由人而言，我又该怎么形容呢？如此之多的雕塑，以及那只为装饰而建的毫无用途的圆柱，仅仅是为了花钱！看看有多少水在一

---

① 当时一种名贵的装饰。——中译者注

层层的台阶上流淌着！人们变得如此奢侈，只愿意在那昂贵的大理石上走路。

（8）在大西庇阿的浴室中，只有从石头上凿出的很小的裂缝——你甚至都不能称其为窗户，它用于在不降低防卫安全的情况下，接收从外部照进的阳光。然而，今天，如果人们全天任何时间都晒不到从宽大窗户照进的光，如果他们不能同时进行泡澡和淋日光浴，如果他们不能在澡堂中瞭望广阔的陆地和海洋的话，他们会认为那个澡堂只适于蛾虫来使用。就像这样，对这些引人注目且赢得赞叹的设施而言，一旦出现了新的炫富方式，它们就会在投入使用不久后，被淘汰并计入古董的行列。（9）然而，在之前的岁月里，浴池很少且并未装配展示空间。为什么人们刻意配置那只花很少的钱，专注于实用，而不仅仅为了享乐的浴池呢？那时的入浴者缺少水来冲遍全身，浴室里也没有就像热温泉一样的水一直在流。并且，对于那冲洗身体的水的纯净程度，他们也不在意。（10）众神啊，多么荣幸能够进入那种灰暗的，有着一般屋顶的澡堂啊！在那里有着英雄般的人物，如：作为行政官的老加图，或费边·马克西姆（Fabius Maximus）①，或者是科尔涅利（Cornelii）②中的一员，他们都是自己动手来烧水洗澡的！这种做法曾经是高贵的行政官的职责——去大众经常去的地方，并请求使用干净、温暖的热水，仅需要适用且健康。而并非最近才流行起来的，用巨大的火焰来加热的热水，甚至那些被定罪的奴隶，都可以被活活地"洗"死！现如今，对我来说，"澡堂热如火"和"澡堂温和"已经没有区别了。

---

① 费边·马克西姆（Fabius Maximus）：古罗马政治家和将军。——中译者注
② 科尔涅利（Cornelii）：古罗马贵族族群。——中译者注

　　（11）只因为大西庇阿没有采用宽大的让日光进入屋内的窗户，或因为他没有在进入热水浴前，悠闲地晒日光浴，现如今的一些人就认为他是个粗俗的人！他们说，"可怜的家伙，他不懂得如何生活！他没有在过滤后的水中洗澡。而在暴雨后，那澡堂的水经常会变得很浑，甚至污浊！"但是，用不用那种方式洗澡对大西庇阿来说并不重要，因为他去那里是为了洗掉汗水，而不是药膏。（12）你猜有些人会如何回复我？他们会说："我不会羡慕大西庇阿。像他那样洗澡才是真正被流放之人的生活！"朋友，如果你明智些就会知道，大西庇阿不是每天都洗澡。据称，在旧时的罗马，人们每天只洗胳膊和腿，因为这些部位在每天的辛苦工作中最容易脏，每周全身只洗一次澡。有些人会说："是的。他们明显就是很脏的家伙！不知道他们身上会有多难闻！"但是，他们身上散发的是营地、农场和英雄主义的气息。现如今那些精致的洗浴设施已经被创造出来了，而人们实际上却比之前更加污浊。（13）当贺雷修斯·弗拉库斯（Horatius Flaccus）①想要描述一个奢华无度且臭名昭著的恶棍时，他会如何表达？他会说："布西鲁斯（Buccillus）闻起来有香脂味。"若当下给我展示一下布西鲁斯的话，他的气味可能会犹如山羊一般，且所在位置与贺雷修斯在同一段中对比噶果尼斯（Gargonius）的位置一样。如今，使用香脂已经不够了，除非你每天都涂上两三遍，用来防止它挥发。但是，为什么人们会炫耀香脂，就像它真的源于自身一般呢？

　　（14）如果我所讲的，对你来说似乎太过于消极悲观的话，那么，就到大西庇阿的乡间别墅来提振一下精神。在这里，我从一位最为仔细的管家艾吉勒斯（Aegialus），也是现如今这座地产的拥

---

①　贺雷修斯·弗拉库斯（Horatius Flaccus）：古罗马著名诗人。——中译者注

有者那里学到了一课。他教会我，不管一棵树多少年没有成长了，都可以进行移植。我们这样的老年人必须学会这句格言，因为我们所有人都在为后来人栽种着橄榄园。我曾经看到一些树在三四年没有结果后，又长出了果实。（15）并且，你也可以在树下乘凉，

> 树的确成长缓慢，但可以带来阴凉
> 供你的后代子孙们消遣休闲。①

正如我们的诗人维吉尔所说的那样。然而，维吉尔想要追求的不是最接近真理，而是用最适合的方式，不是为了教导农民，而是为了取悦读者。（16）例如，忽略他的其他错误，我将引用他的一段用来帮助我发现自己过失的诗句：

> 春天播种豆子和丁香，
> 用犁耕助其成长，
> 小麦需要全年照料。

你可能会质疑这些作物是否应该同时播种，或者，它们是否应该在春天播种。我在写这封信的时候是 6 月，且已经快接近 7 月了。我还能每天都看到农民收豆子，并播种小麦。

（17）但是，返回到我们之前所说的橄榄树园的话题，我看到有两种栽植的方式。如果树太大的话，艾吉勒斯会裁掉每个枝杈，将其裁剪到一英尺长，然后切断树根，只保留球状根部较为厚重的那部分，进行移植。用肥料涂抹后，他会将其插入坑中，不仅用土

---

① 来自维吉尔的作品。——中译者注

堆盖，而且要将土踩实压紧。（18）他说，没有比这种踩压过程更有效的保温防风的方式了。此外，树干不会过于摇摆，这种方式就会让新的根部快速长出，并紧抓住土壤。有些树根必然处于松软的状态，只会轻微地支撑树干，一点点的摇摆就会将它们连根拔起。而且，对于这个球状的树根，艾吉勒斯在填埋前会先将其裁剪整齐。因为，他认为新根会从所有裁剪过的部分中长出。另外，树干不能高于地面三四英寸。否则，树的底部会一下子长出地面，而不会形成大的树桩。就像老的橄榄园那样，树叶会全部枯萎。（19）第二种栽培方式如下：他将强壮且树皮较软的枝条裁下，就像那些树苗一样。这些枝条虽然长得有一点慢，但是，因为它们都是采用同一种裁剪方式，所以不会出现粗糙丑陋的情况。

（20）我最近也见证了一枝陈年老藤被从农场移植的情况。在这种情况下，根须也应该尽可能一同收集起来，然后盖上厚厚的土，这样从茎部甚至也可以长出新芽。我不仅在2月时见到过这样的栽培方式，甚至3月底也见过。移植的植物被嫁接在新的榆树上。（21）艾吉勒斯表示，所有的粗杆树木都应该用水槽的水来进行灌溉，如果采用这种方式，我们自己就能控制灌溉程度。

我不想再告诉你更多这方面的知识了，因为我可能正将你训练成我的竞争者，就像艾吉勒斯对我做的那样。再见。

八十七

论赞成简单生活的一些理由

（1）"在去往海外的路上，我仿佛成了一个遇到海难的人。"我不会告诉你这是如何发生的，以免你将其认为是另一种斯多葛式的悖论。不管你愿不愿意听，或听到时是否非常惊讶，我都会向你证实这些话绝不是假的。同时，这次行程给了我如下启示：不管我们拥有多少，都是无关紧要的；并且，当我们必须要彻底忘记（或放弃）那些所失去的东西时，我们是多么轻易地就能下定决心，无论何时与它们离别，我们都不会有感觉。

（2）我和朋友马克西姆斯（Maximus）刚刚度过了非常快乐的两天时光。我们一路上带了很少的奴隶，仅有一车厢货物，除去我们身上穿的，并没有携带多余的物品。我躺在所带的床垫上，有两个毯子，一个用来垫着，另一个用来盖着。（3）午餐极为简单，无论到哪都会有无花果干，并用一块写字板来盛放食物，一小时内就可以准备完毕。如果有面包的话，我会用无花果做佐料。如果没有，我会用无花果充当面包。因此，这些食物每天都会给我带来新年时才有的节日庆典感觉，我会用有益的思想和灵魂的伟大，来使新年变得快乐和繁荣。对于灵魂来说，没有什么比搁置外部事物，实现无惧的平静和无求的富足更加伟大了。（4）我所乘坐的是一位农民的马车，由骡子牵引。车夫一直光着脚，并不是因为夏天才这样。我几乎不敢想象，其他人会认为这么简陋的马车是我的。你可以看到，这个事实给我造成的虚伪的尴尬依然存在。每当我们遇到更加豪华的聚会时，我都会感到惭愧。这就证明了我所认同和称赞的那种举止方式，还没有在我内心中站稳脚跟。那些对驾着破车感到惭愧的人，在驾着高贵风格的车时，一定会感到骄傲。

（5）所以，我当下的进步程度仍然不够。我还没有足够的勇气，去公开承认我的节俭。甚至，我担心其他旅行者会如何看我。相比这样，我应该真正表达出对人们看法的不同意见，说："你们简直疯了，你们被误导了。你们的钦佩是毫无必要且多余的！你们认为没有人真正具有价值。当涉及财产时，你会仔细掂量，是否会借钱或把相关利益给予那些人，因为你现在会将金钱与利益都计入账单。（6）你说：'他的财产很多，但债务也很大。''他有很精美的房子，但房子是靠着借来的钱建造的。''没人可以突然拥有一位杰出的随从，但他不能偿还所欠的债务。''如果其偿还债务的话，会变得一无所有。'"所以，你在所有其他情况下也会感受到，有必要通过消减债务来算出每个人所拥有的真实财产。

（7）你认为一个人富有，仅仅因为他在旅行时也会带着他的金盘子，或因为他的农场遍布全部省份，或因为他展示出一本厚厚的账单，或因为他在城市附近拥有大片的房产，以至于人们认为其在浪费着阿普利亚（Apulia）① 的土地。即使你提到了这些事实，他仍然很穷。为什么？因为他有未偿还的债务。你会问，"有哪方面的债务？"他拥有的一切都是他的债务。除非你认为很有必要分清一个人是从其他人那里借债，还是向命运借债。（8）用统一的制服盛装打扮骡子会有什么用呢？或者装饰战车：

---

① 古罗马的一座城市，现属于意大利。——中译者注

　　　战马装饰着名贵的紫色织锦，

　　　脖子上挂着黄金制成的马具，

　　　*马嚼子也全都用黄金包裹着。*①

　　无论是主人还是骡子都不会因为这样的装饰而获得提升。

　　（9）老加图也像大西庇阿一样对国家有贡献。然而，大西庇阿是通过与我们的敌人战斗，而老加图是通过与我们败坏的道德战斗。他经常骑一头骡子行路，这头骡子驮着他所有的必需品。我更想看一下他在路上碰到我们现代花花公子的场景。伴随着侍从和努米底亚人（Numidians），他前面一定萦绕着一大片灰尘②！相比老加图，这些花花公子毫无疑问看起来更精致，且广受欢迎。对于这些携带着奢侈随身物品的花花公子而言，他们主要关心的是去参加与人格斗，还是与兽格斗的竞赛。（10）对于著名的老加图来说，其生活的年代是多么辉煌。他是一位胜利归来的将军，一位监察官，却对于一只老骡子，甚至并非其全部身躯那么大的地方就心满意足了！因为骡子身体的两侧还被悬挂着的行李所占据。然而，你难道不会更倾向于老加图的骡子，而不是那些花花公子随从们整队名贵的丰满小马驹、结实的西班牙短腿马（Spanish Cobs）或赛马吗？（11）除非我自己做个了结，否则这个主题将会没完没了地持续下去。所以，至少，关于类似这种无关紧要的事情，我现在要对其保持缄默。毫无疑问，首先称这些东西为"障碍"的人，有着先知般的见解；它们现在已经成了这类东西。我现在该告诉你关于美德的一些推论，虽然属于我们斯多葛学院的这类推论较少，但从

---

①　来自维吉尔的作品。——英译者注

②　形容出行队伍阵势庞大。——中译者注

我们的观点来看，对于实现幸福美好的生活来说，已经足够了。

（12）"美好的东西会使人变得美好。例如，好的音乐会成就音乐家。但是，机遇不会成就一个好人，因此，机遇不能算是美好的东西。"逍遥学派的学者称这条推论的前提是错的。人们不一定会在所有美好东西的陪伴下变得美好。例如，音乐里有一些美好的东西，像长笛、竖琴或适于伴随歌唱的风琴。但这些乐器不会成就音乐家。（13）那么，我们斯多葛学者会这样回复："你还没明白我们所用的那句短语'好的音乐'是什么意思。我们的意思不是指装备音乐家的东西，而是指成就音乐家的东西。然而，你们指的是演奏艺术的器具，而不是艺术本身。如果所有涉及音乐的东西都是美好的话，那么，所有人都会成为音乐家。"（14）我应该把这个观念展示得更清晰些。我们会用两种方式来定义音乐艺术里的美好：首先是音乐家演奏时乐器的美好；其次，是音乐家音乐艺术里的美好。乐器必然会影响到音乐家的演出，例如长笛、风琴和竖琴。但这些器具与音乐家本身的艺术无关。虽然没有这些乐器，他可能会缺少实践其艺术的能力，但是，对于人的美好来说却不是二分的。因为人的美好和生命的美好是一样的。

（15）"若不论一个人如何低劣或卑鄙，某个东西仍降临在其身上，那么这个东西将不会是什么好的东西。财富会降临在拉皮条者和角斗士训练者身上，因此，财富并不是好的东西。"那些反对者会说，"这个推论的前提是错误的。因为，我们注意到，好的东西会降临到层次最低微的人身上，不仅学术技能如此，治疗或导航技能也是一样"。（16）然而，这些技能不会成就伟大的灵魂，它们也不会超越或拒绝命运可能带来的一切。美德能够提升一个人，并将其置于大众所珍视的东西之上。美德既不会渴望过多，也不会过度担心那些被称为好的或是坏的东西。挈里顿（Chelidon）是克莉奥帕特拉的太监，拥有巨额的财富；不知廉耻的纳塔利斯（Natalis），经常用口舌去讨好那些低劣的官员，他是很多人的继承人，同时也有着很多追随者。那又如何呢？是金钱使其变得肮脏了吗？还是其玷污了金钱？金钱会像一枚硬币掉入下水道一样，落入一些人的手中。（17）美德所占据的位置要比所有这些东西更高。它只会称赞自己铸造的硬币①，不会将那些意外之财视为美好的东西。但是，医术和导航这类技能不会阻止它们自己和它们的追随者对这样的东西感到惊奇。一位不那么善良美好的人，也可以成为医生、航海员或学者，也可以成为厨师。一位注定要拥有一些东西的人，不能称之为随遇而安。一个人所拥有的东西，会决定其品质。（18）一个保险柜所存储的东西，决定了其整体价值。或者说，保险柜对于其所存储的东西来说，只是一个配件。除非可以数清钱包里金钱的数量，否则谁会给一个鼓鼓的钱包定价呢？这个道理对于那些拥有大片地产的主人也同样适用：他们只是他们所拥有东西的附庸品。

那么，为什么说智者是伟大的呢？因为智者拥有伟大的灵魂。按照这种方式来讲，的确，对于最为卑鄙的人来说，无法逃脱的命运也不能算是好的。（19）因此，我永远不会认为无所事事是好的，因为就连树蛙和跳蚤都具有这样的品质。我也不会认为毫无干扰的休息和自由是好的，还有什么比蠕虫更悠闲吗？你会问，是什么造就了智者？是那些造就一位神的品质，同样造就了智者。②你必须承认，智者身上具有虔诚、神圣、庄严等元素。美好的东西不会凭空落到每一个人身上，也不会随便允许一个人拥有

---

① 指自身的价值。——英译者注
② 指完美理性与遵循自然。——英译者注

它。（20）请留意：

> 有些水果在每个国家都成长，有的则不是这样；
> 这里的玉米会长得很好，那里的葡萄长得很茂盛；
> 有些地方只有弱小的树和草
> 独自生长。
> 请你留意，
> 特摩罗斯河（Tmolus）如何运载散发出香味的藏红花，
> 以及来自印度的象牙，温柔的氏巴（Sheba）送出了
> 焚香，
> 赤裸的卡律倍司（Chalybes）奉献了铁矿。①

（21）这些产品分布在不同的国家，为了限制人们的运输，每个国家都需要从其邻国那里找些东西交换。所以，至善也有其自己的居所。其不会成长在产出象牙或铁矿的地方。你会问，那么至善在哪里定居呢？在灵魂里。除非灵魂可以变得纯净和神圣，否则将不会给神留下存在的空间。

（22）"美好不会源自邪恶。但是，财富源于贪婪；因此，财富并不属于美好。"他们会说："美好不会源自邪恶是不对的。金钱来自亵渎和偷盗。因此，亵渎和偷盗是邪恶的，只是因为他们造就了更多的邪恶，而不是美好。这些行为可以带来收益，但这种收益却伴随着恐惧、焦虑，以及对心灵和身体的折磨。"（23）持有这种观点的人一定认为，亵渎虽然是邪恶的，但也存在一定的美好，因为其会伴随着一定的好处。还有什么比这更荒谬的吗？难道

---

① 来自维吉尔的作品。——英译者注

我们已经让世界信服，亵渎、偷盗和通奸是美好的一部分了吗？有多少人不会为偷盗感到羞耻，有多少人会吹嘘其通奸行为！微小的亵渎会被惩罚，但大规模的亵渎却如胜利游行般光荣。（24）此外，如果从某些角度来看的话，亵渎被认为是美好的，也应该成为尊荣的，且被视为是正确的行为。因为，其关系到我们本身的行径。但在严肃的斟酌下，还没有人承认这种观点。

因此，美好不可能源自邪恶。如果可能的话，像你反对的那样，亵渎是一种会带来更多邪恶的邪恶，如果你取消对其的惩罚并给予其豁免权，那么，亵渎将会转变为完全的美好。并且，对于罪行最为严厉的惩罚，是罪行本身。（25）如果你建议保留绞刑或监禁的惩罚方式，我认为你错了。罪犯在犯罪之后，立刻就已经被惩罚了。不，确切地说，罪犯是在从事犯罪那一刻就已经开始接受惩罚了。美善不会源自邪恶，就像无花果不会长在橄榄树上。植物会根据其种子的本性成长，就像美好的东西不会偏离其类别一样。尊荣的事物不会成长于低劣之中，就像美善的东西不会源自邪恶。因为，尊荣和美善是一致的。

（26）我们斯多葛主义的一些学员会反对如下的说法："让我们假设任何来源的金钱都是好的，即使是通过亵渎的行径取得的，这些钱都不会变得那么亵渎。可以通过如下的方式表示：在同一个罐子里，有一块金条和一条蛇。如果你从罐中取金条的话，不是因为罐中有一条蛇，而是因为里面有金条。即使里面也有蛇，但从中可以取到金条。类似地，可以通过亵渎获取收益，原因是，虽然亵渎是卑鄙且可憎的行径，但其也附带着利益。就像罐子里的蛇是邪恶的，但蛇旁边的金条不是。同样，亵渎本身是邪恶的，但其所带来的利益不是。"（27）但我和这些人的观点不同。每一种情况的条件并非完全一致。在第一种情况下，我可以在蛇之外，取得金条。在另外一种情况下，我不会在亵渎的行径下取得收益。对于后者来说，收益与犯罪并不是分开的，而是混杂在一起。

（28）"当我们想要获取某种东西的时候，如果其掺杂着很多邪恶，并不是好的。当我们想要获得财富时，其会与很多邪恶纠缠不清；因此，财富并不是好的。①"他们反驳说，"你的第一个前提包含两种意思。第一种意思是：我们在想要获取财富时，会与很多邪恶纠缠在一起。当我们想要获得美德时，也会与很多邪恶纠缠在一起。例如，一个人在进修途中遭遇海难，另外一个被俘虏。（29）第二种意思是：那些会让我们与邪恶纠缠在一起的东西，不能算是美好的。从逻辑上来说，其不符合我们的命题，如果通过接触财富，我们与更多邪恶纠缠在一起的话，财富不仅不是美好的，而且肯定是邪恶的。然而，你仅仅声称财富不是好的。"反对者说，"另外，你认可财富是有一些用的，并将其视为有利的。但在这个推理中，财富甚至不是有利的。在追求财富的过程中，我们甚至会遭受很多损失"。（30）有些人会用如下方式回应这种反对声音："如果将损失归因于财富的话，你就错了。财富本身不会伤害任何人。是一个人本身的愚蠢，或其邻居的邪恶，会伤害到他。就像一把剑本身不会进行杀戮，仅当它在杀戮者手中时才会伤害到你。财富本身不会伤害到你，仅仅是为了追求财富的缘故，你才会遭受伤害。"

（31）我认为波西杜尼斯的理由更好：他认为财富是邪恶的一种起因，不是因为财富本身是邪恶的，只是因为它会刺激人，使人们情愿去做些邪恶的事情。必然导致伤害的直接原因是一个东西，前因则是另外一个东西。财富属于前因，其会使欲望膨胀并引起骄

---

① 财富不是一种美好，仅仅是一种利益，是斯多葛的悖论之一。——英译者注

傲；它会给心灵带来不满和不安，仅仅是为了获得拥有财富的名誉。虽然它会给我们带来快乐，但注定也会伤害我们。（32）然而，所有的美好善良都不应被谴责。它们是纯洁的，不会让精神堕落，也不会诱惑我们。它们的确会提升和扩展人的胸襟，而不是使其膨胀。美好的东西会给人以信心，而财富会让人不知羞耻。美好的东西会令我们的灵魂伟大，而财富会令我们傲慢。傲慢只不过是虚伪地去展现伟大。

（33）反对者说，"根据这个争论，财富不仅不是美好的，而且肯定是邪恶的"。现如今，如果财富会对人本身造成伤害，那么，它将会是邪恶的。像我所说的那样，财富是邪恶的充分起因。然而，实际上，财富只能算是前因。正是这个前因远超出了激发的作用，实际上是在强力拖拽着心灵。是的，财富为我们展示出了美好的外貌，就像现实中那样，获取了很多人的信任。（34）美德中也存在着前因，它会给人带来嫉妒。很多人是因为智慧，还有很多人是因为公正，变得不受欢迎。这种前因虽然根植于美德之中，但它并不是美德本身所造就的，也不仅仅是现实的一种表象。不，正好相反，远不像现实，它是美德闪耀在人们精神上的光芒，召唤他们去热爱并为此赞叹美德。

（35）波西杜尼斯认为那个推论应该如此制定："那些不能给灵魂带来伟大、自信或无忧无虑的东西，不是美好的。但是，财富、健康和类似的条件都不会给人带来这些东西，因此，财富和健康不是美好的。"然后，他又再次扩充了一这个推论："那些不能给灵魂带来伟大、自信或无忧无虑，仅而会给人带来自大、虚荣和傲慢的东西，是邪恶的。作为命运礼物的东西，会将我们引上这些邪恶的道路。因此，这些东西不是美好的。"（36）"但是，"反对者说，"采用这种推理方式的话，作为命运礼物的东西甚至都不能算作是利益。"不是的，利益和美好是不同的。相比令人厌烦的东西，利益中包含着更多有用的东西。而美好不会和其他东西混在一起，不会带来一点伤害。如果相比伤害，一个东西含有更多利益的话，也不能算是美好的。只有包含全部利益的东西才能算是美好的。(37) 此外，利益可以用来判定动物、不完美的人和愚者。因为，有利的东西可能会掺杂不利的因素。虽然"有利的"这个词掺杂着不同的意思，但判断时采用的是其中决定性的因素。然而，美好只能意味着智者，它不会与其他东西掺杂在一起。

(38) 为美好欢呼吧。现在仅剩一个死结留给你来解开了，虽然这个结比较难解："美好不会源自邪恶。但是，财富导致很多的贫困，因此，财富不是美好的。"我们斯多葛学者并未认可这个推论，但逍遥学派的学者捏造了它，并进行了解答。然而，波西杜尼斯指出了这个在所有辩证学者中流传的谬论。 (39) 安提帕特（Antipater）① 对其进行了反驳："'贫困'这个词不是用于表示拥有，而是不拥有一些东西，就像古人所说的匮乏。'贫困'所表达的不是一个人所拥有的，而是其不具有的。因此，很多空洞的东西不会造就充实。很多的充实，而不是缺乏，成就了财富。"他说，"你关于贫困的观念是错误的。贫困并不意味着拥有很少的东西，而是不具有那么多。因此，其象征的不是一个人有什么，而是其缺少什么"。(40) 如果有拉丁词语可以用来翻译希腊词语'不拥有'的话，就会更容易表达我的意思。安提帕特给了贫穷这种性质，从我的观点来看，我不清楚除了'拥有很少'外，'贫穷'这个词还能用其他什么来表达。如果我们有充足的空闲时间，我们应该研讨

---

① 安提帕特（Antipater）：生活于公元前 2 世纪，古希腊斯多葛哲学家。——中译者注

一下这个问题：财富的本质是什么，贫穷的本质是什么。但当时机成熟后，我们也该考虑一下，相对于争论那些词汇的意义，探讨如何减少贫困和缓解财富造成的傲慢等问题，是否会更恰当些。

（41）让我们假设，我们被叫去参加一场集会。会议前，有一个关于废止财富的法案被提出。如果我们采用这些推论的话，我们该支持还是反对该法案呢？这些推论会帮助我们认识到这一点吗？即罗马人需要并赞美贫穷，贫穷才是罗马帝国的根基和起因；另一方面，他们需要担心当下的富有，反思财富是不是从那些被征服的受害者那里取得的。这些财富将曾经以小心谨慎著称的城市，转换成了追求名利、贿赂和混乱的源头。正是因为财富，一场来自被征服国家的奢侈战利品的展览被创建了。最后反思一下，一个人从其他人那里抢夺而来的东西，是不是也更容易被另一个人全部抢走？不，我们还是用我们的行动来支持这项法案吧。并且，让我们通过努力来抑制我们的欲望，而不是通过逻辑思考来规避它们。如果可以的话，让我们大胆地说出来；如果不可以，就让我们坦诚地讲明白。再见。

八十八

论自由学习和职业学习

（1）你曾希望了解我关于"自由学习"的观点。我的答案是这样的：我认为任何只为了赚钱的学习都不是好的学习，我不会崇敬这些学习，也不认为它们是好的。这些学科都是以利益为主导，只能给心灵一种较为肤浅的东西，这种东西不能让人永久地铭记于心。一个人只有在心灵没有更好的归宿下，才可以寄居在它们之中。它们就像是实习期，而非真正属于我们的工作。（2）因此，你就明白了"自由学习"名字的由来，因为它的学科是值得一位生而自由的绅士去学习的。只有一种学科称得上是真正自由的，那就是它能给予一个人自由。它是关于智慧的学习，是崇高、勇敢且高尚的。其他所有的学科都是微不足道且幼稚的。你一定不会相信那些由最为无知且卑鄙的老师所教授的学科，它们会有什么样的益处呢？我们不应该学习那些东西，早就应该抛弃它们了。

有一些人坚信，是否可以使人变得美好善良，是衡量自由学习好坏的一个标准。即使他们还没有宣称，或规定学习哪一个特定主题的知识。（3）有学者忙于研究语言，如果想要研究得更深，他可以选择历史。如果他想要将范围扩展到最远的边界，他应该去研究诗歌。但是，有哪条路可以通向美德呢？朗读音节、研究词语、背熟剧本，或为诗歌创造音律，其中有哪一个可以帮助人们摆脱恐惧、根除欲望，或束缚激情呢？（4）问题是，这些人是否传授美德？如果他们不传授的话，那么，美德也就不会传播。如果他们传授的话，他们就是哲学家。你想要知道他们为什么不以传授美德为主吗？看看他们传授主题的区别，如果他们传授同样东西的话，他们的主题就会相互雷同。

（5）也许，他们会让你认为荷马是一位哲学家，即使他们会反驳每一种尝试证明的方式。有时，他们会称荷马为斯多葛主义信徒，除美德之外不认可任何东西，避免享乐，甚至在永生的代价下，也不会放弃尊荣。有时，他们会称其为享乐主义信徒，崇拜悠闲，无所事事，每天在花天酒地中度过。有时，他们会称其为逍遥学派信徒①，把美好分为三种形式②。有时，他会被认为是学园派的一员，认为所有的东西都是不确定的。然而，清晰的是，这些理论没有一个可以套用在荷马身上，因为它们相互矛盾。我们的确可以承认的是，荷马本身是一位哲学家。并且，在了解任何诗歌前，他就已经成为一名智者了。所以，让我们研究一下，是什么东西让荷马如此明智。

（6）当然，去研究荷马还是赫西俄德年龄更大；或者，为什么赫卡柏不情愿透露她的年龄，即使她比海伦更年轻；这些对我来说都没有什么意义。对你来说，去弄清楚阿基里斯（Achilles）③和普特洛克勒斯（Patroclus）④的年龄，有什么意义呢？7）你难道会问"尤利西斯是和哪个军团一起走失的？"，而不是努力防止我们自己走入歧途？关于尤利西斯是在意大利和西西里的领土之间

---

① 指亚里士多德学派的从众。——中译者注
② 指追求享乐，避免痛苦，实现健康、强壮及理智健全的状态。——英译者注
③ 阿基里斯（Achilles）：相传古希腊特洛伊战争中的英雄人物。——中译者注
④ 普特洛克勒斯（Patroclus）：希腊战士，在特洛伊战争中被杀。——中译者注

遭遇的不幸，还是在其他未知领域，我们并没有闲心去打听（的确，如此长时间的路程，不可能发生在如此狭窄的范围里）。我们自己每天都会遇到心灵上的风暴，那些折磨尤利西斯的东西，也会令我们陷入各种麻烦之中。对我们来说，从来不会缺少诱惑双眼的美丽，或者敌人的攻击。一边是凶残嗜血的野兽，另一边是耳边危险的诱惑，以及那远方的海难和各种各样的灾祸。通过尤利西斯的例子，给我展示一下，我该如何像他们一样尊荣，在遭遇海难后，驶向这些终点，又该如何热爱我的国家、妻子和父亲。（8）为什么要尝试探索佩内洛普（Penelope）① 是否纯真，她是否曾嘲笑过她同时代的人？或者她是否在认出尤利西斯之前就怀疑过他的身份？告诉我纯洁是什么？在纯洁中拥有美好是多么的伟大？它是坐落在人的身体里，还是灵魂里？

（9）我现在要把注意力转向音乐家们。先生，你会教我高音与低音是如何相互融合，琴弦制造的不同音节又是如何相融成和谐音阶的；相当于教我抚平自己的灵魂，避免意志陷入不协调之中。你会教导我哪些是忧郁伤感的小调音阶，教导我如何在逆境中避免忧郁伤感。（10）数学家教导我如何计算我的房产的面积，但是，我宁愿了解如何计算一个人所拥有的东西是足够的。他教会我如何算数，令我的手伸向贪婪。但我宁愿他能教我这些计算毫无意义，（这种计算）也不会令那筋疲力尽的财产簿记员更开心；或者，如果每个人都被要求计算出自己的财产，那这些无用的财产对一个人来说是多么大的不幸。（11）如果我不懂得与兄弟姐妹分享的话，那么知道如何分配土地，又有什么用呢？如果一位不良的邻居仅仅侵占了我的一小块儿土地，我就一直怀恨在心，那么精确衡量每一

---

① 佩内洛普（Penelope）：尤利西斯的妻子。——中译者注

寸土地并探测每一丝误差，又有什么用呢？数学家教会我如何不失边界，然而，我想知道的是如何轻松愉快地放弃所有边界。（12）有人会回复说，"但是，我被从我父亲和爷爷所拥有的农场里驱逐了出来！"那么，在你爷爷之前，谁拥有这片土地呢？你能解释是谁最初拥有它吗？你不是作为主人占据着它，你只是一位租户。那么，你是谁的租户呢？如果猜得没错的话，你是那些继承者的租户。律师说公共财产不能由私人占据。你所占据并称之为你所私有的是公共财产——的确，它是属于全人类的。（13）噢，多么不可思议的技能！你知道如何计量圆形，可以找到面前任何形状中的方形，会衡量星星之间的距离，没有什么会超出计算的范畴。但是，如果你真是一位专业计算大师的话，请用人类标准来衡量我的心灵！告诉我心灵有多么伟大，或多么弱小！你知道直线是什么，但是，如果你不知道我们生命中的正直是什么的话，又有什么用呢？

（14）我接着会来到一位吹嘘其天体知识的人面前，他知道

> 冷漠的土星隐藏在哪，
> 水星在哪个轨道上运行。①

知道这些东西会有什么用？知道由于土星和火星在对立面，或水星在日暮时处于土星的视野下，因此我会被干扰，倒不如去了解，无论那些星星在哪个方位，都会是吉利的，并不会改变状态。（15）这些星体是由无尽的命运驱动的，并在一条无法转变的轨道上运行着。它们会按规定的时期往返，本身既运动着，又能给全世

---

① 来自维吉尔的作品。——英译者注

界的工作标记周期间隔。如果无论发生什么都要它们负责的话，它们又如何能帮助你了解永恒的秘密呢？如果它们只是提供了一些迹象的话，预知你无法逃脱的未来，又有什么好处呢？不论你知道与否，它们都将注定发生。

（16）

> *留意那飞逝的太阳，*
> *漫天星辰都在跟随其步伐，还有你，*
> *永远不会知道明天在欺骗着你，*
> *或已被那晴空万里的夜晚带入歧途。*①

然而，可以充分且完全肯定的是，我应该不会被任何东西带入歧途。（17）你会说，"是什么使得'明天永远不会欺骗我'？我不了解的一切都在欺骗着我"。对我来说，我不知道明天是什么东西，但我的确知道可能会发生什么。我不会为这件事而担忧。我会等待未来变成现实，即使其变得渺茫，我也会充分利用它。如果明天能温柔地对待我，虽然是一种假象，但它也不会欺骗到我。我知道所有的事情都可能发生，但我也知道不是每一件事情都会出现。我已经准备好对待那每一件可能发生的好事，同时也会准备好应付那些坏事。

（18）如果接下来未能按常规进行讨论的话，请宽恕我。因为，我不认为绘画可以计入"自由"的艺术之中，雕塑、大理石装饰和其他倾向于奢华的东西也不算是。我也会将摔跤和所有混合了油和泥泞的知识排除在"自由"研究之外。否则的话，我将不

---

① 来自维吉尔的作品。——英译者注

得不承认香料师、厨师和其他为取悦我们而服务的人。（19）这些贪婪的，身体塞满脂肪且心灵单薄且空虚的人身上，有什么"自由"的成分呢？我们真的能够信任那些给予罗马年轻人的冠以"自由"之名的训练吗？这些人曾经被我们的前辈教导，他们笔直站立，手握枪矛，胯下骑着战马。我们的前辈曾经教导的东西，是不可能躺着轻松就能学会的。然而，无论是曾经的那些教导方式，还是现在的教导方式，都无法滋养美德。扬鞭打马奔驰，然后发现曾被约束的激情完全爆发出来，对我们来说，又有什么好处呢？或者在摔跤或拳击赛事中打败很多对手，却发现自己被愤怒打败了——这又有什么好处呢？

（20）你会问，"那么，这些'自由'学科就不会对我们有什么好处吗？"在其他方面有很多，但对于美德来说，一点也没有。对于那些我刚刚提到的艺术，即使从艺者的手工等级不是很高，也会给生活带来巨大的贡献。然而，与美德一点关系没有。如果你有所质疑，"那么，为什么我们用这些'自由'学科教导我们的孩子呢？"并不是为了让他们能使用美德，而是为了让他们的灵魂接受美德。就像前人所称的"基本学科"，它能给孩子们提供基本的训练，而不是教导他们"自由"艺术。但是，它能够为他们提早接受这些艺术做一些早期的铺垫。"自由"艺术不会带领灵魂一路走向美德，而只是帮其制定好方向。

（21）波西杜尼斯将艺术分为四个等级：首先是那些一般性的，其次是那些服务于娱乐消遣的，然后是那些关于子女教育的，最后是"自由"艺术。一般性的艺术是指那些手工工作，会涉及满足生活所需的事项。这类艺术中没有虚伪的美丽或尊荣。（22）娱乐消遣艺术的主要目的是取悦眼睛和耳朵。对于这个类型，你可能会从事舞台机械师的工作，发明脚手架将人送入高空中，发明能让舞台安静地升入空中或其他惊人的装置。发明那些适时合体，然后分离，或是先分离，再自动合体的装置，以及那些能笔直站立，然后逐渐垮塌的装置。那些没见过这些东西的人会为之惊奇，因为这些人会对一切突然发生的，且不明原因的事情感到吃惊。（23）第三类属于教育子女的艺术，它和"自由"艺术有些类似。希腊人称其为"循环学科"，但我们罗马人称其为"自由"。然而，只有那些与美德相关的，才能真正称得上是自由的，或者，可以用另外一个更真切的名字"解放"来界定。

（24）有人会说："但是，就像有一部分哲学与自然相关，有一部分哲学与伦理相关，还有一部分与理智相关，所以，这部分'自由'艺术也应该在哲学中有自己的定位。当一个人在处理关于自然的问题时，就可以用数学家的语言来解答。因此，数学是那个领域的一部分。"（25）但是，有很多对我们有帮助的东西，并不属于我们自身的一部分。是的，如果他们属于的话，就不会协助我们。食物有助于身体，但其不是身体的一部分。我们会从数学所提供的服务中获得帮助，且数学对于哲学来说是极为必要的，就像木匠对于数学家一样。但是，木匠的工作不是数学的一部分，数学也不是哲学的一部分。（26）此外，他们每一个人都有其本身的限制。智者会研究了解自然现象，数学家会计算他们的数字和测量值。智者懂得天体所遵循的律法，懂得哪些力量属于它们，以及它们的属性。天文学家只会注意到它们的来来往往，和控制它们下降和上升的规律，以及他们偶然静止不动的时期——尽管事实上，没有天体是静止不动的。（27）智者会知道是什么造成了镜子中的映像，而数学家只能告诉你身体离镜子中的映像有多远，以及什么形状的镜子会造成一定的映像。哲学家可以论证太阳是一个巨大的主体，而天文学家仅可通过实验，在理论上计算其有多么的巨大；且为了计算，他必须要根据一定的原则来工作。如果一种技艺的根基取决于其他东西的赞同，那么这种技艺将无法支撑自己。（28）哲学不会从其他方面寻求赞同，它会依靠自身构建所有。然而，可以说，数字的科学是一种建立在其他人属地上的建筑，是性质不同的范畴。它会认可一些首要原则，然后在其基础上得出进一步的结论。如果科学可以在没有协助的情况下获取真理，如果它可以懂得宇宙的本质的话，我认为它会给我们的心灵带来更多的帮助。因为心灵会在神圣东西的陪伴下成长，并且会高度地汲取一些东西。只有一个东西会让灵魂变得完美——永远懂得善与恶的区别。除哲学以外，没有其他艺术会研究善恶。

我该对一些美德做出评论。（29）勇敢是令人恐惧事物的蔑视者，它会贬低、挑战且摧毁恐怖的力量，以及一切约束我们自由的枷锁。但"自由研究"会强化这种美德吗？忠诚是人类心中最为神圣的美德，它不会向任何强力屈服，也不会被任何报酬所贿赂。忠诚会大声呼喊："烧我吧！害我吧！杀我吧！我不会背叛我的诺言，折磨越多，我心中的秘密也将埋得越深！""自由学科"能够给我们带来这样的精神吗？有节制，能约束我们的欲望。它会痛恨并抹除一些欲望，调节欲望使其恢复到一个健康的状态，不会令其纵横肆虐。有节制，是衡量嗜好的最佳方式，不是你想要取得什么，而是你应该取得什么。（30）仁慈，会阻止你对其他人展示傲慢，也会阻止你的贪婪。它会向所有人展示你在语言、行动及感受上的恭敬及温和。它不会将邪恶认为仅仅是其他人的过错。它之所以热爱其本身的善，主要是因为它总有一天可以对另外一个人展示其美好。"自由研究"会教导一个人这种性格吗？不会的，就像它们不会教授朴素、温和、自我约束、勤俭节约一样。仁慈会像对待自己一样对待邻居，且懂得一个人不应该去祸害其他人。

（31）有人会说，"但是，你既然宣称，如果没有'自由研究'，美德将无法实现，你为什么又要否认其能够给予美德的所有帮助呢？"就像没有食物，你将无法获得美德一样。然而，食物与美德毫不相关。木头不会给一艘船提供协助，虽然没有木头的话，船将无法建成。你没有任何理由去认为，少了不可或缺之物的协助，就不可能做成任何东西。（32）我们甚至可以声明，即使没有'自由研究'也可以获得智慧。原因是，虽然美德是必须要掌握的，但并不是通过这些研究去掌握的。

如果智慧无法通过文字获得，那么对于一个不识字的人来说，我又有什么理由认为其永远不会成为智者呢？与智慧打交道的是事实，而不是文字。的确，当记忆没有来自外部支持的话，它将更加依靠于事实，而不是文字。（33）智慧是一个巨大无边的东西，它需要足够的自由空间。一个人必须了解神圣的事物和人类的事物，过去和未来，短暂和永恒，且必须要学习实践。看一看仅仅关于时间，就涉及多少问题：首先，时间是否包含任何东西，还是只有其本身？其次，是否有东西存在于时间之前，或在时间之外？再次，时间是和宇宙一起出现的，还是在宇宙出现前就已经存在了？（34）仅仅关于灵魂，也会有无数的问题：灵魂来源于何方，其本质是什么，其开始于何时，其会持续多久？灵魂是否会改变其归宿，从一个地方转移到另外一个地方；或连续从一个动物的形状转换为另外一个？它是否曾作为一个奴隶，被释放后正遨游宇宙？灵魂是有形体的，还是没有？如果其停止使用我们的躯体作为媒介的话，它会变成什么？当其逃脱当下的束缚后，会如何利用其自由？灵魂是否会忘记所有的过往，当它从身体释放出来后，会重新认识自己，并把上天作为归宿吗？

（35）所以，无论你对人间和上天的东西理解到什么程度，都还是会因为那些无数需要解答和学习的东西而感到疲倦。为了让这些形态各异且强大无比的主题，可以在你的灵魂中自由驰骋，你必须抛弃所有多余的东西。美德不会妥协于我们这些狭隘的约束，一个宏大的主题需要宽敞的活动空间。抛弃所有其他的东西，让我们放空胸怀去迎接美德。

（36）"但是，熟悉很多艺术可以带来快乐。"那么，就让我们仅保持那些精华的部分吧。若一个人把多余的东西和有用的东西放在一起，且在房间里展示那些昂贵奢侈品的话，你认为他应该被指责吗？如果他全神贯注地去学习那些毫无用途的东西，就不该被指责了吗？这种过度的求知欲望是一种不节制的表现。（37）为什么？这种不适宜的对"自由"艺术的追求，会让人苦恼、唠叨、笨拙且自满，正因为他们学了不重要的东西，所以无法学习那些真正重要的东西。迪底摩斯（Didymus）① 写了4000本书。如果他能读完同等数量且无关紧要的书，我应该为其感到遗憾。在这些书中，他研究了荷马的出生地，谁是埃涅阿斯真正的母亲，阿那克里翁（Anacreon）② 是一个浪子还是酒鬼，萨福（Sappho）③ 是否命运悲惨等。还有其他类似的问题，一旦其找到答案，很快就会将它遗忘。请不要告诉我生命是漫长的！（38）同样，当我们谈到自己的罗马同胞时，也是一样。我可以向你展示，有多少作品应该被斧头砍掉。

赢得像"你是多么博学的人啊！"这样的称赞，会耗费我们巨大的时间，且会让其他人听不惯。就让我们对"你是多么好的人啊！"这样的称赞感到满意吧，即使其很少被使用。（39）难道不

---

① 迪底摩斯（Didymus）：古希腊学者、语法学家。——中译者注
② 阿那克里翁（Anacreon）：古希腊诗人。——中译者注
③ 萨福（Sappho）：古希腊女诗人。——中译者注

是这样的吗？可以翻翻世界历史的记录，找找是谁写了第一首诗，或者，如果没有文字记录，我该如何估测俄耳甫斯（Orpheus）①和荷马之间相差多少年？或者，我应该通过研究阿利斯塔克（Aristarchus）②的作品，或摘抄其他人的那些荒谬作品，来消磨生命吗？我该沉迷于几何学家在沙土上所画的图形吗？难道我已经忘记了那句有用的格言"珍惜你的时光"？我必须要知道这些东西吗？我可以选择不去了解什么呢？

（40）阿皮安（Apion）是恺撒统治时期的希腊学者，他吸引了来自希腊各地的人参加其讲座，每一座城邦都将其视为"荷马式"的人物。他曾声称，当荷马写完《伊里亚特》和《奥德赛》两部诗歌著作后，又添加了一首开篇诗，在那部著作里，荷马赞美了整个特洛伊战争③。阿皮安所提供的证据是，荷马特意在开篇中使用两个字母，而这两个字母隐含了其作品数量的线索。（41）一位希望了解很多事情的人，一定知道类似这些事情，且一定因此会无暇顾虑疾病、公共职责、个人职责、日常职责和睡眠。以这种方式来消耗生命的话，人们就不会为那些重要的事情留有足够的空间了。

（42）我目前已经谈了很多关于"自由研究"的事情，想一想，哲学家有多少不必要且不实际的事情吧！除去他们自己的事务外，他们还需要去建立良好的音节划分方式，确定连接词和介词的真正意义。他们曾经羡慕那些学者和数学家。他们已经将其他艺术中多余的东西都融入了自己的艺术中，结果是，相比如何谨慎地生活，他们更懂得如何谨慎地表达。（43）让我告诉你，过分地讲究

① 俄耳甫斯（Orpheus）：希腊神话人物。——中译者注
② 阿利斯塔克（Aristarchus）：古希腊天文学家。——中译者注
③ 已被后世证明是不准确的。——英译者注

精确会带来什么后果，它简直就是真理的敌人！普罗塔哥拉（Protagoras）[1] 宣称，一个人站在任意一方，辩论任意一个问题时，都会获得同等的成功。甚至对这个议题本身——是否对任意主题都可以从任意一方进行辩论——也不例外。瑙西芬尼（Nausiphanes）[2] 主张，对于那些似乎存在的东西，存在与不存在之间是没有任何区别的。（44）巴门尼德（Parmenides）[3] 表示，除去宇宙之外，那些看起来存在的东西，其实都不存在。埃利亚的芝诺（Zeno of Elea）[4] 表示，通过解决一个麻烦，就可以解决所有麻烦，因为他声称，没有任何东西存在。皮浪学派（Pyrrhonean）、麦加拉学派（Megarian）、埃雷特里亚学派（Eretrian）和学园派几乎从事着同样的任务，他们已经引入了一种新的知识，即：无知识。（45）你可以用那无关紧要的"自由研究"来阐明所有这些理论。有一类人可以给予我没用的知识，而另外一类人则对获取知识毫无兴趣。当然，知道一些没有用的东西，总比什么都不知道要好。有一类哲学家不会提供任何光亮，而这样我可以将目光朝向真理。另一类哲学家却挖出了我的双眼，使我看不到一切。如果我同意普罗塔哥拉的观点，那么自然界没有什么是不可以质疑的；如果我坚持瑙西芬尼的观点，那我肯定一切都将成为不确定的；如果我赞同巴门尼德，那么除宇宙之外没有任何东西存在；如果我支持埃利亚的芝诺，那么，甚至唯一存在的宇宙都不存在了。

（46）那么，我们到底是什么呢？所有在我们周围，支持并

---

① 普罗塔哥拉（Protagoras）：古希腊哲学家。——中译者注
② 瑙西芬尼（Nausiphanes）：古希腊哲学家。——中译者注
③ 巴门尼德（Parmenides）：古希腊前苏格拉底时期哲学家。——中译者注
④ 埃利亚的芝诺（Zeno of Elea）：古希腊前苏格拉底时期哲学家，巴门尼德的学生。——中译者注

供养我们的这些东西又将变得如何？整个宇宙会是一个虚假且无用的影像吗？我不能轻易决定，是对于那些说我们一无所知的人，还是对于那些甚至连这点资格都不给我们的人，感到更加烦恼。再见。

八十九

论哲学的构成

（1）你想知道的是一个很有用的事实，它对于那些追求智慧的人来说，是不可或缺的——也就是说，哲学的各个部分，以及将其各个稍大的部分划分为小的不同类别的分支。因为，通过学习各个部分，我们可以更容易地弄明白整体。我只希望哲学能够以一个整体单元的形式呈现在我们面前，就像铺开的广阔天空，任由我们观望！哲学将会展现出与天空相似的景象。到那时，哲学一定会令全人类着迷，我们应该抛弃那些在我们对伟大一无所知时，所认为的一切伟大的东西。然而，由于伟大不会凭空降临在我们身上，我们必须像仰望天空一样去看待哲学。

（2）诚然，智者的心灵会拥抱哲学的整个框架，并会以常人审视天空的频率来审视它。然而，我们必须要打破这种束缚。即使我们还不能理解宇宙，有时甚至无法留意到手边的东西，但我们也可以尽量去接触每一个哲学的分支。因此，我会答应你的请求，把哲学拆分为不同的部分，但不是碎片。把哲学分开，而不是切成小碎渣，也许是有用的。就像无穷大的东西会很难吸收，无穷小的东西也会很难吸收。（3）人会被分为不同的宗族，军队会被分成不同的队伍。任何东西成长到巨大型号后，都是在被划分为各个部分时才更易分辨。但正如我所说，这些部分不能是无数个，且型号不能太小。过度地分析和不分析简直是同样的错误。你将任何东西切得像尘埃一样细小，就和重新将它们混成一团是一样的。

（4）首先，如果你同意的话，我要先将智慧和哲学区分开。智慧是人类心灵中完美的善；哲学是对智慧的向往，和获取智慧的努力。后者是向目标奋斗，而前者已经实现目标了。这样称呼哲学的用意很明显，因为其名字本身就是对智慧的热爱。（5）有些人将智慧定义为，懂得神圣的事情和人类的事情。有些人①说："智慧是知道神圣和人类的事情，以及它们的起因。"这段添加的短语对我来说是多余的，因为神圣和人类事务的起因是神圣系统的一部分。同样，哲学也被用不同方式定义了。有些人称其为"对于美德的学习"，有些人认为其是"一种改变心灵的学习方式"，有的称它是"对适当理由的探索"。（6）有一件事几乎是肯定的，那就是哲学和智慧之间是有些区别的。如果所要寻找的客体和正在寻找的主体是一致的，确实有些不可思议。就像贪财和富有之间存在巨大区别一样，其中一个是渴望的主体，另一个是客体，就像哲学和智慧之间的区别。一个是结果，另外一个是结果的回报。哲学是行动的主体，而智慧是目标。（7）智慧被希腊人称为"σοφία"。罗马人曾经习惯使用的"哲学"这个词，希腊人也在使用。我们旧时的国家剧本会向你证明，而且，都森奴斯（Dossennus）②的墓志铭也会证明：

停下，陌生人，读一读都森奴斯的智慧吧。

---

① 例如西塞罗（Cicero）。——英译者注
② 都森奴斯（Dossennus）：古罗马作家。——中译者注

（8）尽管在我们的一些斯多葛学院中，哲学意味着"对美德的学习"；并且，美德就是所要寻找的对象，哲学就是所用来寻找的工具。但是，它们两个仍然处于不可分割的状态。没有美德，哲学无法存在；同样，没有哲学，美德也无法存在。哲学是通过美德本身来学习美德。如果没有美德的学习（哲学），美德将不复存在。若没有美德本身，美德的学习（哲学）也无法存在。这并不像在远程射击一个目标似的，射击者和所射对象在不同的地方。也不像那通往一座城市的道路那样，似乎通往美德的途径在美德本身之外。通向美德的路，正是由美德本身所引领的。正如哲学和美德紧密地黏结在一起。

（9）那些最伟大的作家和绝大多数作家都认为，哲学分为三个部分：道德、自然和理性①。第一部分会使灵魂井然有序，第二部分会研究整个宇宙，第三部分会解决文字的本质意思，它们的组合，以及预防虚假的蔓延，并阻止其与真理混淆在一起。但是，也有人将哲学拆分为更少的部分，另一些人则将其拆分成更多的部分。（10）有些逍遥学派的学院增加了第四个部分"公民哲学"（civil philosophy），因为其需要特别的活动，及不同的主题。有些人添加了一个部分，用希腊术语"经济"命名，它是用来代表管理一个人资产的学科。此外，还有人用不同的部分来代表不同类型的生活②。然而，所有这些细分，都可以在"道德"哲学这一分支中找到。

（11）伊壁鸠鲁主义认为哲学是由两方面组成的：自然与道德。他们排除了理性的部分。当他们被事实逼迫不得不区分模棱两

---

① 指逻辑。——英译者注
② 指应对不同生活领域的技艺，如军事、政治、商业等。——英译者注

可的意思，并揭示掩盖在真理外衣下的谬论时，他们引用了"辩论的及逻辑的"这个名称。这不过是"理智的"另外一种叫法，即使他们称其属于"自然"哲学的一个分支。（12）昔兰尼学派（Cyrenaic）①抛弃了自然及理智的部分②，只对道德方面感兴趣。而且，这些哲学家试图将他们抛弃的部分置于另外的名称之下，但是被拒绝了。他们将道德哲学分成五个部分：［1］需要避免和需要追求的东西，［2］激情，［3］行动，［4］起因，［5］证据。然而，起因部分应该属于"自然"分支，证据部分应属"理性"分支。（13）希俄斯的阿里斯托（Aristo of Chios）评论说，自然和理性不仅是多余的，而且是相互矛盾的。他甚至将哲学仅限于"道德"层面，这也是其留下的唯一哲学理念。他抛弃了所有接受建议的主题，声称那是教师的事情，而不是哲学家的事情——就像智者是除人类教师之外的其他类别一样！

（14）正因为哲学有三个层次，就让我们先从道德方面开始。大家公认为道德应该被分成三个部分。首先是思辨部分，其会给每个东西特殊的功能，并衡量其价值。这是应用性最高的。有什么比赋予万物适当的价值，还要更不可或缺的吗？第二个部分与冲动有关，第三个有关于行动。首要的职责是分别判定事物的价值，然后，将它们与相应的经过调解和管控的冲动相连，第三，使冲动与行动和谐统一，以至于在任何情况下，一个人都可以保持前后一致。（15）如果这三者中的任意一个出现瑕疵，其他两者也会陷入混乱状态。即使对一切事物进行了适当的评估，但如果你冲动过

---

① 由昔兰尼（Cyrene）创立于公元前 4 世纪的一个古希腊哲学学院。——中译者注

② 像犬儒学派发展及成就了斯多葛学派一样，昔兰尼学派发展并成就了伊壁鸠鲁学派。——英译者注

度，又会有什么好处呢？如果在应该行动时，你没有找准适当的时间和地点的话，即使已经管控好了冲动和欲望，又有什么好处呢？懂得事实的优点与价值是一件事，了解精确的行动时机是另一件事，适当地控制动机，不要急忙冲向目标，是另外一件事。因此，生命的和谐只有在这种情况下才可以实现：当行动没有抛弃冲动时，当冲动是建立在每一个目标的价值之上，且会根据目标的价值变换，而转变为懈怠或急切时。

（16）自然方面的哲学有两个层面：身体和非身体。也就是说，每一个层面都会按照其重要程度进行划分。首先，关联到身体部分的主题有两个等级：创造性的和已创造的。已创造的东西是指元素。有些人认为，这种元素是一个无法分割的整体。另外一些人认为，这种元素可以被分成其他物质，也就是推动万物的原因。

（17）理性哲学也需要被分解。所有的讲话要么是连续的，要么就是分为提问者和回答者。其中，前者应被称作修辞，后者被称作辩证。修辞涉及词语、意思及关系安排。辩证可以分成两个部分：词语及其意思。也就是说，被说的事情，以及说到这个事情时所使用的词语。然而，每个分支都有着巨大的延伸。在这点上，我应停下来。

*这才是故事的高潮部分。*①

如果我坚持要进行细分的话，我的信可能会成为那些辩论家的手册！（18）杰出的鲁基里乌斯，我不是要阻止你阅读这个主题，倘若你能把所读到的立即付诸行动就好了。

---

① 来自维吉尔的作品。——英译者注

　　你必须要对自己的行为进行约束管控。当倦怠时，必须振奋起来；当松懈时，要重新抖擞精神。征服那些顽固的恶习，尽量去抑制你的嗜好及人类本能的欲望。对于那些说"这没完没了的谈话还要持续多久"的人，（19）就回答他们："我应该问你，'你那没完没了的罪恶要持续多久？'"你真的想让我告诉你阻止恶习的方式吗？我先说说我的方式，除非你反对，否则我将继续下去。当药物触碰得病的身体，使你感到疼痛的那一刻，药物就开始生效了。即使与人们的意志相反，我也会用言语来帮助他们。有时，你应该听听那些非恭维性的言语，因为一般人不愿意听到真相。（20）你会将地产的边界扩展到多远的地方？拥有广阔如国土一般的地产，对一位君主来说太过狭窄了吗？你会将耕种的土地面积扩展到多大？对于你现有的那广阔省份的农场，难道你还不满意吗？你已经有了穿过私人土地的壮阔河流；你已经有了像长长的国界一般奔流的溪水，从源头到入海口，都在你的统治之下。除非你的地产可以环绕整个海洋；除非你的部下可以统治亚得里亚海（Adriatic）的另一边，统治爱奥尼亚和爱琴海（Aegean）；除非那些著名酋长的岛屿，在你看来都是微不足道的资产！否则，这些对你来说仍是微不足道的。假设你想拥有一个比肩王国的"农场"，就尽情扩张吧。假设你想拥有比邻居更多的农场，就尽可能去做你能做的事情吧！

　　（21）一句话概括，我刚刚提到的那些人，他们的奢侈与贪婪一样毫无止境。我问你："这种习惯会一直持续下去，直到你的别墅树立于所有的湖泊之上吗？直到所有河岸都与你豪华的建筑为邻吗？无论哪里涌出温泉小溪，都会建起新的豪华度假区。所有的海岸都将成为港湾，因为你会建造基础设施。并且，你不会满足于那尚未被描绘出来的地域，你会将海洋都囊入国界之中。让你的屋顶无时无刻不闪耀在阳光下，站在山顶上去统治那广阔的海洋与陆地，从平原一直到山脉之巅；打造你那多种多样且巨大的建筑群，然而你只不过是个渺小的个体！拥有那么多卧室有什么用？你只会在一间卧室睡觉。如果你自己不存在的话，没有哪个地方是属于你的。"（22）"然后，我告诉你，你那毫无底线且贪得无厌的胃口一边在海中探索，一边在陆地上追寻，历尽艰辛去捕食。一会儿用吊钩，一会儿用陷阱，一会儿用各种各样的网，除非你厌倦了它们，否则没有动物会悠闲自得。宴会上的一小份食物，都是由很多双手准备而成的，用你那早已厌倦的味觉能品尝出来嘛！即使一小份的食物，也会给用人们带来多少危险啊！主人极易呕吐的胃会享受这些食物吗？"那从遥远地方进口的贝类，是如何穿过那贪得无厌的食道的？可怜的家伙，知道你的食欲要比你的肚子大上多少倍吗？

（23）就像你讲话的同时也在聆听那样去和其他人交谈；就像你写作的同时也在阅读那样去写作。记住所有你听到或读到的，并将它们付诸行动，从而缓和那各种汹涌澎湃的激情。学习，不是为了得到新的知识，而是让你的知识变得更好。再见。

九十

论哲学在一个人进步中所处的角色

（1）亲爱的鲁基里乌斯，谁会质疑生命是不朽众神赐予的礼物，但好好地生活其实是哲学赐予的礼物呢？我们欠哲学的债要大于欠众神的债，就像好好地生活比苟且生活要更有益处，这种观念被认为是正确的，而非哲学是众神赐予我们的恩惠这种想法。众神没有给予任何人知识，但是，众神将获得知识的能力给予了所有人。（2）如果众神已经把哲学作为一种普遍的恩惠，如果我们自出生时就已然明白一切，智慧也会因此失去其最好的价值——其将不会成为命运的礼物。事实上，智慧最为可贵和崇高的特点是，其不会主动与我们相遇。每个人都会受其恩惠，且我们不会在他人的掌控之中，去寻找智慧。

如果哲学需要奖赏才能获得的话，哲学又有哪个方面值得你尊敬呢？（3）哲学唯一的功能是发现神圣事物和人间事物的真理。宗教、职责、正义，及其他一些与美德相伴的东西都离不开哲学，且会与其紧紧相连，成为一体。哲学已经教导我们去崇拜神圣，热爱人类。它告诉我们，众神主宰一切，人与人之间是共同体。这种共同体会完好地持续很长一段时间，直到贪婪彻底拆毁这个群体，并成为贫穷的根源。即使对于那些已经很富有的人也是如此。当人们想要将一切归为己有的时候，他们也就不再拥有一切了。

（4）但是，最初遵循着自然的人及其后代，还没有被玷污。他们将其中一人视为他们的领导者和法则，将自己交付给了那个人。大自然有着弱肉强食的特点。即便对那些既不是最大，也不是最凶猛的动物而言，也同样适用。最为强壮的公牛，会领导着牛群。它用其力量和肌肉征服了其他公牛。对于大象而言，最高的会成为象群之首。对于人类而言，最好的会被认为是至尊。这就是为什么心智会决定一个统治者的等级。这就是为什么最伟大的幸福快乐，取决于一个人是否更好和更善良，而不是更强大。那些可以顺利地完成想要做的事情的人，认为自己只会做分内之事。

（5）因此，对于那被称为黄金时代的阶段来说，波西杜尼斯认为政府应由智者管理。他们会管控政府，保护弱者不受强者欺凌。他们会建议哪些事应该做，哪些不应该。他们会揭示出哪些是有用的，哪些是没有用的。他们会顾虑到一切事务，不畏风险，仁义爱民。对他们来说，统治是一项服务，而不是王权的彰显。没有一位统治者会对其掌握权力之初所亏欠的那些人实施审判。也没有人会故意找借口做错事，因为统治者管理得很好，且民众遵纪守法；而且，除了令那些不服从的臣民离开国家外，国王也没有更严厉的办法来处理这些人。

（6）一旦恶习出现，政权就会变得专横，法律就显得很有必要。而这些法律都应该由智者制定。梭伦（Solon）① 使雅典建立在法律的坚固根基之上，他被认为是著名的七位智者之一。如果斯巴达的莱克格斯（Lycurgus of Sparta）② 也生活在同一时期的话，第

---

① 梭伦（Solon）：古雅典政治家、立法家。——中译者注
② 莱克格斯（Lycurgus of Sparta）：相传是古斯巴达立法者。——中译者注

八位智者就会随之被传颂了。札琉库斯（Zaleucus）① 和卡龙达斯（Charondas）② 所制定的法律被人称赞，他们并不是在广场论坛上，或技巧娴熟的顾问办公室里，而是在毕达哥拉斯安静且神圣的休闲寓所里学到正义原则的。他们在那时还很繁荣的西西里实施立法，并在当时整个受希腊影响的意大利建立了法律体系。

（7）在这一点上，我同意波西杜尼斯。但是，对于哲学发现了人们日常所用的技艺这种观念，我拒绝承认，而且我也不会认为其属于工匠的荣誉。波西杜尼斯说："当遍布地表的人类将在洞穴、悬崖上挖掘的居所，或中空的树干用作保护时，是哲学教会了人们去建造房子。"但我不认为哲学发明了这些遍布于一座座城市的精巧构建的多层公寓楼房，也不认为是它发明了养鱼的方式，可以让人们不必在风暴来袭的情况下去捕鱼，而且满足了他们的食欲。这样，无论海浪多么汹涌，安全的港口仍为奢华的生活方式提供了繁殖鱼类的途径。（8）什么！难道不是哲学发明了门锁及钥匙的使用吗？那检举出贪婪的，不是哲学吗？不是哲学建立起这些高耸的建筑，在极高的危险中保护住户吗？难道其不足以在技艺之外，给人类提供没有烦恼的自然防护吗？相信我，在需要建筑和建筑工人之前的那段岁月，是美好幸福的。（9）把木材切成正方形，完美无误地锯开横梁，所有这些相关的技巧都是在奢侈诞生之时产生的。

　　早前的人会用楔子来断开木材。 ③

————————

① 札琉库斯（Zaleucus）：古希腊较早的法律制定者。——中译者注
② 卡龙达斯（Charondas）：意大利西西里地区的早期立法者。——中译者注
③ 来自维吉尔的作品。——英译者注

因为他们不需要为未来的宴会搭建屋顶，也不需要用长长的马车拉着松树或柏树木材穿行于街道上——只为了能够加固镶有大量金子的房顶。（10）这些木材被立于四周，用于支撑屋顶。为了防止在暴雨中被淹，他们用这些包裹起的枝杈和叶子搭建起了一套排水系统，即便最大的雨也可以应对。他们在这样的起居环境下平静地生活着。曾经的茅草屋庇护着被解放的自由人，而奴隶则在大理石和金子的陪衬下居住。

（11）我在另一点上也与波西杜尼斯不同，他认为工具是智者发明的。因此，可以认为那些教授技艺的人是聪明的。这些技艺是

> 为猎物设置陷阱，为了鸟类；
> 在树枝上撒石灰，带领猎狗包围巨大的树林。①

这并不是智慧，而是人类的本能发现了所有这些方式。（12）当他说智者发现了铁矿和铜矿，"当地面被森林大火烧焦，地表附近的矿石被熔化，从而使金属显露出来"时，我也不同意。不是这样的，发现这些矿产的人，是那种经常与它们打交道的人。（13）例如，对于是锤子还是钳子先被采用的这类问题，我也不会像波西杜尼斯所认为的那么重要。它们都是被那些心智聪敏的人而不是伟大或高尚的人发明的。其他任何只能通过弯腰屈膝，并脚踏实地才能发明的东西也是一样。

智者有着随和的生活方式。为什么不呢？即便在我们这个时代，他们也喜欢较少被干扰的生活。（14）我问你，你怎么能同时

---

① 来自维吉尔的作品。——英译者注

坚定崇拜第欧根尼和代达罗斯（Daedalus）① 呢？在他们两位中，你认为谁是智者？是发明了锯的代达罗斯，还是第欧根尼？后者曾看到一个男孩用手捧水喝，便摔破了自己喝水时所用的杯子，并责骂自己称："一直背着如此多余的东西，我是多么愚蠢啊！"然后，他便卷起身躯躺在木桶里睡觉去了。（15）在我们生活的这个年代里，你认为哪种人更明智？是那个发明了将藏红花香水从一种隐藏的管道里喷洒到很高地方工艺的人，是那个发明了瞬间就可以用水填满空河道的人，是那个聪明地构建了一套可以随饭菜变换风格的可移式天花板的人，还是那个向其他人和自己提供如下证明的人：大自然没有用严厉及苛刻的准则来要求我们，她告诉我们即使没有大理石雕塑师和工程师，我们也可以生活；没有丝绸锦布的运输，我们也有的穿；只要我们满意于地表赐予我们的一切，我们就可以拥有一切必需品。如果人类愿意聆听这位圣贤的话，他们就会知道厨师和士兵对他们来说都是多余的。（16）那些智者，或是至少近似智者的人，都知道关怀身体是一件容易解决的问题。必不可缺的东西都不需要花费太大力气就可以获得，只有奢侈才需要辛苦劳力。以自然为伴，你将不需要那些高技能的工匠。

　　大自然不希望我们受到困扰。无论她强加什么在我们身上，她都武装了我们。"但是，赤裸的身躯抵抗不了严寒。"那又如何？难道那些野兽或其他动物的毛皮还不够用于抵抗寒冷吗？不是有很多部落用树皮来遮挡身躯吗？禽鸟类的羽毛不也可以缝合起来做衣服吗？即使当下，不是也有相当一部分的斯基泰部落，用狐狸和老鼠的皮毛做衣服，且这些衣服摸起来松软可抵御寒风吗？

---

① 代达罗斯（Daedalus）：古希腊传说中的著名工匠、艺术家，被视为智慧的象征。——中译者注

（17）"即使这样，人们必须有比皮肤更厚的衣物，用来在夏天炎热的阳光下躲避热浪。"那又如何？不是有很多古代遗留的洞穴可用作休息场所吗？有些是时间造就的，有些是通过其他方式产生的。然后呢？有的祖先不是用较细的枝杈编织成毯子，然后涂上泥和野草来建造屋顶吗？他们以这种方式安全地度过了寒冬，且夏天的雨水也顺着屋顶的斜坡流下。难道赛尔特斯（Syrtes）①人不是住在挖坑造出的房子里吗？的确，由于防止被过热的阳光直晒，所有的部落都需要用土来抵挡热浪。

（18）大自然并未对人类怀有敌意，当她赋予其他所有动物轻松的生活时，也使人类在不借助这些技巧的情况下，很难独立生活。她并没有将这些东西强加在我们身上，我们也无须为了延长生命而痛苦地追寻这些东西。大自然在我们出生时就已为我们准备好了所有东西。是我们令一切变得困难，因为我们鄙视那些简单轻松的东西。房子、衣物、令人舒适的东西、食物，以及所有的一切如今都演变为巨大问题的来源。它们到处可见，完全免费，且轻而易举就可以获得。在任何地方，需求都会成为限制。是我们令其他所有东西变得昂贵，我们令它们变得值得赞美，我们用广泛且多样的方式追捧着它们。（19）自然本身就已能够满足其所需求的。奢侈忽略了自然的诉求，每一天都在人群中拓展其力量，散播着恶习。首先，奢侈会将对于大自然来说多余的东西作为渴求的对象，然后追求那违背自然的东西。最终，其会使灵魂成为身躯的奴隶，被躯体的欲望彻底征服。所有城市里的那些工艺商品，或者说那些喧嚣，都是有关身躯欲望的东西。当一切都被像奴隶一样交付给身躯的时候，它们就会为了其主人而存在。因此，这也就是为什么会有

---

①　位于现今的北部非洲，利比亚的北面。——中译者注

裁缝和木匠的工作坊，会有那专业厨师制作的美味佳肴，会有那传授放纵姿态、肆意挥霍和假唱等行为的人。大自然通过节制我们的需求来限制欲望的方式，已经被抛弃。现在的情况是，如果一个人拥有足够的东西就感到满足的话，那就意味着他很粗鲁，很贫穷。

（20）亲爱的鲁基里乌斯，很难相信雄辩的魅力是如何使得伟大人物远离真理的。以我尊敬的波西杜尼斯为例，他是一大群人中的一位，认为哲学对纺织技艺做出了最多的贡献。首先，他叙述了一些纺线是如何从松散的羊毛中抽出并被拧在一起的。接下来，是弯曲的线条如何被悬挂的重物拉直的。然后，插入的纬线又是如何令网线四周牢固，与经线交织成一个整体的。他声称纺织者的技艺是由智者发明的，忘记了那些他所谓的更为复杂的技艺是之后发明的：

> 框起来的织网，如今被拆散；
> 芦苇被作为经线。在经线之间，
> 穿梭着一条条纬线；
> 用宽大的梳子梳理整齐后，
> 将其带回家。①

设想一下波西杜尼斯看到我们当下的纺织方式，以及我们所编织出来的那些不能护体的衣物时的情形吧。我不会说这些衣服一点用没有，但它们连端庄都算不上！

（21）波西杜尼斯的话题随后转向了农民。他用同样雄辩的方式称：那被犁耕过变得松散的土地，会让根部自由成长；然后，将

---

① 来自奥维德的作品。——英译者注

种子种下去，并用手把野草铲除，以免它们长出来后糟蹋农作物。他声称，这种耕种方式也是智者的发明，就好像当下无数增加土壤肥力的新方法不是由那些耕种者发明的那样！（22）此外，并不局限于这些技艺，他甚至通过把智者送到磨坊，对其进行贬低。他告诉人们，圣人是如何模仿自然来制作面包的。他说："谷粒在入口时，就会被相互碰撞的坚硬牙齿咬压，且从舌头上溜出来的谷物也会被同样的牙齿咀嚼。然后，它们会混成一团，变得很容易下咽。当它们到达胃部时，就会被胃部的热量消化，然后，才会被身体所吸收。"（23）他继续说："按照这种方式，有人将两块坚硬的石头垒在一起，用来模仿牙齿。一块静止不动，等待另外一块的运作。然后，那块石头与另一块不断地摩擦着，谷物不断地被碾压，直到碾成粉状。之后，人们就可以洒些水，将那团面弄成面包的模样。在开始的时候，这种面包是由热灰或土制的器皿烧制的。随后，符合圣人意志的炉子就逐渐被发明出来了。"波西杜尼斯几乎宣称工匠的手艺都是由智者发明的。

（24）理性的确创造了所有这些东西，但这并不是正确的理由。不是智者，而是人类发明了它们。正如人们发明了用于穿越河流与海洋的船，在加载了帆之后，船就可以借由风力来航行；在船尾安装了舵之后，它就可以改变航行方向。它所模仿的是鱼类，鱼会通过控制尾部来改变方向，轻微的移动都会迅速改变前行的路线。（25）波西杜尼斯说："智者的确发明了这些东西。然而，这些东西对智者来说太过于渺小，所以他委托其他人来协助。"并非如此，这些早期的发明正是当下使用它们的人想出来的，而不是其他人想出来的。我们知道一些设备只在我们的记忆中出现，例如，使用通过透明瓦片来接收光线的窗户。还有拱形的浴室，在墙上装有管道为了传播热量，使浴室内部下方与上方的温度保持一致。我还有必要提到那令我们的庙宇和私宅光彩照人的大理石吗？或是那为国家竖立的宽敞的圆滑石柱走廊和建筑？或是可以让我们速记口述内容的标记法？所有这类东西，都是由等级最为低下的奴隶发明的。（26）智慧的位置更加重要。因为她训练的不是双手，而是我们的思维。

你想要知道智慧带来了什么，以及成就了什么吗？不是身体优雅的姿势，不是号角和长笛吹出的起伏跌宕的音符——那是由呼气和吸气转换而成声音，并不是智慧发明了装甲、城墙或用于战争的器具，她的声音是为了和平，且会号召全人类和谐相处。（27）我认为，智慧不是我们日常所需的必不可少的技艺。你为什么会指派给她如此琐碎的东西？你在智慧中可以看到的是熟练的生活技艺。确实如此，其他的艺术都在智慧的掌控之下。那些生活所服务的东西，也都会服务于生活。智慧的道路是朝向幸福状态的，她会带领我们朝那个方向前进，也会为我们开启通向幸福的道路。（28）她会展示给我们哪些东西是邪恶的，包括哪些东西似乎是邪恶的。她会将那些无用的幻想剔除。智慧能够给予我们真实的伟大，而不是那些因艳丽、空虚而膨胀起来的伟大。她会提醒我们伟大与自大的区别。她也告诉我们整个自然的知识，以及她自己所拥有的本性。她向我们展示了众神是什么，它们有哪些种类。什么是幽灵、日常神灵和守护神。什么样的灵魂可以长久存在，且什么样的灵魂被认为是第二等级的神，它们的住所、活动、力量和意志。

这就是智慧的启蒙仪式，解锁智慧需要通过的不是一座乡下的神殿，而是那个巨大的载有众神的神庙，也就是宇宙本身，它提供了真实的景象及外貌，成为我们心智凝视思考的对象。因为对于那些如此伟大的景象，我们的视线显得过于迟钝了。（29）智慧会回到事物的初始状态，回到当初赋予万物的永恒理智上，回到万物本源的驱动上，给予他们根据其性质改变每一个东西的力量。然后，智慧会开始质问灵魂，其来何处、居住在哪里、忍受了多久、有多少类别。最终，智慧会把焦点从物质转移到非物质的东西上，并会仔细检查真理并了解真理的特征。她会在生活或语言上查明如何将真理与其他类似真理的东西区分开。因为在生活和语言之中都会出现虚假与真实混在一起的情况。

（30）我个人认为，智者确实与我们讨论的那些技艺有关，正如波西杜尼斯所言。但是，智者从来没有真正从事过这些事务。因为，智者已经判断过没有什么值得去发现，所以，之后他不会总是判断一切是否值得使用。他不会使用那些已经被搁置的东西。

（31）波西杜尼斯说，"阿那卡西斯（Anacharsis）① 发明了陶轮，其旋转造就了器皿的形状"。然而，因为荷马曾提及陶轮，所以有些人认为荷马的诗篇是假的，而波西杜尼斯的故事是真的。但是，我认为阿那卡西斯不是陶轮的发明者。即使他是的话，而且他发明陶轮时也是一位智者，但他不是以"智者"身份发明陶轮的。就像很多事情，智者是以普通人的身份去做的。例如，假设一位智者健步如飞，他在比赛中依靠的是飞快的步伐来超过所有其他的奔跑者，而不是智慧。我应该向波西杜尼斯展示一些吹玻璃人的技艺，他们能用呼吸把玻璃塑造成各种各样的形状，很多形状甚至最为精巧的手艺人都无法做到。在人类还没有发现智慧之前，这些发明就已经形成了。

（32）此外，波西杜尼斯称："德谟克利特发明了拱门形状的建筑风格，其由弯曲的石头搭建，最后由拱顶石连在一起而成。"我倾向于认为，这种表达是错误的。因为在德谟克利特之前，一定

---

① 阿那卡西斯（Anacharsis）：古代斯基泰的哲学家。——中译者注

有一些弯曲的桥梁和门廊存在。（33）令人记忆犹新的是，同样是这位德谟克利特，他发明了通过煮沸而软化象牙的方式，以及将鹅卵石转变为绿宝石的方法。甚至今天仍在用同样的方式对石头进行着色，因为石头很适合这种处理方式。智者可能是发现所有这些东西的人，但他不是以智者身份发现的。因为智者做的很多事情，和那些更熟练且灵巧，但缺乏机智的人所做的事情是一样的。

（34）那么，你会好奇智者发明了什么，以及揭示了什么。首先，是真理和自然。智者所遵循的自然并不像其他动物那样。动物的眼睛过于呆滞，以至于无法感知自然中的神圣。其次，生命的法则，及生命与宇宙和谐统一的原则。智者告诉我们，不仅要了解众神，且要跟随众神。并且要像遵循神圣指令一样，拥抱机遇赐予的礼物。他警告我们不要关注那些错误的观点，且要通过真实的评价标准，来衡量每一件东西的价值。智者会谴责那些伴随着懊悔的享乐，且会赞美那些知足常乐的品质。智者曾公开宣布一个事实：最为幸福的人，是那些不需要幸福的人；最为强大的人，是那些有能力管控自己的人。

（35）我并不是说那个将公民置于国家之外，将众神排除在宇宙之外，且将美德建立于享乐之上的哲学学派①。而是那个把尊荣视为唯一的善，无论什么人间或命运的礼物都无法诱惑的，价值无与伦比的哲学学派。我拒绝相信，哲学可以存在于那个艺术与手工艺仍处于未知状态，且仅可以通过应用来了解什么是有用东西的鲁莽时代。

（36）接下来，就到了拜金时期。在这个时期，大自然的馈赠给予了所有人，任由人类使用；然而，在贪婪与奢侈破坏了维持人

---

① 指伊壁鸠鲁学派。——英译者注

们成为一个整体的纽带后，人们抛弃了和平共处，四分五裂并开始相互掠夺起来。在这第二个阶段，即使像智者那样按照自然法则去生活，他们也不能称为智者。（37）的确，除去人类之外，没有其他更加重要的东西了。如果上帝责令一个人去改变早期的人类，并赐予人们制度的话，除了那个时代为人们所认可的制度外，这个人不会认可其他任何制度。

> 没有农夫去耕种土地，
> 分割或约束一个人的财产，也是不对的。
> 人们分享收获，土地会更加慷慨地给予，
> 即使他们不去寻求，她的财富也会无偿留给子孙。①

（38）还有哪类人会比他们更幸福吗？他们享有自然的一切。自然对他们来说已经足够了，之前作为万物的父母，现在是万物的守护神。自然的礼物是每个人都确保可以拥有的共同资源。我为什么不该称他们为最富有的人呢？因为他们之中没有一个穷人啊。

但是，贪婪破坏了幸福的平衡状态。他急切地将一些东西占为己有，使万物成了他人的财产，使自己从无限的富有中脱离，陷入狭隘的需求之中。是贪婪导致了贫穷，其总是渴望更多，因而失去了一切。（39）因此，尽管贪婪想要弥补她所带来的损失，尽管她不断积累资产，通过收购或诽谤来驱逐邻居，尽管她将乡村级别的座席提升到了省一级，并通过定义所有权来扩大一个人拥有的财产；尽管付出了所有这些努力，但我们扩大的欲望，已无法使我们回到我们所离开的状态了。

---

① 来自维吉尔的作品。——英译者注

当我们已经没什么可以再拥有的时候，我们已经拥有了太多。然而，我们曾经拥有整个世界！（40）土壤在没有耕种的时候会更加多产，且会有足够的产量提供给那些掠夺其他土地的人。无论大自然给予了什么样的礼物，人们发现拥有它和将它告知他人是同样喜悦的，所有人都很公平，没有人可以超越其他人，或不如其他人；如果有的话，那么只需在和睦的朋友之间再分配一下，就可以了，而不是让强者从弱者手中抢夺，也非像守财奴一样藏起他所拥有的，甚至不会给旁边那些人生活的必需品。每个人都应该像照顾自己一样，照顾其周边的人。（41）将兵器置于一边，且停止沾染人类的鲜血，将所有憎恨投到野兽身上。那个时代的人，曾经用茂密的树林来防止阳光的暴晒，用隐藏的居所来抵御冬天的严寒或雨水。他们在树枝间起居，无忧无虑地度过平静的夜晚。荣华富贵会令我们烦恼，会用最尖锐的刺激使我们从床上惊起。然而，旧时人们虽躺在坚硬的地面上，他们的睡眠又是多么的安稳！（42）他们头顶上缺少被损坏且有装饰的天花板，因为他们躺于天空之下，只有悄悄滑过的星星与之相伴，高贵的夜晚瞬息万变，一切都在悄无声息地进行着。无论是白天还是黑夜，最为华丽的景色对他们来说都是自由且开放的。从隐居所出来，就可以观看漫天星辰的变换，这对他们来说是一种喜悦。（43）除去喜悦，在漫天的奇观中徘徊，还会有什么呢？而当下时代的人，房间中的每种声音都会令其发抖，壁画的一丝吱吱响都会令坐在旁边的你陷入恐惧之中。他们不会拥有像城市这么大的房间。自由的风任意驰骋着，掠过峭壁或树木；未被人类污染的溪水清澈见底，不是被束缚在管道或其他渠道中，而是自由地流淌；美丽的草场不需要任何工艺改造，他们朴实的家就在这样的风景中，由质朴的手所装饰。这样的居所才是与自然为伴的。房屋中只有快乐的生活，不需要担心居住本身，也不需要担心安全状况。然而，当下我们的房屋本身，就构成了我们担心的很大一部分。

（44）但是，无论那个年代人的生活有多么卓越和诚实，他们也不能称为智者。因为，智者这个称呼是留给最高级别的成就的。然而，我不否认他们精神的崇高，及对众神的尊敬——如果我可以用这个词修饰的话。毫无疑问，在这一代人消失前，世界随后就出现了更好的一代人。然而，并非所有人都拥有最完美的才能，尽管有些人的本能比我们的本能更加强大，且更加适于奋斗。大自然不会赋予美德，美德是一种（使人）变得美好的艺术。（45）至少，古时的人没有在地下寻找金银或透明的宝石，且他们对愚蠢的动物也保持仁慈。远不像如今的时代，人与人之间的杀戮仅仅是由于愤怒或恐惧引起的，而有时甚至只是为了作秀！那时，他们还没有镶边衣物，也还没编织有金丝的衣服。黄金甚至都还没有被注意。

（46）那么，这件事的结论是什么呢？正是因为对事情无知，那个时代的人才可以保持天真。一个人是否作孽，与其是否了解作孽之间有着巨大的区别。他们还不了解正义、审慎、自控和勇敢，但是，他们的朴素生活却拥有像这些美德一样的品质。除非灵魂能够坚持不懈地训练和教导，否则美德将无法实现。我们并非生来就拥有这种美德的恩惠，我们出生是为了获取这种恩惠。在未接受指导前，即使最为优秀的人也只拥有美德的一部分，而不是全部。再见。

九十一

论里昂大火带来的启示

（1）我们的朋友利贝拉里斯（Liberalis）现在很沮丧，因为他刚刚听说了里昂（Lyons）①的一场大火几乎将整个地方都摧毁了。这场灾难可能会让所有听说的人伤心，更不用说那些深爱着国家的人了。我觉得，这场事故也可以用来测试他所训练的性格强度，因为这刚好有可能引起他的恐惧。然而，我不会对他的行为感到惊讶，即使这种事件史无前例，他也没有被如此的意外和突发状况所吓倒。大火曾毁坏过很多城市，但从没有彻底摧毁过哪一座。敌人的纵火在很多地方都灭绝了，即使大火持续不断，也很少像里昂这次吞没一切。甚至地震几乎都不会造成如此强烈的破坏，可以摧毁整座城市。没有哪个地方遇到过如此肆虐的，瞬间就吞没一切的大火。（2）众多华丽的建筑——每一座都可以使一个地方成名，都在一夜间被摧毁了。在如此和平的年代，这类事件的出现甚至比战争所引起的恐惧还要大。谁能相信呢？在如此平和无战事的时期，令高卢人（Gaul）骄傲的里昂却消失了！

当命运集中攻击所有人时，她通常会给他们一丝将要遭受苦难的预感。每一个伟大的创造在堕落前，都会有一段时间的缓冲期。

但对于里昂来说，仅仅一夜间，最为宏伟的城市就变为灰烬。简单来说，这座城市毁灭的时间，要比我告诉你其如何毁灭的时间还短。

（3）所有这些都给我们的朋友贝拉里斯带来了一定的影响，使其意志受到了挫折；而通常情况下，在面对自己的琐事时，他都很坚定。不是理智本身动摇了，而是这种意外的事件给我们带来了沉重的心理负担。未知感加重了灾难的严重性，同时也由于意外，使每个人都感到了更大的痛苦。

（4）因此，我们不应该对任何东西感到意外。我们的意识应该提前预知所有问题，且我们应该思考的不是那些经常发生的事情，而是那些可能发生的事情。当命运孤注一掷时，还有什么不会被从繁华中拖拽到低谷里？没有受到命运的攻击，又有什么能散发如此的光芒？对于命运来说，有什么是辛苦艰难的？（5）命运通常不只以一种方式攻击，且不是每次都用尽全力。有时，她会借我们自己的手来攻击我们；有时，她满意于其自身的力量，会亲自为我们制造灾难。正当我们沉溺于享乐时，命运就会带来苦难的根源，没有什么例外可言。战争会在和平时期出现，且我们所依赖的保障，会转变为恐惧的源泉。朋友会变成敌人，同盟会化为敌手。宁静的夏天会突然间刮起比冬天时还要肆虐的风暴。虽然没有面对敌人，但我们已遭遇到如敌人入侵时所能遭遇的伤害了。如果其他的灾难没能给我们带来伤害，过度的好运也会将灾难送上门来。最为有节制的人会被疾病侵袭，最强壮的人会得消耗性疾病，最无辜的人会受到惩罚，最坚定隐居的人会被暴民干扰。

时运在不轻易间就会采用新的方式展示其力量，令我们承受。（6）以巨大的艰辛和众神的仁慈为代价，无论经历长期培养的结构是如何，它都会在一天内消散瓦解。不，那些说"一天"的人

太小看瞬息变化的噩运了。一小时，甚至一瞬间就足够颠覆整个帝
国了！如果所有的一切都像它们到来时那样，缓慢终结的话，对于
我们自己的软弱和努力来说，就已经算是安慰了。但事实上，增长
是缓慢的，毁灭是迅速的。（7）无论是公共的，还是个人的，都
不会是稳定的。人们的命运，正如那城市般，都处于旋涡之中。在
最为平和的时间，恐怖会发生。即使没有外部带来的骚乱，灾难也
会从最不经意的地方爆发出来。君主及政权被国内和国外的战争颠
覆，没有人能够逃脱。有几个国家能够一帆风顺到最后呢！

　　因此，我们应该反思所有的不确定，且应该怀有坚定的信念，
面对那些随时可能到来的灾难。（8）流放、病魔的折磨、战争和
海难，我们必须思考如何面对它们。时运可能会把你与你的祖国分
割开，或将你驱逐到荒原。现在这个人群拥挤的地方，也可能变为
荒原。如果我们没有被那些不期而遇，又貌似奇异的灾难压垮或迷
惑的话，那么，就让我们着眼于全人类命运的本质。让我们高瞻远
瞩，想想那些巨大的灾难并不会时常发生，但最大的灾难很可能会
发生。我们必须彻底反思命运。

　　（9）有多少次，亚洲的城市和亚该亚（Achaia）① 的城市仅因
为一次地震就被击倒了！有多少叙利亚和马其顿的城镇被摧毁！又
有多少这样的灾难将塞浦路斯（Cyprus）夷为平地！想想帕福斯
（Paphos）② 坍塌过多少次！经常听到海啸淹没整座城市的灾难，
想想我们所占有的世界是多么小啊，而这种海啸却经常出现！

　　那么，就让我们站起来直面命运。无论发生什么，就让我们确
保其不像谣言所传的那样。（10）作为该地区的一颗明珠，里昂这

---

　　①　古希腊的一个省份。——中译者注
　　②　塞浦路斯的一座古城。——中译者注

样富有的城市都已化为灰烬。尽管该城市建立在一座山丘之上，并非很广阔，但的确很富有。所有你现今听到的那些宏伟且壮观的城市，都将会被时间所淹没。你难道没看到亚该亚地区那些最著名的城市，如今都不复存在了吗？已经无法追寻其存在的踪迹了。（11）不仅那些手工制作的东西已被摧毁了，不仅那些人们辛勤建造的东西已被消逝的时间吞没了，就连山峰都已瓦解，土地都已沉陷，曾经远离海边的地方都已被海浪所淹没。从山边着起的大火已经将整座山都吞没了，把那曾经高耸的山峰——水手们的灯塔和寄托，都化成平地了。即使大自然自身，也被大火所困扰着，因此，我们面对被摧毁的城市时，应该保持镇定。（12）所有存在的一切，都注定将消失！这种厄运在等着一切。有时，可能是内部力量的爆发，将其支撑的压力全部释放出来，因为其出路已被堵住；或者，由于汹涌的旋涡藏在地底下，其力量变得更为强大，一旦爆发将摧毁抵抗它的力量；或者，由于凶猛的火焰将地壳都摧毁成碎片；或是因为时间，万物都无法逃避，其会一点点将它们消耗殆尽；或是糟糕的气候，将会驱赶居民，且令那些被遗弃的墙壁发霉。若细数所有命运到来的方式，将会变得冗长乏味。但有一件我知道的事情：所有人间的东西都注定要灭亡，且我们也注定要死亡！

（13）我正在给我们的朋友贝拉里斯类似的安慰，他对祖国充满了难以置信的热爱。也许，里昂的毁灭可能带来一次再生的机遇。时常，一次悲惨的遭遇可以为命运的繁荣创造空间。很多高耸建筑坍塌后，都立即被建造得更高。提玛晋尼斯（Timagenes）[①] 曾憎恨罗马及罗马的繁荣，他曾说他对罗马发生的火灾感到伤感的唯一理

---

① 提玛晋尼斯（Timagenes）：可能是古罗马作家，奥古斯丁的亲密朋友。——英译者注

由是，他知道那些被火烧毁的建筑，将以更好的方式被建造出来。（14）里昂的情况或许也是如此，所有的居民都急切地想要重建一切，而且将要建造更大更安全的建筑。可能在热心民众的支持下，其建筑会持续更久呢！的确，这个地区的殖民地已经有100余年的历史了，比一个人的一生还要久。在普兰库斯（Plancus）① 的带领下，这个地方充分利用其自然优势进行扩张，且成为今天所看到的模样。在其度过的如一个老年人一般的岁月里，不知发生了多少次更为严重的灾难！

（15）那么，就让心灵接受训练，从而去懂得并忍受自己的命运，且让其知道命运无所畏惧——命运对国家及君主们都有着管辖权，且同样管控着城市及城市中的市民。我们不要为这些灾难惊慌失措。进入到这样的世界之中，且生活在这样的法则之下，如果你想要的话，可以遵守；如果不想要，可以随时选择离开。如果命运有任何针对你一个人的不公，就大声喊出来吧。若这个一视同仁，且不可避免的命运法则，用相似的方式将最高及最低的事物都抛弃的话，那你也就听天由命吧。（16）你不该用坟墓或路边纪念碑的大小来估算一个人的价值。这些骨灰代表所有人都是平等的！我们出生时虽不平等，但我们的死亡是平等的。当我谈论城市的同时，也同样在谈论着城市的居民。阿尔代亚（Ardea）② 和罗马都曾被围困。人类规则的伟大奠基者，只根据我们的生命，而并没有根据家族血统或姓氏进行区分。当我们到达生命的终点时，他会说："离开吧！野心家。所有人间的生物，都要遵循同一条法则！"对于所经历的万物来说，我们是平等的。没有谁会比谁更脆弱，也没

① 普兰库斯（Plancus）：古罗马元老院成员，曾任执政官及检察员，里昂的缔造者。——中译者注

② 现位于意大利中西部拉丁姆（Latium）的早期首都之一。——英译者注

有谁会比谁对自己明天的生命更有把握。

（17）马其顿的国王亚历山大开始学习地理测量时，他是多么的不幸。因为他就此了解到，其所征服的地方有多么的渺小！多么不幸的人，我再重复一遍。因为他就此一定会知道，他拥有的头衔是虚假的。对于如此渺小的土地，谁又能用"大帝"来标榜自我呢？他所学的课程非常复杂，只有通过刻苦努力才能学会。这些课程不是一般的疯子所能理解的，疯子总会让其思维超越海洋之外。亚历山大曾大喊："教我一些容易的吧！"但他的老师回答说："这些东西对所有人都是一样的，对一个人难的，对另一个人同样很难。"（18）想象一下，自然正告诉我们："那些你们正在抱怨的东西，对所有人都是一样。我不可能会给任何人容易的东西，但是，那些希望事情变得容易的人，会自己弄得容易些。"通过什么方式可以实现呢？通过镇定。你必须忍受痛苦、饥渴、饥饿和年迈，那么，相对更长的生命可能会被给予你。但你还是一定会生病、一定会忍受失去的痛苦和死亡。（19）即便如此，你不应该相信周围那些人的嘈杂观点。这些东西并不邪恶，都在你的忍受能力之内，也算不上是负担。相传它们很可怕，但那只不过是大众一般的观点罢了。你对死亡的恐惧，就像恐惧谣言一样。但是，那些害怕语言的人是多么愚蠢啊！我们的朋友德米特里厄斯经常巧妙地说："对我来说，那些无知人的谈话就像是肚子里发出的咕噜声。这些咕噜声来自肚子的上面还是下面，对我来说有什么区别吗？"（20）害怕自己被声名狼藉的人进行不光彩的评判，是多么的滑稽可笑！正如你没有理由对别人的谈论感到害怕，你现在也没有理由对这些事情感到畏惧，因为若不是他们的谈论迫使你害怕的话，你永远不会感到害怕。那些不公平的谣言难道会对一个好人产生任何伤害吗？（21）那么，就不要让这类事情损害死亡，或者，在我们的评估中，死亡声誉不佳，但没有哪个诽谤死亡的人曾尝试过它。

　　去谴责自己不清楚的东西，是很愚蠢的行径。然而，有一点很清楚的是，死亡对于很多东西都很有帮助。其可以让人避免折磨、欲望、疾病、痛苦和厌倦。一旦我们掌控了死亡，我们将摆脱一切的控制！再见。

九十二

论幸福的生活

（1）我觉得，你我都会同意，追求外在东西的目的是让身体得到满足。而身体不会顾及灵魂，对于灵魂来说，其中的一部分会服务于我们。它会让我们行动起来维持生命的运转，为了让我们能够继续存在而给予我们力量。在这个最为主要的部分中，有的是非理性的，而有的是理性的。非理性的部分会听从于理性。而理性是唯一不会听命于其他东西的存在，且其只会听命于自己。神圣的理由是至高无上的，其会统治一切，且其本身不受任何束缚。我们拥有的理性也是一样，因为其源自神圣的理由。（2）如果同意这点的话，我们自然也会同意下面这点，也就是说，幸福生活只取决于，我们是否获得了完美的理由。其他都是没有用的，只有这一点才可以阻止灵魂向命运屈膝下跪。无论一个人遇到什么状况，它都可以令人远离困扰。只有这一项永远不会受到损害。我保证，这样的人将会是幸福的，没有什么会使其变弱。他腰板笔直，只依靠自己。任何依靠其他东西支撑的人，都可能摔倒。如果情况并非如此，那么，任何与我们无关的东西，都会对我们产生巨大的影响。但是，谁又想让命运占据上风呢？或者，有哪个理智的人会以不是自己的东西为荣呢？

（3）什么是幸福生活？它预示着心灵的安详及持续的平和。

如果你拥有伟大的灵魂，幸福生活将会属于你；如果你坚定地恪守已形成的良好判断，幸福生活将会属于你。一个人该如何达到这种状态呢？通过获得对真理的完全理解；通过在其所从事的一切事情中，坚持规则、尺度、适当性和善良的意志，永不背离理性，且用理性控制热爱和钦佩等情感。简短地用准则概括就是，智者的灵魂应该像神那样的适度。（4）对于一个拥有所有尊荣东西的人来说，他难道还有其他追求吗？如果不光彩的东西组成一个人可以拥有的最佳资产的话，那么，幸福生活就有可能会包含不尊荣的东西。将一个理性灵魂中美好的东西，与不理性的东西联系在一起，会有多么的卑鄙或愚蠢啊！（5）但是，有些哲学家①认为至善是可以增进的，因为当命运带来不利的遭遇时，至善就很难达到。即便是斯多葛学院最伟大的领导人之一安提帕特，也承认他会受到外部东西的干扰，即使仅有非常轻微的影响。然而，你想想看，只有在增加一点点火焰照明的情况下，才满足于白日的光明，这是多么荒谬的事情啊。在清朗日空下的一点点光亮，有那么重要吗？（6）如果你不仅仅满意于尊荣，那么，你想要的东西，要么是希腊人称之为"无忧无虑"的那种平和，要么就是享乐。在任何情况下，这种无忧无虑的平和都可以实现。只要心灵能够彻底关注宇宙和大自然，其就会从干扰中解脱。而对于第二点提到的享乐，就要像牲畜一样简单地生活。如果这样的话，我们就是把非理性的东西，凌驾于理性之上；把不光彩的东西，凌驾于尊荣之上。这种物理上的感知会影响到我们的生活。（7）为什么你不认为那些食欲好的人，一切都很好呢？而且，不要提英雄们，只对于常人来说，他们至高无上的美好只是源于味道、颜色和声音吗？不是这样

---

① 指一些逍遥学派和学园派学者。——英译者注

的，让人们从感官的享乐中解脱出来，他们就会成为仅次于众神的，最为高尚的生命存在。就让人们去放养那些牲畜，那些只会对饲料感兴趣的动物！

（8）非理性的灵魂有两个部分：一部分是生机勃勃的、充满野心及无法管控的，正如激情那样；另一部分是卑贱的、懒惰的，且专注于享乐的。哲学家们已经将前者那些放纵的部分都忽略掉了，即使它们看起来更好，且肯定会让人更加勇敢并更加令人尊敬。哲学家更注重后者，其虽然卑鄙，但对于幸福生活来说却是至关重要的。（9）这些非理性的东西会让理性俯首称臣，会把崇高且至善的生活变为卑鄙可怜的事情，成为一种荒谬的杂交而成的怪物。就像维吉尔形容斯库拉那样：

> 上面拥有人形的脸庞，和少女的半身，
> 美妙的胸部；下面则是庞大的无形块状，
> 及海豚的尾巴。且有着狼的食欲。

斯库拉有着野兽般的形状，可怕且移动迅速。但这种自作聪明的怪兽有什么智慧！（10）人类最根本的技艺是美德本身，这种怪物只是无用且转瞬即逝的肉体，仅适用于享受食物带来的快感，正如波西杜尼斯所说的那样。对于这种情况，神圣的美德会被卑鄙的东西所玷污。本应是崇高的东西，却被固定于一只呆滞且迟缓的动物身上。而对于第二个迫切需要之物"安静"而言，即使其确实不会给灵魂带来任何好处，但它可能会减轻灵魂的负担。相反，"快乐"实际上会摧毁灵魂，并削弱灵魂所拥有的活力。有哪些东西会如此这般不和谐地结合在一起？最为充满活力的与那些最为呆滞的，严肃的与那些松弛的，最为神圣的与那些龌龊不洁的。

（11）有人会反驳说，"那么，如果健康、休闲和无忧无虑不会妨碍美德的话，你难道不会去追求它们吗？"我当然会追求它们，但不是因为它们是美好的，而是因为它们符合自然的生活，因为它们符合我个人对美好的判断。那么，它们会带来什么样的美好？仅有一种，那就是可以选择的美好。就像我会穿合身的衣服，或以本能的方式走路，或在该吃饭的时候吃饭。不是说我的晚餐，我的走路方式，或者说衣服是美好的，而是我经过观察，经过仔细思考的选择是美好的，其是一种符合理性的途径。（12）再补充一点，选择合身的服饰，是一个男人适当努力的目标。因为男人本身就是整洁且穿着利落的动物。所以，对整洁服饰的选择，而不是整洁的服饰本身，是一种美好。就是说，美好的不是所选择的东西，而是选择本身。我们的行为之所以是尊荣的，不是指我们具体做的事情。（13）你可能认为我所说的着装的事情，也同样适用于人们的躯体。自然采用像衣服一样的躯体，来包裹我们的灵魂。但是，谁能从承载着衣物的衣柜上，来断定衣服的价值呢？剑鞘本身不会令其所包裹的剑变得更好，或更坏。就像有关躯体的问题，我会用同样的答案来回复你：如果我可以选择的话，我会选择拥有健康和力量；但美好的是我选择这些东西所依据的判断，而不是所选择的东西本身。

（14）也有人反驳说："虽然智者是幸福快乐的，但是，除非大自然为实现其目标提供了方式，否则他将无法获得其所定义的至善境界。所以，虽然一个拥有美德的人不可能是不幸福的，但如果缺少健康或四肢健全等大自然赐予的礼物，一个人也不会获得绝对的幸福。"（15）这么说的话，处在不断煎熬痛苦中的人并不悲惨，甚至是幸福的——这难道不令人难以置信吗？但你同意这种说法，只是拒绝承认他是绝对幸福的。但如果美德可以使人免遭苦难，那么获得绝对的幸福将会是一件更为容易的事情。幸福和绝对幸福之间的鸿沟，要小于苦难和幸福之间的鸿沟。对于一个可以把人从灾难中拯救出来，并置于幸福中的强大东西，难道就不能将其置于最幸福的行列中吗？难道在最后阶段，其就会丧失力量了吗？（16）人的一生中有很多会超出我们控制的优势和劣势。对于一个好人来说，如果经历了各种劣势和困境，仍然没有屈服的话，难道他会在意那些实现至高幸福所需的优势及有利条件吗？就像他不会被那些劣势及负担所压垮一样，他也不会因缺少任何有利的优势，就远离至高的幸福。就像在不利条件下，他会从困境中解脱一样，即使没有那些有利的条件，他也会是最为幸福快乐的。否则，若他美好的品质可以被损害的话，也就可能被彻底夺走。

（17）就像我上面提到的，一小撮火焰不会在太阳底下带来更多光明。因为有太阳光的亮度，其他光线就不会突显出来。有人会说，"但有些物体会遮挡住阳光"。即使这样，阳光也不会由于障碍而被削弱。即使物体可能会干扰我们的视线，但太阳依旧会散发光明。即使被云层遮挡，阳光也不会比在晴空的情况下变得更小或来得更迟。仅仅是有东西遮挡光线，还是有东西干扰其发光，两者有着本质的区别。（18）类似地，障碍不会伤害到美德，其不会变小，只是不像之前那么亮了。在我们眼里，它似乎不像之前那么显眼和闪耀，但究其本身而言，还是一成不变的。就像出现日食时的太阳，它仍在暗中传送着光明。因此，正如云层对于太阳的影响，灾难、损失和邪恶对于美德也只有类似的影响。

（19）我们曾遇到一个人，他坚称遭受躯体上创伤的智者，既不可怜，也不幸福。但他犯了一个错误，因为他把时运造成的结果与美德相提并论，并将同样的影响赋予尊荣的东西，和缺乏尊荣的东西。将卑鄙的东西和值得尊敬的东西放在一起，是多么可恶，且毫无价值啊！尊敬取决于正义、职责、忠诚、勇敢和谨慎；相反地，这些特质对那些一无是处的人，毫无价值可言。他们只会看重强健的腿，强壮的臂膀，良好的牙齿，健康和健壮的肌肉。（20）有人又说，如果智者的身体对他来说是一种考验的话，那么，他既不可怜，也不幸福，而是应该处于一个中间位置；他的生活也将会是既可求，又不可求的状态。但是，说智者的生活不可求，是多么的愚昧？如果将生命视为既可求，又不可求的话，那么，又有什么可以相信呢？如果身体上的不幸都无法使一个人感到悲惨（可怜）的话，这个人注定会获得幸福快乐。因为，那些没有能力将其拖垮的东西，也无法干扰其最佳的状态。

（21）有人会说，"但是，我们知道什么是冷，什么是热，冷热之间的温度属于温和。类似地，A 是幸福快乐的，B 是可怜的，因此，A 与 B 之间的 C，则既不幸福快乐，也不可怜"。我希望能质问一下用这话来反对我们的人。如果我在温水里添加一大堆凉水的话，那么，温水就会变成凉水。但是，如果我倒入很多热水的话，温水就会变热。然而，对于那些既不可怜，也不幸福的人来说，根据这种观点，无论我加上多少麻烦，他也不会是不幸福的。因此，这种说法没有类比性。（22）假设一个人既不可怜，也不幸福，我在其不幸的基础上，又令其失明，他没有感到不幸；我使其残废，他没有展示出不幸；我使其遭受不间断且严峻的苦难，他也没有显示出不幸。因此，一个人的生活没有因这些灾害变得悲惨的话，他的幸福也不会受到它们的影响。（23）那么，正如你所说，如果智者不会从幸福跌落至悲惨境地的话，他也不会跌入不幸的状态。对于已经开始滑落的人来说，他能在特定的地方停下来吗？那些能阻止其跌落至底部的东西，也会维持其在顶峰的位置。如果你追问，难道幸福的生活就不能被摧毁吗？它甚至都不会解体，因为美德就是其本身，其本身对于幸福生活来说就足够了。

（24）"难道那些活得更久，且没有被痛苦干扰的智者，不比那些经常与悲惨命运斗争的人更加幸福吗？"现在告诉我，他是否更好，或更加尊荣？如果不是的话，那么，他也就不会更加幸福。为了活得更幸福，他必须活得更恰当。如果他做不到的话，那么，他就不会活得更幸福快乐。美德不会受到更强烈的制约，因此，依靠美德的幸福美满的生活也不会。美德是一种很伟大的品质，其不会受到如此无关紧要东西的影响，如：生命的短暂、痛苦，以及身体上各种各样的麻烦。享乐也不配受到美德的关注，美德连看都不会看它一眼。（25）那么，美德中最为主要的东西是什么呢？是那种活在当下，不将未来视为已有的那种品质。美德在瞬息间，就可以实现永恒的美好。对于我们来说，这种品质似乎难以置信，且超越了人类的本性。因为，我们会以自己的弱点为标准来衡量美德的宏伟，并且，我们会以对待美德的方式对待恶习。此外，对于任何处在极度折磨中的人来说，若其称"我很幸福"，难道不令人难以置信吗？但当伊壁鸠鲁所说："今天和另外的一天是最为幸福快乐的！"，这种表达是在一座享乐制造场中听到的，尽管这两天他不是被泌尿疾病折磨，就是被胃溃疡折磨。（26）那么，为什么美德赋予的美好对于我们这些培养美德的人来说难以置信，却是那些时常享乐的人可以看到的呢？这些都是卑贱且低劣的想法，它们宣称，智者即使在极度的痛苦和苦难中，也不会感到可怜或幸福。这同样是令人难以置信的，不，甚至比其他的观点更要令人难以置信。因为我不明白，如果美德从其高度跌落的话，其如何能一直坠落至底部。美德能使人维持幸福，或者，当被迫离开其位置时，她将不会使我们摆脱不幸。如果美德站立不动的话，她不可能被赶出其他领域。她或者征服，或者被征服。

（27）但有些人说："只有永恒的众神被授予了美德和幸福的生活。我们只能获得美德的影子，模仿其品质及生活的外表。我们会趋近他们，但永远不会像他们一样。"然而，理智是神与人之间的共性。对于众神来说，理智已经完美；对于我们来说，其具有使我们趋向完美的能力。（28）不过，是恶习令我们陷入绝望之中。作为第二等级的理智存在，人类处于较低的层次，维持不了最佳的稳定状态，理智的判断仍然摇摆不定。人类可能需要视力、听力、健康、俊俏的外表，以及长久且不受侵害的体质。（29）虽然通过理性，人们可以拥有不后悔的生活。但人类这种不完美的生物体内具有一定的作恶力量，因为人们具有一个很容易就走向邪恶的心灵；然而，假设之前就已经付诸实践的邪恶仍显而易见，需要去除，那么这样的人仍然不能算是好人，但他正在其以良好的模子被塑造。即便如此，只要一个人身上没有任何从善品质的话，这个人就是坏的。（30）但是，

> 那些身体中存在美德的人；
> 精神始终在展现。①

他们与众神平等。他们会留意到自身的起源，并会努力返回到那里。那些跌落，但尝试返回到起始高度的人，没有错误可言。为什么你不相信，身体中有神性存在的人，会成为神的一部分呢？宇宙让我们成为一个整体，这就是神。我们与神关联着，是神的成员。如果没有恶习妨碍着我们，灵魂有能力使我们成为神圣的一

---

① 来自维吉尔的作品。——英译者注

员。正如我们的身体会挺直站立仰望天空，灵魂会根据其意愿前行，依其本质直到最后，它应该追求与众神平等的境地。若灵魂利用自己的力量向其适当的地位努力的话，就不需要外部的东西来协助其挣扎。（31）通向天国的道路将会是非常艰辛的，但灵魂终将回归故土。一旦它找到路径，就会奋勇向前，不顾一切。它将不会回头再看财富一眼。金银财宝，及那些一旦出现就会带来阴郁的东西，将不会给忽略它们的人以影响；但是，一旦贪婪出现，就会使人追寻财富。

我敢肯定，灵魂懂得富有不存在于人们堆满财宝的金库中。该被填充的是灵魂，而不是保险箱。（32）人们可以用灵魂来掌控一切，也可以视其为宇宙的主人。所以，像众神那样，灵魂会拥有一切，且只会居高临下俯视财富。而且，拥有巨大资源的灵魂，会从高处俯视财富。没有人会像怀恨其他人的财富那样满意于自己的财富。（33）当灵魂上升到了很高的程度，它就不会将躯体视为所热爱的东西。但由于躯体是必须忍受的负担，它会将其视为一个需要监督的东西，它也不会服从处于掌控中的躯体。如果一个人听命于其身体的话，他将不会获得自由。的确，忽略其他一切通过过度照顾身体而产生的掌控者，由身体施加的影响将成为烦琐且非常挑剔的。（34）位于身体中的灵魂一旦出发，伴随着不息的精神与喜悦，就不会在意那被抛弃的肉身的结局如何。不，正如我们不会思考修剪头发和胡须那样，当神圣的灵魂要从凡人的肉体中出发时，它就不会再考虑起点了——不管是被火烧尽，被石封住，或是被土掩埋，还是被野兽撕咬，肉身对它不再重要，就像胎衣对刚出生的孩子那样。并且，身体是否会被驱逐，或被鹰扯成碎片，

*或被喂给海豹，*①

又和一无所有的他有什么关系呢？（35）不，即使对于活着的人来说，灵魂对死后身体会发生什么也不会感到任何恐惧，原因是，虽然这些东西可能会成为威胁，但它们也不足以在死前那一刻恐吓住灵魂。灵魂会说："我不会被行刑者的钩子吓到，也不会因为那引发路人轻蔑的残缺尸体而感到惊恐。我不会恳求任何人来为我举行最终的仪式，我不在乎自己遗骸的归属。大自然已经规定，没有什么不会被埋葬。时间也终将葬送那些被残忍驱逐的人。"正如玛塞纳斯意味深长所表达的那样：

我不需要坟墓；因为大自然已经
为那些流浪的人准备好了葬礼。

你应该能够想象这是一位有着严谨原则的人说的话。玛塞纳斯的确是一位与生俱来就有着崇高及健全特质的男人，即使在富贵之中，他也没有慵懒地对待这些特质。再见。

---

①　来自维吉尔的作品。——英译者注

九十三

论生命的品质与长度

（1）在你的来信中，了解到你正在为死去的哲学家麦楚纳斯感到悲痛，就像他应该可以活得更长久似的。我看到了你在讨论人与物时所具有的那种公正精神，但这种精神在讨论一个特别主题时却不见了。的确，我们都会有这种情况。换句话说，我看到很多人都可以公正地处理同胞的事务，但没有见过谁能公正地处理关于众神的事。我们每天都在抱怨命运，称："为什么某某人在事业中途就丧命了？为什么某某人就没有丧命？为什么他应该延长自己的晚年，一种对自己和他人来说都是负担的生活？"

（2）但是，请告诉我，你认为你应该服从大自然更公平，还是大自然应该服从你更公平？并且，如果你注定迟早要从一个地方离开的话，在什么时候离开，会有区别吗？我们不应该追求活得更长久，而应该努力活得更正确、充实。因为想活得长久只需要命运，而要活得正确、充实，则需要灵魂。如果活得充实的话，一个人的一生真的很长；然而，除非灵魂能够获得适当的美好，且完全掌控其本身，否则充实的生活将不可能实现。（3）在无所事事中度过了80岁的老人，能有什么用呢？这样的人称不上是在生活，只是在生命中耽搁逗留罢了。他也并没有很晚去世，只是在去世的过程中花了很长时间。他难道真的已经活了80岁了吗？那要看你从何时开始计算他的死亡！你的这位哲学家朋友麦楚纳斯，虽然在壮年时就离世了，（4）但他已经完成了其作为一个好公民、一个好朋友和一个好孩子的所有职责。从这种意义上来讲，他的生命并没有什么遗憾。他的年龄可能还没有过完，但他的生命是完整的。那位80岁的老人难道真的曾经活了80岁吗？不，他只是存在了80载。除非你指的"他曾活了"的意思，与我们所指一棵树"活了"的意思一样。

亲爱的鲁基里乌斯，就让我们祈祷，让我们的生活能像昂贵的珠宝那样，不是因为其宽度，而是因为其重量而著称。让我们用表现，而不是时长来衡量生命。你是否知道，一位勇敢坚强蔑视命运，度过了生命的每一场战役，且实现生命至善的人，和那多少年都一事无成的人的区别是什么？前者即使在死后也依然存在，而后者，在死前甚至就已经不存在了。

（5）因此，我们应该去赞美并珍惜那些受到祝福的人，无论被分配了多么少的时光，他们都能妥善地利用。因为，这样的人才算见过了真正的光明。他不是一般的大众，他不仅生活过，而且辉煌过。有时，他会欣赏美丽的天空；更多时候，他只是透过那云层，享有那照耀于其身上的日光。为什么还要问："他活了多久？"他仍然活着啊！从一方面来讲，他已经延续到了后世，并且将他自己交付给了记忆的守护者。

（6）但是，我不会就此缩减我自己的寿命。即便我生命的空间被缩短了，我也不会缺少幸福生活所需要的任何东西。我也没想要活到最后一天，就像那贪婪的愿望所承诺给我的那样。不仅如此，我一直把每一天都视为生命的最后一天那样去生活。为什么要问我的出生日期，或者，我是否在年轻人的清单①上登记了？我所

_____

① 指年纪在17岁与46岁之间的男性需要进行登记的清单。——英译者注

拥有的，都是属于我自己的。（7）正如身材矮小的人可以是完美的人，一个短暂的生命，也可以是一个完美的生命。年龄属于外在的东西。我将要存在多久不是我来决定的，但是，当下如何继续存在，却是在我的控制之中。这是唯一一件需要我做的事情，即，我不会将年龄视为不光彩的东西，我会让自己专注于当下的生活，而不是纠结于过去的时光。

（8）你会问，那么如何才算是度过了完整充实的一生呢？是指一直生活，直到获得智慧。那些获得智慧的人，已经到达的不是最遥远的目标，而是最重要的目标。实现这样目标的人，的确可以欣喜若狂，并去感谢众神和自己。他可以把自己视为大自然的债权人而生活。他们的确有权这么做，因为比起接收到的生命，他离去时偿还的是一个更好的生命。他为好人树立了一个典范，展示出好人的伟大品质。如果还要活上一年的话，他也会像过去那样度过。

（9）但我们还要继续生活多久呢？我们已经有幸了解到宇宙的真理了。我们知道大自然的起始，了解到了她是如何根据上天的指示运行的，看到了年复一年会有的变化，明白了她是如何终结一切事物的，且知道其本身是唯一永恒的存在。我们知道星辰是依靠自身来运作的，除大地外，一切都在运动，且所有的物体都在不间断地运行着。我们知道月亮如何与太阳交替；为什么月亮运动虽然缓慢，却可以超过快速运动的太阳；月亮通过什么方式获得光源，又是如何失去的；是什么带来了夜晚，又是什么带回了白天。到你必须要去的地方，你就会对所有这一切拥有更深入的了解。（10）智者会说："我没有勇敢地离世，是因为这个期待——我判断通往自己神灵的路径已清晰地展现在我面前。我的确获得了他们存在的许可，实际上我已经获得这些神灵的陪伴。我已经把灵魂交给了他们，且他们之前就已经把灵魂送给了我。假设我完全被摧毁了，且在死后没有任何东西残留的话，我也不会被吓到。即使我在离世时，前方没有任何指引，也没关系。"

你会说，"但是，他并没有活到他应该活到的年纪"。（11）有些书篇幅很小，但很实用且被人称赞。也有些书，例如塔西佗（Tacitus）① 的《塔西佗编年史》，你知道它有多么厚，并且人们是如何评论它的。有些人的长寿就像是那部《塔西佗编年史》的处境。（12）你认为，在竞赛的最后一天被杀戮的战士，相较在比赛中死去的战士，会更为幸运吗？你认为，宁愿在换衣间被割喉，也不愿在剧院被杀的人，会如此愚昧地贪婪于生命吗？相对于其他人，我们的时间也没有更长久。死亡会光顾每一个人。刽子手不久也会被杀死。毕竟，人们如此关心讨论的，都是无关紧要的琐事罢了。不管怎样，对于无法逃脱的事情，能躲避多久真的重要吗？再见。

---

① 古罗马历史学家、文学家和演说家。——中译者注

九十四

论建议的价值

（1）哲学为个案提供格言建议的分支——例如，建议丈夫该如何对待妻子，父亲该如何抚养孩子，主人该如何管理奴隶等——被一些人认为是唯一重要的而获得接受。然而，哲学另外的分支，如从宏观方面给人类提供指导规范，却由于没有实际效用，而被人拒绝了。就好像一个人在还没有懂得作为整体的生命时，就给生命中某一个部分提建议一样。

（2）相反，斯多葛学者阿里斯托认为，上面提到的哲学分支不是很重要。他觉得，这部分的哲学没有沉入心灵之中，只是像老妇人的戒律一般，没有什么其他价值。最伟大的那部分好处来自哲学实际的教理和对至善的定义。当一个人充分懂得这个定义，并且彻底掌握之后，不管什么情况下，他都可以为自己找到戒律，来指导自己要做的事情。（3）正如学习标枪投掷的学生一样，他们会瞄准一个固定的目标，并训练投掷的方向。通过指导和练习，当掌握一定能力后，他就可以将其应用到任何想要投掷的靶子上，而不是随机的目标。那些已经准备好面对整个生命的人，不需要再为生命的每一个部分寻找建议，因为他已经训练好如何处理整个问题了。他不仅已经知道如何与妻子相处，或如何抚养孩子，而且已经学会了如何正确地生活。在这样的知识中，也包含了与妻子和孩子相处的适当方式。

（4）克里安西斯认为，哲学中智慧的分支的确很有用，但除非其来源于通用的准则，否则同样是毫无价值的。也就是说，智慧要基于哲学的实际教理及其重要的主题。因此，这个题目有两种层次，带来了两个不同的问题：第一，智慧是有用的，还是没用的？第二，智慧本身是否可以成就一个好人？也就是说，它是无关紧要的，还是它的存在让其他分支都成为无关紧要的了？

（5）那些认为哲学中智慧的分支属于无关紧要的人认为："若一个物体在眼前挡住视线，就必须将其拿走。因为，只要障碍在眼前，提供诸如'就这样向前，向那个方向伸手'的格言就是在浪费时间。类似地，当有东西蒙蔽住一个人的灵魂，且阻止其清晰地履行职责时，那么建议他'就像这样与你的父亲相处，像这样与你的妻子相处'也是没有用的。因为当其心灵被错误笼罩时，这样的格言不会有什么用。只有遮挡住心灵的东西消散后，他才会明白自己的职责。否则，你仅仅是在告诉一位病人在病好后该如何做，而不是治疗他的疾病。（6）假设你正在向穷人揭示'财富使用'的方式，如果他依然贫穷的话，你传授的这种方式，又怎么能算是有用的呢？这是在尝试教一个饿着肚子的人，如何像一个吃饱饭的人那样行事。然而，首先需要做的，是将其从饥饿中解脱出来。"

"我向你保证，同样的情况会出现在所有的错误上。这些错误必须被清除，若这些格言戒律不能落实的话，给予了也没有用。除非你能修正那些错误的观点，否则，守财奴永远不能学会适当的用钱方式，懦夫也永远不能学会蔑视危险。（7）你必须让守财奴知道，金钱是无关紧要的东西，向他展示富人的悲惨。你必须让懦夫了解通常那些吓得我们魂不附体的东西，并不像传说的那么可怕，无论是引发我们痛苦的东西，还是死亡，都没什么区别。当死亡——世人均无法挣脱的法则——到来时，想到它永远不会再次降临了，通常会是一种很大的安慰。在遭受痛苦时，坚定的灵魂就像是一种良好的治疗，因为灵魂会用顽强与蔑视来减轻一切负担。记住，痛苦有着这种最为卓越的品质："可以持续的痛苦一般都不严重，而严重的痛苦一般都不会持续太久。我们应该勇敢地面对，作用在我们身上的那些无法避免的宇宙准则。"

（8）"通过这种方式，你可以将那些犯错的人带入一种自主的境况中。当他了解到，幸福生活不是追求享乐，而是追求自然；当他已经深爱美德并将其视为唯一的美好，且已然像逃避唯一的罪恶那样逃避卑鄙；当他了解到那些财富、资产、健康、力量、主权，都属于无关紧要的东西时，那么，他就不需要去监控每一种行径了，对他说：'这样行走，这样进食，是一个男人的适当方式，而那种是女人的。这是已婚男人的，那是单身汉的。'（9）的确，那些忍受着极大痛苦去提供建议的人，通常他们自己也无法将之付诸实践。就像教员给学生建议，祖母给子孙建议；也像那脾气暴躁的校长教导说，一个人永远不应该发脾气。不管去哪所小学校，你都会看到，那些德高望重的哲学家所做的类似论述，甚至可以在孩子们的课本中找到！"

（10）"那么，你会提供那些一目了然的格言，还是那些疑点重重的格言呢？那些一目了然的不需要考虑，而那些疑点重重的则不应该被信任。所以，给予格言戒律这种行为就是无关紧要的。的确，你应该用这种方式来处理问题：如果向某人咨询一件模糊且不能确定的事情，你必须用证据来支持你的格言。如果你一定要付诸证明，你的证明方式本身要更加有效，且符合要求。（11）'这就是你对待朋友，对待同仁，对待邻居必须采用的方式。'为什么？

'因为这就是公正。'我可以找到以公正为名义的所有材料。我发现公平公正本身就是可取的，因为我们既不会因恐惧而被迫去实现公平，也不会因为报酬而去追求公平。并且，拥有公平品格的人，除去美德之外，不会被其他任何东西所吸引。在说服自己并完全吸收这种观点后，我可以从这类格言中获得什么利益吗？这些格言只会指导那些已经受过训练的人。对于那些了解的人来说，这些格言是多余的；而对于不了解的人来说，它们是不充分的。因为，后者不仅需要被指导该做什么，而且要说明这么做的缘由。（12）我再重复一遍，这些格言戒律是对那些已经能够明辨是非的人有用，还是对那些无法明辨是非的人有用？对后者来说，他不会从你那里得到什么益处。因为，他的想法与你的忠告相冲突，且已经完全左右了他的注意力。而对那些已经做过谨慎决定的人来说，在没有你告诫的前提下，他已经知道要追寻什么，要避免什么。因此，这整个格言戒律的哲学分支可以被废除了。"

（13）"有两个原因会导致我们误入歧途：一个原因是，错误观念在灵魂中造成了邪恶；另一个原因是，即使不是由错误观念引起的，灵魂也极易因假象和外表所引导的错误方向而迅速走向堕落。因此，我们的职责要么是谨慎治愈那病态的心灵，并将其从错误中解脱；要么就在心灵还没有被邪恶占据前，先将其掌控。两种成果都可以通过哲学的教理来获得，因此，提供这样的格言也就毫无用处了。（14）此外，如果我们将格言发放到每个人的手中，任务会是无比巨大的。一部分的建议应该给金融家，一部分要给农民，一部分要给商人，一部分要给那些培养皇室风度的人，一部分要给那些寻求友谊的人，一部分要给那些想加官进爵的人。（15）如果涉及婚姻的话，你的建议既要考虑那类妻子在结婚前是少女的丈夫，也要考虑妻子在之前已经结过婚的丈夫。包括富有妻子的丈夫该如何行事，以及妻子没有嫁妆的丈夫又该怎么做。难道你不认为没有孩子的女人和有了孩子的女人，上了年纪的女人和很年轻的女人，亲生母亲和继母，她们之间会有所区别吗？我们不可能涵盖所有类别，况且每一个类别都需要不同的对待方式。但是，哲学的准则是简要且适用于所有类型的。（16）此外，智慧的格言应该是确切且必然的：当东西不能被准确定义时，它们就不属于智慧的范畴。因为智慧懂得事物的适当限度。"

"因此，我们应该去除格言戒律这个分支，因为其不能适用于所有情况，只适用于部分情况。然而，智慧是适用于一切的。（17）对于一般意义上的疯狂，和那需要药物治疗的精神上的疯狂来说，除了后者会遭受病痛的折磨，而前者只是观念上的错误之外，两者并没有太大的区别。一种情况可以被看作疾病的疯狂症状，另一种是心灵上的疾病。如果一个人要向一个疯子提供格言戒律，告诉他该如何说话，如何行走，如何在公众场合和私人场合行事，这个人一定比那个疯子还要精神错乱。真正需要做的是治愈黑胆汁，去除这种引发疯狂的根本原因。而且，这也是另外那种精神上的疾病所需要做的。疯狂本身必须要去除，否则，你的言语建议都不会起任何作用。"

（18）上面这些就是阿里斯托所说的，我会一个接着一个地回应他的观点。首先，他说一个人有义务消除挡住眼睛且妨碍视线的情况。与之相反，我承认，这样的人为了视线不需要格言，但是，为了治愈视力并根除障碍，他需要治疗。大自然赋予我们视力，那位根除障碍的人，恢复了大自然给予的正常功能。但是，大自然并没有在每一种情况下，都告诉我们该如何行事。（19）此外，即使一个人的白内障治好了，他也不能在康复后马上让其他人恢复视力。但是，当我们自己从邪恶中解脱之后，还可以帮助其他人获得解脱。也没有必要鼓励或建议，因为眼睛本身就可以区分不同的颜色，即使没有人提示，也可以辨别黑白。另一方面，为了能够明白一生该做些什么，心灵则需要很多建议。对于眼睛的治疗来说，医生不仅可以完成治愈，也可以针对建议进行商讨。（20）他会说："你不该立刻将薄弱的视力置于危险的光线下。首先，可以从黑暗开始，然后过渡到灰暗的地方，最终再大胆尝试，逐渐适应白天日光的亮度。你不该在进食后立即学习，不该在眼睛肿胀且发炎后，再强加给它一些困难的任务。要避免风和强烈的冷气直吹脸颊等类似的建议。"它们和药物一样有价值。医生的技艺是通过忠告来提供治疗。

（21）有人会回复说："但是，错误是罪孽的源泉。格言戒律不能消除错误，也不会抹除我们对善恶的错误观点。"我承认，格言本身还不足以颠覆心灵中的错误信念。但是，当伴随着其他方式的时候，它并非一无是处。首先，格言可以唤醒记忆；其次，如果应用得当，可以用一种更加谨慎的方式处理那些混作一团的事情。根据我们反对者的理论，你甚至可以认为安慰和劝告都是多余的。但这些并不是多余的，建议也不是多余的。

（22）他们反驳说，"像身体健康一样，去要求一个病人该做什么是愚蠢的。你应该做的是恢复他的健康；因为没有健康，格言戒律一文不值"。但是，对于那些需要持久建议的病人和健康的人，他们难道就没有什么共同点吗？例如，对食物不要过于贪婪，避免过度疲劳。有些格言戒律对穷人和富人来说是同样适用的。（23）人们会说，"那么，就治愈他们的贪婪，倘若穷人或富人的欲望都可以被平息的话，就无须再分别教导他们了"。但是，摆脱对金钱的贪求，和知道如何使用金钱，难道不是两件事吗？吝啬鬼不懂得对金钱加以适当的限制，但即使对于不吝啬的人来说，也很难懂得如何使用金钱。有人说："不要犯错，这样一来，那些格言戒律也就没有必要了。"这是不对的，即使贪婪被削弱，奢侈被限制，轻率被驾驭，懒惰被刺激，且这些恶习都被根除，我们也必须继续学习应该做什么，且如何去做。

（24）有人说，"对于较为严重的过失，即使按照建议去克服也将于事无补"。不对的，即使药物医治不了绝症，还是可以起到一定的缓解功效。尽管全部的哲学力量聚集起来，也无法根除灵魂中那顽固的疾病；但是，不能因为智慧不能治愈一切，就说它不能进行医治。（25）人们会问："指出显而易见的事实有什么好处吗？"非常巨大的好处，因为我们有时只是知道了事实，而没有注意观察它们。建议不是教导，它只是激发我们的注意力，让我们全神贯注于记忆并防止其失去控制。我们错过了很多近在眼前的东西。实际上，建议是一种劝导。心灵经常会忽视眼前的东西，我们必须牢记那些为心灵所熟知的事物。一晚上都在重复卡尔乌斯（Calvus）[1] 评论瓦提尼乌斯（Vatinius）[2] 的话："你已经知道贿赂正在进行，而且每个人都清楚你已经知道了。"（26）你知道，友谊应该被谨慎地尊重，但你不能以此为荣。当一个男人与其他人的妻子私通时，你知道，这个男人就不应该要求他的妻子保持纯洁；你知道，正如你的妻子不应该有其他爱人那样，你自己也不应该有情妇。然而，你却没有采取相应的行动。因此，你需要持续记住这些事实，它们不该被抛诸脑后，而是随时使用。应该时常讨论所有有益的东西，并将其置于脑海中，这样我们不仅会熟悉它们，也会随时使用它们。并且记住，利用这种方式，人们经常会让那些已经

---

① 卡尔乌斯（Calvus）：古罗马演说家、诗人。——中译者注
② 瓦提尼乌斯（Vatinius）：古罗马政治家。——中译者注

明白的东西，变得更加清晰透彻。

（27）有人会回复说，"但是，如果你的格言戒律不是很明显的话，你就应该提供证据；因此，不是格言，而是这些证据会提供帮助"。难道没有证据，监督员的影响就不存在了吗？就像法律专家的意见一样，即使没有提供理由，也依然有用。此外，格言戒律本身就有着很重要的价值，不管是被编入歌中，还是浓缩成谚语。例如，在非常著名的《加图的智慧》一书中，有这样的表达："购买那些对于你来说必要的东西，而不是那些你需要的东西。那些不必要的东西，即使一小部分也会带来巨大的负担。"（28）或是那些神谕，或类似神谕的句子，如："节约时光！""了解你自己！"如果有人反复告诉你如下这些句子，你还需要懂得它们的含义吗？

忘掉麻烦，是解决麻烦的方式。

和

命运会倾向于勇敢的人，
而懦夫会被其脆弱的内心阻挠。

这样的格言不需要有人解释，它们会直达内心并帮助我们，因为这就是大自然的运行法则。（29）灵魂自身承载着一切尊荣事物的种子，并且这些种子会被建议激发而成长，就像微风会让火花演变为自然的火种一样。美德会被轻触与微小的震动所唤醒。此外，虽然有些东西已经在脑海中浮现，但还没有准备好去实施，而一旦受到言语的启发，这些东西就会很容易开始起到作用。有些东西遍布于各个不同的地方，对于没有经过训练的心灵来说，很难将它们安排得整齐有序。因此，我们应该将它们融合成一个整体，这样它们就可以变得更为强大，并提升我们的灵魂境界。（30）或者，如果格言一点也不起作用的话，就应该放弃所有的教导方法，这样我们就可以与自然和谐相处了。

那些声称抛弃所有格言戒律的人，不明白有的人是活泼且机智的，而有的人是迟滞呆板的，有些人要比其他人更为聪明。聪明人的优点，就是能够从格言戒律中获得滋养并持续成长，其会在与生俱来的品质上添加更多的观念，且会修正那些腐朽的观点。（31）有人会说，"但是，对于一个没有良好习惯的人来说，在他被堕落的教条所困扰时，建议如何能解救他呢？"当然，就这种情况来说，他的确可以被解救。因为他的天性并没有被摧毁，只是受到了蒙蔽。他会努力再次崛起，与那些邪恶的影响作斗争。如果是长期的问题，但还没有令人的本性堕落或摧毁，在这种情况下，一旦得到格言戒律的帮助，他会变得更加强大。如果借助于哲学的鼎力帮助，就会康复。哲学的教条和格言戒律之间有什么区别吗？前者较为普遍，而后者较为特别；两者都与建议相关，一个适用于一切事物，另一个适用于个别事物。

（32）有人说："如果一个人已经熟悉了正直且尊荣的教条，就没有必要再给他提建议了。"绝不是这样的。因为这样的人的确已经了解到他该做的事情，但还没有充分弄清楚这些事情是什么。我们为了完成那些值得称赞的行为，不仅会受到来自我们自身情感的制约，也会被探索特定情况的欲望所干扰。我们的心灵经常会处在良好的控制下，同时也会懒惰并疏于探索其应当履行的职责，而建议可以使我们更加清楚当前的处境。（33）此外，有人说："如果清除掉所有关于善恶的错误观点，并用真实观念替代的话；那么，建议就不会有发挥作用的余地了。毫无疑问"，灵魂中的规则可以用这种方式建立起来，但也有其他方式。即便我们仅凭分辨善恶就能得出结论，格言戒律也会有它们适当的角色。谨慎和正义组成了一定的职责，且职责是由格言来界定的。（34）此外，通过遵守我们的职责，对善恶的判断也会随之加强，并且格言戒律会引导我们实现这一目的。它们两者相互依靠，除非有职责紧随，否则格言戒律也无法引领我们。它们会遵守自然的规律，因此，格言明显是首要考虑的。

（35）有人说，"格言戒律是数不尽的"。又错了！对于重中之重的事情来说，它们并不是无穷尽的。当然，由于时间、地点和人的区别，它们会有不同。但是，即使在这样的情况下，格言戒律也会有一定的适用规则。（36）据说，"没有人可以用格言戒律来治愈疯狂，同样，它也不会治愈邪恶"。有一个区别是，如果你根除了一个人的疯狂，他会变得理智；但如果我们清除了错误的观点，立刻随之而来的也不是对实际行径的洞悉。即使是的话，一个人的价值观也仍将影响到（格言戒律）最终的效果。并且，认为格言戒律对疯狂的人来说是没用的，也是错误的。尽管就其本身而言，它们是无济于事的，但对于治愈来说会有帮助。责骂和惩戒都会控制一个疯子。需要注意的是，我这里所指的疯子，是那些理智受到干扰的人，而不是那些完全丧失理智的人。

（37）有人反对说，"但是，法律不会经常让我们做那些我们应该做的事。而且，除了将戒律和威胁掺杂在一起，还有什么可以称为法律吗？"首先，法律并不是因为威胁才说服我们的；而且，格言戒律不会强加于人，只是会恳求人。再说一次，法律会震慑住一个人，防止其犯罪；而格言戒律会敦促一个人履行其职责。此外，法律无论在教导还是在智慧方面，都会有助于实现良好的行为。（38）我不同意波西杜尼斯的这个观点，他说："我不认为柏拉图的《法律》应该添加序言。为了让没有相关经验的人更容易全部理解，一部法律应该简洁。它应该像从天堂发出的命令一般，而不是像讨论的那样。没有什么比一部有着序言的法律更令我感到单调和愚蠢了。法律应该警告我，告诉我该去做些什么。我要做的不是学习，而是遵守。"但是，采用这种方式构造的法律是有益的，因为你会注意到，存在法律缺陷的地方，也会存在道德缺陷。（39）有人说，"但是，它们不会在每一种情况下都适用"。即使哲学也不会。就此而言，哲学在训练灵魂上也是没有功效的。此外，难道哲学不是生命的法律吗？假设我们可以，就不必遵循那些不适用的法律；对于那些不适用的建议，我们没必要遵循。因此，你可以说安慰、警告、劝导、责骂和赞扬统统无效，因为它们属于建议的不同类别。而这些不同类别的建议，是可以让我们达到完美心灵状态的方式。（40）相比和善良的人交往，没有什么更能给我们的心灵带来尊荣，或扭转那易受错误影响的精神了。因为从善良的人那里经常看到或听到的，会一点点渗入我们的心灵，且会获得格言戒律般的功效。

仅仅与智者见面，我们都会获得提升。而且，即使伟大的人保持沉默，一个人也可以从他那里获得帮助。（41）我无法简单地告诉你他是如何帮助我们的，但我敢肯定确实获得了帮助。裴多（Phaedo）① 说："当一些非常小的蚊虫叮咬我们时，并不会太疼。它们的力量如此渺小，但欺骗性却很大。这种被叮咬的部位会因肿胀而暴露出来，而且，即使部位在肿胀，也不会有明显的伤痕。"当你与智者交往时也是类似的经历，你不会发觉是如何，或何时获得的好处，但你还是会在获得后有所察觉。（42）你会问，"这句

---

① 裴多（Phaedo）：据称是柏拉图的朋友，苏格拉底的学生之一。——中译者注

话有什么内涵吗?"那就是，良好的格言经常会受到内心的认可，且就像榜样一样让你受益匪浅。毕达哥拉斯声称，当我们进入庙堂，面对面地注视众神，并等待上天的神谕时，我们的灵魂会经历一些变化。(43) 此外，包括那些最没有经验的人，有谁能否认曾经被一些格言戒律的力量深深地触动过呢? 例如，这些简短但分量很重的格言:"没有什么是多余的"，"任何收获都无法满足一颗贪婪的心"，"你期望他人对待你，就像你对待他人那样"。当我们听到这样的说法时，会感到震惊。没有人想要质疑这些格言，或询问"为什么?"的确，即使没有理由，我们也会被真理深深吸引。(44) 如果崇敬可以掌控灵魂并阻止恶习，为什么劝告就不可以呢? 同样，如果谴责给人一种羞耻感，即使劝告只采用了格言戒律的形式，为什么就不能具有同样的影响呢? 劝告会通过理性来协助建议，它可以为做一件事提供动机，并且等待那个执行且遵守格言戒律的人的回报——这将是更为有效且深入人心的。如果命令是有帮助的，那么，建议也同样如此。而且，一个受到命令帮助的人，也可以通过建议来获得帮助。

(45) 美德可以被分为两个部分:对真理的思考与对真理的落实。训练会传授思考，训诫会传授落实。不仅如此，正确的落实会锻炼并揭示美德。如果一个人在建议的帮助下将要行动时，他也受到了训诫的帮助。因此，如果正确的落实对于美德来说是必不可缺的，且训诫会让正确的落实更为明显清晰，那么，训诫也是不可或缺的。(46) 对于灵魂来说，有两个非常重要的支点——对真理的信仰和信心;它们都是训诫的产物。对于相信的人来说，当信仰建立起来后，灵魂会获得巨大的鼓舞，且充满信心。因此，训诫并不是多余的。

马库斯·阿格里帕（Marcus Agrippa）① 是一个非常伟大的人，对那些在内战中成名的人来说，他是唯一一个用其资产帮助国家的人。他经常说，他从这句格言中得到了极大的恩惠："和谐会让小的事物成长，不和谐会让伟大的事物陷入衰退。"②（47）他认为，这句话中蕴藏的美德，使他自己成为最好的兄弟和朋友。如果这类格言可以深入并塑造灵魂，为什么包含这样格言的哲学不能拥有同等的功效呢？美德一部分取决于训练，一部分取决于实践。你必须首先进行学习，然后再通过行为来强化你的学习成果。如果这是事实的话，不仅智慧的教导会帮助我们，格言戒律也同样会帮助我们，因为它可以通过正式的法令来抑制并驱除我们的情绪。

（48）有人说："哲学可以分为知识和心灵的状态。对于那已经学会并明白该去做什么，以及该去避免什么的人来说，除非他的心灵可以塑造成他想要塑造的状态，否则他将不会成为智者。格言戒律作为第三部分，会与哲学教条和心灵状态掺杂在一起。如果另外两个部分已足够实现目的的话，就美德的完美性而言，格言戒律就是多余的。"（49）那么，按照这种观点的话，安慰甚至都是多余的，因为它也是和另外两者混合在一起的。类似地，劝告、说服，甚至是证明本身都是多余的。因为证明也同样是源于一个有序和坚定的心态。尽管这些东西是健全心灵的产物，但健全心灵状态本身也源自它们。健全的心灵既是它们的创造者，也是它们的结晶。（50）此外，你提到，一个完美的人，是那个已经达到人类幸福高度的人。但是，实现这些品质的途径是缓慢的，就具体实践而言，应该为那些远不够完美，但正在进步的人指出实现的道路。即

---

① 马库斯·阿格里帕（Marcus Agrippa）：古罗马政治家、将军、建筑师。——中译者注

② 来自塞勒斯特。——英译者注

使在没有训诫的帮助下，智慧也能够找到这条道路，因为她已经将灵魂带到了只可朝正确方向前进的阶段。然而，对于性格较为软弱的人来说，仍然需要有人在前面带领，并告诉他们，"不要做这个"，或"要做那个"。（51）此外，如果一个人非要等待最佳行动时机到来的话，他就会时而误入歧途，而这将阻止他达到可能实现的自我满足境地。因此，直到有能力引领自身前，灵魂都应该被（我们）引领着。孩子们要根据教导学习，他们要由其他人手把手指导，这样才可以懂得文字的轮廓。然后，他们被要求模仿一书写，并在其基础上建立自己的书写风格。类似地，通过教导和指引，心灵也可以得到帮助。（52）这些证据都体现出，哲学给予人建议的这个部分并不是多余的。

接下来的问题是，哲学本身是否足以让一个人变得明智。这个问题应该在适当的时间解决。就目前来说，如果忽略所有争论的话，难道我们不该找一位导师来顶替一般意义上的格言戒律吗？（53）所有的言语在到达我们耳朵之后，都会带来伤害。不管是良好的祝福，还是邪恶的诅咒，都会令我们受到伤害。敌人充满愤怒的祈祷，会给我们带来虚假的恐惧；朋友的喜爱和温暖的祝福，会给我们带来溺爱。当我们可以在家里就打开幸福美满的大门时，这种喜爱却让我们去追求那遥不可及、不确定和若隐若现的美好。（54）我认为，我们没有被允许在一条笔直的道路上前行。我们的父母和奴隶会使我们陷入错误。没有人会将其错误限制在自身范畴内。人们会在邻居间散播愚蠢，也会从他们那里收到愚蠢。就因为这样的缘故，从一个人身上，你可以看到整个国家的恶习，因为是国家将这些恶习传递给了个人。每个人在令他人堕落的同时，也在让自己堕落。他们吸收着，并散播着恶习。邪恶，就是如此庞大不道德群体制造的结果，因为每一个个体最坏的部分都集中在一起了。

（55）因此，我们应该有一位守护者，能够通过持续抵制谣言和抗议那些激情，来解救我们。如果你认为我们的错误与生俱来，那你就错了，它们都来自于已经堆积到我们身上的东西。因此，通过经常接受训诫，我们可以拒绝那盘旋于我们耳边的嘈杂观念。（56）大自然并没有让我们与任何恶习结盟，她给予我们健康和自由。她没有在我们眼前放置任何可能引起贪婪欲望的东西。她把金银都埋藏在我们脚下，并根除了所有那些令我们被踩踏和碾压的东西。大自然让我们注视天空，并决意让我们观望其辉煌且美妙的作品。她给了我们日出日落；给了我们旋转的世界，白天揭示出地面上的万物，夜晚展示出天堂般的夜空；她给了我们星辰的运转，如果将宇宙作为参照物，它们的速度会显得很慢，若你参考一下他们轨道的型号，它们的速度是非常快的。大自然也同样向我们展示了连续的日食与月食，以及其他奇特的自然景观。有些景观会经常出现，而有些则是突然展现出来的，例如：夜间闪过的大火轨迹，或空旷天宇下没有雷声相伴的闪电，或各种各样的火焰奇观。（57）大自然将所有这些现象都置于我们头顶之上，就像总会引发战乱的金子和银子，大自然将它们与铁矿一起藏于地下；就好像她认为我们对这类物品的保管，是一种很危险的事情。是我们自己将这些东西从地下挖了出来，以至于我们会为它们相互而战。是我们自己将掩藏这些矿物的泥土抛弃，挖掘出导致我们自己走向毁灭的原因。是我们自己将罪行归咎于财富，并把那些曾经深埋于地下的东西视为崇高的物品，也毫无羞耻之感。（58）你想要知道那些欺骗你眼睛的光泽是有多么虚假吗？这些东西长久地与泥土一起埋藏于地下，没有比它们更为污浊和黑暗的东西了。它们当然是污浊的，因为它们都是通过一条狭长且阴暗的矿井被拖拽出地面的。也没有比将这些金属从矿物中提纯分离出来更丑陋和肮脏的过程了。此外，看看那些必须处理和筛分这些矿物的工人们，看看他们全身又是多么的肮脏！（59）而这些东西对灵魂的玷污要大于对身体的玷污，所以，这些东西的拥有者要比那些工人更为肮脏。

因此，我们必须要接受劝告，我们有一些正直的拥护者，在各种虚假与喧闹声中，只聆听一种声音。这种声音应该是什么样呢？肯定是一种在自我追求的喧嚣中，可以对即将变聋的耳朵低声传达那有益的言语：（60）"你不需要嫉妒那些被称为伟大和富有的人，也不需要让赞美干扰到你镇静的态度和清醒的心灵；你不需要因为看到一位身着华贵服饰并受到众人簇拥的权贵人士，就对自己平静的心态感到厌烦，也不需要断定那些由士兵开道的官员们，会比你更为幸福。如果你想要找一条对自己有益，且对他人无害的指令，那将会是：清除自身的错误吧。"（61）有很多人会放火烧城，会去攻占那些很久都没有被攻破的要塞，会筑起和被围的城墙一样高的高地，会把攻城塔架到非常高的地方。也有很多人可以将部队派到敌人后方进行猛烈攻击，他们可以让多个国度血流成河。但是，这些人在征服敌人之前，他们自己就已经被贪婪所征服了。没有人可以抵挡他们的攻击，但是，他们自己也经不住对权力的渴望，也抑制不住残忍的冲动。当这些人在追逐他人的同时，他们自己也被追逐着。（62）亚历山大大帝被疯狂的欲望追逐着，从而陷入不幸，并被欲望遣入未知的国度，损毁了属于他人的领土。亚历山大大帝摧毁了希腊，那里是他接受教育的地方，你会相信这样的人拥有理智吗？就是那个抢夺每个国度最为珍贵的宝物，将斯巴达人当作奴隶，并让雅典人闭嘴的人。亚历山大不满足于菲利普（Philip）① 征服

---

① 菲利普（Philip）：亚历山大大帝的父亲。——中译者注

或奴役的城市，他推翻了希腊各地的城邦，并带着武器走向世界。他的残忍虽然削弱了，但从没停止过，就像一只野兽疯狂地将猎物撕咬得粉碎，这远超出了它自身饥饿的程度。（63）亚历山大已经将众多王国联合成一个，已经让希腊人和波斯人崇敬同一个上帝，已经让大流士屈服。他横跨大地并越过汪洋，认为使自己成功的行进路线偏离了赫拉克勒斯（Hercules）① 和巴克斯（Bacchus）② 踏过的路程是一件可耻的事情。他甚至想用暴力去威胁大自然。他不想离开人世，但也无法持续存在下去；他就像一个掉落的重物，只有在落地静止不动时，行程才算结束。

（64）促使庞培加入海内外战争的并不是美德或理智，而是他对虚幻荣耀的疯狂渴望。他一会儿进攻西班牙和塞多留（Sertorius）派别；一会儿向海盗发起攻势，想要征服海洋。这些都仅仅是他想要扩充力量的借口和托词罢了。（65）是什么将庞培吸引到非洲，吸引到北方去对抗米斯瑞帝斯（Mithridates）③，吸引到亚美尼亚和亚洲的每个角落？当然是他那无限膨胀的欲望，因为在自己眼中，他还不够伟大。是什么导致恺撒将自己与国家一同毁灭？名誉、自我追求，以及想要超越所有人的优越感。他不允许任何一个人超越他，即便罗马规定执政官需要由两个人同时担任。（66）难道你认为盖乌斯·马略在屠杀条顿人（Teutons）和辛布里人（Cimbri），并在广袤的非洲大地上追赶朱古达（Jugurtha）④ 时，是因为受到了美德的鼓舞吗？马略指挥着军队，而野心在指挥着马略。

---

① 赫拉克勒斯（Hercules）：古罗马英雄和神，以力气巨大著称。——中译者注
② 巴克斯（Bacchus）：古罗马神话中的酒神。——中译者注
③ 黑海南岸古王国蓬托斯的国王。——中译者注
④ 朱古达（Jugurtha）：非洲的一位王子。——中译者注

（67）这些野心勃勃的人①在扰乱世界的同时，自己也在被扰乱着。就像旋风会使所靠近的东西旋转起来，但首先它自己要先旋转，这样才能带来更大的力量，而这却导致旋风不能控制自己。正如那些野心勃勃的人一样，他们在给其他人带来毁灭性打击的同时，自己也感受到了身体中那种可以蹂躏大众的毁灭性力量。你永远不需要相信，一个人可以通过给他人带来不幸，而变得快乐。（68）我们必须要铭记诸如此类野心勃勃的例子，要将邪恶的观念从心中清除出去。美德必须替代邪恶所侵占的地方，尤其是那种可以根除虚假恶习，并帮助我们抵御违背真理的学说的美德。或者，那种可以将我们与大众分隔开，可以充分地信任，并使我们恢复良好观念的美德。这也许就可以称为智慧——返璞归真，并将一个人从自己所陷入的错误中解脱出来。（69）健康的一大部分在于抛弃那些愚蠢的建议，并远离那些可以导致互相伤害的陪伴

为了让你知道我所讲的话的真实性，你去看看每个人在公众面前的生活方式，和他们内心中的自己有什么不同吧。安静生活本身并不能给人以正直的指引；乡村本身并不能教会人简单的生活。当目击者和围观者都离开时，那些之前被隐藏的缺陷就会公然显示出来。（70）在没有人观看的情况下，谁会为炫耀而穿上华贵的紫色礼袍呢？谁会自己吃饭时用黄金制成的碟子呢？谁会躲在乡村的树荫下，独自展示他那昂贵的奢侈品呢？没有人会仅仅为了自己欣赏，或几个朋友和亲戚的赞美，而使自己变得优雅。相反，他会根据欣赏人群的规模，来充分展示他那些"装备齐全"的恶习。（71）可以说，献媚者和观众是我们所有愚蠢恶习的兴奋剂。如果可以阻止我们展示的话，也就可以抑制我们的欲望。野心、奢华和刚愎自

---

① 指庞培、恺撒和马里乌斯。——英译者注

用都需要一个展示的舞台，如果你寻求退隐的话，就可以治愈所有这些弊病。

（72）因此，如果我们居住于喧嚣的城市，应该有一位提供建议的人，能陪伴在我们身边。当人们在称赞巨额收入时，他应该称赞那虽只有微薄的资产，但依据财富使用方式来衡量却很富有的人。当面对那些崇拜影响力和权力的人时，他应该向我们推荐那种专心于学习的闲暇时光，以及一个可以远离外表而去发现自我的灵魂。（73）他应该指出，那些在令人羡慕的权力巅峰上蹒跚前行的人，在大众的预想中很幸福，但实际上却很沮丧，并且这些人对自己的看法与其他人对他们的看法截然不同。别人所认为的官职提升，对他们来说却是个悬崖峭壁。一旦他们从那陡峭的位置向下张望，就会感到惊恐万分。因为他们知道，从那种位置上有很多跌落的可能，而最高点通常也是最滑的。（74）随之，他们会恐惧那些他们为之奋斗的东西；好运在他们心中的分量，要比在其他人心中的分量更重。他们会赞美轻松休闲和独立自主的状态。他们痛恨官位所带来的魅力，并且想在时运可以不受影响的情况下逃脱。然后，你可能会看到他们在恐惧中学习哲学，并在时运出现问题后，努力地寻找有益的建议。因为好的运气和好的理智这两件事物，正好是相反的两端。这就是为什么我们在逆境中会更加明智。繁荣成功会使正义消失。再见。

九十五

论基本原则的用处

（1）你一直催我马上解释我曾认为应该推后到适当时间再解释的一个主题，并且让我写信告诉你，是否希腊人称之为*建议性的*（*paraenetic*），而我们罗马人称之为"指导性的"哲学分支，足以给我们带来完美的智慧。我知道，如果我拒绝的话，你也不会怪罪我。但我非常乐意接受你的请求，不让下面这句俗语丧失其意义：

> *不要询问那些，你想要但还没有得到的东西。*

（2）有时，我们不应该接受那些自动送上门的东西，而应该自己去努力寻找答案。像善变或闹情绪，我们必须要惩罚这种习惯。有时，别人认为我们很想要某些东西，但实际上我们并不想要。有时，一位讲师会带着一部巨大的研究作品走上讲台，这部作品是用密密麻麻的小字书写的，并且折叠得很紧凑。当读过其中一大部分后，他说："如果你们要求的话，我可以停下来。"在场的听众会喊道："请继续读，继续！"他们渴望讲师可以维持课堂的平和气氛。我们经常会想要一个东西，但祈求的却是另外一个。我们甚至没有对众神如实讲述，而众神要么拒绝倾听，要么就会对我们表示怜悯。（3）但我会毫不留情地亲自报仇，我会给你寄去一封内容繁多的信。对你而言，如果你不情愿读的话，你可能会说："我这是给自己找麻烦。"并会将你自己与其他几种人归在同一个类别，如那些因妻子的野心而疯狂的人，或那些因辛勤劳动所获得的财富而受到骚扰的人，或那些因各种苦难所赢得的荣誉而遭受折磨的人，以及其他所有应为自己的不幸负责的人。

（4）我必须要停止这些前言，并着手解决正在考虑的这个问题。有人说："幸福的生活是由正直的行为组成，格言戒律可以引导人落实正直的行为，因此，格言戒律足以获得幸福的生活。"但是，格言戒律并非总是将我们指向正直的行径，通常这只会出现在意志乐于接受的前提下。而有时，当错误的观念占据着灵魂时，这些格言戒律也无济于事。（5）此外，一个人即使在不知道自己行为很正确的前提下，也可能正确地行事。除非一开始就接受训练，并用完全的理智来武装自己，否则，没有人可以把握完美的均衡，明白何时该做事情，该做到什么程度，该与谁一起做，如何做以及为什么做。在缺少这种训练的情况下，一个人不可能全心全意地追求尊荣，甚至不会维持稳定和愉快，而会永远左顾右盼，摇摆不定。

（6）也有人说："如果尊荣的行径来自格言戒律，那么，格言戒律对于幸福生活来说也就足够了。如果前面的陈述是正确的，那么，后面的陈述也会是正确的。"我们应该用如下的言语回答：可以肯定的是，尊荣的行径可以由格言戒律带来，但除格言戒律外还有其他因素。（7）有人回复说："那么，如果其他的技艺满意于格言戒律，智慧也将会对其感到满足。因为，智慧本身可以被视为一种生活的技艺。格言戒律会告诉试领航员该如何以最佳的方式转动舵柄，如何航行，如何合理利用风向，如何利用各种风力来换挡。

其他的手艺人也会通过格言来进行训练，因为格言能够以帮助手艺人的方式，帮助我们去生活。"（8）所有这些技艺都被视为生活的工具，而并非能够与生活构成一个整体。有很多东西都会阻碍并使这些技艺复杂化，例如：希望、贪婪和恐惧。而哲学所传授的生活技艺，不会在任何情况下被阻拦，因为它可以摆脱复杂，并穿破障碍。你想要知道哲学与其他技艺有什么不同吗？对于后者来说，故意犯错要比无意中犯错更值得原谅；但对智慧而言，最严重的错误就是故意犯罪。（9）我的意思是，一位学者应该对无意中犯的语法错误感到羞耻，而不是那些故意犯的错误。例如，相比诊断出病人的病情后，却隐瞒真相的医生，那些没有诊断出正在恶化的病情的医生，是更加糟糕的。

此外，很多技艺，尤其那最为自由的，都有其本身特殊的学说，而不只是格言建议，例如：医学专业。有很多不同的医学学院，如希波克拉底（Hippocrates）① 类型的、阿斯克勒庇俄斯（Asclepius）和西弥森（Themison）② 类型的。（10）另外，没有理论学说，任何与理论相关的技艺都不可能存在。希腊人称之为教理（dogmas），而我们罗马人用"教条"（doctrines），或"信条"（tenets），或"应用原则"（adopted principles）等术语来称呼。类似地，你还可以在地理学或天文学中找到这些术语。不过，哲学既是理论的，也是实践的，其在思考的同时也在行动着。如果你认为哲学除去世俗的帮助之外，对你并没有什么其他用处的话，你就搞错了。哲学的愿景要比一般的东西更为崇高。她会大声呼喊道："我研究的是整个宇宙，把我困在凡人的躯体中，并让我提

---

① 希波克拉底（Hippocrates）：古希腊名医，被称为医学之父。——中译者注
② 阿斯克勒庇俄斯（Asclepius）和其学生西弥森（Themison）属于"系统的"学院；希波克拉底（Hippocrates）属于"临床的"学院。——英译者注

供给你有益或无益的建议，我怎么能感到满足呢。"有更加伟大的任务（哲学）在邀请我，而这些任务远超你的理解范畴。用卢克莱修的话说：

（11）

> 我应该为了你而揭示通往天堂之路，
> 众神在你眼前浮现，
> 构成万物的原子会增加、
> 并演变为创造性的力量，
> 当自然抛弃它们时，仍竭尽全力。

因此，哲学作为理论性的东西，也一定具有自己的教理。（12）为什么？因为除去那些已经充分信任并运用理性的人，可以在任何情况下，履行好每一类职责外，没有其他人可以正确地行事；除非可以在每种状况下都能获得格言戒律的协助，而不只在当下获得，否则他将不可能认清这些职责。如果将格言戒律分配到部分类别，而不是整体的话，其本身可以说是脆弱且没有根基的。哲学的教理可以用平和与平静来支持我们，并使我们强壮；同时，它也会囊括整个生命和宇宙。哲学教理和格言戒律之间的区别，就像基本元素和物体的区别一样。后者依靠前者，前者既是后者的来源，也是万物的源泉。

（13）人们说："老式的智慧会建议人该做什么，以及该避免做什么①。而且，利用老式智慧的前人，也要比当下的人生活得更好。当学者专家出现后，圣人变得稀少了。坦率地说，简单的美德

---

① 指在哲学理论发明之前。——英译者注

已经变成了隐藏和狡猾的知识；我们被教导如何去争辩，而不是如何去生活。"（14）当然你会说，旧式的，特别是原始时代的智慧，是天然未经加工的。其他的技艺也都是随着历史进程而逐渐变得越来越精巧。的确，那时也不需要精心策划的治疗方式。邪恶也还没有达到这样的高峰，或如此广泛地分布着。简单的恶习，可以用简单的方式治疗。但是现在，由于我们受到来自邪恶的更为强大的攻击，因此我们需要更为谨慎地建立起防御。（15）医学曾经只由一些简单的知识组成，如：抑制流血，或治愈伤口。随后，其规模逐渐发展到目前的复杂阶段。难怪在早期医学中，没有那么多事要做！那时人的身体仍然健康、强壮，他们的食物很清淡，他们没有被奢华和美食糟蹋过。然而，当他们开始为了激发食欲，而非减少饥饿，去寻求各种美食，并发明无数调味料来刺激贪欲时，之前给饥饿的人提供营养的东西，就会演变成饱腹之后的负担。（16）因此，就会出现由于消化，而不是饥饿引起的脸色苍白，由酒精触发的颤抖和厌食；会出现像喝醉了一样的步履蹒跚及眩晕；全身都会出现水肿，且腹部会由于不良的饮食习惯而肿胀；会出现黄疸、外表苍白，且内脏会出现腐烂；在关节变得僵硬后，手指会出现结节，肌肉会变得麻木，心跳也会变得混乱。（17）为什么我要提及眩晕？或者眼睛和耳朵的疼痛，发烧时头脑所受的折磨，以及消化系统引起的肠胃溃疡？在此之外，还有无数种类的病状，有些状况会很严重，有些会潜伏在我们身体中带来较小的伤害，另有一些则会带来寒冷和严重的疟疾。（18）为什么我要提到那些数不清的，由较高生活品质所带来的折磨？

人们通常不会受这样的疾病困扰，因为他们曾经掌控着自己，且拥有他们所必需的东西，但放纵使他们松懈了。他们用工作和辛劳来强化身体，并通过跑步、寻猎或耕种使自己变得疲倦。他们会用食物来使自己变得充沛，且仅有饥饿的人才可以享受这些食物。因此，根本不需要那些强大的医疗设备，以及如此多的器具和药箱。由于朴素的食物，他们会享有朴素的健康。而那些精心准备的食物，则会带来复杂的疾病。（19）数数奢华无度所带来的那些东西吧。在其毁坏了陆地和海洋之后，又将一切通过喉咙带到了身体中。很多种类的菜肴都必须被拒绝，它们很难下咽，且很难消化，还会相互作用。难怪由于食物搭配不当导致的疾病是多样的，且是多方面的。当如此多的非自然的混合物掺杂在一起后，一定会引发泛滥。就像有很多生活方式一样，也会有很多生病的方式。（20）著名的医学创始人希波克拉底曾表示，女人从不会掉头发，或脚痛。但在当下，她们也会有头发脱落，也会出现痛风。这不是说女人的体格改变了，而是表明其已经被疾病征服了。在与男性般的纵容抗争时，她们也在与男性所继承的疾病抗争着。（21）她们会像男人那样睡得晚，且喝的酒也会像男人那么多。她们会在摔跤和畅饮上挑战男人；她们同样会因为膨胀的胃而呕吐，也同样会吐出所有喝下的酒；她们也会像男人那样咀嚼冰块，来缓解消化不良。她们甚至会在激情上比肩男人，尽管她们是为了被动地感受爱而被创造出来的（也许是男神灵和女神灵的存在迷惑了她们！）。这些女性甚至做出了最不可想象的放荡行为，且在男人的陪伴下，她们会扮演男性角色。那么，当我们从最伟大且最熟练的医生那里获知，有如此多的女性患痛风并出现秃顶的状况，也就没有什么稀奇了！因为这些恶习，女人也就失去了性别上的优势。他们丢掉了女人的天性，也将因此患有疾病，遭受和男人一样的折磨。

（22）过去的医生不知道如何开滋养的处方，以及如何用酒来维持微弱的脉搏。他们也不了解采用放血和汗浴来消除长期疾病的习惯。他们也不清楚如何通过包扎脚踝和手臂的方式，来激发躯体中间隐藏的向外的张力。他们没有被强迫去寻找各式各样的缓解病痛的方式，因为其面对的病痛种类不是很多。（23）然而，现如今疾病的罪恶已经到达了怎样的境地啊！这就是我们需要为享乐所付出的代价，它已经超出了合理和正确的范围。你不要对疾病种类已经无法统计感到惊奇，数数那些厨师吧！所有对智力的兴趣都被搁置了，也没有什么人去了解文化讲座了。教授和哲学家的讲堂已经被抛弃了，取而代之的是咖啡馆的热闹喧嚣！看看有多少年轻人在厨房里围着他们贪吃的朋友啊！（24）我不需要提那群不幸的孩子，他们在宴会后必须要经历其他不体面的治疗。也不要提那群具有恋童癖倾向的人了，这些人会根据国籍和肤色对玩偶进行分级，所有人必须要具有同样的光滑皮肤，面颊要同样年轻饱满，要有同样的发型，甚至直发的男人不能与卷发的混在一起。我更不需要提那形形色色的烹饪师了，以及那随时待命上菜的服务生数量了。神啊！有多少人在为了迁就一个肚子而奔波忙碌啊！（25）什么？你难道可以想象那些经常被美食家用作毒药的蘑菇，即使没有立刻产生效果，就不会潜在地造成恶果吗？什么？你难道认为夏天的雪不会使肝组织硬化吗？什么？你难道认为那些在烂泥上行动迟缓的牡蛎，就不会给人带来泥一般的重量吗？什么？难道你认为所谓的"各省的特产调料"，那种从有毒的鱼中提取出来的东西，就不会用其盐性物质来使胃部灼热了吗？什么？难道你认为直接吞下那仍在燃烧的，在身体消化系统中才熄灭的腐化菜肴，就不会造成伤害吗？他们打嗝是多么的令人厌恶，多么的不健康，且这些吞吐着昨天放荡气味的人，是多么的恶心！你可以肯定的是，他们所吃的食物并没有被消化，而是在腐烂着。

（26）我记得曾经听说过一条流言，美食家们把所有喜欢的东西都聚在一起，在一个小餐馆里弄成了一道臭名昭著的菜肴，最终导致该餐馆迅速破产。该菜肴有两种贻贝，且牡蛎可以食用的部分被修剪成圆形，并用海胆点缀着。整个菜肴被鲻鱼夹着，并且没有骨头。（27）当下，我们会对那只有一种味道的菜肴感到丢脸，人们把很多味道混在了一起。餐桌上准备了太多的东西，已超出胃的容量。我期待着那端上来的食物在下咽前被咀嚼！当我们挑出壳和骨头，且当厨师履行了人的牙齿应当扮演的角色时，我们从中能获得的东西已经很少了！

他们说："如果我们一个接一个地享用，奢华会带来很多麻烦，就让我们把所有东西混在一起，同时招待吧。我为什么应该只吃一道菜？让我们把很多菜同时端上桌，不同种类的美食应该混在一起。（28）那些曾经认为这是为了展示恶名的人，应该明白，这不是为了展示，而是为了履行职责！让我们把那些通常分开招待的食物，一起加上同样的调料。让牡蛎、海胆、贝类和鲻鱼混在一起，做成同一道菜肴。"再没有比呕吐的食物更加混乱的东西了。（29）正如食物本身十分复杂那样，它所引发的疾病也变得复杂、莫名其妙、多种多样。医学也不得不采用多种方式和多种治疗规则来针对它进行攻克。

现在，我告诉你，这样的原理同样适用于哲学。哲学曾经很简单，因为人们的罪恶规模还很小，仅用一点努力就可以治愈。然而，面对那些道德败坏的人，必须要尝试各种方式，才可能最终拯救他们！（30）我们的疯狂不仅是个人的，也是整个国度的。我们会抑制杀人犯罪，并隔离杀人犯；但发动战争和鼓吹屠杀整个群体，又算什么呢？我们的贪婪没有止境，我们的残忍也没有止境。这种个人犯下的盗窃罪，相比之下不是很具有伤害性，且不那么严重。但是，个体被禁止从事的那些残酷行为，元老院和公民大会却命令大众去执行。（31）那些个体损害生命的行径会受到惩罚，但当身着军装的将军们做出这些行径后，却受到了赞扬。即使最愚蠢的禽兽和野兽都会和平地相处，而作为最为温和物种的人类，却沉迷于杀戮、战争及鼓吹孩子去参战。（32）为了对抗强大且普遍的疯狂，哲学已演变成更为巨大的力量，并与反对势力一样获得了相应的成长。

曾经很容易责骂那些饮酒贪欢的奴隶，不需要太大的努力就可以将稍微误入歧途的心灵带回天真朴素的境地。但现在，

（33）

一个人需要快速且精准的技艺。 ①

人们会从各种方面寻求享乐。没有恶习会受到约束，奢华已演变为贪婪。我们已经完全忘记尊荣的存在了。所有没有吸引力的东西，都被视为低劣的。本应受到尊敬的人类，如今却在玩笑和运动中相互杀戮。为了打斗和忍受伤口而训练原本是不光彩的，而现在这一行为却被鼓励，且参与者不能有任何防护措施。观看一个活人被杀戮成为尸体，居然成了吸引眼球的表演。

（34）在这种道德崩坏的情况下，需要比平常更为强大的东西，才可以去除这些长期的邪恶。为了消除这些根深蒂固的错误信念，行为必须要受到哲学教义的约束。我们还要利用格言戒律、安慰和鼓励等手段才可能获胜。如果只有哲学教义的话，是不够的。（35）如果我们想要将那些被邪恶紧紧缠绕的人解救出来，他们就必须知道什么是邪恶，以及什么是美好。他们必须知道，除美德之外的所

---

① 来自维吉尔的作品。——中译者注

有事物都会改变，时而变好，时而变坏。正如士兵的主要盟约来自效忠的誓言、对旗帜的热爱和对被抛弃的恐惧。在其誓言得到履行之后，便可以很容易地要求其履行其他职责，并相信他。这些可以给你带来幸福生活的东西也是一样：首要基础必须奠定，且美德必须要深入这些人的心中。让他们对美德产生一种迷信般的崇拜，让他们热爱美德，让他们渴望与她一起生活，并拒绝没有她的生活。

（36）人们会说，"那么，如果没有经过复杂的训练，就没有其他成就卓越的途径吗？难道仅仅通过遵守格言戒律，就不能取得巨大的进步吗？"是的。不过，如果他们有合适的性情，也可以实现救赎。永恒的众神不用学习美德，因为他们的美德与生俱来，且他们的本性中就蕴含了善良美好的本质。即便如此，有些人在没有长期训练和学习的情况下，也可以具有不同寻常的特质。他们一听到尊荣的东西，就会乐于接受。因此，要么挑剔的心灵可以迅速获取美德，要么就是其本身可以产生美德。所以，你的那些呆板迟缓的、受到邪恶习惯阻碍的同伴们，必须不断地努力才能将灵魂中的腐朽清除掉。（37）就前者来说，那些倾向于美好的人，可以更加快速地实现其高度。对于拥有较为薄弱精神的人，如果我们可以让他们接受哲学原理的话，他们也可以得到帮助，并从邪恶的观念中解脱出来。你可以从如下方面来了解这些原理是多么重要。有些东西会深入我们的内心，使我们在某些方面变得迟钝，且在另一些方面显得草率。这两种特质，一种鲁莽，另一种怠惰，将无法分别抑制或激起，除非我们可以清除其源头，也就是错误的赞美和恐惧。只要被如此的感受缠绕着，你就可以对我们说："你应该这样对待父亲，应该那样对待孩子，应该这样对待朋友，应该那样对待客人。"但是，不管我们如何尝试，贪婪总会阻挠我们。一个男人可能知道如何报效祖国，但恐惧会劝阻其行事。一个男人可能知道如何为朋友两肋插刀，但奢华会妨碍其行事。一个男人可能知道拥有情妇是对妻子最严重的侮辱，但情欲会驱使其向相反的方向发展。（38）除非你可以首先消除妨碍格言戒律的条件，否则，是无法提供这些格言戒律的。就像带着武器接近敌人，而双手却被其他东西所占用一样。为了适当对待我们所提供的格言戒律，灵魂必须首先解脱。（39）假设一个人正在按照自己的方式行事，他不能够一直维持这种状态，因为他不知道为什么要这么做。由于幸运或是练习（实践）的缘故，他的某些行径会是正确的。但是，他没有任何原则可以用来规范自己的行为，而且，也没有任何东西可以告诉他，其行为是否正确。一个仅凭运气而成为好人的人，可能永远不会确定是否能保持这样的品格。（40）此外，格言戒律可能会帮助你实现那些应该做的事情，但对于用什么样的方式去做，它可能无法提供帮助。如果不能在这一点上帮助你的话，它们就不是在引导你走向美德。我认为，就算一个人会做他应该做的事情，也是不够的。因为重要的并不是他实际做了什么，而是采用什么方式去做。（41）一顿饭的价格要超过一位骑士的年收入，有什么比这还要可耻的吗？或者，有比那些总是放纵自己欲望的贪吃之人，更应该受到审查人员谴责的家伙吗？而且，即便对于非常节俭的人来说，举办一场就职晚宴的花费也很巨大！如果用于满足食欲的金钱，比用于官方目的的金钱还要多的话，将会是一件很可耻的行径！尽管其可能不算奢侈，只是一种风俗习惯上的花销。

（42）有一次，一只巨型的鲻鱼被摆在古罗马皇帝提比略面前，据说这只鲻鱼有 4.5 磅重（为什么我不能提及一下重量，来勾起一些美食家的味觉呢？）。提比略命令将其送到鱼市上售卖，并说道：“如果阿比修斯（Apicius）或奥克塔维厄斯（P. Octavius）① 没有买的话，

---

①　相传这两个人是当时著名的美食家。——中译者注

我会感到非常吃惊。"他的这个猜想最终成真，并超过他的预期：这两个人相互竞拍，最终奥克塔维厄斯赢了。这为他赢得了巨大的声誉，因为他花费5000罗马币买了一条国王卖的鱼，而且阿比修斯没能购得。对于奥克塔维厄斯来说，付出这样的金额是可耻的；但为了向提比略展示他的富有而购买却不可耻。即使我更倾向于认为，后者也该同时受到谴责，但无论如何，他都认为配得上皇帝的礼物是值得羡慕的。

当人们坐在生病的朋友旁边时，我们会赞美他们的动机。（43）但当人们是为了获取遗产而这么做时，他们就像是等待腐肉的秃鹫。同样的行径可能是可耻的，也可能是光荣的：目的与方式造成了所有的不同。如果我们能宣布效忠于尊荣，并将尊荣和其结果视为人类可以拥有的唯一的美好，那么，我们的每一种行为都将是尊荣的。而其他的事情只能算是短暂的美好。（44）所以，我认为应该深深地根植一种坚定的信仰，并将其应用于全部的生活——这就是我所谓的"教义"。正如这种信仰一样，我们的行为和思想也该如此。正如我们的行为和思想一样，我们的生活也将如此。当一个人将其存在作为一个整体来安排时，只给其一些关于细节的建议，是不够的。（45）马库斯·布鲁特斯（Marcus Brutus）在其称为《有关职责》的一书中，给父母、孩子和兄弟提出了很多格言戒律。然而，除非有一些原则可以作为参考，否则，没有人会按照他设想的那样去履行职责。我们必须将至善至美设定为眼前的既定目标，向着这个目标，我们才会去奋斗，行为和言语才会有参考。正如水手们必须依靠天空的星斗来指导他们的航线。（46）没有理想的生活是不稳定的，一旦理想建立起来，教义规则才成为必需的。我敢肯定，你也会认为，没有比迟疑不决和摇摆不定更可耻的行为了；也没有比胆怯的退缩更加不体面的习惯。除非我们可以清除那些抑制和阻挡精神信念的障碍，并全力以赴去尝试，否则胆怯的退缩和迟疑不决将会成为我们面对一切事情时的表现。

（47）对于如何敬拜众神，通常是有戒律的。就让我们禁止在安息日点灯，因为众神在这一天并不需要灯光，人们也不会从烟灰中获得享受。让我们禁止人们在早上敬礼，禁止人们拥挤在寺庙的门前。凡人的抱负会被这些仪式所吸引，但只有那些了解神的人，才真正崇敬它。让我们禁止人们携带毛巾和锋利的刮刀给朱庇特，并送镜子给朱诺（Juno），因为神不需要仆人。当然不需要，神会向人类提供服务，不管是在哪里，不管是哪一个人，都可以随时得到帮助。（48）尽管一个人了解在献祭时应该遵守的规则，并且远离迷信，但除非他能获得对待神的正确观念，否则将难以取得有效的进步。神应该被视为拥有一切、分配一切，且无偿赠予一切的主体。（49）众神做善事的理由是什么呢？这是其天性。认为他们不愿造成伤害的人是错误的，众神是无法造成伤害的。他们无法感受或造成伤害，因为造成伤害和忍受伤害是同一类别的。那种绝对光荣和美丽的本性，是无法引发邪恶的，因为其已经摆脱了造成邪恶的危险。

（50）崇拜众神的首要任务是相信众神。然后，是认可他们的威严，并认可除他们的美善之外，没有威严可言。并且，要知道他们是宇宙中控制万物的至高指挥官，是人类的守护者，即使他们有时对个人并不那么在意。众神不拥有邪恶，也不会造成邪恶。但是，他们会约束和惩罚一些人，并且，有时会以赠予外表看来很好的东西的方式，来进行惩罚。你想要赢得众神的青睐吗？那么，做个好人吧。那些模仿学习众神的人，才是在充分地崇拜他们。（51）随后就出现了第二个问题——如何对待其他人。我们的目的是什么？我们该提供什么样的格言戒律？我们是否需要阻止他们相互杀戮？不去伤害那些你应该帮助的人，是多么显而易见的道理！当人们友善相处时，的确是非常值得称赞的！我们是否要向海难中的水手伸出援助之手，或是给迷路的人指出方向，或是与饥饿者分享一块面包？是的！这是我首先可以告诉你的，这些事都应该去做。同时，我可以为人类立下一条规则，简而言之，就是为了树立我们人际关系中的职责：（52）所有你可以看到的，包括神和人，都是一个巨大躯体的局部。大自然使我们彼此相关，因为她用同一来源和同一目的创造了我们。她使我们彼此之间产生了感情，使我们倾向于获得友谊。她树立起了公平与正义，根据她的规则，造成伤害要比忍受伤害更为不幸。通过她的指令，让我们随时准备为一切有需要的人提供帮助吧。（53）将下面这句诗记在心中，并把它挂在嘴上：

> 我是一个男人；我在人类的命运中将不值一提；
> 如果我认为自己是异类。①

让我们拥有共同的东西，我们的出生就是共同的。我们与其他人的关系，就像是石拱桥一样，如果不能用这种方式相互支持的话，就会塌陷。

（54）然后，在斟酌完神和人之后，让我们思考一下该如何使用事物。除非我们可以反思一下，应该用什么观念看待万物，例如，如何看待关于贫穷、富有、名誉、耻辱、公民身份和流放。否则，装腔作势地说那些格言戒律，也是没什么用的。让我们远离谣言，并衡量每件东西的价值，质问其到底意味着什么，

---

① 来自罗马剧作家特伦斯（Terence）的作品。——英译者注

而不是其被他人称为什么。

（55）现在让我们思考一下美德。有些人会建议我们给予谨慎这种品质较高的评价，要珍爱勇敢，如果可能的话，它要比其他品质更为贴近正义。但是，这不会给我们带来什么好处，如果我们不知道美德是什么，它是单一的还是混合的，是一个还是多个，各部分是分开的，还是相互编织在一起。一个拥有某一种美德的人，是否也会拥有另一种美德，以及它们之间的区别是什么。（56）木匠不需要查问光的起源或光的功能，就像哑剧不需要查问舞蹈的技艺一般。如果可以明白这些技艺本身，就已经足够了，因为它们不涉及整个生命。但是，美德则需要除自身之外的其他东西，如果我们想了解美德，我们必须要了解关于美德的一切。（57）除非想要行动的意念是正确的，行动才可能正确，因为意念是行动的源头。并且，如果思维态度不端正，意念也不可能正确，因为其是意念的源头。此外，在最优秀的人中间也找不到端正的思维态度，除非他能掌握将生命作为一个整体的法则，并且对万物拥有适当地判断，且已把真理视为事实的标准。只有那些获得坚定且一成不变的判断标准的人，才可能享有心灵的平静。其他人会在决策时持续摇摆不定，在拒绝事物和追求事物之间左右为难。（58）如此反复摇摆不定的原因是什么？因为对他们来说，没有什么是清楚的，因为他们采用了最不确定的标准——谣言。如果你一直渴望同一件东西的话，就必须去渴望真理。但是，如果没有教义，就没有谁可以获得真理，因为教义才会涵盖整个生命。事物的好与坏、尊荣与可耻、正义与邪恶、忠诚与背叛、美德及其实践，以及安慰、明辨是非、尊重、健康、力量、美丽、敏锐的理智，全部这些品质都需要一个人有能力去评估。一个人应该知道在这份列表涵盖的品质中，每件事物能体现何种价值。（59）有时，你会被欺骗，认为有些东西要比它们的实际价值高。而实际上，当知道有一些人们认为最珍贵的东西——例如：财富、影响力和权力——其实分文不值的时候，你会发现自己被严重欺骗了。

除非你已经研究了在一定条件下做出相对评判的实际标准，否则，你将永远不会懂得这些。就像树叶不能通过自己的努力茂盛起来，必须有它们可以附属其上且吸收营养的枝干。格言戒律也是一样，它们本身会枯萎凋谢，必须要根植于哲学之上才可以发挥作用。（60）此外，那些抛弃教义的人并不明白，这些教义都已经被他们借以反对它们的论据证实了。这些人在说些什么？他们说格言已经足够用来使人成长，并且智慧的教义是多余的。然而，他们的这种说法只是一个学说，我现在应该表明的是，人们必须放弃这些无关紧要的格言；必须要利用教义，而且我们的学习应该仅以教义为导向。因此，我想表述的是，不要认真地对待格言戒律，我应该说出一条格言。（61）哲学中有些事情是需要警惕的；其他一些则需要证据，且需要大量的证据，因为它们很复杂，用最为谨慎和最为辩证的技巧都很难表达清楚。如果证据是必需的，教义也将如此。因为教义会通过辩证来推导出真理。有些事情是清楚的，而有些是模糊的。道理和记忆所涵盖的是清楚的，而那些超出它们范畴的则是模糊的。

但是，理性不会满足于表面的现实，其更高尚的功能是处理那些隐藏的东西。隐藏的东西需要证明。没有教义，就没有证明，因此，教义是必要的。（62）这会引出一个普遍的，同样也是完美的协议，它是对某些事实信念上的肯定。但如果缺少这种肯定的话，一切都会在我们脑海中漂浮不定，因此教义是不可或缺的。因为教义可以帮助我们坚毅地做出决定。（63）此外，当我们建议一个人将他的朋友视作同自己一样重要，并反思，他也可能将一个敌人作为朋友，用来模仿对朋友的爱，并抑制对敌人的仇恨时，我们会说："这是正义且尊荣的。"那就说明，我们教义中的正义和尊荣元素被理性所信奉了。因此，理性是不可或缺的，因为缺少理性的话，教义也将不复存在。（64）但是，让我们将两者统一。的确，没有根茎的话，枝条是没有用的，而且根茎本身会因枝条的茂盛而成长。每个人都懂得双手是多么有用，因为显而易见，它们会帮助我们。心脏是隐藏的，但它是双手成长、力量和运动的来源。格言也是一样，它自身是明显的，而智慧的教义却是隐藏的。就像只有原始的发起人知道仪式中最为神圣的部分，哲学中隐藏的真理只会向那些已经被神圣仪式所接纳的会员展示。对于格言戒律等其他东西来说，即便不是原始的发起人，也可以了解并熟悉。

（65）波西杜尼斯认为不仅需要提供格言，而且必须提供劝说、安慰和鼓励。他也把"对缘由的调查"加入其中（但是，我不明白为什么不该称其为"病因学"，因为具备一定拉丁语基础的人，都有使用该词的权利）。他评论道，阐明每种美德将会是很有用的。波西杜尼斯把这种学科称为"道德体系学"，有的人则称为"特征描述"。它会给每项美德和邪恶进行标记，以便通过它们指出相似事物之间的区别。（66）它的功能和格言戒律一样。那些表达格言的人会说："如果你拥有自制能力的话，就像这样去做吧！"那些阐述的人会说："那些按这种方式行事，且有一定节制的人，会拥有自制能力。"如果你问我区别是什么，我会说其中一个提供了美德的戒律，另外那个则是戒律的体现。我承认，这些阐述，或用商业词语来说的话，这些样品具有一定的功效。只要把它们摆出来进行展览，你就会发现有人将依照它们的要求去做。（67）例如，在购买和辨别是优秀种马，还是劣质马时，你难道不认为证据可以有效地防止自己被欺骗，或浪费时间吗？而且，去了解一个超凡脱俗灵魂的彼此相衬的标记，难道不更加有用吗？

（68）

> 在牧场上养出的纯种小马驹，
> 高亢地行进着，且姿态优雅，
> 首先跨过艰难险阻，迈入危险的河流，
> 无畏地面对未知的桥梁，且不屑于各种声响。
> 脖子高傲地直挺在空中，头部及腹部线条优美，
> 体型瘦高，背部圆挺，胸部充满勇气和肌肉。
> 当听到远方回响着武器碰撞声时，
> 它会从地面上跃起，竖起耳朵，浑身抖擞，
> 从鼻孔中喷发出被压抑的怒火。①

（69）维吉尔的描述，即使指的是其他的东西，也可以完美地用来指代一位勇士。无论如何，我是不会为一位英雄再选择其他比喻了。如果让我来描述小加图，一位在喧嚣的内战中毫无畏惧，在与敌人交锋时英勇当先，敢于直面冲突的英雄。这正是我应该给予他的描述和看法。（70）当然没有什么人会比同时反对恺撒和庞培的人更为"高亢地行进"了。当有些人在支持恺撒的派别，有些人在支持庞培的派别时，为了证明共和制依然有支持者，他向两位首领同时发出了挑战。仅仅说小加图"不屑于各种声响"是不够的，当然，他是毫无畏惧的！即使真实且即将到来的噪声，也不会令其退缩。在面对十个步兵团，来自高卢的辅助部队和众多公民，以及外国势力时，他表达出充满自由的言论，鼓励共和国不要在争

---

① 来自维吉尔的作品。——英译者注

取自由的斗争中失败，而要尝试战胜一切危险。他认为，服役要比服从更为尊荣。（71）小加图是有着怎样的力量和精力啊！在大众恐慌时，他表现出的是多么强大的信心啊！他知道自己是唯一一个坚定不移的人，且人们不会问小加图是否自由，只会问他所在的环境是否自由。他会蔑视一切危险和战乱。当整个国度都严重受损时，用这句话去赞美一位毫不畏缩的英雄是多么令人愉快："胸部充满勇气和肌肉！"

（72）表明好人的常见品质并概述他们的人物特点是有帮助的，不仅如此，列出哪些人属于这一类别同样有帮助。我们可以设想一下小加图最后勇敢面对伤口时的情形，自由借此得到了最后一次喘息。或者是明智的拉埃柳斯与他的朋友小西庇阿和睦生活；或者是老加图在家中和外面所做的那些高尚的事情；在公众的庆典上，杜白罗（Tubero）① 只是使用一般的木质床榻，拿山羊皮代替珍贵的挂毯，并只用普通的陶器在朱庇特神殿开办宴会来祭奠。除去在国会上奉献的贫穷之外，还有什么呢？虽然我不知道杜白罗是否有其他功绩能与小加图相比，但仅此一个难道还不够吗？这不是一场宴会，而是一种节俭的礼仪。（73）那些不懂得荣耀是什么的人，却在垂涎荣耀，这是多么可悲！应该用什么方式去追求呢！在那一天，罗马民众看到了很多人的家具，而他们只对那一件赞美不已！其他所有的金银器具都已经被毁坏和熔化掉了，而杜白罗的那件陶器将会永世不朽。再见。

---

① 杜白罗（Tubero）：古罗马斯多葛哲学家、政治家。——中译者注

九十六

论直面困难

（1）尽管你仍然发脾气和抱怨，但是，难道你还没明白，在你指出的所有邪恶中，实际上只有一个是你真正抱怨的东西吗？如果你问我的话，我觉得，除非一个人认可确实有可以称为悲惨的东西，否则，世上根本没有悲惨的存在。当某天我发现有什么东西难以忍受时，我将不会再忍受下去。

我的病痛，是我命运的一部分。我的奴隶病了，我的收入减少了，我的房子摇摇欲坠，且我在遭受着损失、意外事故、辛劳和恐惧。这都是很平常的事情。不，这只是轻描淡写，其实这都是不可避免的事情。（2）这类事情都是命中注定的，而不是偶然的。如果你相信我的话，我将向你揭示出藏在我心底最深处的情感：当一切似乎都在变得越来越难的时候，我已经训练自己不仅去服从上帝，而且要同意他的决定。我跟随上帝是因为我的灵魂愿意这么做，而不是我必须这么做。没有什么会给我带来怒气和不快。我愿意偿付我欠下的所有债务。所有引起我们抱怨或畏缩的东西，都是我们生命欠下债务的一部分。我亲爱的鲁基里乌斯，你永远都别想逃脱，或尝试逃脱。

（3）使你感到忧伤的是膀胱的疾病。你寄来的充满沮丧的信件表明，病情在持续恶化。我将更加贴近事实，认为你在为生命而担忧。但是，认清真相吧。难道你还不清楚，在为长寿祈祷时，这种遭遇就是你所祈祷的东西吗？长寿的生命包含所有这些困难，就像一次长距离的旅程会涵盖尘土、泥泞和雨水一样。（4）你大喊道，"但是，我想要不受这些苦难干扰的生活。"这种缺少阳刚的呼喊，愧为一个男人。考虑一下你将用何种态度来看待我的这个祈祷（我提出这个祈祷不仅是出于好意，也是为了崇高的精神）："愿诸神让奢华远离我的命运！"（5）问问自己，当神给你选择的时候，你会选择哪一个——在咖啡屋舒适生活，还是在营地艰难生活？

鲁基里乌斯，是的，生命是一个真正的战场。正因如此，那些在大海中翻来覆去，那些在峭壁及高山间上下前行，那些冒着极大风险参加战役的人，才是英雄和勇敢的战士。那些在别人辛苦劳作时，自己却活在腐朽奢华与享乐中的家伙，只如斑鸠一般安全，人们会鄙视他们。再见。

九十七

论堕落的年代

（1）亲爱的鲁基里乌斯，如果你认为奢华、忽视好的习惯和诸如抱怨其所生活的年代等恶习，仅仅是我们这个时代的特色，那你就错了。不是的，这是每个时代的人类都具有的恶习，历史上没有哪个阶段不存在抱怨。此外，如果你开始考虑某个特定时代的不规律情况，你就会发现，令人可耻的是，罪恶从未像在小加图那个时代如此公开。（2）有谁会相信当克洛迪乌斯（Clodius）① 被指控与恺撒的妻子通奸时，财富已经易手了？又有谁会相信，当克洛迪乌斯违背了代表人民的祭祀仪式时，所有的男性都被严格地挡在管辖区外，甚至所有雄性生物的形象都被遮盖起来了？另外，财富被给予陪审团，而且比讨价还价更可耻的是，已婚妇女和贵族青年之间被要求进行性犯罪，这成为一种额外的贡献（即"最后一根稻草"）。（3）指控基本不会被定罪，因为被控通奸的被告会引诱陪审员，直到让陪审团和他本人一样犯下罪状，才确认自己的安全。所有这些荒谬的审判都是在小加图受审的地方出现的，而小加图在审判时提供了与案件相关的证据，尽管这是他在审判中的唯一举动。

---

① 克洛迪乌斯（Clodius）：古罗马贵族、政治家。——中译者注

我应该引用西塞罗的话，因为事实简直让人难以置信般的糟糕：（4）"他进行了分配、承诺、恳求和送礼。不仅如此（仁慈的上天，这是多么糟糕的事啊！），为了给一些陪审团成员奖励，他甚至为他们创造了与特定的女性享乐，以及与贵族年轻人会面的机会。"（5）对这种贿赂感到震惊是没有必要的，除了贿赂之外的东西更加糟糕。"你会想要那个一本正经的 A 的妻子吗？非常好。或是那个百万富翁 B 的妻子呢？我会确保你可以和她同床共眠。如果你没能通奸成功的话，就去谴责克洛迪乌斯。你想要的那位美女将会拜访你。我向你保证，那个女人马上会陪你过夜，而且我的承诺会在法律规定的推迟时间内履行。"分配这种罪行要比实施罪行意味着更多，其意在敲诈那些有尊严的女性。（6）在克洛迪乌斯的审判中，这些陪审团成员要求元老院提供一名警卫。而这通常只有在陪审员将要对被告进行定罪的情况下才有必要。但是，他们的请求还是被接受了。在被告已经被无罪释放后，诙谐机智的卡图路斯（Catulus）① 评论道："为什么你要求我们提供警卫？难道是担心钱被偷吗？"在类似这样的嘲笑中，他摆脱了惩罚。在审判之前，他是个通奸者，而在审判时，却成了拉皮条者，且更为卑鄙的是，他这么做可以成功地逃脱审判。

（7）你认为还有比这种道德标准更为可耻的事情吗？当情欲扰乱了宗教的信仰，或是法律的审判时，在元老院特别会议上进行的审问中，所犯下的罪行是不是要比真实的犯罪更多？正在讨论的问题是，一个人是否在通奸后更为安全？结果表明，如果不通奸的话，则是不安全的！（8）所有这些交易都是在庞培和恺撒，以及西塞罗和小加图时代进行的。是的，据称就是那个小加图，劝阻人

---

① 卡图路斯（Catulus）：古罗马诗人。——中译者注

们不要在花卉庆典（Floralia）① 上要求裸体女演员像平常那样搞怪。你可以想象人们在节日上的行径要比在法庭上更为严格嘛！这种事情在未来也会出现，就像它们过去曾出现过那样。这些放荡的城市有时会在惩罚和恐惧的威慑下得到约束，但从不会自我约束。

（9）因此，你不要相信只有我们对于欲望渴求最多，对法律屈服最少。当下年轻人的生活要比之前那个时代的生活简单得多。那个时代，通奸被告会当着法官的面请求被判无罪，而且法官会当着被告的面予以批准；要用放荡的方式来进行裁决，涉及犯罪活动的克洛迪乌斯会在实际庭审中扮演拉皮条者的角色。难道有人会相信这些吗？一个人被判通奸，却因为帮助参与审判的人拉皮条，而被无罪释放。（10）所有的时代都会存在像克洛迪乌斯一样的人，但是，不是所有时代都会出现像小加图一样的人。我们很容易堕落，因为在面对邪恶时，我们缺少指导和陪伴。而这些邪恶，即使在没有指导和陪伴的状态下，也会不断发展壮大。通向恶习的道路不是如下坡一样，而是如悬崖一般。对于所有其他的工艺品来说，错误会给一位好的工匠带来羞耻感，且会让那些迷失的工匠感到烦恼；但对于生活这种工艺品来说，错误却成了快乐的主要来源，这也是很多人变得无可救药的原因。（11）当船摇摇欲坠时，船员不会感到喜悦；当病人死去时，医生不会感到喜悦；由于自己的错误导致被告在一个案件中败诉时，雄辩家不会感到喜悦。然而，从另一方面来说，每个人都很享受自己的罪行。A 会对私通感到喜悦，因为正是这种困难吸引了他。B 对伪造和偷窃感到喜悦，只有当其罪恶没有实现时，才会感到沮丧。所有这些都是变态的习惯所造就的。

---

① 指为了纪念花卉女神于 4 月 28 日举行的平民庆典。——英译者注

（12）相反地，你知道，即使灵魂深处潜意识中的善行，也可能被引向最堕落的道路。而且，人们不是不知道邪恶是什么，只是漠不关心罢了。我的意思是，所有人都在隐藏他们的罪恶，并且如果成功了，他们会在隐藏罪恶的同时享受那结果。可是，良知想要挺身而出，让人们看到；而邪恶怕的就是这种东西。（13）我认为伊壁鸠鲁的说法很恰当："偶然短暂地隐藏罪恶也许是可行的，但确信它会一直隐瞒下去，是不可能的。"或者，可以用这种方式让意思变得更为明显："那些犯了过错却进行隐瞒的人没有什么好处，因为即使现在有好运，他们也不能保证这种状态会一直维持下去。"这就是我的意思：犯罪可能得到隐瞒，但犯错的人却无法从焦虑中解脱出来。

（14）如果可以这样解释的话，那么我所主张的这种观点，就和我们斯多葛学派的原则不会有什么分歧。为什么？因为，对罪恶首要且最严厉的惩罚就是去实施罪恶。尽管财富运气会对犯罪进行掩盖，尽管其会提供保护，但犯罪终究还是要遭受惩罚。因为，犯罪本身就是对犯罪的惩罚。而且，在首要的惩罚之后，次要的惩罚也会接踵而至——持续的恐惧和恐慌，以及安全感的丧失。

那么，为什么我要让邪恶免于这种惩罚呢？为什么我不该让它一直胆战心惊呢？（15）当伊壁鸠鲁声称没有自然的公正时，我们不要在这一点上相信他。每个人都应该避免犯罪，因为没有谁可以从犯罪所带来的恐惧中逃脱。让我们相信他的另外一个观点，即：不良行为会受到良知的鞭策。因为无止境的焦虑，会让良知受到最大程度的折磨，且这时的良知无法依靠其本身来使心灵平静。为此，伊壁鸠鲁证明了我们天生不愿犯罪，因为即使在安全情况下，也没有谁不会感到恐惧。（16）好的运气令很多人逃脱了惩罚，但没有谁可以脱离恐惧。如果我们不是将本性所谴责的罪恶深植于内心，又怎么会这样呢？即使隐藏了自己罪孽的人，也不能指望一直隐瞒下去。因为良知会说服他们，并向自身揭示出那些罪孽。而且，罪恶的一种特征就是恐惧。由于很多罪犯逃脱了法律的制裁和应有的惩罚，已经让我们感到不安。那些违反自然本性所犯下的罪恶，是不能用现金来偿还的，犯罪者必定会遭受到来自恐惧的折磨。再见。

九十八

论变化莫测的命运

（1）你永远不要相信，所有依赖幸福的人都是快乐的！那是一种非常脆弱的东西，是偶然的存在。所有来自外部的东西总有一天会离去。而那完全源于自身的喜悦，才是真实可靠的，它会与我们一起成长，直到最后。所有其他引起大众赞美及钦佩的东西，都是临时的美好。你可能会问："你这是什么意思？难道这样的东西就不能既实用，又可以带来愉悦吗？"当然可以。但只有在它们依靠我们，而不是我们依靠它们时，才有可能。（2）只有当一个人拥有这些事物并能够掌控自己，且不受它们支配时，命运中所出现的东西才会变得有用且令人愉快。亲爱的鲁基里乌斯，如果人们认为，命运所给予的任何东西都有好坏之分，那么，他们就错了。命运给我们的只是善恶的原材料，在我们的陪伴下，这些东西将会发展成为善或恶。灵魂比任何命运的力量都要强大，通过其自身，它就可以带领我们朝任何一个方向前进。并且，依靠灵魂自身的力量，就可以造就幸福的生活，或是悲惨的生活。

（3）一个坏人会使一切变坏——即便那些表面上看起来最好的东西，也不例外。而正直和诚实的人会纠正命运的过失，并且会缓和困苦，因为其懂得如何忍受。同样地，他会以感激和谦逊的态度来面对成功和繁荣，并以坚定和勇气面对困扰。一个人即便谨慎，即便能够适当地判断其所有的利益追求，即便懂得力所能及地尝试，也将无法获得纯粹且不受任何干扰的美好，除非他可以毅然坚定地去面对那些不确定因素。（4）无论你是倾向于观察其他人（在判断他人的事务时，可以较为容易地做出决定），还是排除所有偏见来观察自己，你都会发觉并承认，所有那些令人向往和喜爱的东西都是没有用的。除非你自己可以武装起来，抵抗变化无常的时运及其影响；除非你可以在每次面对灾难时，都不加抱怨地经常反复对自己说："这原本就是天意！"（5）不仅如此，也可以用一句更勇敢和更接近真理的谚语——更可能激励心灵——当事情与你的期盼背道而驰时，就对自己说："天意眷顾更好的！"

如果你可以这样泰然自若的话，将没有什么可以影响你。并且，如果一个人可以在人世纷争到来前，就反思所有可能的后果，那么他就可以变得镇定。此外，如果他可以意识到，他不一定会一直拥有孩子、妻子或财产等身外之物的话，当他失去这些时，也就不会变得那么可怜。（6）若对未来感到不安，或去期望悲惨的遭遇，或为了能一直拥有那些带来愉快的东西而焦虑的话，灵魂将永远不会得到安宁。在等待未来的过程中，它会丧失掉当下可能享有的幸福。失去一些东西的悲伤，和担心失去它们的恐惧之间，没有什么不同。

（7）然而，我不建议你因此就变得漠不关心。相反，你要抛开所有可能引起你担心恐惧的事物。通过展望来确定所有可以被预知的事情，在任何可能给你造成伤害的事情发生前，就尽可能察觉并避免它们。为了实现这些，最佳的帮手就是自信的精神，以及坚定不渝地去忍受一切的态度。那些可以容忍命运的人，也同样可以提防命运。大海平静时，就不会有湍急的巨浪。没有什么比过早的惶恐不安，更可怜或更愚蠢了。一个去期盼麻烦到来的人，是有多么疯狂啊！（8）总而言之，简要地向你表达一下，我个人对于那些忙碌且自我折磨的人的看法是：他们遇到麻烦时，就像遇到麻烦之前一样，无法控制自己。那些在苦难到来前就开始受苦的人，注定会遭受不必要的痛苦。这些人不会去掂量苦难的分量，就像他们没有在之前就为这些苦难做好准备一样。同样地，由于缺乏自制，他们热衷于去盼望时运会一直持续下去；并且，会热衷于盼望他们的收获必然会增加，且只会一直持续。他们忘记了那折磨世人的浮夸名利是变化莫测的，而想要确保自己会一直受到时运的眷顾。

（9）正因如此，我认为梅特罗多勒斯是一个很有说服力的家伙，在一封关于安慰其姐姐失去儿子的信中，他表达得非常好："所有凡人的东西，难免终将消逝。"他指的是人们急于追求的那些东西。而真正的美好不会毁灭，它由智慧和美德组成，注定会持续下去。那是落于凡间的唯一不朽之物。（10）但是，有些人很刚愎自用，且经常忘记他们的目标及每天前进的方向。他们对失去任何东西都感到很吃惊，尽管某一天他们注定会失去一切。任何以你的名义拥有的东西，其实都是不属于你的。就像软弱的东西不会拥有力量，或者脆弱的东西不可能持续且不可征服。我们注定会像失去财物一样，失去我们的生命。如果我们真的能了解其中所蕴含的真理，那么懂得这条真理本身，也就算是一种安慰了。镇定地去面对失去吧。因为，你注定要失去生命的。

（11）那么，在面对所失去的这些东西时，我们该怎么做呢？很简单，记住那些失去的东西，但不要为那些随之来去的喜悦而伤感。我们所拥有的可能已经被夺去，而我们曾经拥有的过程，却永远不会被剥夺。如果在失去一些东西之后，一个人没有感到对所失去的东西负有一定职责的话，这个人可以说是忘恩负义到了极点。时运从我们手中抢走了那个东西，但是，它留给我们曾经的享用和乐趣——如果我们不恰当地去懊悔，那么连这些也将失去。（12）就这么对自己说："所有这些看起来可怕的经历，其实没有一个是不可逾越的。很多人都征服过各种各样的刑罚：慕修斯征服了火刑，雷古勒斯征服了十字架钉刑，苏格拉底征服了毒刑，茹提利乌斯征服了流放，小加图征服了致命的剑伤。因此，也让我们征服一些东西吧。"（13）还有，那些在漂亮和快乐外表下吸引大众的事物，曾经被很多人在众多场合鄙视。法布里修斯（Fabricius）① 在作为将军时就拒绝过贿赂，且在当检察官时同样拒绝了。通过在公共的庆典上使用陶制餐具，杜白罗指出，人们应该满意于众神仍在使用的东西，并认为贫穷既适于其本身，也适于议会建筑上的神明。老塞克图斯（Sextius）拒绝担任公职；他出生后就有参加公共事务的义务，但即使是已经被神话的尤利乌斯（Julius）② 所提供的职位，他也不会接受。因为他懂得，所有别人给予的东西，都可以被收回。

因此，让我们也根据自身的处境勇敢行事吧。让我们也被写入历史卷轴的典范行列吧。（14）为什么我们会变得松懈？为什么我们会灰心丧气？只要我们净化灵魂并遵循自然，那些其他人可以做到的，我们也可以做到。当一个人与自然背道而驰时，他就会被迫去渴望及恐惧，且会成为时运的奴隶。我们可以回归到正路上来，能够恢复正常的处境。因此，就让我们这么做吧。为了可以忍受痛苦，无论命运用什么形式攻击我们的躯体，都对它说："你正在打交道的是个真正的男人，去寻找其他你可以征服的人吧！"

---

① 法布里修斯（Fabricius）：古罗马政治家、将军，曾任执政官，以廉洁著称。——中译者注
② 指恺撒大帝。——中译者注

(15)① 根据这些和其他类似的说法，道德败坏的程度可以得到缓解。我的确希望这种疾病能够得到妥善处理，不管是被治愈还是终止，或者随着患者一起变老。但是，我内心中对他感到很满意。我们正在讨论我们所失去的东西——一个最优秀的老人的离去。他自身过着很充实的生活，且对自己而言，已没有什么额外渴求的东西了。但考虑到那些需要他的人，他又渴望能继续活下去。(16) 为了继续活下去，他泰然处事。要是其他人，可能已经对这些苦难做了了结。但是，我们的这位朋友认为，逃向死亡和从死亡逃离一样可耻。有人会说，"但是，如果环境允许的话，他就不会离开吗？"当然会，在他不能再为任何人服务，及其所有的事务都将会是处理痛苦的时候。(17) 我亲爱的鲁基里乌斯，这就是我所说的在实践中学习哲学，并应用哲学的意思。当其他人表情异常凝重时，看看一个谨慎的人在面对死亡或痛苦时，有着怎样的勇气吧。我们必须从那真正做过的人身上，学习如何做那些该做的事。(18) 到目前为止，我们在处理争议——是否有人可以克服痛苦，或者，当死亡来临时，是否伟大的灵魂也会变得沮丧。为什么要继续讨论下去？当下就有一个示例——死亡既不会使我们的这位朋友更勇敢地去面对痛苦，也不会使他痛苦地面对死亡。在面对两者时，他宁可信任自己；他不会因为渴望死亡而放弃忍受，也不会因为厌倦了忍受而渴望死亡。他会忍受痛苦，并等待死亡。再见。

---

① 据悉此信中后面几段与前面有差异，可能是由于一些段落遗失的缘故。——英译者注

九十九

论安慰丧失亲友的人

（1）我附上了一封写给玛鲁路斯（Marullus）① 的信，那是在他失去小儿子，并被认为展示了相当女性化的悲伤时写给他的。这封信并没有遵循常见的慰问信的形式，因为我不认为他应该被温柔对待，并认为他应该受到批评，而不是慰问。当一个男人受到挫折，并很难忍受痛苦的伤口时，我们必须迁就他一段时间，使他满足自我的悲伤，或至少摆脱首先出现的震惊。（2）但是，对于那些沉迷于悲痛之中的人，应该立刻予以责备，并让他们知道，眼泪中也有一定的愚蠢因素。

②"你在寻找安慰吗？让我先给你一点谴责吧！你对待孩子的死，就像一个女人一样。若你失去一位好朋友的话，你会怎么做？你的一个儿子——前途未卜且不能给予你任何承诺的孩子，死掉了；时光中的一小段已经浪费了。（3）我们四处寻求悲伤的理由；我们甚至会不公平地抱怨命运，就好像命运永远不会给我们适当的理由去抱怨一般！但是，我曾真的认为你具有充沛的精神，能够去处理具体的麻烦，而不会提及那些虚无的烦恼——那通过习惯性的

---

① 玛鲁路斯（Marullus）：古罗马朱迪亚（现今巴勒斯坦的南部地区）地方行政长官。——中译者注

② 这封信余下的部分，含有作者写给玛鲁路斯的信中的内容。——英译者注

强迫令人们呻吟哀叹的东西。如果你真的丧失一位朋友的话（对任何人来说都是最为沉重的打击），你应该为曾经拥有过他而努力感到高兴，而不是因为失去他而悲伤。"

（4）"很多人都无法估算他们的收获有多少，他们的喜悦有多大。像你这种悲伤还有其他罪恶不仅是毫无用途的，而且是忘恩负义的。那么，你曾经拥有的这样一位朋友，对你来说就不意味着什么了吗？在这么多年的交往中，在如此紧密的关系中，在如此亲密的相互交谈后，就没有成就什么吗？你在埋葬朋友时，将友谊也一起埋葬了吗？如果曾经拥有他并没有什么用的话，为什么对他的失去还要感到悲痛呢？相信我，尽管时运将我们曾经爱过的大部分人夺走了，但他们仍与我们同在。那些过往是属于我们的，而且对我们而言，没有什么比过往更加可以确信了。"（5）我们对过往的所得是如此健忘，因为我们会期望未来，就像未来真正属于我们似的，就像它不会很快就与过去混为一体似的。如果人们仅仅知道在当下享乐，就会对自己所能享有的乐趣设定一个狭隘的界限。未来和过去都会给我们带来愉悦，一个是以希望的方式，另外一个是以回忆的方式。但是，前者具有一定的偶然性，且可能不会到来；而后者已然形成了。

"因此，为那些已经完全确定的事情而失控，是多么愚蠢和疯狂啊！当我们缅怀他们时，灵魂不会被戳得像筛子一般，只是感觉失去了那曾经得到的东西；只有这样，我们才能满足于和他们曾经共度的美好时光。（6）不计其数的人都曾在没有眼泪的情况下，埋葬了他们已经成年的儿子。这些人一从葬礼返回元老院议事厅，或返回其他岗位上，就直接投入手头的其他工作中了。可以肯定的是，首先，如果你没能从伤心中获得帮助的话，那么，伤心就是没用的。其次，去抱怨已经发生在一个人身上，但注定要发生在所有人身上的事情，是不公平的。最后，当逝者和失去逝者的人之间只有很短的间隔时，为自己的失去而感到哀伤，是一件很愚蠢的事。我们应该听天由命，因为我们正紧跟着那些逝去的人。"

（7）"留意那飞逝的时光——那世间最为迅速的东西。反思一下我们在短暂路线上飞快的前进速度。看看吧，所有人都在竭力朝向同一个终点奔驰，而相互的间隔又是多么的短暂——即使它们看起来很长。你认为已经过世的人，其实只是在你前面一点点。当你也注定踏上同一个旅程时，有什么比哀悼前行者更为荒谬的吗？（8）一个人有必要对心知肚明将要发生的事而哀悼吗？或者，如果他不认为死亡是人类注定命运的话，他一定是在欺骗自己。有人会对已经无法避免的事情感到哀伤吗？所有在抱怨死亡的人，都是在抱怨自己是一个人。所有人都受同样的法则制约：有幸出生的人，都注定要死去。（9）时间的周期把我们区分开来，而死亡让我们平等。我们出生和死亡的时间间隔是变化不定的：如果用两者所囊括的麻烦来衡量，对于一个小伙子来说，这间隔都算是很长的；如果用两者间的速度来衡量，对于一个花甲老人来说，这间隔都算是短暂的。一切都是不固定的、不可靠的，且比任何天气都变化莫测。在命运的关照下，万物都是反复无常的，且会转变为其对立面。在人世间的喜怒无常中，除了死亡是注定的，没有什么其他东西是注定的。而且，在所有人抱怨的这件事上，并没有人受到欺骗。（10）'但是，他年纪轻轻就死去了。'我还没来得及说，那些很快就逝去的生命，都做了一笔更好的交易。让我们转过来看一下那些已经年长的人，这些人能比孩子强到哪去呢！将广阔的时间深渊摆在你心灵的窗口前，并思考一下宇宙。然后，对比一下永恒，与我们称之为人生的东西，你就会发现，我们的祈祷和我们所要求延长的寿命，是多么的微不足道。（11）而又有多少时间被哭泣所占据，多少时间被忧愁所占据！在死前为死亡祈祷的时间有多少，为我们的健康和我们的恐惧祈祷的时间又有多少！有多少时间被我们的无知或徒劳所占据了！而且，有一半的时间都浪费在睡觉上了。此外，再想一想我们花在劳苦、悲伤和摆脱危险等上面的时间，你就会理解，即使最长的生命，真实的生活也只是其中的一小部分。（12）然而，谁会承认：'被准许立即返家，以及在疲倦前就已完成旅程的人，不是更好的呢？'生命既不是善，也不是恶；它仅仅是一个善恶并存的地方。除了一场失去比收益更大的灾难外，这个小男孩并没有损失什么。他长大后也许会成为温和且谨慎的人；也许在你的照料下，他可能会被塑造成为一个更好的楷模。但是（并且，这种担心更为合理），他也许仅仅会成为众人中的一员。（13）看看那些年轻的贵族，挥霍无度令他们①进入竞技场中厮杀。看看那些纵容自身激情和他人情欲的人，他们每一天都在醉酒和羞耻的行为中度过。显而易见的是，相比于期望，有更多的担心在等着你。"

"正因如此，你不该为悲伤寻找借口，或因为义愤不平而给自己找麻烦。（14）我不是在劝你要尽力达到顶峰。从我对你的观点来说，你的程度不至于如此之低，以至于让我认为有必要来激发全部美德，来面对这一麻烦。你所面对的不是痛苦，只是一种刺激，是你自己将其转换为痛苦的。"

"哲学诚然已经给你带来了很多帮助，如果你可以勇敢地面对一个男孩的逝去。而你作为父亲，对这个孩子的了解和熟悉，或许还没有他的护工多！（15）那该怎么办呢？我是在建议你变得铁石

---

　①　指那些成为角斗士的人。——英译者注

心肠，在每个葬礼中都面无表情，且令灵魂抛弃任何一丝苦楚吗？绝不是这个意思。这不是美德，只是冷酷无情罢了。对于你的亲近和所爱之人，就用他们活着时你对待他们的态度，来参加他们的葬礼仪式。并且，不要对家人的失去表现出太多情绪。然而，即便我禁止你表露情感，有些感受也会表现出来。无论我们如何抑制眼泪，它都会掉下来。而且，流泪会让我们的灵魂变得放松。（16）那么，我该怎么做呢？就让我们允许流眼泪，但是，不要命令其流出。当情感涌入眼眶时，就让我们哭泣吧。但请不要过度造作地哭泣。的确，让我们不要给自然的悲伤添加成分，也不要根据他人的感受而扩大伤感。悲伤的表现，要比悲伤本身有着更多的需求。很少有人会独自难过！当人们的哀叹声被其他人听到时，他们的哀叹会变得更大声。当独自一人时，人的悲痛会变得收敛和安静。而当观察到有人在附近时，他们的眼泪就会被激发！在这种时候，有人会情绪激动，不能自已——然而，当没有人制止他们时，他们的情绪可能已经变得缓和了；这种时候，有人会寻求死亡，也有人会悲痛欲绝。但是，当旁观者离席后，他们的悲痛就会有所松弛。（17）在类似的事情中也是一样，我们会被这样的错误所困扰——迎合多数人的模式，仅关注惯例而非职责。我们抛弃了自然本性，并向大众妥协了。而大众在任何事务上，从来都不能被视作好的顾问。并且，不仅在这个方面，大众在所有其他方面的表现，也都是前后矛盾且不统一的。当看到一个男人勇敢地忍受悲痛时，人们会称其为不孝且残忍；当看到一个男人崩溃并抱头痛哭时，人们会称其为女性化且软弱。（18）因此，一切事情都该用理智作为参考。而没有什么要比通过悲伤并流泪而赢得名声更为愚蠢了。我认为，对一位智者来说，有些眼泪是情有可原的，有些眼泪则是纵容导致的。"

"我会解释它们之间的区别：当某些失去的痛苦抵达时，它首先会令我们震惊，当我们接受后，它会马上启发丧葬的激烈情感，那么，我们的眼泪会自然而然地流淌出来。并且，悲伤所散发出的力量，不仅会动摇整个身体，也会让眼睛为之震动。随后，眼睛中所蕴含的水分就被挤压出来。（19）像这样受外力驱使而流下的眼泪，是不以我们的意志为转移的。但是，当我们回忆那些所失去之人时流下的眼泪，是经过我们允许的不同类别的眼泪。当我们回忆起悦耳熟悉的声音，亲切的交谈，以及往日忙碌的工作时，就会涌起一种甜蜜的悲伤。在这种时候，眼睛就会变得松弛，而出现喜悦的泪花。这种哭泣是我们纵容的，而前一种哭泣是我们无法控制的。"

（20）"所以，毫无理由的，仅仅当有人陪伴左右时，你就抑制或放任流泪。无论抑制还是放任，都绝不像矫揉造作一样可耻。让眼泪自然流淌吧。那些安静且平和的人，也可能会流出眼泪。眼泪的流出也不会损害智者的影响力——在这种克制下，他们既不会展示出情感的需求，也不会展示出自尊的需求。（21）我向你保证，我们可以在遵循自然的同时，也维护我们的尊严。我曾看到过那些值得敬仰的人，在其亲近和挚爱之人的葬礼上，他们爱的表情被清晰地刻画在脸上，即使在哀悼仪式完全结束后也是一样。除了表现真正的情感外，他们没有过度的反应。他的悲伤也是合理有度的。这种品质应该由智者来培养，即使在流泪时，就像在其他事情中一样，也存在一定的平衡。如果悲伤像喜悦那样源源不断，就不能称为明智。"

（22）"用平静的心态去面对那无法避免的事情。在信仰之外会发生什么？什么是新的事物？在此时此刻，有多少人在安排葬礼！有多少人正在购买寿衣！在你哀悼完之后，又有多少人正在哀悼！在你常常思念逝去孩子的时候，同时也想想其他人——那些一切都飘忽不定，那些命运无法陪伴其到老，而是将其丢弃在半路上的人。（23）你可能会经常谈论逝者，并尽可能来珍惜存有他的回忆。如果你乐于使这种回忆出现的话，它会更加频繁地在你脑海中浮现。没有人喜欢和一个悲伤的人交谈，更不要说悲伤本身了。并且，无论什么样的言语，无论什么样的玩笑，无论那个孩子有多大，可能都已经给你带来过快乐——而这些会令你反复想起；那么，就自信地告诉自己，其实这个逝去的孩子已经实现了他父亲所抱有的那些希望。（24）的确，忘记深爱的逝者，伴随着躯体一同埋葬关于他们的记忆，饱含深情地去哀悼他们，并在之后不再想念他们——这是低于人类物种灵魂中应该具有的特征。这就是禽兽鸟类爱它们后代的方式，它们的情感会被急速激起，并几乎处于疯狂的地步。而一旦后代死去，情感就会全部消逝无踪。这种特性不适合人类的感觉，人应该持续记起，但应该停止哀悼。（25）我不会同意梅特罗多勒斯的观点——有一种与悲伤类似的喜悦，一个人应该在丧礼的场合去追求它。我所引用的是梅特罗多勒斯的原话。（26）我丝毫不怀疑你对这些事情的感受。会有什么比在哀伤中追逐享乐更为低劣啊？不只是哀伤，在一个人的眼泪中，去猎求那可以带来愉悦的东西，也是一样。像梅特罗多勒斯这样一些人，会谴责我们斯多葛学派过度严格。他们会污蔑我们的戒律，因为他们认为，我们宣称哀伤既不应该被置于灵魂之中，也不应该被立刻清除。但是，哪一种才是难以置信，或者不人道的呢？并未对朋友的逝去感到悲伤，还是在悲伤中去寻求快感？（27）我们斯多葛学派所建议的，才是尊荣的。也就是说，当情绪带来一定程度的眼泪后，应该抑制其继续发酵。且灵魂不应该向悲伤屈服。但是，如梅特罗多勒斯所说，在我们的悲伤中，应该混杂着一定的愉悦，这是什么意思呢？难道这是我们安抚孩子的甜蜜方式吗？是将牛奶灌入婴儿的喉咙中，用来终止其哭泣的办法吗？"

"甚至当你的孩子被置于火葬架之上，或当你的朋友濒临死亡时，你难道不是应该放弃喜悦，而不是让喜悦来满足你的悲伤吗？哪一个才是更为尊荣的？将悲伤从灵魂中去除，还是在悲伤中容纳喜悦？我的意思仅仅是'容纳'吗？不，我想表达的意思是'追逐'，而且是从悲伤身上'追逐'喜悦。（28）梅特罗多勒斯说：'有一部分喜悦是与悲伤有关的。'我们斯多葛学派可以这么说，但是，你不可以。伊壁鸠鲁学派认为唯一的善是享乐，且唯一的恶是痛苦。在善与恶之间会存在着怎样的关系呢？假设这样的关系是存在的，那么，我们是否应该将其根除？我们是否该仔细思考一下悲伤，看看其是被怎样的喜悦和享乐元素所包围着？（29）有些疗法会对身体的某些部位有用，而不能应用于其他部位，因为会引起反应及不适。此外，由于伤口的状况不同，某些情况下可以发挥作用的治疗方式，在另一些情况下可能变得不适宜。类似地，难道用愉悦来治愈悲伤，不会令你感到惭愧吗？不，是会的。这种伤疤必须要用更加猛烈的方式进行治疗。这就是你应该得到的更好建议：邪恶的感觉不会触及死者。因为如果能够触及的话，他就还没有死去。（30）你认为一个人的离世很糟糕，是因为他不再存在，还是因为他仍作为某人或某物而存在？对于不存在的人来说，没有什么伤痛可以触及他；不存在的人，有何感受可言呢？如果他仍作为某人或某物存在的话，那么，他貌似已经逃脱了"不存在"——这种死亡所能带来的最大惩罚。"

（31）"就让我们对那些哀悼和怀念逝者的人这么说：与永恒相比，不管是年轻的生命，还是年长的生命，都是同样短暂的。在全部的时光中，属于我们每个人的时光都极少，但无论如何，'极

少'意味着仍有一部分是存在的。除去生命之外，我们几乎一无
所有。而愚蠢的我们，却还在胡乱挥霍着!"

（32）"我很清楚，你已经告诉自己一定要读完这封信。我写
给你这些话，不是为了在这么晚的时候，让你从我这里得到治愈，
而是想要指责你，哪怕你只是稍稍偏离了真实的自己。当然，也是
为了鼓励你在未来打起精神去面对命运，并留意她所有的攻击。不
要认为命运所带来的灾难可能会到来，要知道这些灾难注定会到
来。"再见。

一百

论费比乌斯的著作

（1）你写信告诉我，你怀着最大的热情读完了费比乌斯·巴皮里乌斯（Fabianus Papirius）的著作《一位公民的职责》。并声称，其并没有满足你的预期。然后，你忘记了自己是在面对一位哲学家，而开始批判其风格。

假设你的陈述是真实的，即他的写作有如泉涌般倾泻而出，而非字斟句酌，但是，让我告诉你，你所描述的这种特点具有一种独特的魅力，并且，它是一种适用于平滑风格的优雅。我认为，无论是突兀，还是平滑，都很重要。此外，关于这种风格，也有不同的区别，我应该让你更了解一些。（2）对我来说，费比乌斯的表达方式更像是一条河流，而非小溪。他的文字丰富但不杂乱，且很快速。的确，就像他的风格所要表达的那样，他并没有花很长时间来斟酌字句。但是，像你所表达的那样，费比乌斯在尝试构建一种特质，而不仅仅是单纯的文字；且他在尝试为了心灵，而非耳朵来写作那些文字。（3）此外，如果他自己来说出这些文字的话，你可能不会有时间来思考细节——整部作品会让你大吃一惊。通常来说，如果你放在手上阅读的话，其作品"速度"所带来的愉悦将大打折扣。

然而，这种第一眼就能吸引人的特质具有很大的优势，无论是否在仔细研读后可能会发现一些可以批评的地方。（4）如果你问我的话，我会告诉你，那些让读者被迫接受的人，要比赢得接受的人更为伟大。但我知道后者要更为安全，而且他会在未来给予更多保证。小心谨慎的写作风格不适用于那种哲学家；如果其在言语表达上显得胆怯，又该在何时才能表现出勇敢坚定呢？又该在何时体现出自己的价值呢？（5）可以肯定的是，费比乌斯的写作风格并非粗心大意。这就是为什么你在他的作品中看不到劣质的东西：他选择的文字很好，但并非精雕细琢；相比当下的时尚，这些文字也不是不自然地插入和倒置的；而且，即使是从口语中提取出来的，它们仍具有一定的差别。在他的文字中，你会发现尊荣和杰出的，以及没有受到格言形式束缚的想法，且用一种更为自由的方式表达出来。我们当然会留意到一些没有充分修剪的，以及没有精心构建的，且缺少润色的章节，它们不像当下的作品那样。但是，从整体上来看，你会发现其作品中没有无价值的狡诈论点。（6）毫无疑问，这里可能没有各式各样的大理石装饰，没有从一个房间到另外一个房间的供水通道，没有"贫民房间"①，或其他类似的奢华所需要的装置。但用句俗话来说，这是"一间适于居住的好房子"。

此外，对于他的风格，也存在着不同观点。有些人认为应该把其作品的所有粗糙处都润色一下；而有些人则非常欣赏那种生硬的风格，他们会故意将那些顺畅的段落打乱，用分散结束语等方式来重构句子，以追求出乎意料的效果。（7）读一读西塞罗的作品，

---

①　指古罗马富人有时会在奢华的别墅中，构建一个模仿贫民房间的地方，以此来体现其生活的朴素。——英译者注

他的风格有着一致性；作品有着可调节的速度，在保持文雅的同时
而不迂腐。从另一方面来说，阿西尼乌斯·波里奥（Asinius
Pollio）① 的风格是"突兀"、不通顺，会在你最不希望终止的时候
结束。最后，西塞罗总是以循序渐进的方式结束；而波里奥的作品
都是突然停止，除了极少数的情况外，他会以既定的节奏和单一的
模式来结束表达。

（8）除此之外，你说费比乌斯作品中的一切对你来说都是老
生常谈，且缺乏高度；但我个人认为并非如此。因为他的那种风格
并不是老生常谈，只是简单平静，且适于他那种平和及有序的头
脑——不是在一种低水平上，只是相对平坦。其作品中缺少演说家
的热情和激励（如果这是你想要的东西的话），和格言警句般的冲
击。但是，请看一下整部著作是多么的井井有条，这是有特质的。
他的风格不包含尊严，但是会暗指尊严。

（9）谈一下那些你可能会列于费比乌斯之上的作家。就说西
塞罗，他的有关哲学的作品和费比乌斯的一样多。我承认这一点。
但是，这不代表不够伟大。或者说阿西尼乌斯·波里奥，我会再次
承认，并满意地回答："即使在如此伟大的领域中获得第三名，也
是很优秀的。"你也可能会列入李维。李维也会写对话著作（应该
被列为历史作品，与哲学作品无异），以及专注于哲学的著作。对
于李维的情况，我也会承认。但是想一想，如果费比乌斯仅仅被这
三位伟大的雄辩家超过的话，不知有多少其他作家还落在他身
后呢！

（10）然而，可能有人会说，他没有提供一切：虽然他的风

---

① 阿西尼乌斯·波里奥（Asinius Pollio）：古罗马政治家、军人、演说家、诗
人。——中译者注

格被推举，然而程度还不够高；尽管文字很丰富，但缺少力量和气势；尽管表达不够直白，但很清晰。你会说，"如果有人要在其作品中寻找对恶习的强烈谴责，面对危险时的勇气，无视命运的自豪，对自我追求的轻蔑的话，就注定会失败。我想要看到奢华被谴责、欲望被声讨，以及任性被碾压。让他向我们展示演说的锐利、悲剧的崇高和戏剧的精巧吧"。你希望看到他去依靠那琐碎的东西——修辞学。然而，他已经宣誓效忠其主题的伟大，并将口才作为一个跟随自身的影子，而不是作为既定目标来追求。

（11）我们的作家费比乌斯无疑不会去调查每个小细节，或是进行分析，也不会检查和强调每个独立的文字。这一点我承认。他的很多词组使用不恰当，或是感染力不够强，且风格有时也会逐渐丧失。但是，其作品中仍贯穿着充足的价值，会有很长的扩展和延伸，注定不会让读者感到疲倦。再者，他的作品有一种特质，那就是会将其所要表达的内容，展示得清晰透彻。你会明白，他的目的是让你知道那令他满意的东西，而不是那些去取悦你的东西。他的所有作品都是为了进步和明智，而不是为了寻求喝彩。

（12）我毫不怀疑他的作品就是我所描绘的那种类型，尽管我是凭借回想，而不是从对他的确切记忆中得出的结论；并且，尽管他的作品在我脑海中仍保留着基调，而不属于那种近期细心的研究，但总的来说，它就像是很久之前就熟悉的一样自然。然而，可以肯定的是，每当我听到他的演讲时，就获得了其作品给我带来的那种感受——虽然不坚实，却很充实。这种方式会激发年轻人的希望，并燃起他们想要成为费比乌斯的雄心壮志，而又不会使他们对超越他感到绝望。这种鼓励对我来说，是所有方法中最有帮助的一种。因为激起一个人的野心，而同时又剥夺他们所能模仿的希望，实在是令人心灰意冷。无论如何，他的语言都是流畅的，即便一个人可能无法认同每个细节，但总体的效果是崇高的。再见。

一百零一

论徒劳的超前预期

（1）每一天及每一刻钟，时间都在向我们展示我们的一无是处，并用新的证据提醒我们，不要忘记自己的弱点。在我们为永恒规划时，它会强迫我们要留意下徘徊在身边的死亡。

你会问我这封信的前言是什么意思，这句话指的是科尼利厄斯·塞内西奥（Cornelius Senecio），一位杰出且能干的罗马骑士。你知道，他从卑微开始，一直奋斗到现在，已拥有财富，但其前景已处于每况愈下的状态之中。在尊严中成长，比一开始去获取尊严要容易。（2）在贫穷中，财富的积累是很慢的。除非可以突破贫穷，否则会踌躇不前。塞内西奥已经接近富有，这个过程中有两个强有力的品质帮助了他——知道如何赚钱，并知道如何守住金钱。这两个品质中的任何一个都可以使其富有。（3）他是一个生活最为简单，且对健康和财富都很关注的人。像往常一样，他早上就召唤我，我们在其床边相处一整天，有时甚至到夜里。他得了绝症，情况很严重。在享用完晚餐之后，他突然感受到扁桃腺的疼痛，且呼吸被紧缩的喉咙阻塞住，勉强能活到黎明。然而，在履行了一个健全男人所应履行的全部职责几个小时后，他就去世了。（4）他曾经在陆地和海洋上尝试过各种冒险，且曾进入公共生活领域，尝试过各种事务。然而，在其变得富有且财富暴增的同时，那从世界上搜刮来的全部，都难逃同他一起进入棺材的命运。

> 现在嫁接梨树，梅里博斯，并且
> 把那些藤弄整齐！①

然而，对于一个甚至都不是自己明天主人的家伙来说，去安排其一生，是多么愚蠢的事情啊！对未来寄予深远的期望是多么的疯狂啊！有人说："我会用做生意、建造、放贷等方式来挣钱，并赢得荣誉头衔。然后，我就可以在年老时，过上轻松自在的生活。"（5）相信我，我认为一切都是不确定的，即使对于那些成功富有的人来说也是一样。没有人对未来拥有任何权利。我们手中所掌握的东西会溜走，运气会截断我们正在度过的那拥挤不堪的时光。时间的确是按照固定的规律在前进着，但都是在黑暗中。当我本身飘忽不定时，而自然法则是确定的，这对我来说意味着什么？

（6）我们会计划远航，并长期在海外漂流，推迟归家的时间；我们会参加军事服务，并延缓艰难战役的奖励；我们会为官职拉票，一个职位接着一个职位。而做这一切的同时，死亡就在我们身边。除非死亡影响到了我们周围的人，否则，我们从来不会想到它。即使死亡的案例每天都在逼近我们，只有其阻挠我们继续前行的时候，我们似乎才会真正注意到它。

（7）然而，想象那些每天都可能发生的事，会出现在任何一天，还有比这更愚蠢的事情吗？冷酷的命运的确已经为我们设定了一个限度，但是，没有人知道他自己离这个限度有多长的距离。因此，就让我们像即将走到尽头一样，来调整我们的心态吧。让我们

---

① 来自维吉尔的作品。——英译者注

不要再延缓任何事情。让我们平衡好每一天的生活账单。（8）生命中最大的瑕疵是，它总是不完美的，并且，其中的一部分会被推迟。那些每天都以生命即将终结的心态来面对生活的人，从来不会想要更多的时间。那些想要获得更多时间的念头，会引起对未来的担心，并会蚕食一个人的心灵。没有什么比对未来可能发生事件的结果感到担心，更为不幸了。那些未来东西的数量或性质，会让我们的心灵产生莫名的担心和恐惧。

（9）那么，我们如何能够避免这种踌躇呢？只有一种方式，即如果我们不依靠未来，且回归本我的话。对于那些仅对未来感到担心的人来说，当下便会是无利可图的。但是，当我偿付了灵魂所需偿付的代价后，当健全平衡的心灵懂得，一天和永恒没有太大区别时，那么，无论未来会有多少日子，或有怎样的问题，当灵魂面对那永不停歇向前流淌的岁月时，它都会从高处仰望，并衷心地微笑着面对一切。当你以不变应万变时，不稳定的时运，又能给你带来什么样的干扰呢？

（10）因此，亲爱的鲁基里乌斯，现在就去生活吧。把每一天都视为一个独立的生命。那些以此来准备的人，他每天的生活都将是完整的，并会拥有轻松愉悦的心灵。而那些仅依靠希望来生活的人，眼前的未来总会从其掌控中滑落，并且他总想要贪婪地偷取；而且，对死亡的恐惧，是一种可以诅咒一切的诅咒。因此，会出现那些最为低下的祈祷，玛塞纳斯不会拒绝忍受虚弱、畸形和十字架酷刑所带来的极度痛苦，只要他可以在这些苦难中延长生命：

（11）

即便是一只手被麻痹，

即便是一只脚瘸了，

即便是弯腰驼背。

这一切都无关紧要，

只要生命仍在继续。

拯救一下我的生命吧。我祈求你。

即便是被钉在那刺穿的十字架上！

（12）如果所祈求的这些东西落实在他身上的话，将会是世界上最可怜的事情！并且，他就像祈求生命那样去祈求延缓痛苦。如果他的希望只是被钉在十字架上并且苟活下去，我认为他会是最为可怜的。他会大喊道："如果你可以留一丝呼吸在我那被虐打和近乎失去知觉的躯体中，随便怎么折磨我都可以。如果可以的话，就把我弄残废，或使我变得畸形，只要留给我一点点在世界上存在的时间就好了！你也可以把我钉在十字架上！"延缓某些麻烦的事情，是否比将一个人挂在绞刑架上所造成的惩罚，还要严重？为了拥有可以呼吸的生命，是否真的值得将这一切都放弃呢？（13）除去天堂的放纵之外，你会向玛塞纳斯请求其他东西吗？他如此缺乏阳刚且不得体的诗节，是什么意思呢？他一味地接受并顺从恐慌意味着什么呢？他如此卑微地请求生命是什么意思呢？他可能从来没有听过维吉尔的这句话：

告诉我，死亡是如此的令人沮丧吗？

他祈求最大程度的痛苦，而苦难的延续，将会是更加令人难以承受的。他从中能得到什么呢？仅仅是更长的存在这一恩惠。但是，缠绵的死亡又意味着什么呢？（14）难道有人会倾向于在痛苦中逐渐逝去，被慢慢折磨致死，或是一点一点消亡，而不是一下子将生命了结？有谁会愿意被钉在长长的十字架上，身体已经扭曲，胸前和肩上已肿起难堪的大包，并残喘着在痛苦中呼吸呢？我认为，在被钉上十字架之前，这个人就应该有很多借口去迎接死亡了。

不可否认，大自然使死亡成为一种必然，这是非常慷慨的。（15）很多人已经开始着手做更多的可耻交易：为了使自己活得更久，去背叛朋友，或自愿伤害他们自己的孩子；并在阳光——其所有罪证的见证者——下，享受一切。我们必须要把这种对生命的渴求去除掉，并懂得，在苦难注定将要到来的时刻，去渴求也是无济于事的。重要的不是你活多久，而是活得有多么崇高。而且通常来讲，如果想活得崇高，你就无法活得长久。再见。

一百零二

论我们不朽的暗示

（1）就像叫醒一个正经历甜美梦乡的人，会令人反感一样（即便其沉醉于不真实的享受中，但至少表面看起来是真实的），你写给我的信，也令我遭受了一定的伤害。本来我正全神贯注于冥想，且如果不是这封信干预的话，我将会继续进行下去，但是，它突然把我带回现实当中。（2）我本来正在享受，调查永恒灵魂理念的乐趣，不，是相信这种理念的乐趣。我很乐意听取那些伟大作家们的观点，他们不仅赞同，而且承诺，这将是最令人愉悦的一种境地。我给予自己一个如此崇高的希望，因为我已经感到了厌倦，并开始鄙视我那生活的琐碎①。而且，我感觉自己注定要转入那永恒的时间和不朽的存在中。而这时，我突然被这封信唤醒，并失去了我那美好的梦。一旦能够把你的信放在一边，我将会再次寻找并拯救这段美梦。

（3）在来信的开头，你说我还没有完全解释那个问题——我想要努力证明的我们斯多葛学院的众多信念之一，即在死后享有盛名是一种美好。因为，我还没有解决我们经常会遇到的问题："美好不可能由截然不同的东西组成，而享有盛名就是由这样截然不同

---

① 作者塞涅卡此时的年纪据称已超过 67 岁，对政治生活已经感到厌烦。——英译者注

的东西组成的。"（4）我亲爱的鲁基里乌斯，你正在询问属于同一个主题的不同子议题。这就是我为什么推迟这些论证，不仅针对这一个议题，也包括属于同一个主题的其他议题。如你所知，有一些逻辑上的问题，会与道德上的问题混为一谈。因此，我认为这个主题的重要部分，一定会与如下事务有关：去担心那些死后的东西，是否愚蠢且无用；我们的品质是否会与我们的肉体一同逝去，即死者的一切都将不复存在；在我们丧失感知前，是否可以尝试获取有益的东西。

（5）这些问题都具有一定的探索空间，因此，它们已被放置在适当的议题下。我不得不将那些反对这种观念的辩论家的言论筛选出来，并置于一旁作为参考。既然你现在想要这些问题的所有答案，我会检查并陈述所有，然后分别驳斥它们。（6）除非做出一定的预先说明，否则我的反驳很难被理解。什么是预先说明？简单说就是：有一定持续的主体，例如一个人；有一定复合的主体，例如帆船、房子和一切由不同部分组成的一个综合体。还有其他的由不同单元组成的主体，像军队、贫民，或是元老院。组成这些主体的人，他们是依照法律或功能聚集在一起的。然而，他们本质上是不同的个体。那么，还有其他需要我提前说明的东西吗？（7）简要说：如果一个东西是由不同事物组成的，我们认为它将不会是美好的。因为，单独的美好应该在一个独立灵魂的掌控之下；而且，每一个美好的品质应该是独立的。只要你愿意，美好本身就能够证明其独立的品质。然而现在，先把它放在一边，因为我们当下有更紧迫的任务。

（8）有反对者会说："你的意思是，所有美好的东西，都不能由不同的东西组成吗？但是，你说的那种声望，仅仅是由好人的赞许所建立的。正如名誉不是由一个人的赞许组成的，而且，声名狼藉也不是由一个人的反对造成的。所以，名誉并不意味着我们仅仅令一个人满意就可以了。为了构建名誉，必须由很多杰出和受敬仰的人赞同才可以实现。这种判断的结果来源于很多人，换句话说，这些人都是不同的。因此，名誉并非一种美好。（9）你又说，名誉是其他好人对另外一个好人的赞许。赞许意味着讲话，那么，讲话是一种特殊意义的表达。而且，即便是好人嘴里讲出的话，其本身也不一定就是美好的。好人的行为不一定都是美好善良的。他有时会大声喝彩，有时会对那些不赞同的喝倒彩。但是，没有人会认为大喊或嘘声是好的。即便一个人整体的行为可能会受到赞美和钦佩，但像打喷嚏和咳嗽这样的行为，是不会得到赞美的。因此，名誉不是一种美好。（10）最后，请告诉我们美好品质是属于施加赞美的人，还是属于那被赞美的人。如果你说，那种品质属于被赞美的人，那么，就像是在说我邻居的健康就是属于我的健康那样愚蠢。但是，去赞美值得赞美的人，是一种尊荣的行为。因此，美好将完全属于那施加赞美的人，而不是属于我们这些被赞美的人。这就是需要讨论的问题。

（11）我现在会分别针对这些反对观点快速回答。第一个问题仍然是，任何美好的品质是否都可以由不同的东西构成？正反两方面都有支持的声音存在。那么，名誉是否需要很多支持呢？名誉可以满足于一个好人的赞同：一个好人就可以判断我们是不是美好善良的。（12）有人会反驳道："什么！难道你会仅根据一个人的观点，来定义名誉吗？且会因为一个人恶意的喋喋不休，就认定他名誉扫地？荣耀也是一样的，其应该得到广泛传播，因为需要得到很多人的认同。"但是，"许多人"所代表的地位，和"那一个人"所代表的地位是不同的。为什么？因为，如果那个好人对我的看法很好，实际上等同于所有好人对我的看法都很好。原因是，如果他们了解我，他们对我的看法也将会是一样的。他们的判断是一致的，真理对其影响也是平等的。他们不否决，就意味着他们都持有同样的观点，而不会持有不同的观点。（13）你说，"一个人的意见不足以建立其荣誉或声望"。相比那些"许多人"的判断，一个好人的判断具有普遍性，因为如果他们被询问的话，都会持有同一种观点。然而，对于那些有着不同品格的人来说，他们的判断也会是不同的。例如那些令人困惑的情绪，所有的不确定、不持久和不值得信赖的东西。你难道会认为所有人都持有同样的观点？即便一个人也会持有不同的观念。对于好人来说，真理是信仰的起源，而且真理只有一种功能和一种样子。而对于我所提到的另一种类别的人来说，他们所认同的观点是不正确的。而且，那些虚假的人永远不会坚定下去，他们的观念是无规律且不和谐的。（14）反对者说，"但是，赞美不过是一种表达，而表达本身不一定就是一种善"。斯多葛学派的学者认为，由好人所授予的赞美不是指一种表达，而是一种判断。一个好人也许会保持沉默，但如果他认定一个人值得称赞的话，那么，那个人就会是称赞的对象。（15）赞美是一件事情，而给予赞美是另外一件；后者需要表达出来。没有人会说"一个丧礼式的赞美"，而会说"给予赞美"，因为其功能取决于所讲的话。当我们说一个人值得去赞美时，我们会通过判断，而不是言语，来肯定其人性的善良。因此，即便只是来自一个好人内心中无声的肯定，也是一种赞美。

（16）此外，正如我所讲过的，赞美是属于心灵的事务，而不是嘴上的功夫。言语会将心灵所感受到的赞美表现出来，并让更多的人知道。判断一个人值得去赞美，就是在赞美他。并且，当我们的悲剧诗人说"被一个广受赞美的英雄称赞"是极为美好的一件事，他所指的是"被一个值得赞美的英雄称赞"。还有，当一位值得尊敬的云游诗人说："养成赞美的技艺"，他的意思不是给予赞美，因为那会破坏技艺。没有什么比大众的赞同更能破坏雄辩术和其他所有依靠倾听的学科了。（17）声望必然需要言语，但是，名誉只需人们的判断就可以，即便没有通过话语表达出来，也无所谓。不仅在默许中，甚至在公开抗议前，名誉也会令人满意。我个人认为，这就是名誉和荣耀的区别——后者取决于众人的判断，而前者仅需要好人的判断。（18）有人会反驳说："但是，这种由好人表达的赞美，由好人所给予令一个好人的美好声誉，到底是属于谁的？是属于那个被赞美的人，还是那个给予赞美的人？"我认为，是两者共同所有的。我所得到的赞美，是属于我自己的，因为我天生就喜爱所有人。并且，我对那些已做的好事感到高兴，也很庆幸可以找到那些真心赞美我所具有美德的人。他们对此很感激，既是对众人的善，也是对我的善。我的精神被安排得井井有条，我可以视他人的善为自己的——无论是谁的美善，都会成为我自己的目标。（19）就这种美善而言，它也属于那给予赞美的人。因为，它是通过美德而实现的；而且，美德的每一种行径都是一种美好的品质。如果我不是在做正确的事，我的朋友也不会去赞美我。因此，这是一种属于双方的美好品质，就像那值得称赞的人一样。正如一个好的决策，不仅对那做决策的人有利，对那些赞同这个决策的人同样有利。你会怀疑，是否正义的恩惠不仅属于它的拥有者，也属于那些应得正义的人？去赞美那些值得赞美的人，是一种正义，因此，其所带来的美好，也是两者共有的。

（20）对于那些善于处理微妙事务的人，这也将会是充分的答案。但是，这不应该是我们的目的，为了精巧地讨论，就把哲学从威严的高处，拽到如此卑微的诡辩之中。如果我们能走上那公开且笔直的大道，而不是在这种迂回的小径上探索，还必须要处理无尽的麻烦，将会是多么美好啊！因为，这样的论证，就像是男人之间在熟练地相互玩弄把戏一般。（21）不如告诉我，如何紧密地与自然相处，让一个人的心灵可以伸向那无边的宇宙！人类的灵魂是伟大且崇高的东西。除去那些与众神共有的限制之外，它没有其他限制。首先，灵魂不会受制于低微的出生地，像是以弗所（Ephesus）和亚历山大（Alexandria）①，或是其他人口稠密且繁华的城市。那灵魂的家园，涵盖了整个世界的空间，陆地和海洋被遮盖在其圆顶之下。而上面的苍天在分隔开人与神的同时，又将他们聚在一起，满天的繁星都在为其轮转着执勤。（22）此外，那灵魂不会忍受狭隘的生存空间。灵魂会说，"所有的年岁都是属于我的。伟大的心灵不会局限于任何年代，所有的时间都为思维的进步所敞开着。当天地初开之时，我将会离开那躯体，并靠自己的意志将自己引向众神。我现在没有与它们分开，仅仅是因为我被困在地面沉重的牢笼之中。"（23）在凡人躯体中的延误，是通向更久更好生活的序幕。正如母亲的十月怀胎，不是为了子宫，而是为了让我们准备生存，让我们有足够的时间适应呼吸和外面的生活。同样如此，在我们从婴儿到年老的这段时光里，其实正准备着另一次出生。一个不同的开始和一个不同的环境，正在等着我们。（24）我们只能在很短的时间（而非长时间）内忍耐天堂的光照。因此，在展望时，不要对那命中注定的时刻感到担心——那仅是身体的最后时刻，而不是灵魂的最后时刻。就像是休息室中的行李一样，审视一下你周围的一切，而你注定要继续旅程。大自然会在你离开时夺走你的一切，就像你到来时一样。（25）你离开时带走的东西，不可能比你来到世上时携带的东西更多。而且，你必须要抛弃绝大部分与你的生活

---

① 指古希腊的城市。——中译者注

相伴的东西：你的皮肤会被剥去——那是你最后的保护；你会被剥夺肉身，也会失去躯体中循环的血液；你会被剥去筋骨，那些短暂和脆弱的支架。

（26）当你对万物的恐惧终结之时，也将是你进入永恒之日。放下你的那些负担，为什么要推迟呢？就像你之前没有离开过那用于藏身的躯体一样！你紧抓着那些负担，并挣扎着。在你出生时，为了让你获得自由，母亲的付出非常巨大。你会哭泣哀号，就像刚出生时那般。但是，这是可以理解的，因为你对即将到来的世界一无所知。当你离开母亲温暖及抚育保护你的子宫时，更为自由的气息会同时扑上脸颊，然后，你会畏缩那触碰你的粗糙双手，惊讶地看待那陌生的物体，仍旧对一切充满着好奇和无知。

（27）但是现在，将你和你所寄居的躯体分隔开，对你来说应该不是什么新鲜事了。放弃那已无用的四肢，并抛弃那居住已久的躯体吧。躯体注定将四散分离，被掩埋在视线之外并逐渐消逝。为什么要沮丧呢？这是注定发生的事：在我们出生后，一定会灭亡。为什么将这样的东西，看作你的所有物去爱戴呢？躯体仅仅是你的外在罢了。当那一天到来时，它会使你与那肮脏和嘈杂的地方分离开来。（28）现在就尽量从中解脱出来吧。远离享乐，除非它可能与重要的东西紧密相连。现在就解脱你自己吧。去思考一些更为崇高的东西。某一天，自然的秘密将会向你呈现。所有阴霾都会从你眼前散去，明亮的光线会从四面八方进入你的眼帘。

自己设想一下，当漫天的星空与灵魂的焰火掺杂在一起，将会是多么的艳丽。没有任何阴影会干扰那晴朗的天空。整个天堂都将闪耀起来，白天和黑夜只会在其底下相互轮转。然后，当你在完美的状态下见过完美的光线后，你会认为自己曾经处于黑暗之中。你当下在黑暗中所注视的那完美光线，是极度难以辩认的。尽管如此，你已经在幻想中预见过了。当你可以在适当的范围内看到那天堂之光时，它会是什么样子呢？

（29）如此的理念，不会允许任何卑鄙、低下及残酷的东西在灵魂中安顿下来。它们认为，众神是一切的见证者。它们会要求我们去获得众神的认可，让我们自己准备在未来某个时候加入众神的行列，并规划好我们的永生。那些理解了这种理念的人，将不会在敌人的攻击下退缩，不会被金鼓齐鸣所吓倒，且不会因任何威胁感到恐惧。（30）一个期待死亡的人，怎么会感受到恐惧呢？他认为灵魂只有被束缚在躯体中时才会存在，而身体消失后，灵魂就会散布在外。这样，甚至在死后，灵魂可能也会有些用处。虽然他从众人的目光中消失了，不过：

> 我们的想法要时常与那些英雄看齐，
>
> 时常与荣耀看齐，
>
> 那胜利会再次浮现于脑海中。①

想象一下，好的榜样对我们有着怎样的帮助吧。你就会明白，崇高人士自身的存在，与有关其记忆的存在，是同样重要的。再见。

---

① 来自维吉尔的作品。——英译者注

论与旁人相处的危险

（1）你为什么要寻找那些可能遇到，但实际上根本不会遇到的麻烦？我的意思是指火灾、建筑坍塌和其他类似的事故，这些仅仅是偶然事件，而不是针对我们的阴谋。我们应当留意，并避免那些困扰我们的麻烦。即使意外事故可能很严重，但是，像遇到海难或被扔出车厢的事件则很少发生。更多时候，一个人时常遇到的危险来自其周围的人。要对这样的事情小心防备，并细心观察。没有什么比邪恶更加频繁、更加持续、更加迂回反复了。（2）即使风暴，在来袭前也会聚集，发出警报；建筑在倒塌前，会出现裂纹；在火灾发生前，会先冒起烟雾。而人的扰乱，却是突如其来的，越是靠近，就越藏得隐蔽。

如果你相信那些所遇之人的外表，那你就错了。他们有人类的外貌，却有着野兽般的残忍。唯一的区别就是，野兽仅仅会在首次和你遭遇时对你进行攻击；而对于那些已经路过的，它们不会继续追击。除非受到需求驱使，例如，饥饿或恐惧会迫使它们进行攻击，再没有其他可以刺激它们进行伤害的东西了。然而，人类却对摧毁其他人而感到喜悦。

（3）然而，为了可以推论出人应有的职责，你必须思考一下，周围的人会给你带来怎样的风险。在与他人相处时，为了不被伤害，不要去尝试伤害他人。你应该分享他们的喜悦，同情他们的忧愁，并牢记你应该给予的，以及应该保留的。（4）在这样的生活中，你可能会获得什么呢？你可能不会远离周围人所带来的伤害，但至少可以远离那些欺骗。在你力所能及的范围内，你应该用哲学来保护自己。她会怀抱并珍视你，在她的庇护中，你至少会比之前更加安全。只有在同一条道路上行进时，人们才会相互发生冲突。（5）但你永远不要吹嘘这种哲学，因为自大且傲慢地使用哲学，会给很多人带来危险。让她消除你的错误，而不是协助你去谴责他人的错误。不要让哲学对人类的习俗保持冷漠，也不要谴责那些哲学做不了的事情。在没有炫耀和不会引起仇恨的情况下，一个人才可能是明智的。再见。

一百零四

论关照健康和平静的心灵

（1）我已经从诺曼图姆（Nomentum）^①的别墅离开了，你猜是为了什么？是从那个城镇逃离吗？不是，是为了躲避发烧，它已经对我造成影响，并然开始掌控我了。我的医生强调说，当体内循环受到干扰变得不规律时，就会影响到身体的自然平衡，而疾病就会出现。因此，我立即预订了座驾，并坚持要离开，即使我的妻子宝琳娜（Paulina）^②极力阻拦。因为，我还记得迦流（Gallio）^③的话，当他在亚该亚开始出现发烧症状时，就立刻坐船离开了那里，并坚称其遭受的不是身体的疾病，而是那个地方导致的疾病。（2）这也是我对亲爱的宝琳娜所讲的，她经常嘱咐我要关心自己的健康。我知道她将一生与我相伴，并且，我对她的担心，就像对自己的担心一样。即便年老会让我更加勇敢地面对很多事情，但我也正逐渐丧失这种年老所授予的恩惠。我开始留意到，这年老的躯体中有一部分青春的存在，而这种青春需要呵护。我没能说服她更加英勇地爱我，而她却说服了我去更加珍爱自己。（3）一个人必须要满足于真实的情感。有时，尽管有着充分的理由离开，但为了

---

① 现今罗马附近的一座城镇。——中译者注
② 作者塞涅卡的第二任妻子。——英译者注
③ 迦流（Gallio）：作者塞涅卡的哥哥，曾任亚该亚的地方长官。——英译者注

我们所爱的人，即便是以极大的痛苦为代价，也要继续生活下去。因为好人不应该只为了快乐而生活，还要为其职责而生活。那些不珍惜妻子或朋友，没有努力生活下去，而固执寻死的人，一定不是个好人。

每当一个人的亲戚有需要时，灵魂就该对他本人落实这样的命令。灵魂应该停下来迁就那些亲近的人，不仅在其渴望时这样做，在其开始走向死亡时也不例外。（4）为他人而活，证明了一个人心灵的伟大，崇高的人经常这样做。我认为，这个过程也指明了什么是最高类别的善良。尽管年老的最大优势就是可以忽视那些自我保护，而更加冒险地挥霍生活。但是，他应该以更大的程度关照自己，如果他知道这样的行为，在那些关心他的人看来，会是愉悦、有用或令人满意的。（5）这不是低下的喜悦和利益。正因如此，由于妻子的珍爱，而更加珍爱自己，有什么事情会比这更为甜蜜呢？我亲爱的宝琳娜可以使我更加可靠负责，不仅由于她对我的担心，也因为我自己的担心。

（6）你好奇地想知道，我这次"治疗"旅行的结果？当我从那压抑的城市中逃离，尤其是摆脱了那个冒着浓烟且散发着恶臭气的厨房后，我立刻感受到了健康上的变化。你知道，当我到达我的葡萄园时，我感觉自己有多么的强壮！可以这么说，在外面随便走走，就能找到吃的！我又成了曾经的自己，身体不再感到疲倦，头脑也变得清晰。我现在正全身心地工作着。

（7）但是，这个地方仅仅给我的目标带来了一点帮助，只有在心灵完全掌控自己的时候，才可能在繁忙中找到悠闲。那些时常选择度假地点，并寻求享乐的人，会在每个地方都找到一些分散其思绪的东西。当有人向苏格拉底抱怨说，没有从旅行中获得效益时，他回答道："既然你旅行时都在与自我相伴，你还能期望从中得到什么呢？"（8）如果可以远离自己，对有些人来说，将会是多么大的恩惠！实际上，导致他们烦恼、忧愁、士气低落和恐惧的原因正是他们自己！穿越海洋，从一个城市到另一个城市，会带来怎样的好处呢？如果你想逃离麻烦，你需要的不是另一个地方，而是另外一种品格。也许你到达了雅典（Athens），或是罗兹岛（Rhodes）；选择任何一个你想要去的城邦，城邦品质的不同，会有什么关系吗？你一定会与自己的品质相随啊。

（9）假设你认为拥有财富是美好的，那么，贫穷就会让你感到苦恼。而最为可怜的是，想象中的贫穷也会让你沮丧。你可能很富有，然而，因为你的邻居更加富有，你就认为自己比那富有的邻居贫穷，而你烦恼的正是你们之间财富的差距。你可能认为官职是美好的，那么，当另外的一个人被任命为执政官时，你就会感到烦恼。每当你在官方资料中多次看到一个人的姓名时，就会感到嫉妒。你个人的野心会变得膨胀，在比赛中，当任何人出现在你前面时，你都会认为自己落在了最后。（10）你可能认为死亡是最为悲惨的不幸，尽管除去死亡之前所遭遇的恐惧外，并没有其他什么可以担心的。你不仅会被现实吓倒，而且会被幻想中的危险吓倒，且不知所措，并永远被那幻想所折磨。如此这般会带来什么好处呢？

> 穿过阿尔戈利斯（Argolis）所有的城镇，
> 像被敌人围困一样逃亡？①

和平本身也会使人变得忧虑。即便身处安全境地，如果心灵受到惊吓，你也不会再有信心。一旦心灵产生了盲目恐慌的习惯，它

---

① 来自维吉尔的作品。——英译者注

甚至将会失去为自己提供安全的能力。它将不会去尝试避免危险，而是会逃离危险。当我们背弃自己时，我们就会更加暴露于危险之中。

（11）你可能认为，最悲痛的不幸在于，失去那些你所爱的人。这很愚蠢，就像你会因家中赏心悦目的树掉了树叶，而哀悼一样。将那些令你感到愉悦的东西，都视作一株茂盛的植物，在它枝叶茂盛的时候，尽量去利用它，因为不同的植物在不同的季节一定会凋零枯萎。叶子的掉落是一件平常的事情，因为它们会再生。失去那些你所爱的人，也是如此，将其视为你生活的一种喜悦吧。即便无法再生，他们也是可以被替换的。（12）"然而，新的朋友不会与之前的一样。"是的，而你自己也不会与之前一样，每时每刻你都在经历着变化。在其他人身上，你更容易看到岁月所留下的痕迹。在自己身上，这种变化是隐藏着的，因为有时变化不是那么明显。在眼皮底下，在其他人的身上，时光被抢走；而对于我们自己来说，它是在暗地里偷偷溜走的。你不会思考这些问题，你也不会治疗这些伤口。在希望和绝望的交替中，你自己的意志会成为麻烦的来源。如果聪明的话，就把这两种元素混合在一起：不要在没有绝望的陪伴下去希望，或是在没有希望的陪伴下绝望。

（13）旅行本身会给一个人带来怎样的好处？它不能束缚享乐，不能管控欲望，不能抑制暴躁的脾气，不能压抑激情冲动，不能根除灵魂中的邪恶。旅行不能给予我们判断，或是去除我们的错误。就像孩子会对那些不熟悉的东西感到好奇而停下来，旅行只会通过对新奇事物的关注，在一段时间内吸引我们的注意力。（14）此外，由于正在遭受疾病激烈的攻击，旅行会让那摇摆不定的思绪来激怒我们。每个行为都会令其颠簸不定和紧张。就像是天空中飞来飞去的鸟儿，落地后又马上再次飞起；我们愈加急切地去寻找景

点，就会愈加急切地离开。（15）旅行可以让我们熟悉一下其他的
国度：它会向我们揭示有着奇异形状的山，或是不常见的大片平
原，或是川流不息的峡谷，或是引起我们好奇的一些河流特征。我
们可以在夏天时观察尼罗河的涨潮；或是底格里斯河（Tigris）①
如何在地下隐藏后，又再次汹涌地出现；或是再三转换风格并已成
为诗人玩物的米安德（Maeander）②，其河流曲折，经常在顺势而
下前环绕接近自身的河道。但是，这类信息不会让我们成为更好且
更健全的自我。

　　（16）我们应该将时间花在学习上，培养智慧，了解那些已被
研究，但还没完全确定的事物。通过这种方式，思维可以从那种被
奴役的状态中解脱，并获得自由。的确，如果你还不明白，自己该
避免什么或追求什么，什么是必需的或什么是无关紧要的，什么是
正确的或什么是错误的，你就不是在旅行，只是在四处游荡。
（17）如此匆忙地反复无常不会给你带来什么好处，因为情绪在随
着你旅行，而随之而来的将会是痛苦。如果情绪的确在跟随着你的
话，它们也将会随你远行。事实上，你是在伴随着，而不是领导着
这些情绪。因此，它们会无处不在地压迫着你，不断地烦扰着你。
对于这样一位病人来说，他应该寻找的不是风景，而是医药。
（18）假设某个人的腿受伤或是关节脱臼了，他不会乘着马车或船
舶去其他地区，而是会找医生来进行治疗，或是想办法恢复原状。
那么，当心灵的很多地方受到创伤或扭曲时，你认为能够改变生活
的地方可以治愈心灵吗？这种根深蒂固的疾病，并非一场旅行就可
以治愈的。（19）旅行不会成就一位医生，或是演说家。没有什么

---

①　现今流经土耳其和伊拉克的河流。——中译者注
②　现今流经土耳其西部的一条河流。——中译者注

技艺仅通过居住在某个地方就可以获得。

那么，真理在哪里呢？在一次旅行中，可以获得所有技艺中最为伟大的一种技艺——智慧吗？我向你保证，无论旅行多远，你都不会超越欲望，超越坏的脾气，或是超越恐惧。如果可以的话，人类早就一起去朝拜那个地方了。只要你携带着这些邪恶的来源，它们就会在你四处游荡时深深地压迫着你。（20）既如此，就无法摆脱那些伴随着你的邪恶了吗？自我改变，摆脱那些烦恼，并限制那些应该被除去的欲望。将灵魂中全部罪恶的踪迹一并清除。如果你喜欢旅行，就与有益的东西为伴。只要跟欲望和卑鄙的东西为伴，贪婪就会紧随着你。而且，当你和一位傲慢的人相伴时，你提升的空间也将被封闭。与刽子手相交，你将永远摆脱不了残忍。如果与通奸者相伴，他就会激起你那低劣的激情。（21）若你想根除这些错误，就要远离这些犯错的模式。守财奴、欺凌者和骗子，这些仅仅在靠近你时，就可以对你造成很大伤害的人，他们会深深地影响你。

因此，与那些更好的人相处吧。与那些加图们为伴，与拉埃柳斯为伴，与杜白罗为伴。或者，如果你想与希腊人相处也可以，就与苏格拉底和芝诺相伴吧。前者会向你展示如何在必要时死去，后者会向你展示在必要到来之前死去。（22）与克吕西普相伴，与波西杜尼斯相伴。他们会让你了解世间万物；他们会敦促你努力提炼语言和措辞，不仅仅是为了取悦听众；他们会嘱咐你内心要更加坚强，傲视各种威胁。生命中唯一安全的避风港就是藐视未来，直面那些命运的打击，从不躲避也绝不退缩。（23）大自然赋予了我们人类勇敢的精神，而她给予某些动物的是残忍，某一些是欺骗，还有一些是恐怖。她也给予了我们一种崇高的精神，促使我们去寻找生命中伟大的尊荣，而不是最大程度的安全。这种精神如宇宙的灵魂一般，它会跟随并模仿我们凡人的步伐，与我们一起进退。这种精神会努力向前，对赞扬和尊敬充满信心。（24）它要高于一切，是它审视一切所知的君主。它不会屈服于任何东西，并发现没有什么是困难的，也没有什么会压垮一个人的肩膀。

*辛劳或是死亡的景象，看起来很可怕。*①

但如果能够以坚定的目光注视它们，并看穿其本质，它们就一点也不可怕。很多在夜间被视为恐怖的景象，在白天都会成为被嘲笑的对象。"*辛劳或是死亡的景象，看起来很可怕*"：我们的诗人维吉尔已经很好地表达过了，这些形状仅仅"看起来"是可怕的，换句话说，它们貌似恐怖，但实际上不是。（25）我所说的这些意象，就如谣言引发的恐惧一般吗？我亲爱的鲁基里乌斯，祈祷吧。为什么一个人应该害怕劳碌，或是生死呢？无数的案例浮现于我们脑海中，很多人认为，他们自己无法做到的就是不可能的。并认为我们斯多葛学派所说的言语，对于人性来说过于庞大，而根本无法实现。（26）但是，我认为这些人有更高的程度！他们可以做这些事情，只是拒绝去做罢了。从那些尝试过这些任务的人来看，他们失败了吗？对那些正在尝试的人来说，任务不是看起来很容易吗？缺乏自信，不是困难所导致的结果；困难本身，来自我们的自信缺乏。

（27）如果你想要找一个楷模，就看看苏格拉底吧。他是一位饱经折磨的老人，在每一次苦难的拷问中，都没有屈服于贫穷（他家中的麻烦令其额外沉重），也没有屈服于劳累（包括服兵役

_____

①　来自维吉尔的作品。——中译者注

的辛劳）。他在家中更是饱受考验，无论考虑其性格倔强如泼妇般的妻子，还是那些如母亲般难以应付的孩子，皆是如此。并且，还要考虑到他不是在战争，就是在僭主统治下的生活，要么就是生活在那比战争和僭主更为残酷的民主体制下。（28）在历经 27 年的战争[①]后，整个国度都成了"三十僭主"的受害者，其中很多人都是苏格拉底的敌人。最后，在最为严厉的指控下，谴责达到了高潮：他们指责其干扰国家的宗教，且腐化了年轻人。因为他们宣称，苏格拉底已经影响到年轻人，使他们抵抗众神，抵抗议会，并抵抗政权。随后，他被投入监狱，并赐予了一杯毒药。然而，所有的这些行径都没能改变苏格拉底的灵魂，甚至都没能改变其容貌。这是多么奇妙且罕见的品质啊！他直到最后都坚守着这种态度，并且，苏格拉底既没有过于高兴，也没有过于悲伤。在命运的所有干扰之下，他依旧泰然自若。

（29）你是否想要另外的一个案例？就拿小加图来说吧。命运持续地以一种充满敌意的方式对待他。但是，他却一直容忍着，并且在临终的最后时刻，展示出一位勇士可以不顾命运而生活，也可以不顾命运而面对死亡的气魄。他的一生不是处在内战中，就是处在内战边缘的政治体制下。正如苏格拉底一样，你可能会认为，小加图也在被奴役中坚持了对自由的忠诚。除非，你认为庞培、恺撒和克拉苏是自由的同盟！（30）无论政权如何改变，没有人认为小加图变了：在所有情况下，他始终如一，无论是当执政官时（或被打败，或被指控，或在他的省份，或在讲台上，或在军队里），还是面对死亡时。此外，当共和制陷入恐怖的危机时，恺撒占据一方，坐拥 10 个兵团，并获得很多境外势力的帮助。而庞培占据另

---

① 公元前 431 年至公元前 404 年的伯罗奔撒战争。——英译者注

一方，满意地独自面对所有来者。当公民不是倾向于恺撒，就是倾向于庞培时，小加图自己为了罗马共和制单独树立了一个派别。（31）如果你想要在脑海中获得一个蓝图，可以想象一下，一边是急切想要变革的人民大众，另一边是元老和骑士，是共和国的精英和权贵。而在这两派之间，是共和制和小加图。

我告诉你，你会对此感到惊奇：

> 阿特柔斯（Atreus）的儿子，普里阿摩斯（Priam），以及阿基里斯都会感到愤怒。①

像阿基里斯一般，小加图嘲笑并无视了所有派系的力量。（32）针对恺撒和庞培的派别争斗，他持有这样的观点："如果恺撒赢了，我会自我了断；如果庞培赢了，我会遭到流放。"无论是失败还是胜利，对于一个给自己分配厄运的人，又有什么可以害怕的呢？最终，他以自己的方式结束了生命。

（33）你会看到人可以忍受辛劳，小加图徒步率领一支军队穿过非洲的荒漠。你会看到人也可以忍受口渴：他穿过太阳暴晒的山丘，拖着被打败的军队，在没有补给的情况下，穿着重型盔甲忍受着缺水的艰难。他总是最后饮用路上碰巧所遇到泉水的那个人。你可以看到，荣耀和耻辱都可以被忽视：有人报告说，小加图在选举溃败的那天，还玩了一场球。你也可以看到，人可以摆脱对上级的恐惧：小加图同时攻击了恺撒和庞培，当没有人敢与其中一个发生冲突，而不得不被另外一个打压时。你可以看到，流放和死亡都可以被忽视：一直受战乱困扰的小加图，使自己流放并最终自我了结。

---

① 来自维吉尔的作品。——英译者注

（34）所以，只要从这样的厄运中逃脱，我们就可以鼓起胸膛，面对这些恐惧的东西。但首先，我们要拒绝享乐，因为它会令我们虚弱且缺乏阳刚之气。它会极大地要求我们，而且，会令我们去祈求命运。其次，我们必须蔑视财富。财富是奴役的证书。放弃金银，及家里其他一切的豪华装饰。只有付出，才能获得自由。如果你将自由视作珍贵的东西，就必须低估其他的一切。再见。

一百零五

论自信地去面对这个世界

（1）为了生活更安康，我现在该告诉你一些需要注意的事项。据我个人的判断，就像我劝告你在阿尔代亚乡下住处休养那样，你会听取我的戒律格言吗？

思考一下刺激人们相互毁灭的那些东西，你就会发现，它们是希望、嫉妒、憎恨、畏惧和蔑视。（2）这些品质中，蔑视是伤害最小的，以至于很多人都将其视为一种治疗方式。当一个男人轻蔑你时，他肯定会给你带来一定的伤害，而事后就过去了。而且，没有任何人会持续，或诚心地伤害一个他蔑视的人。即便是在战场上，投降的士兵也会被忽视，战士们会与那些不屈的人战斗。（3）只要你没有任何可以激起别人邪恶欲望和值得注意的东西，就可以避免恶人的嫉妒。有些人甚至会渴望一些不起眼的，或很少见的东西，只要这些东西引起了他们的注意。

如果你不在公众前逞强，不吹嘘你的财产，懂得如何私下享受事物，你就能摆脱嫉妒。憎恨有时来自其他人的恶毒，因此可以通过避免激怒任何人而摆脱；有时，憎恨来得莫名其妙，机智会使你免受伤害。对于很多人来说，它都是危险的。有些人即使没有仇敌，也会遭到憎恨。（4）至于摆脱被人畏惧，适当的财富和温和的性情可以帮你做到这一点。人们应该知道，你是那种被冒犯也不会带来危险的人。而且，你的妥协方式应该简单明确。此外，在家里和在外面被畏惧，是同样麻烦的。被一位奴隶畏惧，和被一位绅士畏惧，同样都很糟糕。因为任何一个人都可以给你带来一些伤害。还有，那令人畏惧的人，同样也会有畏惧。没有任何一个人可以在引发畏惧的同时，又能安心地生活。

（5）下面谈一下蔑视。那些把这种品质作为其个性的，那些因为希望被蔑视而遭到蔑视，而不是必须被蔑视而遭到蔑视的人，能够自己掌控蔑视的衡量方式。在这方面有麻烦的人，可以通过获得光荣的职业，以及通过与有影响力的人结交朋友，将被蔑视的情况消除。与这些人交往会使你受益，而不会给你带来麻烦，以免治愈会给你带来比风险更大的代价。（6）没有什么比少议论他人，能给你带来更大帮助了，且尽量与自己交流。对话中存在着一种非常微妙的魅力，就像陶醉或爱情一般，潜移默化地吸引着我们。没有人不会泄露其所听到的事情。而且，没有人仅仅会告诉他人其所听到的，而会透露更多。那些讲故事的人，通常也会说出名字。每个人都会有信任的人，正如他被别人信任那样。尽管一个人会抑制其多嘴的习惯，并只告诉一位听众，但是，如果他透露的消息将很快成为家喻户晓的话题，他就将引发整个国家的关注。

（7）维持一颗平静内心最为有效的方式，就是永远不要作恶。那些缺乏自制的人，会陷入混乱和吵闹的生活中。他们的罪行会与恐惧持平，并且永远不会安心。他们会在事后焦虑，并感到尴尬。良心不允许他们忘记这些事情，并不断强迫他们做个了结。那些希望得到惩罚的，就会受到惩罚；而那些应该被惩罚的人，会希望被惩罚。（8）那些心中有愧的人，有时可能会感觉安全，但不会安心。有如此想法的人，即使现在没有被邪恶吞没，也可能很快就被吞没了。他会夜不能寐。当他提及另一个人的罪行时，会反省自己的罪行，而这似乎是无法避免，且无法掩盖的。犯错的人有时可能会凭运气逃脱，但并不是每次都可以。再见。

一百零六

论有形的美德

（1）我没能及时给你回信，并不是因为事务的紧迫，不要听取这类借口。我是自由的，其他任何想要自由的人都会是自由的。没有人会任由事情摆布。一个人不断被事务缠身，然后，他会将忙碌视为幸福的一种证明，来讨好自己。你无疑想要知道，我为什么没有很快回复你的信？你向我咨询的问题，已被收集到我的著作之中了。（2）你已经知道，我正在策划一个覆盖整个道德哲学的著作，并解决其中的所有相关问题。因此，我正在踌躇是否让你等到原计划撰写该主题的日期，还是打破逻辑顺序，来发表我的判断。但是，让远道而来的信件一直等待，似乎不是那么礼貌。（3）所以，我提议将相关的主题从本来的顺序中提取出来，并把那些你可能会质疑的相关问题一并寄给你。

你会问这些是什么问题，什么样的知识是令人喜悦的，而不是令人受益的。例如，你的关于善是不是一种有形的物质的问题。（4）善是积极主动的，因为它是有利的；并且，积极主动的，就是有形的物质。善会激发心灵，并以一种方式来塑造和拥抱那些对身体至关重要的东西。身体的善具有一定的肉体属性，因此，其必然是灵魂的善。灵魂也是有形的。（5）人类的善一定是有形的，因为人类本身是有形的。如果支撑和维持人类健康的元素，不是以肉体形式存在，那么我会很悲伤地感到迷失。因此，人的善是一种肉体的存在。我敢肯定，你不会怀疑情感是肉体上的东西（如果我稍后可以楔入另外一个主题来讨论的话），像大怒、喜爱和严厉。除非你怀疑它们是否可以改变我们的外表，或让我们眉头紧锁，或使我们的表情放松，或令我们脸红，或是改变血液的流通？那又怎样呢？你认为身体上这些明显的痕迹，是由体外的东西标记上去的吗？（6）如果情感属于有形的肉体，精神上的疾病也是一样的。例如，贪婪、残忍和所有令灵魂麻木的缺陷，将会使其陷入无法治愈的状态。因此，邪恶和其所有的分支——恶意、憎恨和傲慢，都是属于有形的肉体。（7）那些善也同属于有形的肉体。首先，因为它们与恶对立；其次，它们会有着相同的表现。你没看到勇敢的精神，会令眼睛放出光芒吗？审慎如何令人精神集中？敬仰如何产生节制和安宁？快乐如何令人平静？严厉如何让人顽固？温柔如何让人放松？因此这些品质是属于肉体的。它们会改变物质的色调和形状，在它们自己的领域上行使权力。

我现在所提及的所有品质和其所带来的结果，都是善。（8）所有可以触摸的都是属于有形的肉体，你难道会怀疑这一点吗？

除去身体之外，没有什么可以触摸，或被触摸。

正如卢克莱修所说。此外，我所提及的这些改变，不可能在没有触摸身体的情况下，影响身体。因此，它们是属于有形的身体部分。（9）而且，任何拥有移动、强迫、克制或是管控能力的物体，都是有形的存在。想一想吧！难道恐惧不会令我们退缩吗？勇敢不会令我们前进吗？英勇不是会刺激我们，并给予我们动力吗？克制不是会制约我们，并让我们后退吗？难道喜悦不会提振我们的精神吗？难道伤感不会让我们沮丧吗？（10）简而言之，我们的任何一种行径都是由邪恶或美德驱动的。只有身体才能控制或强制影响其他的身体。身体的善是有形的，一个人的善是有关于其身体的善；因此，善是属于身体的。

（11）我现在已经满足了你的期盼，我预测了一下你的评论，你会说："多么神奇的游戏啊！"通过对这些无关紧要东西的追求，我们变得无能为力。这些东西可以让人们变得聪明，但不会让人变好。（12）智慧要比这更为简单朴素。不，显然，最好使用文学来改善思想，而不是浪费哲学，就像我们把精力浪费在那些无关紧要的东西上一样。正如我们在所有事物上都会过度无节制一样，在文学上也不例外。因此，我们学到的课程，都是为了教室中的理论，而不是为了生活。再见。

一百零七

论遵守永恒的意志

（1）你的那些见识都去哪了？那熟练辨识事物的能力？那伟大的灵魂？你开始被那些琐事折磨了吗？你的奴隶将你全神贯注于事务的时间，视为他们的一个解脱的机会。如果你的朋友欺骗了你（务必赋予他们"朋友"的头衔，即便是我们错误给予他们的。而且，倘若我们不这样称呼他们，可能会给他们招致更多的耻辱），我再重复一遍，如果你的朋友欺骗了你，你的一切事情似乎都缺少了什么。而实际上，你仅仅缺少的是一种人，他们会妨碍你自己的努力，并认为你是周围人的一个累赘。（2）这些都是常见或预料之中的事。就像抱怨在街道上被水溅到，或是在泥泞中被弄脏一样，被这种事情干扰，是没有意义的。生活的场景，与浴场、人群或旅途的场景相同：有时东西注定会扔向你，有时会无意中击中你。生活不是一场华丽的事业。你已经开启了一场长途的旅行，注定会滑倒、碰撞、跌跤、疲倦，并大喊："一切都是为了死亡！"否则，就是说谎。在某个阶段，你会离开一位伙伴；在某个阶段，你会埋葬某人；在某个阶段，你会感到忧愁。在类似这样的障碍中，你必须完成这场艰难的旅途。

（3）有人会想要死亡吗？让心灵准备好去迎接一切。让它知道，其已经到了雷电的高度。让它知道，其已经到达这样一个地方：

> *悲伤和复仇的担心已经安顿了下来，*
> *无助的疾病和悲伤的老年将会入住。*①

你的时光注定要在这样的境地中度过。你虽然无法避免它们，但可以忽视它们。只有经常想象和预测未来，你才能忽视它们。（4）如果事前准备，每个人都可以勇敢地面对危险；如果事前练习应对方式，每个人都可以承受苦难。相反地，如果没有事前准备，即便是最为琐碎的事情，都可以引来恐慌。我们一定要留意，确保预见所有将会降临的事情。不熟悉的东西会带来更为严重的后果，而持续反思会带给你应对的力量；无论遇到什么样的不幸，都不要惊慌失措。

（5）"我的奴隶逃跑了！"那又如何，还有其他人被抢劫了，被敲诈了，被杀害了，被背叛了，被欺负了，被毒药或诽谤攻击了。至于你遇到的那些麻烦，很多人都会有同样的经历。再说，我们会遇到各种各样的攻击。有些来自我们自己，有些正在当下张牙舞爪地向我们袭来，有些本来瞄向其他人，却伤到了我们。（6）我们不应该对任何我们出生后的状况感到惊讶，并且，也不该为任何人痛惜，因为一切都命中注定是平等的。是的，我是说命定是平等的。即使对于那些已经经历过，甚至已经解脱的人来说，也是一样。平等的准则，不是为那已经经历过的人制定的，而是为所有人制定的。一定要为你的心灵树立起平等的意识，我们该毫无怨言地偿付死亡的代价。

---

① 来自维吉尔的作品。——中译者注

（7）冬天会变得寒冷，我们必然颤抖。夏天带着热浪回来，而我们必然出汗。变化无常的天气会扰乱健康，而且必然会招致疾病。在有些地方，我们可能会遇到野兽，或是比野兽还要凶残的人。洪水、火灾会给我们带来损失。我们不能改变事物的规律。但我们可以做的是，获得像善人一样强壮的内心，从而勇敢地面对各种时运，且与大自然和谐相处。（8）正如你所见，自然以四季交替的方式掌控着这个世界。阴晴相间，潮起潮落，风驰电掣，昼夜交替，斗转星移。而永恒正好相反。

（9）我们的灵魂要根据这种法则来调整适应，且应遵守服从它。无论发生什么，都认为那是注定要发生的，且不要责怪大自然。对于那些无法改变的，最好去承受，并毫无怨言地按照上天的指示行事，因为一切都是在其指导下进行的。在执行命令时抱怨的，不是一个好士兵。（10）正因如此，我们应该充满斗志地欢迎指派给我们的命令，不应当违背宇宙间最美的大自然给我们规划的路线，我们未来的所有苦难将被编织其中。

我们应向世间的掌舵者朱庇特致辞，就像克里安西斯那些意味深长的表达一样——我该用拉丁语来表述，以雄辩家西塞罗为榜样。如果你喜欢，就充分利用吧。如果不喜欢，你要知道我仅仅是按照西塞罗的方式来展现的：

（11）

> 崇高的上天，引导我吧。
> 我的父亲，无论您如何规划，
> 我都会不加犹豫地即刻顺从。
> 即便我不能的话，我也会尝试，并忍受。
> 除了罪恶与悲伤，我还做了什么呢？

在崇高的美德中。啊！让命运引领着心甘情愿的灵魂，
*任由那些不情愿的灵魂缓慢拖拉吧。*①

（12）让我们这样生活，这样表达。无论命运如何，让我们时刻准备就绪，并保持警惕。这是一个伟大的灵魂——他把自己奉献给了命运。从另外一方面来说，那抵抗和诽谤宇宙规律的人，是虚弱和堕落的，其宁愿改变众神，也不愿改变自己。再见。

---

①　来自斯多葛哲学家克里安西斯的作品。

一百零八

论通往哲学的道路

（1）你问我的那个问题，是我们关心的事情之一，也就是如何拥有知识。由于它与我们相关，且你很着急，不愿等我当下正在为你整理的那部有关整个道德哲学的著作。因此，我会一次把这些作品都寄给你。但在这之前，我该写信告诉你，应该如何去控制这种学习的渴望。我看到你激情似火，可能无法控制自己的这种情绪。（2）东西不能随便收集，也不能大量贪婪地获取。一个人通过部分的学习，会逐渐了解整体。要根据自身的能力适度调整负担，不该超出范围。不要吸收所有你想要的，而是要吸收所有你能应付得了的。只有拥有一个健全的心灵，才可以应付得了所有你想应付的东西。因为心灵接受越多，其扩张也就越大。

（3）我记得，这是阿塔罗斯给我的建议，那时，我正在他的教室努力学习并实践斯多葛主义哲学，第一个到且最后一个走。即使阿塔罗斯徘徊不前，我也会就不同的讨论来向其发出挑战。他不仅和学生们很亲近，而且会与学生妥协。他曾说："大师和学者应该具有相同的目标——一个抱负是为了提高，另一个抱负是为了发展。"（4）那些与哲学家在一起学习的人，应该每天都会学到一种好的东西。其在每天回家后都应该变得更好，或是处在变得更好的过程中。这就是他所获得的回报。因为哲学的一个功用就是，它不仅会帮助那些学习哲学的人，也会帮助那些与其相关的人。正如一个在太阳下行走的人，即使其目的不是晒黑，但也注定会晒黑一些。经常光顾香水店，即使逗留很短时间的人，身上也会带着那个地方的气味。那些跟随哲学家的人，注定会从其身上获得一定的好处。即便他不努力，也会有一定的收获。注意我所说的是"不努力"，而不是"抵触"。

（5）也许你会说，"那又如何？一些人跟着哲学家学习很多年，还不是没有获得一点智慧吗？"我当然知道有些人是这样的，的确有一些不屈不挠的先生在这么做。我不会称他们为智者的学生，只会称其为智者的"租户"。（6）其中一些人仅仅是来随便听听，而不是来学习的。正如我们的耳朵会被剧院的演出所吸引，如一场演讲，一首歌，或一场戏剧。正如你所见，听众中的很大一部分都是这类人，他们将哲学家的讲堂仅仅视作一种休闲娱乐的场所。他们不打算通过讲堂克服任何缺点，或是学到任何一种生活的准则，以便来检测其性格。他们仅仅想要获得听觉上的享受。即使有些人会带着笔记本，但他们所记录的只是皮毛，而非核心思想。他们可能正在向他人重复那些所学到的皮毛，正如他们自己所听到的那样。（7）有一部分听众会被高音量的言语搅动，其表情和思维会随着演讲者的情绪变化而随时波动。就像被阉割的佛里吉亚（Phrygian）①的牧师，他们经常会被长笛的声音叫醒并疯狂地发号施令。然而，真正的听众会因主题的核心而着迷并被打动，而非那些空洞的言语。一旦英勇无畏的言语出现，如鄙视死亡的，或嘲笑命运的，我们就会马上落实我们所听到的。人类通常会被这样的言语打动，然而，这种打动应该发生在内心中。那些不在乎尊荣的大

———————————
① 现今土耳其境内的一个区域。——中译者注

众，也不应立即将这种高贵的冲动抹杀掉。仅有很少的人，可以掌握住这种被激发出的精神观念。（8）激发一名渴望正义的听众很容易，因为大自然已经在我们身上播种了美德的种子。我们所有人都生而具有这些特质，因此，当加上刺激之后，良好的品德就会像从束缚中被解放一样迸发出来。你难道没有注意到，我们一般在剧场所欣赏和赞同的那些有关真理的言语，都会有回声出现吗？（9）

穷人缺少很多东西，而贪婪者什么都缺。

一个贪婪的人对任何人都不会有益，通常还会伤害到自己。

当这样的诗句被讲出口时，最为吝啬的守财奴也会鼓掌喝彩，并在听到自己的罪恶被揭发时感到庆幸。当这样的表达来自一位哲学家时，当他在有益身心的格言戒律中引入这些诗句时，难道不是同样适用嘛！他可能会让这些诗句更加有效地深入那些初学者的心中！（10）克里安西斯经常说："正如我们的呼吸，在通过一个长而狭窄的喇叭，并在结尾较宽的出口发出的声音会变大一样，诗歌所具有的规则上的束缚，可以帮助我们阐明存在的意义。"如果相同的这些词语通过散文形式表达，会引起较少的关注，留下的印象也会变浅。然而，当把韵律加上，并用作诗的方式将崇高的理念精简后，之前同样的表达，会变得更加具有冲击力。（11）我们会谈论很多贬低金钱的话题，我们会用最长的讲演来给出有关金钱的建议，以至于人类可能会认为，真正的富有存在于头脑中，而不是银行账户上。那些调整自我去适应微薄的财产，且依靠很少的东西就感到富足的人，才是真正的富人。当听到如下的诗文时，我们的心灵会受到更大的触动：

那些欲望小的人，需求也很小。

或：

那些有着期望，但期望中什么也没有的人，
已有的东西对其来说就已经足够了。

（12）当我们听到这样的表达时，我们就被引向对真理的坦白。即便对于那些认为没有东西可以使其满足的人，在听到这样的言语后，也会惊叹并表示赞同，且会发誓永远憎恨金钱。当你看到这样的处理时，你会被深深触动，并坚持不懈，让它们承担起责任，抛弃所有双关、推论、吹毛求疵，以及其他故作聪明的做法。去宣扬抵制贪婪，抵制奢华的生活方式；当你注意到已经取得了进步，并给听众留下了深刻的印象后，你会更加努力。当你下决心要熏陶你的听众，并绝对致力于他们的最大利益时，你无法想象通过这种性质的讲演，可以带来多大的进展。当心灵年轻时，可能很容易就说服其去渴望那些尊荣和正直的东西。如果有合适的布道者，即使那些曾经被肤浅东西宠坏的人，只要其仍可受教，真理也可以帮助他们。

（13）当我过去经常听到阿塔罗斯谴责生活中的罪恶、过错及邪恶时，我会对人类感到遗憾，并视他为崇高和伟大的人——超越了我们的道德高度。他称自己为国王，但我认为他比国王还要伟大，因为他有资格对国王们进行判决。（14）实际上，当他开始鼓励贫穷，并展示出，如果一切都用我们的需求来衡量的话，那万物对我们来说将是毫无价值且危险的负担时，我时常想作为一个穷人离开讲堂。每当他谴责我们寻乐的生活，并赞美个人的纯洁、饮食的节制，以及摆脱不必要的享乐，更不要说那些非法的享乐时，我就有了抑制饮食的冲动。（15）鲁基里乌斯，这也就是为什么我还维持着其中一些习惯。我以很大的决心规划了我的一生。之后，当我履行一位公民应尽的职责时，我的确具有一些如这般良好的决心。这就是我为什么永远抛弃了牡蛎和蘑菇：因为它们不是真正的食物，只会令吃饱的肚子填充更多的东西。正像那些所谓的美食家，会在其消化能力之外，塞下更多的东西。这些东西很快可以下咽，也会很快吐出来！（16）这也就是为什么我一生都不用香水，因为一个人最好的气味就是没有任何气味。这也是我不喝酒的原因。这也是为什么我一生都避免那种澡堂——其被认为可以令身体消瘦，并使身体流汗至一种极为单薄的状态。这不仅没有好处，而且会使身体显得过于虚弱。其他的一些决心已经被破坏了，都是在我放弃节制的情况下造成的。我察觉到了节制的一个极限。也许它对人的意志来说，是更为困难的；因为让意志完全放弃一些东西，要比在适当控制下去使用这些东西更为容易。

（17）因为我已经开始向你解释，年轻时接触哲学给我带来的激情，要比在年老时更为强烈，所以，我会毫不羞耻地告诉你，毕达哥拉斯给我带来了多么强烈的热忱。梭申曾经告诉我为什么毕达哥拉斯放弃食用由动物肉做的东西，而且，为什么之后塞克图斯也这么做。虽然他们的理由各不相同，但每一个人都是高尚的。（18）塞克图斯认为，人们已经有足够的食物，不必再去造成流血，并且，当屠宰成为一种乐趣时，就会养成残酷的习性。此外，他认为我们应该节制奢侈的来源。他认为，多样化的饮食与健康的法则相抵触，且不适合我们的体质。（19）毕达哥拉斯则认为，所有的生灵都是相互关联的，灵魂之间存在着一种交换系统，其会从一种身体形态迁移至另外一种形态。如果像他说的那样，那么，除去在从一个身体转换到另外一个身体的短暂间隔之外，灵魂不会消失或停止其功能。我们可能会好奇，在灵魂遨游过很多个寄居地之后，它会在什么时间，以及经过什么样的变化后，返回人的身体呢。与此同时，这会令有些人感到内疚和恐惧，因为他们可能不知不觉就攻击了一位家长的灵魂，用刀子或牙齿伤害了它。就像可能会发生的那样，与之相关的精气也只是短暂寄居于这肉身里！

（20）当梭申提出这样的学说，并且用自己的证据加以补充时，他会说："你难道不相信灵魂是被分配的吗？其首先会在一个身体中，然后会进入另外一个，而我们所称的死亡只是一种住所的变更罢了。你难道不相信，曾经作为一个人的灵魂，会在牛，或是野兽，或是深海的动物身上徘徊吗？你难道不相信，这世界上的一切都没有泯灭，只是换了居住地吗？可以说，这些动物也有进化的周期，且它们的灵魂犹如一座轨道，像那漫天的星体一样，都有着固定的循环。你难道不信吗？伟大的人会相信这样的观点。（21）因此，在持有自己观点的同时，可以将整个问题暂时搁置。如果这种理论是真实的，那这将是一种节制肉食的纯洁标志。如果是错的，其会带来节俭。赋予这种信任会给你带来怎样的伤害呢？我仅仅是把你的食物，与狮子和秃鹰所吃的那些食物区别开。"

（22）我曾被这种教导深深吸引，并开始拒绝食用肉类；到一年的年底，这种习惯令人既愉悦又轻松。我开始感觉到思维变得更加活跃，即便现在我不会积极评价其是否真的起了作用。你会好奇，我为什么后来放弃了这种实践？因为我早年的时光正好处于早期提比略的统治时期，一些国外的习俗被引进，拒食某些动物的肉被视为对奇怪信仰感兴趣的证据。所以，在我父亲的要求下——他并不是担心被起诉，只是讨厌哲学——我又回到了之前的习惯上。

并且，引诱我更舒适地进餐，并非一件难事。

（23）阿塔罗斯曾经常推荐了一款不适于身体的枕头，我现在这把年纪正用着这样一个，不管如何用力，它上面都不会留下压力的痕迹。我提到这么多事情，全都是为了向你展示，热情的初学者如何将最初的冲动，视为对最高理想的热忱；只需有人劝导他们，并点燃他们的热情。由于某些导师的过失，他们会教我们如何去辩论，而不是如何去生活，这的确导致了某些错误的出现。有些错误是由学生造成的，他们想要老师帮他们提高思考能力，而不是提升灵魂。因此，对智慧的学习演变成了对词语的学习。

（24）当你在接触一个主题时，你心里在想些什么，会有着很大的不同。对于一位语言学者来说，当其研究维吉尔的作品时，他不会将这段崇高的语句：

　　　时光飞逝，不会复返。

理解为："我们必须醒来，如果不加快速度，就会落在后面。时光快速地前进着，并带着我们一起。我们匆忙前行，忽视了命运；我们要为未来制定所有计划，即便在悬崖边上也要轻松自在。"而他会让我们关注的是，当维吉尔在描述时光的速度时，会使用"飞逝"这个词。

　　　人类生活中的最佳时辰，
　　　首先会过得飞快；然后，疾病和年迈的痛苦会跟随，
　　　还有艰辛，最后是严酷的死亡无情地强夺走一切。

（25）以哲学家的精神去思考这些内容，才可以适当进行评

论："维吉尔不说'时光逝去'，而说'时光飞逝'，因为后者是
最为迅速的运动，并且我们最佳的日子都是最先被夺去的。那
么，为什么我们还会犹豫，不去激励自己，以便可以赶上那些最
快的东西呢？"美好的东西飞逝而过后，痛苦不幸就会马上占据
其位置。（26）正如最纯的酒会从瓶口流出，而残渣会留在瓶
底。我们人类的生活也是一样，最好的东西都会率先出现。我们
该允许其他人痛饮那最好的酒，然后把残渣留给自己吗？就让这
句话紧贴住你的灵魂，你应该为此感到满意，就像圣人所说的
一样：

不幸的人类生活的每一段最佳时光，
都会首先飞逝。

（27）为什么是"最佳时光"？因为未来是不确定的。为什么
是"最佳时光"？因为在我们年轻的时候，我们有能力学习；我们
的思维仍柔韧，并适于接受高尚的目标。因为年轻是工作的时间，
让我们的心灵专注于学习，并令我们的身体得到适当的锻炼。而年
老后，身体和心灵都会变得迟缓，并缺少精神动力了。

因此，就让我们鼓起全部勇气去努力，忽略那些路上的诱惑；
让我们坚持在一个目标上，以免被时光抛下。尤其是当我们太晚了
解到时光飞逝的速度时，我们根本已无法赶上其进程了。让到来的
每一天，都像是最佳时光一样受到欢迎；并让每一天都真正成为我
们唯一的所有。（28）我们必须要赶上那消逝的时光。如果以一位
语言学者的眼光去看待我刚刚引用的观点，就无法体现出人们先前
的时光是最佳的。因为当人们仍在思考年轻时，疾病和年老就已经
悄悄悬在我们头上了。他会认为，维吉尔关于疾病和年老的配置，

无疑是很正确的。因为年老是一种我们无法治愈的疾病。（29）他还会说，"此外，想一下维吉尔用于搭配'老年'的词语，其称之为'痛苦'"：

疾病和痛苦的老年会到来。

并且，维吉尔还说过：

那里住着苍白的疾病和痛苦的老年。

每个人都可以从相同的来源中，收集到适于自己研究的不同素材，你没有理由对这一点感到惊奇。在同样一片牧场上，牛会吃草，狗会追捕野兔，白鹳和蜥蜴也会生活其间。（30）当文献学者、语言学者，或是哲学信徒阅读西塞罗的书《论国家》时，每个人都会以自己的方式进行研究。哲学家会好奇书中居然有这么多抵触正义的内容。文献学者会评注到：有两个罗马国王，一位没有父亲，一位没有母亲。我们无法知道谁是塞尔维乌斯（Servius）① 的母亲，也不知道谁是安库斯（Ancus）② 的父亲，因为没有相关的记录。（31）那位文献学家也会留意到，在曾经的历史著作中，"独裁者"一词所代表的职位是"负责治安事件的行政官"。且这个名词存在于我们当下的占卜记录中，这就证明了辅助"独裁者"的副官被称为"骑兵长官"的事实。他同样会标注，罗穆卢斯（Romulus）③ 是在一次日蚀中去世的；以及即便是国王，也会有从

① 塞尔维乌斯（Servius）：古罗马第六位国王。——中译者注
② 安库斯（Ancus）：古罗马第四位国王。——中译者注
③ 罗穆卢斯（Romulus）：据称是罗马的创立者及第一位国王。——中译者注

众的心理［这一点在主教的登记册中会体现出来，而且也是其他人的观点，包括芬尼斯太拉（Fenestella）①］。（32）当语言学家打开同一部书时，他会在笔记本上记下词语的形态。并留意到西塞罗所用的词"reapse"等同于"re ipsa"（恢复、返回），并且会经常用"sepse"，意思等同于"se ipse"（表示强度增加）。随后，其会关注当前用法的变化。例如，西塞罗说："由于他的干扰，我们被召唤回石灰线内。"当下我们称为"creta"（用粉笔标记的）的马戏团中的那条线，在旧时被称为"calx"（石灰线）。（33）此外，语言学家会收集恩尼乌斯的一些诗句，特别是有关大西庇阿的：

> *没有朋友，也没有敌人可以给予这样的男人足够的报偿，*
> *来奖赏他的所有努力和功绩。*

从这段话中，语言学家宣称，其推断词汇"opem"之前的意思不只是"assistance"（帮助），它还有"efforts"（努力）的意思。恩尼乌斯的意思必定是，朋友和敌人都不能给予大西庇阿功绩所应得的奖赏。（34）随后，他会庆幸自己找到了维吉尔诗句的源头：

> *在那些人头上，存在着天堂强有力的门，*
> *就是那雷声。*

他认为恩尼乌斯从荷马那里获得了这样的灵感，而维吉尔的灵

---

① 芬尼斯太拉（Fenestella）：古罗马历史学家，百科全书的作者。——中译者注

感出自恩尼乌斯。因为西塞罗的《论国家》里有恩尼乌斯的一个对句：

如果凡人可以在天堂扩张领域，

那么，天空的巨门会在荣耀中向我展开。

（35）由于在从事另外的工作，我可能不会进入文献学家或语言学家的领域。我的建议是，所有对哲学的学习研究和所有的阅读，都可以用于帮助人们生活得更幸福的理念上。我们不该去搜寻古旧或生僻的词汇，以及讲演中那怪异的比喻和人物。我们应该寻找的是那可以帮助我们的格言戒律，以及可能立即应用于现实的勇气和精神表达。我们应该学习那些可以落实于行动的言语。（36）我认为，没有谁比那些把学习哲学当作市场化交易的人，以及那些言行不一的人更能摧残人类了。那些不仅采用无用的训练方式，而且还自我标榜的人，应对每一个过错负责并接受惩罚。（37）这样的老师就如在风暴中晕船的水手一样，不会给予我什么帮助。当波涛汹涌时，他必须要紧握船舵；他必须要敢于与大海搏击；当风暴肆虐时，他必须卷起帆。一个恐惧并呕吐的舵手能给我带来什么呢？想一想，生命中的风暴要比那些可以掀翻任何船只的风暴强上多少！一个人必须要掌舵，而不是闲聊。

这些人在听众面前所表达和戏说的一切言语，都是属于其他人的。（38）有些是柏拉图说过的，有些是芝诺说过的，有些是克吕西普或波西杜尼斯说过的，还有一些是斯多葛学派众多优秀学者说过的。我可以向你展示，一个人如何证明其言语是属于自己的，即落实那些自己所讲过的话。我已经把想要表达的东西传达给你了。现在，我会满足你的期望，再写一封信来回答你的请求。这样，你才不会对棘手的主题感到厌倦，并会谨慎地竖起耳朵来听取。再见。

一百零九

论智者的友谊

（1）你想要知道，一位智者是否可以帮助另外一位智者。我们认为智者已经拥有一切品德，并且已经达到了完美状态。因此，你的问题就成为，任何人是否可能帮助一位已经拥有至善品德的人。

好人是相互有益于彼此的。每一个好人都会帮助他人实践美德，并因此将智慧维持在一个适当的水平上。每一个人都需要另外一个人，作为对比和学习的对象。（2）高超的摔跤选手会通过练习与时俱进，音乐家会与同水平的人相互配合练习。智者也同样需要不断练习保持自己的美德。他会激励自己去做事情，他也会被另外的智者所激励。（3）一位智者如何才能帮助另外一位智者呢？他可以鼓励对方，并可以告诉其尊荣行径的落实机会。此外，他可以发展一些自己的想法，并可以传授那些其所发现的。即便对于智者来说，也存在有待发现的东西，也存在令其思维进行新尝试的东西。

（4）恶人会伤害恶人。每个恶人都会通过激起另外一个恶人的愤怒来对其进行贬低和打压。当恶人的过错彻底相互交织在一起时，他们就会处于最为糟糕的阶段，也就是说，他们的邪恶程度堆积在了一起。因此，相反地，好人会帮助另外一个好人。你会问，

"是如何帮助的呢?"(5)因为好人会给另外的一个好人带去快乐,他会强化其信心,并且考虑到两者共同的安宁,两者的喜悦程度都会提高。而且,他们会相互交流某些知识,智者并非无所不知。即便智者全知全能,有人也可能会发现并指出捷径,这样就会令整个事情变得更容易传播。(6)智者会帮助智者,提醒你一下,不仅仅是因为他自己的力量,也是因为他所帮助的人带来的力量。的确,后者也许可以依靠自己去发展提高。即便如此,一个表现良好的人,也可以获得一个加油助威之人的帮助。

"智者帮助的不仅是智者,也是自己。让我告诉你:将其中一个人特有的能力去除掉的话,另外一个会变得一事无成。"(7)在此基础上,你也可以说,甜蜜的并不是蜂蜜:因为是吃蜂蜜的人有舌头和味觉感知,才可以品尝到令其愉悦的特别味道,而其他东西的味道并不会取悦舌头和味觉。有些人会被这样的疾病影响,他们会视蜂蜜为苦的。两个人都应该是健康的,其中一个会提供帮助,另外一个是适当的获助对象。(8)此外,有人说:"正如最高的热度达到了,即使再增加热度,也无济于事。同样,当至善实现了,一个前来提供帮助的人,也就变得多余了。一位有着完全充足存货的农民,会向邻居请求更多的补给吗?一位已经全副武装的士兵,会想要更多的武器吗?同样,智者也是不需要的。因为,他已经为生活做好了充分的准备。"(9)我对这个问题的答案是,当温度达到最高程度后,必须继续加热以便维持这一温度。如果有人反对说,热度会自我维持,我会说,相比较的东西之间有很大的差异。热度是一个单独的东西,而帮助可以有很多种类。虽然为了维持热度,即便再加热也不会有什么帮助,但是,对于智者来说,在没有与类似的朋友,尤其是那些可以分享其美好品质的人交往的情况下,他可能无法维持精神上的高度。(10)此外,一切美德都是相互交融、相互影响的。因此，那些热爱同伴身上所具有美德的人，也会展现自己的美德，而这是对彼此都有益的。例如，尤其是那些尊荣的，且人们达成共识的东西，会给予他们共同的快乐。(11) 此外，除了智者，没有人可以用一种聪明的方式激励另外一位智者的灵魂，正如一个人只能以理性的方式激励另一个人一样。正因如此，理智是促进理智的必要条件。所以，为了促进完美的理智，就需要完美的理智。

(12) 有些人①认为，我们会得益于斯多葛学派所称之为"无关紧要的"东西，例如：金钱、影响力、安全，以及所有其他有利于生活，或对生活很重要的东西。如果真是这样的话，那么，最蠢的人也被认为能帮助一位智者。然而，这里"帮助"的真实意思是指，促进灵魂去遵循自然，这里的促进需要帮助者和被帮助者都具有品德。并且，在帮助者没有品德的情况下，这是不可能发生的。为了训练另外一个人的品德，一个人必须要先训练好自己的品德。(13) 即便不去讨论至善，或是产生至善的东西，智者依然可以互助。对一位圣人来说，仅仅去发现另外一位圣人本身，也是一件值得庆幸的事。对好人来说，所有美好善良的东西自然而然都是珍贵的，因此，其会与一位好人相处融洽，就像与自我相处一样。

(14) 为了证明我的观点，我必须从一个主题跳转到另外一个主题上。对于智者是否会权衡自己的观点，或是否会向他人求教这个问题，当被迫去处理涉及国家和家庭的相关职责，也就是尘世间的事务时，智者需要外部的，如医生、航海员、律师，或是案件辩护人关于这些事务的建议。因此，智者会帮助智者，他们会相互说服对方。但是，在这些非常重大的问题上——正如我曾用神圣的问

---

① 例如逍遥学派的学者。——英译者注

题来命名它们一样，智者可以通过共同参与讨论尊荣的东西，通过贡献他们的思考和想法，来提供帮助。（15）此外，对朋友展现喜爱之情是符合自然的，并且，应该对他们的进步感到喜悦，就像我们自己取得了进步那样。如果我们做不到这一点的话，即便只有通过训练我们的感知才能变得强大的美德，也会与我们自身相违背。变得强壮的美德，也不会站在我们这一边。美德会建议我们把当下的事情安排好，并仔细运用我们的头脑去思考未来。并且，如果一个人可以向朋友咨询，那么他可以更加容易地运用思维来解决他所面对的问题。

因此，人们就会去询问完美的，或是接近完美的智者。并且，如果智者能用一些美好的理念为我们提供咨询，他就可以帮助我们。（16）人们常说，当局者迷，旁观者清。性格上的缺陷，会蒙蔽那些自爱之人的双眼；在危险时恐惧，会剥夺人们清醒的认识。当一个人感觉自在并摆脱恐惧后，才可以变得明智。即便是智者，在某些事情上看别人事情的程度，也要比看自己的事情更为清晰。此外，智者将与圣贤一起，证实那最甜蜜和最尊荣的谚语："永远渴望，并永远拒绝同样的东西。"当两者程度相当时，会成就一个高尚的结果。

（17）我已经就此回答了你的请求，即便这个主题将被包含在我的著作《论道德哲学》中。就像我时常告诉你的那样，反思一下吧。对我们来说，除了精神上的"体操运动"外，这些主题不包含任何东西。我经常一次次地回想："这到底能给我带来什么好处呢？让我更加勇敢，更加正义，更加自律吧！我还没有机会利用这些训练成果，因为我仍需要医生。（18）你为什么会问我那些没用的知识？你已承诺了更伟大的事情。测试我吧，关注我吧！你说，即便刀剑在我身旁挥舞，即便刀刃直插进我的喉咙，我都不会感到害怕。你说，即便大火将我包围，即便突如其来的旋涡将我的船只摧毁，我都应该保持冷静。那么，就同样祝福我，让我可以去无视享乐和荣耀吧。此后，你将可以教我如何解决复杂的问题，澄清那些疑点，看穿那些模糊的东西。请告诉我，什么是我需要知道的！"再见。

一百一十

论财富的真与假

（1）我在诺曼图姆的郊区别墅向你问候，并嘱咐你维持一个健全的精神。换句话说，就是希望你能获得众神的护佑，因为他们会将恩惠和宠爱，给予那些自己保护自己的人。摒弃当下一些人的信仰吧——他们认为每个人都会被分配一位神作为随从，而这位神不是一般意义上的神，而是较低等级的，奥维德称之为"平民神"。在抛弃这种信仰后，我希望你还记得我们的前人，那些遵守信条成为斯多葛主义信徒的人。因为他们认为每个个体都会被分配一位吉尼斯（Genius）或朱诺①。（2）稍后，我们会讨论一下，众神是否有足够的时间来关怀私人的事务。同时，你必须知道，无论我们是否被分配了特别的保护神，或是否被忽视，然后被托付给了命运，对于一个人最严重的诅咒无非是，祈祷其与自己为敌。

然而，你没有理由去请求众神怀着敌意去对待那些你认为值得被惩戒的人。我认为，众神对这样的人有敌意，即便他们貌似因众神的恩惠有所提升。（3）谨慎地研究，思考我们事务的实际状况，而不是听其他人如何评价。你会明白，邪恶更可能帮助到我们，而

---

① 据称，当时每位男性都被认为有吉尼斯（Genius）神陪伴，而陪伴女性的神称之为朱诺（Juno）。从斯多葛主义观点来看，神寄居于每个灵魂之中。——英译者注

不是伤害我们。所谓的苦难，经常是幸福的源泉！我们深切感恩并欢迎的特权，通常会自己搭起一段通向悬崖顶端的阶梯！它会继续抬高那些已经卓越的人，就像这些人可能会从之前的位置上安全降落似的。（4）如果你考虑到自然给人类设定的平等终点①，那么，即使从悬崖上掉下来也不是那么不幸。统一的界限正在接近；是的，已经接近那个点，其会使飞黄腾达的人感到烦恼，也会令不幸的人获得解脱。只有我们自己才会去扩展这种界限，并通过希望和恐惧来延长它们。

如果你明智的话，就通过人的状况来衡量一切吧。同时克制你的喜悦和担心。此外，不要对任何值得高兴的事高兴太久，这样，你才不会对任何事恐惧太久。（5）我为什么会限制这种邪恶的范围？因为你没有任何理由认为事情是可怕的。所有干扰我们并让我们焦虑的，都是空洞的东西。没有任何一个人弄清了事实，我们彼此传递恐惧。没有人敢于接近引发恐惧的东西，并弄清楚恐惧的本质——对，就是恐惧背后的善行。这就是虚假和浮华仍被信任的原因，因为它们没有被驳斥。（6）让我们重视并仔细观察它们，然后，我们就会明白，我们所恐惧担心的事情是多么转瞬即逝，多么的不确定，以及多么的没有危害。我们精神上所遭受到的干扰，与卢克莱修所发现的类似：

> 男孩会在黑暗中退缩，
> 如成人会在光天化日下恐惧一样。

然后怎样呢？难道我们比孩子还要愚昧吗？会"在光天化日

---

① 用斯多葛主义的语言来说，就是死亡。——英译者注

下恐惧"？（7）但是，卢克莱修，你错了。我们不是在光天化日下恐惧，我们是把一切都视为处在黑暗之中了。我们既看不清伤害我们的，也看不清对我们有利的。我们的一生都在跌跌撞撞中犯错，既不会停止，也不会小心谨慎。你看，在黑暗中匆忙行事是多么疯狂。的确，我们一直想要从远方回到起点。但是，即便不清楚目标，我们却以惊人的速度朝着被拉拽的方向前进。

（8）倘若我们愿意，光明就可以普照。但是，这样的结果只有在一种情况下才会出现，即如果我们可以获取知识，以便熟悉神性和人性，可以沉浸并痴迷于神性和人性；即便懂得且一遍又一遍地身体力行，也要回顾同样的原则；已经研究过什么是好的，什么是坏的，还有那些被错误看待的事物；最后已经研究过尊荣、卑鄙和谨慎的话。（9）人类的智力不会被限制在这些范畴内，也可能用于探寻宇宙的终点和起源，以及自然万物都在迅速靠近的——毁灭。我们已经把灵魂从对宇宙神圣的冥想中拖拽出来，并将其拉回到人间一些低微的任务中。以至于，灵魂变成了贪婪的奴隶，进而抛弃了宇宙及其范畴。并且，灵魂不得不听命于主人——这些人不满于大自然免费提供的东西，偏要尝试所有的可能，将地表下那些蕴藏着邪恶的金银挖出。

（10）我们所有人的主父——上天，已经把我们所需的那些东西，置于我们身边。他没有等待我们去寻找，而是自愿将之给予我们。而且，他把那些可能会带来伤害的，都深埋于地下。除去自己，我们不能怪任何人，因为是我们自己把那些令我们走向毁灭的东西挖了出来，违背了自然的法则，而自然一直将它们隐藏于我们的视线之外。我们已经将灵魂与享乐捆绑在一起，而享乐是万恶的根源。我们已经向利己主义和名誉屈服，并将所有其他目标都视作无用和没有价值的。

（11）那么，我现在会鼓励你去做什么呢？没有什么新的事情，我们不是在为新的邪恶寻找解药。然而，首先你要看清哪些是必要的，哪些是无关紧要的。那些必要的东西随处可见，而那些无关紧要的则时常需要努力获取。（12）即便你可以鄙视镀金的沙发和镶有珠宝的家具，你也没有理由过度奉承自己。鄙视无用的东西对于美德来说算是什么呢？当你可以鄙视那些必需的东西时，才是你去钦佩自己行径的时候。如果你仅仅离开高贵华丽的生活，或者不再对那重达 1000 磅的野猪，或是火烈鸟的舌头，或其他荒谬的奢侈品感兴趣，那么你并没有在做什么伟大的事情，要知道这些都是烦人的烹饪游戏，只是从不同动物身上选择不同的部位罢了。当你甚至可以无视那平常的面包；当你可以让自己信服，草的生长是为了牛和人的需要时；当你明白那些树上的食物就可以填饱肚子时；当你知道如果可以将所收到的东西维持原样，就是在利用它们的价值时，我会佩服你。我们应该在不宠坏胃口的前提下满足它。因为胃总是会消化其收到的那些东西，给它什么会有那么重要吗？（13）你会享用那细心准备的山珍海味，如果是新鲜端上桌的，会更加令人满意，而有些肉类在长时间养殖和增肥过程中已经损坏，很难维持其本身的油脂了。你喜欢这些菜肴巧妙设计出的味道，但我向你保证，这些通过精心挑选和多样调味的菜肴，一旦进入肚子，就会被其他已经腐朽的东西所掩盖。你会鄙视吃所带来的享乐吗？想一想其带来的后果吧！（14）我记得阿塔罗斯说过一段话，曾引发众人的喝彩：

"财富长期欺骗着我。当我过去看见它们到处闪现的光芒时，经常感到眼花缭乱。我过去经常认为，财富的影响力和它们所展现出来的光芒一样。但是有一次，在一场盛大的欢乐庆典上，我看到了富可敌国的金银财宝和与之相配的多彩织锦挂饰，后者的价值甚

至超过了那些金银的价值。这些财富不仅来自境外，有的甚至来自
比我们敌人的国度还要遥远的地方。在宴会两旁，一边是训练有素
和长相标致的男性奴隶，另一边是漂亮的女性奴隶。此外，支撑一
个强大和富有帝国的一切资源，都可以在这个宴会上找到。（15）
我对自己说，这些东西除了勾起人们的欲望外，还能带来什么呢？
展示财富的意义是什么呢？我们积攒财富仅仅是为了学会贪婪吗？
对我个人而言，我的欲望在离开那个地方时，要比在进入时还少。
我开始鄙视财富，不是因为它们没用，而是因为它们过于微小琐
碎。（16）你是否注意到了，那长时间精心准备的日程，在几个小
时内就会结束？难道可以填满我们一生的东西，连一整天也无法填
满吗？"

"我还有另外一个想法：在我看来，那些财富对于拥有者来
说，就像对围观者一样，没有什么价值。（17）因此，无论何时看
到那令人眼花缭乱的场景，那华丽的宫殿，以及精心着装打扮的侍
者和漂亮随从所抬的轿子，我都会对自己说：为什么好奇呢？为什
么会吃惊呢？这全都是展示罢了。这样的东西是用于展示，而不是
让人拥有的。高兴过后就都会逝去。（18）让自己成为真正的财富
吧。学会知足常乐，并用勇气和强大的灵魂去呐喊：'我们有水
喝，有粥吃。就让我们与宇宙之神朱庇特比一下，看谁更幸福
吧！'我请问你，为什么不在没有粥和水的情况下，也同样挑战一
下呢？将幸福生活建立在金银财宝上是可耻的，就和将幸福生活建
立在水和粥上一样。有人会说，'但是，没有这些东西，我能做些
什么呢？'（19）你是在询问治疗欲望的办法吗？那是用饥饿去满
足饥饿。当众生平等时，那些会强迫你成为奴隶的大小事物，还有
本质区别吗？若命运能够拒绝你的话，跟东西的大小会有关系吗？
（20）你那仅有的水和粥可能会在他人的管辖范畴内。此外，自由

不会降临到那些被命运掌控的人身上，只会降临到那些自己掌控命运的人身上。这就是我想表达的意思：如果你想要与朱庇特比较幸福程度的高低，你必须一无所求，因为朱庇特就一无所求。"

　　这就是阿塔罗斯告诉我们的。如果你愿意经常思考一下这些事情，你不是可能会幸福，而是必定会幸福。并且，会为自己感到幸福，而不是为其他人感到幸福。再见。

一百一十

论空洞的精神体操

（1）你让我给你找一个可以表示希腊语 *sophismata* 的拉丁词。很多人都尝试过定义这个词，但是没有一个合适的。这很正常，因为我们还没有普遍认可这个词所代表的东西。而且，这个词本身也遭到了抵制。然而，对我来说，西塞罗所用的词最为恰当：他称其为"诡辩"（cavillationes）。（2）当一个人屈服于它们时，就会陷入大量微妙的陷阱之中，而真正的生活则不会有任何进展。因此，他也就不会更加勇敢，或自制，或者收获精神上的提高。

然而，那些实践哲学的人，会有效地治愈自己，并变得更加精力充沛，充满自信，立于不败之地，且更加伟大，会将你吸引到他身旁。（3）这种现象正如高山一般，当你远望时，它看起来并不高耸。然而，当你离近时，就会真切地感受到它有多么的高耸。我亲爱的鲁基里乌斯，这正如我们真正的哲学家那样，他们会因其行径，而不是把戏来表现出真实。他高屋建瓴、值得崇敬，崇高且伟大。他不会故意伸展躯体，或垫着脚尖走路，像那些想用欺骗的手法，来使自己看起来更高的人一样。真正的哲学家满足于自我的伟大。（4）为什么他不该满于其已经达到的高度，那命运已经无法触及的地方呢？因此，他已然处于尘世万物之上，在任何情况下都保持着真实的自我——无论生命的河流是否畅通无阻，无论他是否被扔进那动荡并使人绝望的海中去航行。他的这种坚定，是无法通过我刚提到的那些吹毛求疵的方式获得的。头脑在玩弄这些把戏，但丝毫没有从中受益。在很多情况下，在种把戏只会将哲学从高耸的地方，拉低到水平面上。

（5）我不会禁止你偶尔去练习这样的把戏，但是，你只能在没有别的事情可做的情况下再去练习。然而，这些纵容呈现出来的最糟糕的特征是，它会让人获得一种自以为是的魅力，并通过一种巧妙的展现方式占据并控制灵魂。尽管学习哲学这种重要的事项，会吸引我们的注意，并且一生的时间似乎都不足以学习其中一种原则，如：轻视生活。"什么？难道你的意思不是'掌控'，而是'轻视'吗？"不，"掌控"是第二个任务；除非一个人先学会轻视生活，否则这个人将无法适当地掌控它。再见。

一百一十二

论更正顽固不化的罪人

（1）我的确很担心你的那位朋友，他被按照你的想法进行塑造和训练。在被陋习和根深蒂固的习惯摧毁后，他已经处于一种非常顽固的状态，或者说（这是一个更为严重的问题）处于一种相对疲软的状态。

从我自己的葡萄种植技巧中，我该给你一些例证。（2）并不是每一株葡萄藤都可以嫁接。对于那些衰老和相对腐朽的，或是衰弱和单薄的葡萄藤来说，它们要么不会养育所嫁接的品种，使其成为自身的一部分，要么就无法适应所嫁接品种的品质和特性。因此，我们经常会从地面上部剪切那个葡萄藤，这样，即便我们第一次无法获得结果，也会于地表下再进行一次尝试。

（3）关于你在信中告诉我的那个人，他属于那种没有力量的人，因为他已经纵容了那些恶习。他同时变得既柔弱又顽固。他既无法获得理智，也无法培育它。你会说，"但是，他拥有渴望自由的意志。"不要相信他。当然，我不是说他在对你撒谎，因为他可能真的想要得到。奢侈的生活仅仅使其胃部有些许不适，他会马上再次向这种生活妥协。（4）"但是，他说已经和之前的生活方式了断了。"很可能。可谁又不是呢？人们会同时热爱，并痛恨自己的恶习。当他能向我们保证他真的痛恨奢侈后，才是我们再次判断他的适当时机。就当下而言，他依旧和奢侈有着恋恋不舍之情。再见。

一百一十三

论灵魂的活力和属性

（1）你想让我告诉你，我是如何看待我们斯多葛学派所讨论的那些问题的——正义、勇气、远见和其他美德，是不是具有生命的东西。我亲爱的鲁基里乌斯，讨论这些问题会让人们认为我们是在思考无用的东西，而且，浪费我们的闲暇时光在这种讨论上，是不会带来什么好处的。然而，既然你问了，我就向你介绍一下我们学院是如何看待这些问题的。对我个人而言，我认可另外一种理念：我认为有些事情适于穿着白鞋的人①和希腊贵族。但是，我会向你解释那些扰动古人信念，或是引发古人讨论的主题。

（2）人们同意灵魂是一个有生命力的东西，因为其会让我们获得生命力，而且，"具有生命力的东西"② 就是从其名字而来。美德无非是灵魂的一种特定状态，因此，它也是有生命力的。再说一遍，美德是具有活动性的，而且，在没有精神推动的情况下，任何行动都不会出现。如果一个东西有精神助力，其必然是具有生命的。因为，一切有生命力的东西，都会具有精神上的推动力。（3）有人会回复说："如果美德是有生命力的东西，那么，美德本

---

① 暗示了一个讽刺的典故。古希腊牧师和雅典的体操运动员穿着白色的鞋子，有时罗马人会加以模仿。——英译者注

② Anima（breath of life）表示可以进行呼吸的物种。——英译者注

身就会拥有美德。"它当然拥有自己！正如智者的一切会根据美德行事，美德也会根据其自己落实一切事情。他们说："如果这样，那么所有的技艺都会是有生命力的，并且，我们所有的想法及心灵所能理解的所有东西也不例外。那么，在一个人微小的内心中，会有着成千上万具有生命力的东西。并且，每个个体中至少都包含着其他很多有生命力的个体。"

你会对这样的观点感到困惑吗？这些个体中所包含的每一个都是有生命力的，但是，它们不是相互分隔开的生命个体。为什么？请仔细并专心听我讲，我会解释给你听。（4）每一个生命力个体都必然有一种单独的物质，但是，由于上述所有事物都有着一个灵魂，因此，它们可以是没有多元性的，分开的独立生命体。也就是说，我个人是一个生命体，是一个人，但你不能说有两个我存在。为什么？如果这样的话，它们就会是分离的存在。这就是我的意思：一个个体必须要与另外一个分开，才能产生两个独立的个体。但是，当一个整体是由多种东西构成，但仍保持单一属性的话，也应该被视为一个单独的个体。

（5）我的灵魂是一个生命体，并且，我也是。然而，我们两个不是分隔开的人。为什么？因为，灵魂是我自己的一部分。只有当一个东西独立存在时，它才能被认为是一个单独确定的事物。只要是属于另外一个物体的一部分的话，它就不能被认为是不同的东西。为什么？我告诉你：因为不同的东西必须要有自己独特的属性，且其本身是一个完整的存在。（6）我个人已经声明，我有着与他人不同的观点。如果一个人采用上述理念的话，不仅美德是有生命力的，而且，与之相反的恶习和情绪，如愤怒、恐惧、伤感和怀疑，也将会是具有生命力的。不仅如此，所有的观点和所有的想法都将具有生命力。这对我来说绝对是不可以接受的，因为这意味着一个人所做的任何事情，都可能不是他本身所为。（7）人们说：
"什么是正义？"正义是指持有一定态度的灵魂。"那么，如果灵魂
是一个生命体，正义同样也会是。"绝不可能。因为，正义实际上
是灵魂的一种状态，一种力量。并且，灵魂会转变成为各种相似的
东西，但即便经常转变，它也不会成为另一种生命体。而且，灵魂
的产物也不是具有生命力的东西。（8）如果正义、勇敢和其他类
似的美德具有真实生命的话，它们会死亡，然后再次开始生命吗？
或者它们会一直存在下去？

　　如果美德会永远存在下去，那么，一个灵魂中会聚集着很多生
命体。（9）"并非如此，因为他们都附属于一个个体，是单独整体
的部分组成成员。"那么，我们描述的灵魂就像多头的水蛇——每
个头都可以单独战斗和毁灭。并非每个头都是独立的生命体；它是
生命体的头，而整条蛇本身是一个单独的生命体。从没有人相信客
迈拉（Chimaera）① 包含一头活着的狮子，或是活着的蟒蛇。它们
都仅仅是整个客迈拉的部分，而这些部分并不是有单独生命力的个
体。（10）那么，你如何推论得知正义是一个生命体呢？人们会回
答说："正义是活跃且有帮助的，而可以活动并有帮助的东西都拥
有动力，并且，拥有动力的东西就可以说是一个生命体。"确实如
此，但这里所指的动力，是其本身具有的，且来源于灵魂。对于正
义来说，那不是其自身拥有的。（11）每个生命体自始至终都会存
在。一个人直到其死亡，都会被认为是一个人。同样，一匹马是一
匹马，一条狗是一条狗。它们无法转变为其他的什么东西。现在，
就让我们承认正义——其被定义为"有一定态度的灵魂"——是

---

① 古希腊传说中的由多个部分组成的怪兽，该怪兽头部是狮子，尾巴是一条蟒
　蛇，身子是山羊。——中译者注

一个生命体。且让我们假设它是。那么，勇敢也是一个生命体，因为它也是"有一定态度的灵魂"。不过，是哪个灵魂呢？是那个刚刚被定义为正义的灵魂吗？那个灵魂维持其原有的状况，并且不能转变为其他的东西，它必须持续存在于它所起源的那个媒介中。（12）此外，两个生命体不能具有同一个灵魂，许多生命体就更不可能了。如果正义、勇敢、自制和其他所有的美德都是生命体的话，它们怎么可以共享一个灵魂呢？它们要么就是拥有不同的灵魂，要么就不是拥有生命力的东西。（13）许多不同的生命体无法拥有同一个躯体，连我们斯多葛学派的反对者都认可这种说法。那么，什么是正义的"躯体"？他们承认"是灵魂"。那么，勇敢的呢？"同样是灵魂。"然而，两个生命体不能拥有同一个躯体。（14）他们回答说，"同一个灵魂，可以用正义、勇敢，或自制作为伪装"。在如下情况才有可能：当勇敢体现不出来的时候，正义表现出来；若自制缺席的情况下，勇敢表现出来。而现在的情况是，所有的美德都同时存在。因此，如果你认为只有一个单独的灵魂，且其无法容纳多种生命体的话，不同的美德又如何都能成为生命体呢？

　　（15）再说，没有生命体会成为另外一个生命体的一部分。如果正义是灵魂的一部分，那么，正义就不是单独的生命体。貌似我正浪费时间讨论那些已经是公认事实的东西。一个人应该谴责这样的题目，而不是去辩论它。并且，没有两个生命体是相同的。看一看人类的躯体：每一个都有着独特的颜色、形状和大小。（16）在神圣造物者的杰作中，有很多都令我们感叹，我认为其中最值得关注的一个特征就是：没有重复。即便是看起来很相像的东西，在比较中也会体现出不同。我们可以看到，上帝创造出数量巨大的叶子，然而每一片叶子都有着特殊的纹理。对于所有动物而言，也同样如此，即便大小相似，它们之间也总会存在差别。造物者给自己设定了任务，那就是创造出不同的相互有区别的事物。但是，正如你的论点所表达的，所有美德都是平等的。因此，它们不是具有生命力的东西。

（17）每个生命体都会根据自己的意志行事，而美德无法对其本身做任何事情，它必须要与人结合在一起才可以行动。所有的生命体要么被赋予理性，像人和神那样；要么就是无理性的，像动物和牲畜那样。无论在什么情形下，美德都是理性的。然而，它们既不是人，也不是神。因此，它们不具有生命力。（18）如果不是首先被外部元素影响的话，每个拥有理性的生命体，都不会处于活动状态。随后，动力会出现，并最终得到感知的认可。我会解释一下什么是感知。假设我想出去走一走，只有当我向自己发出"出去走走"这个命令，并且这个观念得到自己的批准赞同后，我才会真的走出去。或者，假设我想要坐下，只有当我经过同样的流程，批准赞同该观念后，我才会真的坐下。这种批准赞同的东西，不是美德的一部分。（19）让我们假设这种批准赞同的东西是人的谨慎。谨慎如何批准"我必须出去走一走"这个理念呢？这不是谨慎的本质。谨慎会根据其拥有者的利益行事，而不是其自身的利益。谨慎无法出去走，或是坐下。因此，其不具有批准赞同的权力，并且不是具有理性的生命体。如果美德是一个生命体的话，其就会是理性的。如果其不理性，那么，就说明它不是一个生命体。（20）如果美德是一个生命体，并且美德是一种好的品质，那么，难道每一种好的品质都可以被认为是单独的生命体吗？是的。我们斯多葛学派是这么认为的。

拯救父亲的生命是一种好的品质，在元老院中审慎且公正地发表自己的观点，也是一种好的品质。因此，拯救父亲是一个生命体，发表审慎的观点也是一个生命体。我们已经对这个荒谬的主题进行了这么多的讨论，你可能已经无法忍住笑出声来：明智的沉默是一种好的品质，节俭的晚餐同样也是，因此，沉默和晚餐都是生命体。（21）我永远不会通过这种无聊的荒谬方式，来给自己找麻烦。如果正义和勇敢是生命体，它们一定是世上的凡人。而每个世上的生命体都会感冒，饥饿或是口渴。因此，正义会感冒，勇敢会饥饿，并且，仁慈也会想要喝上一杯呢！

（22）然后呢？我是否要问一下我们尊荣的反对者，这些美德的生命体①会是什么形状？是人形、马的形状，还是野兽的形状？如果它们是圆形的，或像神一样，我就会问，是否贪婪、奢侈和疯狂也会是圆形的。因为这些恶习也是"具有生命力的东西"。如果我发现，它们也被赋予了圆的形状，我会好奇，是否适当得体地走路也是一个生命体。根据他们的论点，他们也必将承认的；而且，他们会称走路的姿态是一个圆形的生命体！

（23）不要以为我是斯多葛学派第一个不遵守规则说话，且有自己见解的人。克里安西斯和其学生克吕西普是不同意规范走路姿态的。克里安西斯认为，走路姿态是精神的原始本质传递到脚上而体现出来的；克吕西普认为，其是原始本质自身的体现。那么，按照克吕西普自身的例子，为什么每个人不该寻求自己的自由，并嘲笑所有那些"生命体"呢？是因为它们数量众多，整个宇宙可能都盛不下它们吗？（24）有人可能会说："这些美德不是很多不同的生命体，但是，它们确实是生命体。正如一个人可能身兼诗人和演说家，即便这些美德是生命体，它们也不是那么多。灵魂也是一样。在同一时间，它可以谨慎和勇敢，对每一种美德都维持着一定

_____

①　指美德。——英译者注

姿态。"（25）这个争论就此平息，我们都同意了。但是，我认为
灵魂是生命体这个观念，是有着附加条件的，我稍后会表达我最终
的观点。而且，我拒绝承认灵魂所引发的行为，是有生命力的东
西。否则的话，所有言语和诗文都会具有生命。如果谨慎的讲演是
一种美好的品质，且每一种好的品质都是生命体，那么，讲演也会
成为具有生命的东西。一条谨慎的诗文是美好的品质，每一个美好
的品质都是具有生命的，因此，这条诗文也是一个生命体。所以，
"武器和我歌唱的那个男人"会是生命体；但是，你不能称它们为
圆形的，因为它们有着六只脚！（26）你说，"我们正在讨论的整
个命题是很令人费解的"。每当我反思，语法错误、野蛮和三段论
被称为生命体的时候，都会忍不住笑出声来。就像艺术家一样，我
会在脑海中给每个东西一个合适的形象。这就是我们皱紧眉头所要
争论的东西吗？我现在不得不说，正如凯里乌斯（Caelius）① 所感
叹的那样："多么令人忧郁的琐事啊！"不仅如此，甚至达到了荒
谬的状态。我们为什么不去讨论一下对我们有用且有益的东西，例
如如何获得美德，并且如何找到可以将我们引领到那个方向的路
线呢？

　　（27）不需要告诉我勇敢是不是一个生命体，请证实在缺少勇
敢的情况下，没有生命体是幸福快乐的，除非生命体自身已经变得
强大，足以抵御各种灾难，并通过排练和预见命运可能带来的攻
击，来克服所有的不幸。什么是勇敢？它是守护我们致命弱点的坚
固堡垒。当一个人用它来保护自己时，就可以一生都摆脱焦虑，因
为他可以利用自身的力量和他所拥有的武器。（28）在这一点上，
我想引用我们的哲学家波西杜尼斯的一段话："当你挥舞着命运的

---

　　① 凯里乌斯（Caelius）：可能指罗马共和时期的演说家。——英译者注

武器时，没有任何时候可以认为自己是安全的。你需要自己为自己
而战！命运不会提供武器对抗自身，因此，那些武装自己去对抗敌
人的人，只是在徒手与命运搏斗罢了。"

（29）可以肯定的是，亚历山大大帝不断攻击并驱赶着波斯
人、赫卡尼亚人（the Hyrcanians）、印度人（the Indians），和所有
其他东方的种族，一直到海洋。但是，当他杀害朋友，或失去朋友
时，他会在黑暗中哀叹其罪行，并对损失感到悲伤。这位众多国王
及国家的征服者，还是被愤怒和哀伤所征服了！因为他为自己设定
的目标是，控制除自己情绪之外的一切东西。（30）唉！那些人是
被多么巨大的错误所困扰啊！那些想要扩充领土范围至海洋之外，
那些将凭借武力所占的领土视为最成功标杆的人，对王国与天堂
是平等的概念所知甚少！（31）对自己的征服，才是最高等级的征
服。让它教会我正义是如此神圣的东西。它总会关心他人的利益，
除去职责之外，自身一无所求。它与抱负和名誉没有一丝关系，它
会满足于自身。

让每一个人在所有其他事情之前，先说服自己："我必须在不
求回报的情况下维持正义。"这也许还不够，让每个人也同时说服
自己："我是否可以从全身心地捍卫这最崇高的美德中获得快乐。"
让其所有的想法都尽量远离个人的利益。你无须寻找正义行为的回
报，正义的行为本身会比任何回报都丰盛。（32）请牢记我上面陈
述的简短内容：一共有多少人了解你的正直，是无关紧要的。那些
想要将自己的美德公告于世的，不是在为美德，而是在为名誉而努
力。一个人是否可以在没有名誉的情况下，维持正义呢？不，实际
上为了维持正义，你经常会使名誉受损。那么，如果你明智的话，
即使名誉不佳，但你会取得胜利，并收获快乐。再见。

一百一十四

论用风格作为品质的镜子

（1）你一直问我，为什么在某些特定时期会出现语言风格退化的现象？以及为什么有些人的智慧会降低，以至于显露出恶习？有时会表现出一种扩张力，而有时会变得柔弱，像音乐会的演奏那样？你好奇，为什么有时人会冒出大胆的想法——甚至超乎其想象，且会受到青睐；而有时，那些前后不连贯的短语也会被采纳，且那充满着暗讽的词，需要人们从中解读更多的意义。为什么有的时代能保持一种态度，对使用隐喻毫无顾虑。答案也许就在你不会在大众讲演中听到的这个短语中，它已经被希腊人传成了谚语："一个人的言语，就像是他的生活。"（2）正如每个人的行为会表达出其自身的特点一样，人们说话的风格也经常会展现出那个时代的特质。如果公众的斗志松懈下来，就会展现出柔弱。言语的肆无忌惮，如果成为一种普遍现象，并不限于一两个个例的话，就可以证明公众的奢侈。（3）一个人的天资一定和他的灵魂相匹配，不可能相抵触。如果他的灵魂是健全、有序、认真和有约束的，那么，他的天资也同样会是健全和明智的。相反地，如果其中一个腐化，另外一个也会被感染。难道你没有注意到，如果一个人的灵魂产生懈怠，其四肢和手脚也会受到牵连，变得怠惰吗？如果灵魂变得柔弱，别人难道不能从其走路的步伐中，察觉到那种娇气？难道敏捷和自信的灵魂，不会令脚步变快吗？难道灵魂中的疯狂，或是愤怒，不会让我们的躯体移动得更匆忙吗？

你认为还有什么比灵魂更能影响到一个人的天资吗？它与灵魂完全交织在一起，就像被浇筑其上那样听从其安排，并从中汲取着准则！（4）当下评论家都很熟知玛塞纳斯的生活方式。我们知道他的走路是何等的柔弱，以及他如何想要展现自己。还有，他是如何不情愿地远离他的那些恶习。那又如何？难道他演讲的松弛，和其不缚带的服饰不相匹配吗？他的习惯、侍从、房子及妻子，不比他的言语更加杂乱无章吗？他本来可以成为具有伟大影响力的人，如果他果断努力完成自己的任务，如果他努力让别人明白他自己，如果他的讲说风格没有那么松散的话。然而，他的口才像是喝醉之人的口才——曲折、委婉，且极不流畅。

（5）会有比如下这些言语更为不合适的言语吗？"一条小溪及河畔，被长长的树枝覆盖着。"还有，"人们乘坐船只在河道上前行，然后来到了浅滩上，远离了花园"。或是，"他卷起了女式辫子，收起了账本，停止了叹息，就像一片森林的主人，弯下脖子祈祷"。或是，"一群不知悔改的人，他们在宴会上搜寻着人，并用酒杯、希望和死亡，对主人进行着攻击"。或是，"一位天才可能无法见证其自己的节日"；或，"细小的蜡烛芯和出色的菜肴"，以及"母亲或妻子装扮着壁炉"。

（6）在读玛塞纳斯这些句子的时候，难道无法想象，正是这样的人会经常穿着邋遢地在城市中穿行吗？即便他被解雇，不再履行辅佐君主的职责后，当有人向其索取签名时，他也经常衣冠不整。或者，正是这样的人，在法庭上作为法官，或作为雄辩家，或是在任何公众场合中，披着裹住头的斗篷，只将耳朵留在外面，就像戏剧中逃离百万富翁的奴隶一般？或者，正是这样的人，当国家陷入内战，当城市陷入混乱并处于战时状态下，由两位太监陪护着出现在公众场合——而这两位太监都要比他更有男子气概吗？或者，正是这样的人，虽拥有一位妻子，却结过无数次婚吗？（7）他的这些文字，拼凑起来错误百出，且编排上漫不经心，并与通常的表达大相径庭，显示出了作者的异常、不健全和古怪。可以肯定的是，我们都极为赞赏他的仁慈。他不碰刀剑，并远离杀戮；而且，他只有在松散的生活上才展现其权力；然而，他被这种荒谬的懈怠风格宠坏了——这是其所应得的真诚赞美。（8）很明显，玛塞纳斯并非真正的温和，而是柔弱。正如他那令人费解的语句，颠倒的表达，和那虽奇特但经常蕴含着伟大的想法，在表达上显得苍白无力。甚至可以说，由于过于成功，他的头脑被拖累了。

这种错误有时要归咎于作者本人，有时还要归咎于其所处时代。（9）当有些人取得广泛的成功后，他们会开始注重自己的外表。然后，他们会对家具如痴如醉。接下来，他们开始专注于自己的房子——如何扩展更多空间，就像乡间别墅那样；如何采用进口的大理石，让墙壁闪耀起来；如何用金子装饰屋顶，以便与地板的光亮相匹配。在这之后，他们的关注就转向了餐桌上的细腻品味，尝试追求新颖，并与通常的菜肴作法背道而驰；那些通常在最后端上的菜肴，可能会首先出现，因此，通常客人离开时所用的食物，会在他们到达时被端上桌。

（10）当头脑已经养成了鄙视那生活中平常事物的习惯，并把曾经通常的做法视为低劣行为后，一个人就会在语言上尝试新奇的元素。有时，会采用并展示过时及陈旧的词语；有时，会挖掘未知的词语，或是转换格式；有时，会根据刚刚流行起来的风尚，大胆并频繁地采用比喻，创造出特别的风格。（11）有些是将想法的表达简要化，寄希望通过留下疑问来创造好的印象，然而，这却引发了听众们对其智力的怀疑。有些是着重描写，尽量将其表达得更长。有一些几乎没有错误——对于一个想要达到使读者印象深刻效果的人来说，必须要做到这一点。然而，实际上他是为了错而错。简而言之，若你注意到一种腐化风格赢得了好评，你可以确定那种风格是脱离了正常的标准。

正如奢华的宴会及华美的服饰，是一个地方出现问题的征兆，类似地，如果松懈的风格流行，就可以表明作为言语来源的思想，也已失去了应有的平衡。的确，你应该不难想象，堕落的讲话不仅会受到那些低下大众的欢迎，就是那些有一定教养的人群也同样如此。因为，他们只有在服饰上有所不同，而不是判断能力上。（12）你可能不会感到惊奇，不仅恶习的影响，甚至恶习本身，都会得到认同。对我们来说一直如此：除了有一些被原谅之外，没有人的天资会被认可。给我指出任何有名的人，我都可以告诉你，他的年纪原谅了他什么，且哪些是他的年纪故意忽略掉的。我可以向你展示，很多人的恶习都没有给他带来伤害，但是，没有几个人是得到了这些恶习协助的。是的，我也可以向你展示，那些德高望重，并被视为我们所钦佩的榜样的人，也是如此。如果你想要纠正他们的过失，你就摧毁了他们。因为，邪恶已经与美德交织在一起，并且与美德并驾齐驱。（13）此外，风格没有固定的标准可言。它会因人而异，且每时每刻都会有所不同。很多演说家都会在早先的时代中借用词汇，例如采用十二铜表法（Twelve Tables）① 中的语

---

① 指公元前 5 世纪古罗马共和时期的一组法规。——中译者注

言。在他们眼里，格拉古（Gracchus）、克拉苏（L. Crassus）① 和库里奥（Curio）② 都过于精致及过于现代，他们要返回到阿皮犹斯（Appius）③ 和科伦卡纽斯（Coruncanius）④ 的时期。相反，有些人会努力维持普遍及大众的用词方式，形成一种单调乏味的风格。（14）这两种类型都有着自己的迂腐：采用惹人注目、高调且诗化的语言，并避免使用熟悉及惯常语言进行表达，和不采用任何修饰进行表达，是同样的腐朽。我认为，两者都是错误的。一类是不合理地精心雕琢，另一类是不合理地心不在焉。前者属于过度修饰，后者是漫不经心。

　　（15）现在让我们来看看文字的编排。在这部分里，我不知道可以向你展示出多少种过失！有些是为了突兀和不均衡的风格，刻意颠倒那些似乎流畅的语句。他们恨不得将所有的表达都晃动起来，认为越是让耳朵感到不顺畅的言语，就越能表达出强壮及男子气概。对于有些人来说，他已经不是在"编排"文字，而是在创作音乐，致使其风格轻柔舒缓。（16）我该如何来形容那种主要词语一再被延后，在令读者等待了较长时间，才在结尾处出现的写作风格呢？或是那种轻柔的总结风格，如西塞罗的风格一般，有着渐缓及温和下降的趋势，并且总是如出一辙，且经常按照惯例出现！不仅如此，这些不仅仅是句子风格上的错误，它们要么琐碎且幼稚，要么过度自谦，

---

① 格拉古（Gracchus）：古罗马共和时期的政治家；克拉苏（L. Crassus）：古罗马政治家、雄辩家。——中译者注
② 库里奥（Curio）：生活在约公元前 1 世纪。古罗马政治家、军人和著名的雄辩家。——中译者注
③ 阿皮犹斯（Appius）：生活在约公元前 340 年至公元前 280 年，古罗马重要的政治家，曾作过执政官。——中译者注
④ 科伦卡纽斯（Coruncanius）：生活在约公元前 3 世纪，古罗马共和国时期的执政官、军事指挥家。——中译者注

超出了适度的范畴，要么过度绚丽，要么空洞，没有价值可言。

（17）那些掌控着当时修辞时尚的人，会令这些恶习流行起来。而其他人会跟随这些领导者，并采用这种习惯进行相互间的交流。当塞勒斯特辉煌的时候，词语被缩短了，文辞更加新奇，并且晦涩的简洁风格被视为优雅。例如风格极为简化的阿润提斯（Arruntius）[1]，他是一部有关古迦太基战争历史书籍的作者，也是塞勒斯特学院的强有力支持者。在塞勒斯特的修辞中，*exercitum argento fecit* 的意思是，他通过金钱"制造"了一支军队。阿润提斯开始喜欢这种理念，便将动词"制造"用在了其所有的作品中。于是其中一段便有了如下表达，"给我们的人制造了逃跑的机会"；另一段中写到"是锡拉库扎的国王希罗制造了战争"；还有一段是"这则消息制造了帕诺尔摩斯人向罗马人投降的时代"。（18）我只是给你举一些例子，他的整部书中都掺杂着这样的表达。塞勒斯特偶尔所用的那些表达，到了阿润提斯那里，成了经常且习惯的用法。导致这样的结果是有原因的：塞勒斯特会在这些词出现在脑海里时才使用它们，而其他作者是专门去寻找并使用这些词汇。所以，你可以看到复制另外一个人的风格可能会带来的缺点了。（19）还有，塞勒斯特用过"在冬天般的水中"这样的表达方式。阿润提斯在他第一部关于古迦太基战争的书中，采用了"风暴突然间犹如冬天般"的表达。每当他想要描述特别冷的年份时，他都会使用"整年都像冬天般"这样的表述。在另一段落中是"然后，在一场冬天般的风暴中，除去士兵和必要的水手外，他还派遣了60辆轻型的补给车"。并且，他持续在很多段落采用这种比喻。

---

[1] 阿润提斯（Arruntius）：公元前27年之前至公元37年。古罗马议员，曾做过地方行政长官。——中译者注

在某个地方，塞勒斯特写到"在内战中，他寻找正义和道德的残余"。而阿润提斯在他第一部书中也无法抑制自己，广泛地采用了"残余"这个词，特别是提到雷古勒斯的时候。

（20）类似的这些缺点，都是由于模仿其他人的风格所致，而并非标准松懈，或思想低下的迹象。它们只是属于作者个人特殊的风格，别人可以通过它们判断出作者的气质。正如愤怒的人会用愤怒的方式讲话，激动的人表达会较为激动，柔弱的人的风格也会柔软且顺从。（21）你可以看到这些风尚：有的人会拔掉或剪短胡须，有的人会剃光头顶而保留周边的头发，有的人会穿着颜色怪异的外套，有的人会穿着透明的宽袍，有的人只做可能引发别人注意的事情。上述这些人费尽心思去吸引别人的眼球，如果可以推广自己的话，即便受到谴责也在所不惜。这就是玛塞纳斯的风格，也是所有那些并非偶然，而是刻意并自愿偏离正轨人所想要得到的。（22）这是灵魂中巨大邪恶的结果。就像喝酒一样，直到思维被其负担压倒，屈服或是出卖自己时，舌头才会停下来。所以，这是一种有毒的风格——除此之外，我还能称其为什么呢？除非灵魂开始出现问题，否则绝不会给任何人带来麻烦。因此，这就是我为什么说，要照顾好灵魂。因为想法来源于灵魂，言语来源于灵魂，性情来源于灵魂，我们的表达及我们的走路姿态，都来源于灵魂。当灵魂健全及强壮时，风格也会同样充沛、积极且富有男子气概；如果灵魂失去平衡，会让一切沮丧崩溃。

（23）

　　　　如果蜂王安全，蜂群就会和谐共处；
　　　　如果蜂王死去，蜂群就会出现叛乱。①

---

　　①　来自维吉尔的作品。——英译者注

类似地，灵魂是我们的国王。如果其安全，相关的功能就会恪尽职守并服从指挥；如果灵魂的平衡欠佳，与之相关的功能也就会随之动摇。若灵魂屈服于享乐，它的功能和行为就会越加柔弱，它所应有的担当，也会松懈且不可靠。（24）继续沿用我的这个比喻——我们的灵魂有时是国王，而有时会成为暴君。作为国王，他会尊敬那些光荣的事物，体察由其管控身体的福祉，并不给予任何低下和无知的指示。而一个不受管控、充满激情，且柔弱的灵魂，会将王权授予那拥有最为可怕和可憎品质的暴君。随后，灵魂就变成了其无法掌控情绪的受害者，一切都唯命是从。可以肯定的是，它首先会兴高采烈，就像大众会懒散地享有他们所收到的赠品那样，然而，灵魂最终将会走向毁灭，并被那些它所享用不了的东西宠坏。（25）当这种弊病逐渐消耗掉灵魂的力量，且奢侈的习惯渗透到它的筋腱和骨髓中时，灵魂仍会手舞足蹈地狂喜，即便由于过度放纵，它已变得毫无用途可言。在灵魂丧失掉自身的享乐后，它只能去围观别人的享乐。由于得意自满，灵魂已经成为激情的中介和见证人，并逐渐失去感知能力。大量的欢乐也无法取悦灵魂，反而使其更加痛苦。由于身体的限制，人的喉咙和胃部都已过度劳累，所有的美味不会像从前那样得到消化，他们也不能与太监和情妇寻欢作乐；且令人悲哀的是，他们的身体已经无法感受到绝大部分的快乐了。

（26）鲁基里乌斯，难道这不疯狂吗？我们难道都不能反思，自己终究是个凡人，或是弱者，或仅仅是一个个体吗？看看我们的厨房，和那些忙于如此多灶炉的厨师们。你自己想一想，难道忙于准备所有些食物，都仅仅是为了让一个肚子得到满足吗？看一看各种各样的品牌，和许多年份酿成的葡萄酒所装满的库房。你自己想一想，难道仅仅一个肚子可以容纳得下这么多，冠以如此多执政官

之名的，从许多葡萄园收集而来的陈酒吗？看一看，数一数，人们
在多少不同的地方耕种着，并且，有多少数以万计的农民在忙碌
着。你自己想一想，难道仅仅一个肚子就可以容纳在西西里
（Sicily）和非洲所种出来的粮食吗？（27）如果我们每一个人可以
衡量一下自我，看看有多少是身体上需要的，明白一个人可以利用
多少，且每次是多么短暂的话，我们应该会更明智一些，且我们的
欲望也会更加合理。但是，相比下面这一点，没有什么可以通过节
制给你带来如此多的帮助了：时常思考一下生命的短暂和不确定，
无论你正在做什么，都要将死亡铭记于心。再见。

一百一十五

论肤浅的祝福

（1）亲爱的鲁基里乌斯，我希望你不要太过于关注词语及其编排，我有比这更重要的东西推荐你去留意。你应该思考写些什么，而不是如何去写——甚至为了感受而不是为了写作，这样你可以让那些感受更加贴近你，就像在上面刻上你的印章一样。（2）每当你留意到一种过于谨慎和过于精致的风格后，你便可以确定，这个人的内心也同样沉浸于琐碎的事情上。真正伟大的人讲话都会通俗自如，无论其说什么，都会很确信，不会烦琐费力。

你知道那些年轻的花花公子，他们装扮整洁，就像新的玩具盒一般，但是，你永远不要指望他们能有任何力量或内心的坚强。风格是思维的表现：如果被修剪，或被装饰和处理过，就表明其中有一定的缺陷。精心装饰过的优雅不是男子气概的表现。（3）如果我们能观察一下好人的灵魂，我们不知会看到怎样一个平和的、神圣的、庄严的、亲切和闪耀的面部表情。一方面会散发着正义和温和的光芒，另一方面会闪烁着勇敢和智慧！除此之外，节俭、适度、忍耐、文雅、和蔼，以及令人难以置信的博爱，这些品质都会朝着灵魂散发出自身的光辉，即使这些品质在人们身上非常少见。还有与优雅结合的先见之明，以及由此而产生的最为卓越伟大的灵魂（这些美德中最为崇高的东西）。上天啊，其会带着怎样的魅力、权威和尊严啊！简直是甜蜜与力量的完美结合！没有人不会感叹这种可爱和虔诚的面孔。（4）如果一个人可以看着这样的面孔，这样一个比常人所见到的更加高贵且更加光芒的面孔，难道他不会停下来，就像醍醐灌顶般去默默地说："注视着它是合法的吧"？然后，在其表达出的那令人鼓舞的慈悲的带领下，我们不该去屈膝崇拜吗？在仔细观察过这种杰出的，超出我们日常所见的表情之后，难道我们的眼神中不会迸发出火花？难道我们不会对诗人维吉尔下面这个著名的诗句，产生崇拜和敬畏吗？

（5）

> 噢，女神啊！语言是多么的脆弱！
> 而你的脸庞又是多么的出众，
> 你的悦耳音色
> 要比凡人的不知甜美多少；……
> 祝福你；愿在你的关怀之下，
> 我们的负担可以减轻。

如果我们愿意敬拜它的话，这样的愿景的确会帮助并救济我们。但是，这样的敬拜不是通过杀戮肥壮的公牛，或是献上金银礼品，或是向庙宇奉献金钱，可以实现得了的。它需要的是一种虔诚且正直的意愿。

（6）我可以告诉你，只要有幸注视这种美德的景象，没有任何一个人不愿意付出挚爱。当下，有许多东西阻碍着我们的视线，只有借助更为强大的光线，才能突破遮掩着我们的多重黑暗。然而，正如有一些适当的药物，可以用来增强我们眼睛的视力，同样地，我们也可以通过解决障碍和困难，让心智的眼睛得到解放。即便美德被埋藏在躯体中，即便贫穷挡在前方，即便卑微和耻辱阻碍了去路，我们仍将能够获得它。我想说的是，即便被困苦所阻碍，我们终将见到那真正的美。（7）我们也会看到邪恶，以及充满悲伤的灵魂所带来的麻木。尽管财富所发出的光芒阻碍了我们，尽管虚假错误的光芒———一边是官位，另一边是强权———都在无情地打击着那些围观者。

（8）在获得美德后，我们将有能力弄清楚那些我们之前所仰慕事物的真正价值。就像孩子们会把每一个玩具都视为有价值的，他们会珍惜即便是几文钱买来的项链，认为那比他们的父母或兄弟都要珍贵。正如阿里斯托所讲，除去我们会对绘画和雕塑的痴狂外，除去我们的愚蠢会带来更大损失外，我们自己和这些孩子又有什么区别呢？孩子们会对海边捡到的光滑和形状多样的鹅卵石感到喜悦，我们会对那些高高的，纹理均匀的，从埃及或非洲沙漠运来的大理石柱感到高兴，并用这些石柱来构造柱廊，或是构造那巨大的足以容得下很多人的餐厅。（9）我们会欣赏那铺上薄薄一层大理石的墙，尽管我们知道这些大理石背后隐藏了什么样的缺陷。我们会欺骗自己的眼睛，当我们将天花板布满黄金时，除去谎言本身外，我们又能对什么感到喜悦呢？我们深知在这种镀金的下面，隐藏着丑陋的木头。

这种表面的装饰不仅遍布在墙和天花板上，所有你看到的那些趾高气扬，大肆炫耀的有名人士，也都徒有外表的繁荣而已。仔细往下看，你就会发现在薄薄的名头之下，隐藏着多少邪恶。（10）注意，正是金钱这种东西，在吸引着官员们和法官们的注意，并且也正是金钱造就了这些官员和法官。每当金钱受到关注与尊重，其就会给真正的荣耀带来毁灭。我们会相互变为商人和商品，并且，我们所问的将不会是一件东西的真正价值，而是它的价钱。如果得到偿付，我们会履行职责；如果忽略它们可以获得收益，我们就会忽略它们。并且，我们会遵循光荣的道路，只要其满足我们的期盼；若邪恶承诺更多，我们会随时转向，进入相反的途径。（11）我们的父母潜移默化地，将对黄金与白银的尊重，灌入我们的内心。在我们年轻的岁月里，这种对金钱的渴望就已经被植入，并随着我们的成长越来越深。从整个国家的层面看也是如此，尽管人们在每个问题上都存在着分歧，但在财富的观点上却保持统一。财富成为他们所看重的，成为他们对孩子的渴望，成为他们感激众神时所表达出的态度，就像财富是所有人中最为重要的拥有一样！最终，舆论开始将贫穷视为一种被讨伐和责备的对象，受到富人的鄙视及穷人的厌恶。

（12）诗人们的诗句也同样加深了这种观念。有些诗句加深了我们的激情，有些诗句赞美了财富，就像它是凡人唯一的信誉和光荣一样。有些人似乎认为，永恒的众神也无法给予比富有更为重要的礼物，甚至他们也无法拥有比财富更好的东西：

（13）

> 太阳神的宫殿，装有高高的柱子，
> 并金光闪闪地散发着光芒。①

他们这样形容太阳神的座驾：

> 车轴是黄金制成的，车杆也由黄金打造，
> 黄金铸成了轮胎，还有车轮，

---

① 来自诗人奥维德的作品。——英译者注

车条上装饰满了银子。

最终，人们会用"黄金时代"来赞美那最美好的时代。（14）
即使在希腊的悲剧诗人中，也有人将财富视作是比纯洁更美好，也
比稳健或荣誉更美好的东西。例如：

> *只要叫我富人，说我是恶棍也可以！*

> *所有人都问我有多富有，但是，*
> *没有人问我的灵魂是否美好善良。*
> *没有人会问你资产的来源或积累方式，*
> *只会问一共有多少。*

> *所有人的价值，都与其所拥有的东西价值相等。*

> *有哪些我们拥有的东西会让我们感觉不体面吗？*
> *没有！*

> *如果得到财富的光顾，我应该会热爱生活；*
> *如果贫穷的话，我宁愿去死。*

> *为追求财富而死，是光荣的。*

> *金钱，是人类的祝福。*
> *母亲的爱，或孩童的咿呀发声，*
> *或祖先的荣耀，都无法比拟。*

如果情人的眼神，

有其一半的魅力，爱情就会

令众神和众人都动心。

（15）当上面这些言语，在欧里庇得斯（Euripides）① 的一场悲剧演出中被引用时，全体观众都站了起来，对台上的演员发出嘘声，想要终结剧目。然而，欧里庇得斯跳起来，要求听众继续看下去，并让这些人等待最终的结论，看看那些追求金银财富的人结果如何。在这场剧目中，柏勒罗丰（Bellerophon）② 最终将所有剧中人的生命，当成了获取财富的代价。（16）一个人必定将要因其所有的贪婪接受惩罚，尽管贪婪本身就是一种惩罚。金钱给我们带来了多么辛酸悲痛的教训啊！贪婪被深植于渴望中，被深植于胜利之中。想一想每天折磨每一位财富拥有者的烦恼，它还不是随着收获而不断增加的嘛！相比获得财富，拥有财富似乎会给精神带来更大的苦恼。而财富的失去，仿佛会重重地砸在我们身上，不知会给我们带来多少悲伤！尽管最终命运可能不会让我们的财产受到损失，然而，我们却将不能获取的东西，视作了绝对的损失！

（17）你会告诉我，"但是，人们会认为那个人是幸福且富有的，并且，他们希望有一天也可以拥有那些东西"。非常对。但是，那又如何呢？你认为在人的一生里，还有什么比拥有悲惨和憎恨更可怜吗？那些渴望财富的人，能够和已经富有的人相提并论吗？那些想尽办法加官进爵的人，能够和那些野心勃勃，并已经德高望重的人平起平坐吗？在看到权贵们永无止境地追逐名利，并看

---

① 欧里庇得斯（Euripides）：生活于约公元前 480 年至公元前 406 年，古希腊悲剧作家。——中译者注

② 柏勒罗丰（Bellerophon）：古希腊神话中的人物。——中译者注

不起那些在他们之下的人时，这些妄想者也一定会改变他们的祈祷。世上没有一个人对自己已拥有的东西感到满足，即使这些东西都是白送的。人们会抱怨他们的计划，及其可能的结果。人们总是想要那些无法得到的东西。

（18）哲学可以辅佐你解决这些问题，依我的观点，其所带来的最大恩惠就是，使你免除针对自己行为的懊悔之情。这就是绝对的幸福，没有风暴可以干扰到你。你无法通过任何精巧编造的词语，或任何轻柔的语言，来完全掌控它。就让那些言语随风而去吧。只要你的灵魂可以维持平稳；只要你的灵魂光明磊落，且勇往直前；只要你的灵魂可以满意于其他人不满足的东西；只要灵魂视生命为其进步的考验；只要灵魂相信其拥有的知识，与其摆脱欲望和恐惧的自由成正比的话。再见。

一百一十六

论自制

（1）有个问题经常被讨论，那就是，拥有适度的情感，或是没有任何情感，这两者哪一个更好。我们斯多葛学派的哲学家，会拒绝各种情感，而逍遥学派的学者主张抑制情感。然而，我个人不明白，半病状态可以带来怎样的健康或收益？不要害怕，我不是想剥夺你所不愿失去的任何权利！我会仁慈并宽容地接近你想要追求的目标，也就是那些你认为，对于我们的存在必不可少，或是有用的，或是令人愉悦的东西。我会简单直接地去除那些恶习；在我告诫自己远离欲望后，我会建议并希望你做出同样的事情，并勇敢且更为明确地下定决心，以感受那前所未有的喜悦。如果你能成为享乐的主人，而不是奴隶的话，享乐会任由你调遣！

（2）你会反驳说："但是，当我的朋友去世时，我自然会难过；当遇到适当的情形时，眼泪自然会流出！受到别人的观点影响，且由于他们的反对而沮丧，是很正常的事情。所以，为什么你不允许我对那些不好的观点表示出真实的厌恶呢？"

所有的罪恶都会有借口；所有的邪恶在开始的时候，都是谦逊且随和的。然而随后，麻烦就会扩散开来。如果你允许罪恶开始的话，你将无法保证罪恶能够终止。（3）每一种情绪在开始时都是脆弱的。随着情况的变化，它会崛起并不断获取力量。相比在过程中阻止它，在开始时就先发制人，要更为容易。有谁会否认所有的情绪都是源于自然呢？我们天生会对自己的福祉感兴趣，不过一旦过度放纵，这种兴趣就会转变为恶习。大自然将享乐与一些必要的东西混在一起——这不是为了让我们去追求享乐，而是为了让那些必要的东西吸引我们的注意。而奢侈会为自己去索取权利。

因此，当这些情绪和情感想要进来时，就让我们阻止它们吧。正如我所说的，在进来时拒绝它们，要比在进来之后驱逐它们更为容易。（4）如果你喊道："一个人应该有一定程度的悲伤，和一定程度的担心"，我会回答，这"一定程度"可能会持续很长时间，当你想要阻止它时，它会拒绝你的请求。智者可以完全控制自己，避免过度忧伤。他可以随时停止流泪，或是享乐。就我们而言，因为追本溯源并不容易，最好就不要开始。（5）我觉得，潘尼提乌斯在回答一些年轻人关于"智者是否应该成为一位充满激情的爱人"的提问时，提供了一个非常精巧的答案："对于智者，我们稍后再说。但像你我这样尚离智慧较远的人来说，应该尽量不要陷入那种无序的、无法控制的、受束缚及卑劣的情境中。如果我们的爱没有受到冷落的话，我们会因其仁慈而兴奋；如果其受到冷落，我们会因自己的骄傲而被激怒。一份很容易赢得的爱，会像那些很难赢得的爱一样，给我们造成伤害；我们会被那些我们所顺从的东西俘获，并且，我们也会由于那些困难的东西而纠结。因此，在知道自身的弱点后，就让我们维持平静吧。不要将我们那不稳定的精神，暴露于那些诱惑之下，例如，饮酒、漂亮、奉承，或是任何哄骗且勾引我们的东西。"

（6）我认为，潘尼提乌斯关于爱的回答，可以应用到所有情绪情感方面。让我们尽可能地离开那些湿滑的地方，因为即使在干燥的地面，也很难坚定地站稳。（7）此时，我想你会用那常见的反对斯多葛的理念来提出抱怨："你的承诺过于庞大，并且戒律过于严厉。我们仅是一般人，无法拒绝一切。我们会伤感，但不至于达到过于悲伤的程度；我们会渴望，但会有节制；我们会生气，但可以平息。"（8）你知道为什么我们没有能力实现斯多葛的理念吗？正是因为我们拒绝相信自己的力量。此外，当然会有其他的因素。因为，我们与我们的恶习陷入爱河；我们会支撑它们，并为它们寻找借口和理由，而非尝试摆脱它们。我们凡人已经被大自然授予了足够强大的力量，只要我们集中精力，就能用这种力量协助自己，或至少不会妨碍自己。而阻止我们自己的原因是内心的不情愿，能力不足只是借口罢了。再见。

一百一十七

论真正的道德优于微妙的论断

（1）如果你继续问这么琐碎的问题，你将会给我制造更大的麻烦，并且会不知不觉将我卷入一个巨大的讨论中，带来不可估量的烦扰。原因是，为了解决这些问题，我不得不在损害我身份的情况下，来反对其他的斯多葛学派同僚；且我也不可能在不损害我良心的情况下，赞同这些观念。你的疑问是，这个斯多葛信念是不是真实的：智慧是善良美好的品质，但是，"成为智者"并不是美好的。我会首先展示斯多葛学派的观点，然后，我会大胆地尝试去表达我个人的理念。

（2）我们斯多葛学派相信，美好是有形的，因为美好是活跃的，而所有活跃的都是有形的。美好的东西，就是有益处的。但是，为了成为有益处的东西，它必须是活跃的。所以，如果它是活跃的，那么，它就是有形的。斯多葛学派的哲人表示，智慧是一种美好善良的品质。因此，人们也必然要称智慧是有形的。（3）但是，他们不认为成为智者，可以用这种方式来衡量。因为无形的，而且属于智慧的附属品。因此，它不能被认为是活跃的，或是有益的。

有人回复说，"那又如何？我们为什么不能认为成为智者是一种美好呢？"我们的确会这么说，但是，只有通过参考其所依赖的东西时才会，换句话说，就是提及智慧本身时。（4）在我表明我自己的信条，并完全站在另外一边之前，让我先告诉你，其他的哲学家是如何反对的。他们说"如果按照这样的标准判断，甚至*幸福地去生活*都不算一种美好了。不管如何，这些人应该会回答说，幸福生活本身是一种美好，而*幸福地去生活*不是"。（5）这种反对观点同样指向我们斯多葛学派："你希望变成明智的人。因此，*成为智者*是一个想要实现的愿望。并且，如果一个东西是想要得到的，其就会是一种美好。"所以，我们斯多葛哲学家被迫转换他们的用语，并在单词"*渴望得到的*"（desired）中插入另外一个音节，而在我们的语言中，这个音节通常是不允许插入的。但是，请允许我将它加上。他们会说："美好是一件被渴望的东西；在我们实现那种美好后，那*值得渴望*（desirable）的东西会降临到我们的命运之中。因为，那值得渴望的不是一种可求的美好，它是在美好实现后的一种附属品。"

（6）我个人并不持同样的观点，并且，我认为那些斯多葛哲学家在讨论这个主题时，已经被逻辑中的第一个链条束缚住了，导致他们可能无法转变定义。习惯上，人们会认可那些所有人认为理所当然的事情。在我们眼中，所有人同意的东西，就是真理的证明。例如，因为每个人心中，都有一个关于神的理念，我们因此会推论出，众神是存在的。并且，在法律和习俗范围内，至今没有人不认为存在着类似神灵的东西。此外，当我们讨论灵魂的不朽时，我们同样会受到那些大众观念的影响，他们会恐惧或崇拜地狱的鬼魂。我可以这么说：你找不到任何一个不认为智慧是一种美好的人，也找不到任何一个不认为成为智者是一种美好的人。（7）我不会像战败的角斗士那样，去诉诸大众；让我们使用属于自己的武器来近距离作战。

　　当有些东西对一个既定的事物产生影响时，它是影响这个物体的外在，还是影响其内在呢？如果其影响的是内在，那么，这种影响就会像这个物体一样，是有形的生命体。因为在不接触的情况下，没有什么可以影响到另外一个物体，而这种接触是有形的。如果这种影响是外在的，其在影响该物体后，会离开并消失。而这种离开意味着运动，且所有拥有运动能力的东西，都可以视为有形的。（8）我想，你可能希望我能把"比赛"和"正在奔跑"区别开，将"热度"与"感觉很热"区别开，将"光线"与"散发光芒"区别开。我承认这些配对有区别，但我认为它们同属一个类别。如果良好的健康是外在的无关紧要的品质，那么，*处于良好的健康状态*也会是；如果漂亮是外在的无关紧要的品质，那么，*处于漂亮的状态*也会是。如果正义是一种美好的品质，那么，*拥有正义*同样也会是。并且，如果卑鄙是一种不幸，那么，*成为卑鄙的*也会是一种不幸。正如，若疼痛的双眼是不幸的，*拥有疼痛眼睛的状态*也同样会是不幸的。你可能会确定的是，没有一种品质，在缺少另外一种的条件下，可以独立存在。例如，一个明智的人，是一个拥有智慧的人；且一个拥有智慧的人，是明智的。可以肯定的是，我们无法质疑其中一个品质与另外一个品质不相等，因为它们都被一些人认为是同一个品质。

　　（9）还有一个问题，我应该如何将成为*智者*进行分类，其应该是处于美好的，不好的，还是无关紧要的类别呢？有人否认它是一种美好，而且，显而易见，它也不属于邪恶，所以，它一定是属于两者之外的"一种中间介质"。但是，我们所说的"中间"，或是"无关紧要"的品质，可能是不好的，也可能是美好的。例如，金钱、漂亮，或是较高的社会地位等。成为*智者*这种品质，可以单独地降落在好人的命运中。因此，成为*智者*不是一种无关紧要的品质。它也不是一种邪恶，因为它无法降落在坏人的命运中。因此，它就是一种美好。好人独自可以拥有的东西，是一种美好；成为智者是好人独有的一种品质，因此它是一种美好。（10）反对者回答说："它只不过是智慧的附属品罢了。"很好，那么，我会说，你所称的成为智者这种品质，它是否会主动产生智慧，还是被动地与智慧共存呢？无论哪种情况，它都是有形的。对于那些被动接受的，和那些主动作用的，都是有形的。如果是有形的，每一个都是美好的。而唯一一个可能阻止其成为美好的品质，将会是无形的。

（11）逍遥学派的学者认为，智慧和成为智者两者之间没有区别，因为其中一个存在，就意味着另外一个的存在。你认为除去那些拥有智慧的人外，会有任何人可称为明智吗？或者，有任何明智的人，不拥有智慧吗？（12）之前的辩证法大师们将这两种概念进行了区分，而且，斯多葛学者们继承了这种分类方式。我会解释一下这是什么样的类别：一个物体是一回事，拥有这个物体是另外一回事。当然，"拥有这个物体"强调的是拥有者，而不是那个物体。类似地，智慧是一个东西，成为智者是另外一个。我想，你会接受这种分开的理念——被拥有的物体，以及拥有者。智慧是那个被拥有的东西，而智者是智慧的拥有者。智慧是心灵完美化，且已经发展到最高和最佳阶段所产生的成果。它是生活的技艺。什么是成为智者？我不会称其为"完美的心灵"，而会称其为降落在那拥有"完美心灵"的人命运中的东西。一颗美好的心灵是一回事，而拥有美好心灵是另外一回事。

（13）有人说："存在一定数量的自然类别的躯体，我们称：'这是一个人'，'这是一匹马'。随后，这些躯体之上出现的一些思维运动，会表明有关躯体的某些东西。并且，有一些不可或缺的品质，是和躯体分离的。例如：'我看到加图在行走。'感觉会表明这种事实，且思维也会认可。我所看到的是躯体，且在这之上，我集中了眼睛和思维的力量。如果我说'小加图走着'，我所说的，并不是躯体，是指有关躯体的一定事实的描述——可以被称为'表达'、'声明'，或是'论述'。因此，当我们说'智慧'时，我们的意思指有关躯体本身的东西；当我们说'他是明智的'时，我们所表达的是关系到躯体的东西。你是直接提到人，还是提到有关人的东西，这会产生巨大的区别。"

（14）假设当下有两种不同的概念（我还没有准备给出我自己的意见），是什么阻止了第三个概念——尽管它也是美好——的存在？我之前刚刚提到了，一片土地是一回事，而拥有这片土地是另外一回事。当然，拥有者和被拥有物，有着不同的性质。后者是土地，而前者是拥有那片土地的主人。对于我们当下正在讨论的主题而言，两者的性质是相同的——智慧的拥有者，以及智慧本身。（15）此外，对于一种情况，被拥有是一回事，而拥有者是另外一回事。对于另外那种情况，被拥有的东西和拥有者都属于同一个类别。土地被美德的规则所有，智慧则被美德的本质所有。土地可以转手，所有者会变成另外一个人。但是，智慧绝不会离开其所有者。因此，没有理由去比较两个截然不同的东西。我说过，这可以成为两种不同的理念，并且，它们都可以成为美好的。例如，智慧和智者可以是两个不同的东西，且它们都被认为是同等美好的。正如没有人会反对智慧和拥有智慧的人是美好的一样，也没有人反对智慧及对智慧的拥有——换句话说，就是成为智者——是美好的。（16）因此只是为了明智，我才会希望成为一位智者。那又如何？就算缺少它，其他的事情就不能成为美好的，难道它本身就不是美好的吗？你肯定会赞同，如果智慧在没有使用权的情况下被授予，将不会受到欢迎！那么智慧应该用在哪里？就是成为智者。这是其中最有价值的属性，如果抛弃它的话，智慧将会成为多余且无关紧要的。如果折磨是邪恶的，那么，接受折磨也会是邪恶的。的确，在这种前提下，如果你排除结果的话，前者也并不邪恶。智慧是"完美心灵"的条件，而成为智者是对"完美心灵"的使用。怎么可能使用它不是好事，不使用它也不是好事呢？（17）如果我问你，智慧是否应该被渴望，你会赞同我的观点。如果我问你，对智慧的使用，是否应该被渴望，你也会赞同。而你说，如果你不可以使用智慧的话，你将不会接受智慧。既然那被渴望的是美好的。成为智者是对智慧的使用，正如是口才造就演讲，或是眼睛看见事物一样。因此，成为智者是对智慧的使用，并且，对智慧的使用是应该被渴望的。所以，成为智者是被渴望的东西；如果一个东西是被渴望的，它就会是美好的。

（18）瞧啊！这些年每当我模仿那些人，像他们一样浪费言语在那些显而易见的主题上时，我都会谴责自己，而我同时也会谴责他们。谁会去质疑，如果高温是一种邪恶的话，难道变热不也是邪恶吗？或者，如果寒冷是一种邪恶，难道变冷就不是邪恶吗？或者，如果生活是一种美好，难道活着就不是美好的吗？所有的这些事项都是智慧之外的议题，并不属于智慧范畴。而我们关注的事项应在智慧范畴之中。（19）即便一个人喜欢漫游，智慧也有着广阔的空间：我们可以去研究众神的本质，漫天星辰运动的动力，或是所有星星的不同运动轨迹。我们也可以去观察我们的事务是否与那些星座和谐相应；我们动作的起因是否从星辰而来，而后进入思维和身躯中；以及我们称为"意外"的事情，是否都受到规律的严格管控，且宇宙中的一切并非无法预料且无法控制的。如今，这些议题已经不属于道德范畴，然而，它们可以提升思维，并将思维提升至其所讨论主题的空间中。我之前所讨论的那些东西，会消磨一个人的思维，并不能激励，而是削弱其力量。（20）并且我问你，当我们讨论一件可能错误，并且肯定没有价值的议题时，我们是否就错过了研究更伟大更好的议题的机会？知道智慧是一回事，成为智者是另外一回事，可以给我带来什么好处？知道一个是美好的品质，另外一个不是，又能如何使我受益？假设我有机会就这个议题辩论的结局下赌注：'是智慧的话，算你赢；要是成为智者，算我赢。'那么，结果将会是一场平局。

（21）不如尝试告诉我，我如何能够获得智慧，或者成为明智的人，我该去避免什么，该去追寻什么，通过什么样的学习可以强化我左右摇摆的心灵；我如何能抵御那攻击着我，并驱使我脱离正确路线的东西；我如何能处理我所有的恶习；以及，我如何才能摆脱掉降临在我身上的那些灾难，以及我自己所造就的灾难。告诉我，如何在不抱怨的情况下忍受伤感，如何在不使他人抱怨的情况下享有成功兴旺，如何避免等待那最终无法避免的结局，以及如何在适当的时候按自己的自由意志行事。（22）我认为没有什么比祈求死亡更为低劣了。如果你想要生活的话，为什么要祈求死亡呢？并且，如果你不想生活的话，为什么向众神寻求所有在出生时，就已经给予你的东西呢？即便与你的想法抵触，你在某天命中注定要逝去，而你希望去迎接死亡的时间，掌握在你自己手中。一个事实对你来说是必要的，另外一个是授予你的特权。

（23）我最近从一位渊博的绅士那里，了解到了一条最为可耻的观点："请让我尽可能快地死去吧！"傻子，你祈求的东西已经是属于你的了啊！"请让我尽可能快地死去吧！"可能你在说这些话的时候已经变老了！无论如何，有什么东西在阻止你吗？没有人在阻拦你，就以任何你想要的方式离开吧！选择任意自然的形式，并恳求它给予你离开的途径吧！这些就是世界运行所包含的元素——水、土地、空气。所有这些不仅是生命的起因，也是死亡的形式。(24)"请让我尽可能快地死去吧！""尽可能快"是什么样的渴望呢？你打算在哪一天落实这种事情呢？可能当祈祷结束后立即开始。这样的言语来自一个虚弱的心灵，来自想通过这种诅咒获取同情的人。而祈求死亡的人，也许并不想去死。向众神祈求生命和健康吧。如果你注定祈祷死亡，死亡的报酬就是完成该祈祷。

(25) 我亲爱的鲁基里乌斯，我们应该处理的正是这些问题，我们应该用这些问题来塑造我们的心灵。这就是智慧，这就意味着成为智者——而非去争论那些空洞的细节和琐碎的议题。命运已经给予你很多问题了，而你还没有解决，为什么还要吹毛求疵关注那些琐事呢？在你听到打仗的信号后再去训练，是多么愚蠢的事！远离所有那些没用的武器，你需要真正的盔甲才能完成战斗。告诉我，如何能让灵魂远离悲伤和恐惧，通过什么方式可以摆脱那隐藏的渴望。做点事情吧！(26)"智慧是美好的品质，而成为智者并不是。"这样的说法会证明我们是不明智的，并且，会使整个研究领域成为一个笑柄——因为其在无用的东西上浪费了精力。假设你知道，类似这种问题也是有争议的：未来的智慧是不是美好的？我恳求你想一想，一个人如何能去质疑，谷仓是否无法感受到即将到来的丰收的重担？且男孩是否不具备可以展示出年轻时所具有的勇气和力量的征兆？一位病人在生病期间，不会感受到即将到来的健康的帮助，就像跑者或摔跤者，不会因数个月后才到来的休息期，而感受到精神振奋一样。(27) 还没有发生的事情，不能被认为是美好的，因为它还没有成为事实，难道有人不知道这一点吗？而美好的东西，一定是有益处的。并且，除非东西就在当下，否则，它们是没有什么帮助的。如果一个东西没有帮助，它就不能算是美好的；如果它有帮助，那么，就说明它已经是美好的。我某天会成为一位智者，这种美好在我成为智者时才会是我的，而在我表达时，它是不存在的。一个事物必须首先存在，然后，才能具有某种属性。（28）我问你，那种还没有存在的东西，如何能算是美好的呢？除了说"它还没有存在"之外，你认为还有什么更好的方式，可以向你证明一个东西不是美好的吗？因为这句话已经清晰地表明，某些东西正在路途上，还没有到达。"春天将会到来"：我知道现在是冬天。"夏天将会到来"：我知道现在不是夏天。对于我来说，一个东西不现实的最佳证明就是"它还不存在"。（29）我希望某一天可以明智，但现在我还不明智。如果我拥有善良美好，我会摆脱邪恶。我会在某一天成为明智的。从这种叙述中，你可以懂得，我现在还不明智。我不可能在处于善良美好状态的同时，又处于邪恶的状态中。这两种观念不会和谐相处，而且邪恶和善良美好也不会同时体现在一个人身上。

（30）让我们摆脱这些机灵的废话，赶紧去寻找可以给我们带来真正帮助的东西。妻子在分娩时，没有任何男人会在匆忙赶路中，停下来读长官的布告，或是游戏的上演顺序。在房屋被点燃时，没有任何急于救火的人会观察棋局，推测如何解救被困的棋子。（31）天啊！再去看看那些各种各样的报道吧——房子着火了，孩子处于危险中，国家被围困，财产被掠夺，再算上海难、地震，以及其他全部的灾难。在这些困扰之中，你还有时间去想那些仅为愉悦精神而设置的议题吗？你还会询问，智慧和成为智者之间的区别是什么吗？当毁灭悬在你头上时，你还会在乎这种琐事吗？（32）大自然没有大度地给予我们宽松的时间，让我们可以享乐挥霍。看看吧，即便我们如此谨慎，有多少时间还是被浪费掉了。有些人的时间被疾病夺走了，有些时间被家庭的事务耽搁了；有时是私人的事务，有时是公众的事务，都在吸引我们去关注；并且，所有的睡眠都在与我们分享着生命。

此外，时间是如此的短暂和迅速，它载着我们在飞速奔波，像这样花费很多工夫在无价值的东西上，会有什么用呢？（33）而且，我们的思维习惯于享乐，而不是治愈其自身；它会尽量从哲学中汲取美的享受，而哲学应该作为一种补救方法。我也许不知道智慧与成为智者的区别，但我知道，不管懂得还是忽视这类问题，都不会对我产生任何影响。告诉我：当我弄清智慧和成为智者之间的区别后，我会变得聪明吗？

那么，为什么你还要用言语，而非智慧的本质，来占用我的时间呢？请使我更加勇敢，更加平静；让我能与命运比肩，或让我凌驾于命运之上吧。如果我能应用我所学的一切，我就可以超越命运。再见。

一百一十八

论空虚地寻求居所

（1）你最近更加频繁地向我索要信件。如果我比较一下账目的话，你并非身处应收欠款一方的列表中①。我们之间的确许诺过，你要先写信给我，然后我再进行回复。然而，我不会不高兴的，我知道你很可信，所以我会提前做好属于我的那个部分，但并非像善辩的西塞罗吩咐阿提库斯那样："即便你没有什么想说的，也要写一下你脑海中浮现的东西。"（2）对我来说，即便忽略像西塞罗信中各式各样的新闻，也总会有一些东西值得去写。例如：哪位候选人有困难，有谁在依靠外借的资源，有谁在依靠自己；有哪位候选人在依靠恺撒，有哪位在依靠庞培，或者有哪位在依靠自己的力量。凯基利乌斯（Caecilius）② 是一位多么残酷的放贷者，他的朋友甚至都不能以低于每月百分之一的利息借到一文钱。

但最好还是处理好自己的问题，而不是其他人的问题。检视一下自己，看看一个人做了多少徒劳无功的事情，并且不给任何一件事情投票。（3）我亲爱的鲁基里乌斯，这是崇高的东西，它可以带来平和及自由；不用去游说谁，也可通过命运的所有选举。当所有的人都被召集起来，并且候选人都在为自己最爱的庙宇献祭——

---

① 指处于被亏欠的情形下。——英译者注
② 凯基利乌斯（Caecilius）：古罗马银行家。——中译者注

有的人承诺金钱，有的人通过中介进贡，或是扶着并亲吻那些在胜选后，再也不会触摸之人的手——时，你怎么能称其为一种享受呢？当所有人都在兴奋地等待传令官到来，无所事事地在这种"浮夸的市集"中闲逛时，你会认为这是一种享受吗？（4）一个人会获得多么巨大的喜悦啊，如果他可以忽视这种法官或执政官的选举，也忽视那些为了年度荣誉而进行的挣扎和努力，和那些战争带来的胜利、繁华和财富，以及婚姻和后代，或者自己和亲属的福利！如果一个人可以放弃欲望，不用为任何人祈祷，将会造就一个多么伟大的灵魂。他可以说："命运，你的一切与我无关。我不会听你的指示。我知道像小加图这样的人被你冷落，你也成就了像瓦提尼乌斯这样的人。你怎么对我，我都不在乎。"这就是蔑视命运的方式。

（5）这些可能是我们需要撰写的东西，且我们永远可以从众多焦躁不安的人身上，发掘出新鲜的材料。这些人为了获得毁灭性的东西，会努力地从一种邪恶过渡到另外一种邪恶上，并且，他们会寻找当下就立即可以产生效果的东西。（6）当祈祷实现后，有谁会真的感到满意并知足呢？幸福并不是一个贪婪的东西，像人们想象的那样。幸福是一个卑贱的东西，因为它永远不会满足一个人的欲望。你认为所追求的东西很崇高，因为你自己站在很低的，且离它们很远的地方。但它们对于那些已经获得的人来说，并非如此。如果那个获得的人不再想继续攀爬的话，我一定是搞错了。你所认为的顶端，其实只是长梯中的一节横杆罢了。（7）当下所有的人都在承受着忽略真理所带来的烦恼。他们被一般的观点所误导，将这样的结局认为是美好的。然后，在赢得所期望的东西，在遭受很多苦难之后，他们发现的却是邪恶，或是空虚，或是并不如所期望的那么重要的东西。大多数人都会欣赏距离较远的欺骗他们的东西，并且对于大众来说，美好的东西似乎应该是很大的东西。

（8）为了防止这种事情发生在我们身上，让我们探究一下什么是美好吧。已经有很多种方式解释过美好了，且不同的人已经用不同的方式描述过它了。有些人将其定义为："那种为自身所吸引并召唤精神的，是一种美好。"但是，反对观点立刻浮现出来——如果的确吸引，但是朝着毁灭的方向呢？你知道很多邪恶的诱惑力是多么强大。真实的东西会与看起来的真实不同，因此，美好的东西会与真实联系在一起，如果不真实的话，就不能成为美好的东西。那种吸引和诱惑只是看起来真实，它会偷取你的关注，获取你的兴趣，并将你拽到它身边。（9）有些人给出了这样的定义："美好的事物会激发对美好的渴望，或唤醒那挣扎中的灵魂朝向美好。"这个概念有着同样的反对声音，因为，很多东西都可以唤醒灵魂的冲动，且追求它们对人来说是有害的。下面这个定义是比较好的："美好的东西会依据自然，激起灵魂对美好的向往；并且只有当其彻底值得追求时，才真的值得追求。"只有一个完全值得追求的东西，才是崇高的东西。

（10）当下的这个主题似乎在表明，我在阐述美好的东西和尊荣的东西之间的区别。两者均有着一定的特质，可以相互融合，并且，两者也都有着一定的特质，使彼此区别开来。没有任何东西可以是美好的，除非其含有尊荣的元素，并且，这种尊荣是美好的必要条件。那么，两者的区别有哪些呢？尊荣是没有缺陷的美好，且幸福的生活会因此而实现。尊荣影响所及的其他东西，也同样会展示出美好。（11）我的意思是，有些东西是既不好也不坏的，例如：军事或外交服务，或是法律裁决的声明。当这种追求以尊荣的姿态落实后，它们会成为好的。并从"无关紧要的"类别，转入美好的类别中。与尊荣的搭配会造就美好，而尊荣本身就是美好的。美好会源于尊荣，但尊荣会源于其自身。好的东西可能之前是坏的；而尊荣的东西自始至终只可能是好的。

（12）有些人这样定义："美好的东西是遵循自然的。"请留意我自己的表述：好的东西会遵循自然，但遵循自然并不意味着一定会成为好的；有很多东西会与自然和谐统一，但它们过于琐碎，并不适合被称为美好的。它们不算是重要的，并且不值得去重视。不存在那种既微小，又可以被轻视的好。因为，只要它是微小的，就不会是好的；如果它是好的，那么，就不会是微小的。该如何能辨别出美好呢？只有通过观察它是否完全符合自然来判断。

（13）人们会说："你认可美好的东西是遵循自然，因为那是其独特的品质。然而，你也承认，有些东西虽遵循自然，却是不好的。为什么前者是好的，而后者是不好的呢？当一个事物与其他事物都拥有符合自然的独特属性时，这个事物的独特品质怎么会产生变化呢？"（14）当然可以，因为级别不同的缘故。这并不是什么新鲜事，有一些物体会随着磁场而变化。例如，过去的孩童如今会变为青年人。他的独特属性被转变了，因为孩子无法进行理性思辨，但青年人却可以。有些东西不仅会产生型号上的大小变化，有时也会转变成其他的东西。（15）有些人回复说："但是，能变得更大的东西，不一定会转变为不同的东西。无论你把酒放入瓶子，还是缸子中，都不会带来任何变化。酒会在两种容器中都维持着其特殊的品质。少量的和大量的蜂蜜，在味觉上不会有什么明显的差别。"但你提到的这些是属于不同类别的东西。因为酒和蜂蜜都有着统一的性质，不管数量如何改变，这种性质都是相同的。（16）对于有些东西来说，即便数量堆积变大，它们也会维持其类别及其特殊的性质。

但是，有些东西在数量增加到一定程度后，就会出现改变。它们会被印上新的特质，与之前的有所不同。一块构成拱门的石头，会在倾斜的侧面楔入，并在中间的位置搭起拱形。为什么这最后的一点点增加，即便非常轻微，都会带来极大的不同呢？因为其不是增加了，而是圆满了。(17) 有些东西随着发展，会抛弃之前的形状，并转换为新的形态。当思维长时间产生某些想法时，并在试图扩充其维度而变得疲倦时，产生的东西不会被称为"无限"。它与此前看起来会有很大的不同，但仍是有限的。我们认为那些很难分割的东西也是一样。在最后阶段，任务会越来越难，而那个东西就会成为"无法再分割的"。类似地，如果我们能够从那种几乎无法移动，或很难移动的状态中继续前移，就会达到"无法移动"的状态。同样的原因，一些东西是顺应自然的，其伟大会使其具有其他特殊的品质，并以美好作为回报。再见。

一百一十九

论自然作为我们最好的供养

（1）每当我有新发现，不待你喊"分享一下！"时，我就会想起你。如果你想知道我发现了什么，打开你的口袋看看吧。当然是有益处的东西。我将会教导你的，是那种可以迅速致富的能力。你一定会对此怀着很高的期望！并且可以肯定的是，我要带领你从一条捷径走向最为富有的境地。然而，对你来说，为了能够做生意，必须要找到贷款。你必须要签订债务协议，尽管我不希望你从中间人那里安排借贷，也不希望代理人来谈论你的评级。（2）我会给你带来一位现成的债权人，小加图曾说过："就从自己身上借吧！"如果我们可以依靠自身资源的话，无论多么稀少，都足够了。我亲爱的鲁基里乌斯，无论你是否渴望什么，或者是否拥有什么，都无关紧要。重要的是，无论如何都要摆脱烦恼忧愁。

我并不是建议你拒绝任何自然本性的需求——因为自然是坚定且无法征服的。自然本性会根据自身提出要求，但你应该知道，任何超出自然需求的，都只能算是"额外的"，并非必需品。（3）当饿的时候，必须要吃饭。自然本性不会在乎吃的面包是粗糙的，还是优质的。它只希望能填饱肚子，而非进行享乐。当我渴的时候，自然本性不会在乎我喝的是附近水库的水，还是放入雪中冰冻过的水。本性只会希望止渴；无论是通过金子制成的，或是水晶制成的高脚杯，还是一般的提布尔（Tibur）① 瓶子，或是凹下去的双手，它都不会在乎。（4）在所有事务中，都要看到本质；这样的话，你就能抛弃那些多余且无关紧要的东西了。饥饿在呼唤我，就让我伸手拿起那最方便的食物，饥饿会将我眼前的任何食物都变成美食。饥肠辘辘的人不会计较那么多。

（5）你会好奇，是什么让我如此高兴呢？就是我刚发现的这句崇高的谚语："智者是大自然财富的最热衷追求者。"你会问："你为什么会给我一张空盘子？你是什么意思？我已经准备好存储财富的保险箱了；我也已经在寻找可用于进行贸易的水域，有哪些区域可以获得收益，以及哪些商品可以获取。这简直就是欺骗，在承诺让我发财后，却只给了我贫穷。"但我的朋友，你会认为一无所求的人，是贫穷的吗？你会回答"然而，这是由于他的自身及耐性，而不是由于他的财富"。那么，你会认为只是由于一个人的财富永远不会失去，这样的人就不富有了吗？（6）你想拥有越多越好，还是拥有足够多就可以了？那些想要更多的人，渴望也就更多——这就证明了他获取的还不够多。而那些知道满足的人，其能够获取富人永远不会获取的东西——一个停止点。仅仅由于从来没有人在获得它们后被排斥，你就认为我所表达的这种境地不是富有的吗？由于孩子和妻子从来没有因此将毒药塞入一个人的喉咙？还是因为在战争中，这些财富从来没有被搅乱过？因为它们会在平和中带来闲暇？或者因为拥有它们并不危险，而且投资它们也并不麻烦？

（7）"但是，一个仅可以躲避饥寒口渴的人，所拥有的也太少了吧。"然而，朱庇特也好不到哪去。知足的话，永远不会感觉太

---

① 当时常见的陶器。——英译者注

少；不知足的话，永远不会感到太多。即便在征服大流士和印度之后，亚历山大还觉得自己很穷呢。我难道错怪他了吗？他在寻找那些可以拥有的东西，探索未知的海域，派遣新的舰队去探索海洋。也就是说，他打破了世间的界限。让大自然都能够得到满足的东西，却无法满足人类。（8）有些人在获得一切后，还会渴求更多。他们是如此的盲目，在实现渴求后，又是如此的健忘。像亚历山大大帝那样，在他成为世界某个地方的主宰后，在他触及世界的尽头，必须要返程回家时，会感到沮丧。（9）金钱永远不会令一个人富有，相反，它时常会用更大的欲望和渴求来打击人们。你想知道这是什么原因导致的？那些拥有很多东西的人，也随之拥有了想要获得更多东西的欲望。

总的来说，你可以去询问任意一个百万富翁，他们都会提及克拉苏。让他评估一下当下的财产及其对未来的期待，并让他将它们汇总在一起。这样的人，在我看来，也是贫穷的。根据你的观点，他可能会在某一天贫穷。（10）然而，对于那些顺应自然需求的人来说，他们不会有恐惧，也不会有贫穷的感觉。为了让你知道，将一个人的兴趣限定在自然范畴之内，是有多么的艰难。让我告诉你，即便我们所说的，且你称之为贫穷的人，事实上也拥有一些多余且无关紧要的东西。（11）然而，当大众看到一大捆现金从一个人的房子中被抬出，或者就连墙上都嵌有黄金；或者他的随从都精挑细选，衣着华丽时；财富就会吸引住他们，并会蒙蔽他们的双眼。所有这些人都会关注大众的意见；但那些摆脱众人目光和命运控制的理想人士，内心却是幸福快乐的。（12）就这些人的观点来看，那些思维中充满着贫穷的人，错误地偷取了富有的头衔。这些人拥有财富，正如我们说染上发烧一样，实际上是发烧"染上"了我们。相反地，我们习惯上会说"发烧控制着他"，就像我们说

"财富控制了他"那样。因此，这种建议给得再多也不算多，倒不如就再给你一个：你应该用自然本性来衡量对一切的需求，因为这些需求要么是无须成本就可得到满足的，要么就是非常便宜的。而且，不要将任何恶习与这些欲求掺杂在一起。（13）你难道需要在意食物是如何端上来的吗？需要在意桌子和银器，是否与面颊红润的侍者搭配吗？自然本性除去食物外，没有其他任何要求。

当口渴难耐时，你会寻求一杯黄金吗？
当饥饿降临时，你还会鄙视除名贵的孔雀肉
或大比目鱼之外的一切食物吗？①

（14）饥饿并没有很大野心，它会对结束感到满意，并且不会太在意食物是什么。那些不"满意"的是奢侈的需求。奢侈会想方设法延长饥饿，甚至在吃饱后，它还会想要让胃部膨胀；不仅是填满它，而且是想要在饥渴被满足后，再次引发渴望。贺拉斯的表达非常精彩，他说一个人解决口渴，与水是否在昂贵的杯子中，还是处于怎样特别的状态，都没有关系，两者没有本质区别。如果你认为，为你服务的奴隶是否卷发，或是杯子的透明度很重要的话，那么，你并非真的口渴。

（15）在其他东西上，自然赋予了我们这种特别的恩赐：它并不过分讲究挑剔。那些多余的东西是可选的，我们说："那并不合适"，"这不是强烈推荐的"，"那伤到了我的视力"。宇宙的建立者已经为我们制定好了生命的法则，前提是我们应该以幸福的方式存在，而非以奢侈的方式。所有我们实现幸福所需要的东西，都已经

---

① 来自诗人贺拉斯的作品。——英译者注

准备好交付到我们手中了。但奢侈所需求的，除非在悲惨和忧愁的伴随下，否则将永远无法获得。

（16）因此，让我们利用自然的这个恩惠，并将其视为非常重要的东西。让我们反思，大自然所赋予我们的东西中，最值得感激的一项就是，那些对我们而言的必需品，都可以轻易地获得。再见。

一百二十

再论美德

（1）你寄给我的信涉及一些很小的问题，但最终聚焦在这个问题上，并想要我解释："我们如何获取既美好又尊荣的知识？"在这个问题上，其他学派会以两种不同的类别去看待。然而，对于我们斯多葛学派来说，这两者很少被区别对待。（2）这就是我的意思：有些人认为美好就是有用的，他们因此会将美好的名称，赋予富有、马匹、美酒和鞋子；他们将美好看得如此低贱，并且将其降低到如此卑微的用途上。他们所认为的尊荣，符合一般正确的宗旨。例如：负责任地照顾老父亲，帮助朋友解困，在战场上英勇奋战，以及谨慎平衡地发表个人观点。（3）我们的确会将美好和尊荣的事物区别开来，但两者是不可分割的：只有尊荣的东西才是美好的；同样，尊荣的东西必然是美好的。我认为将两者区别开来是多余的，而且我已经重申过很多次了。但是，我还是要说一点——我们认为：可以被任何人错误利用的任何东西，都不是美好的。就像你自己已经看到的，很多人都在错误地利用其财富、高官爵位，或是身体力量。

回到你所咨询的那个问题："我们是如何获得关于美好及善良的知识的？"（4）大自然无法直接传授给我们。它会给我们知识的种子，而不是知识本身。有人会说，我们只是碰巧知道了这一点。

但是，对美德的向往，不可能也是碰巧呈现在一个人面前的。我们认为，美德是由于观察所得，对频繁发生过的事情进行比较。我们的斯多葛学派认为，尊荣和美好是通过类比被理解的。"类比"（analogy）一词已经被拉丁语学者们认可了。我不认为这个词应该被谴责，但我想它应该被正确地使用。因此，我会充分利用这个词，不仅作为已被认可的用语，也作为既定的用语。

那么，什么是"类比"呢？我会解释一下。（5）我们懂得什么是身体的健康，从这一基础之上，我们会推导出精神健康的存在。同样，我们知道什么是身体的强健，从这一基础上，我们就会推导出精神强健的存在。善良的行为、人道的行为和勇敢的行为，都会不时令我们感到惊奇。因此，我们开始崇拜它们，就像它们是完美的一样。然而，在灿烂的外表之下，隐藏着很多错误。而对于这些错误，我们却装作没看见。大自然促使我们去发扬值得赞赏的东西：每个人都赞扬名誉胜过真理。这样，我们就会从这种举动中，推导出一些伟大的美好概念。（6）法布里修斯拒绝了皮拉斯（Pyrrhus①）的黄金，认为比一位国王皇冠更伟大的，是能够蔑视一个国王的金钱。当王室医生承诺会毒害他的主人时，法布里修斯也警告过伊庇鲁斯注意提防阴谋。就是这样一个人，拥有拒绝黄金与毒药的决心。所以，我们羡慕那些不受国王承诺制约或反对国王的，那些坚守崇高理念和在战争中秉承正义理念的英雄。还有什么比做到这些更为困难吗？他深信，即使对待敌人，也不该用不恰当的方式；在极度贫穷中，也可以坚守光荣；就像避免使用毒剂那样，避免获得财富。他喊道，"噢！继续生活并保持快乐吧，皮拉

---

① 皮拉斯（Pyrrhus）：约公元前319年至公元前272年，古希腊将军、政治家。曾做过伊庇鲁斯（Epirus）地区的国王。——中译者注

斯。多亏了我，你不会为那些至今为止的所作所为而伤感。法布里修斯是不会被贿赂的！"

（7）贺雷修斯·克莱斯（Horatius Cocles）① 在那段狭窄的桥上独自抵挡敌军，并命人将自己的撤退道路切断，这样就可以阻止敌人的进攻路径。然后，他与进攻者纠缠战斗，直到桥梁的垮塌声音传到他耳中。当他回望祖国时，即使已身处危险之中，他也丝毫不惧。他大喊："谁想要追我，就让他来吧！"他头朝下纵身跳入河中，然后小心翼翼地从湍急的河水中游出来，就像没有受伤一样。随后他回去了，带着战利品的荣耀，就像从桥上正常走回去一样。

（8）类似这样的事迹，已经向我们揭示出一张美德的画面。我会加上以下观念，可能会让你更为震惊：邪恶的东西有时也会具有尊荣事物的外表，而最好的东西有时可以通过其反面得以体现。正如你所知，有时邪恶紧邻着美德。甚至迷茫和卑鄙的东西，有时也会展现得像正直的东西那样。所以，挥霍无度的人，看起来和慷慨的人一样，即便一个人是否知道如何花钱或如何省钱事关重大。我亲爱的鲁基里乌斯，我向你保证，有很多人不是在花钱，而是在撒钱。并且，我不认为慷慨的人会任意花钱。粗心大意看起来像舒适安逸，而鲁莽有时看起来像勇敢。（9）这种类似性强迫我们仔细观察，并小心区分那些外表看起来很接近的东西，它们实际上却大相径庭。而且，在关注那些由于高尚的努力，已经变得很杰出的人的过程中，我们已被迫观察是哪些人带着崇高的精神和高贵的动机做事，以及他们是做过很多次，还是只做过一次。我们已经注意

---

① 贺雷修斯·克莱斯（Horatius Cocles）：古罗马共和国时期的军官，在公元前6世纪的一场著名的与克鲁修姆（Clusium）的战役中，表现卓越，并帮助罗马抵御了敌军的入侵。

到有人在战争中奋不顾身，而在家庭事务中却胆小怯懦；他敢于面对贫穷，却对耻辱感到羞愧。我们对这种事迹进行赞扬，却鄙视这种人。（10）类似地，我们也注意到有人会对朋友友善，对敌人也很克制；他会热衷于自己的政治和私人事务，并会谨慎处理；对那些必须忍耐的事情，不缺少忍耐力；在该采取行动时，也不缺乏审慎。我们也注意到，当一个人该去付款时，他会慷慨解囊；当需要辛苦劳动时，他会坚决努力，并充满斗志。此外，他会始终如一，不仅在判断上没得挑，而且还会培养自己的习惯——不仅可以正确行事，甚至会让自己不得不正确地行事。我们已经形成了观念，对于这样的一个人来说，完美的美德的确是存在的。

（11）我们已经将这种完美的美德分成不同的部分。那些欲望必须被控制，恐惧必须被克服，适当的行为需要被计划，负债需要偿还。因此，我们囊括了自制、勇敢、谨慎和正义，并给每一种品质分配了特别的功能。那么，我们是如何形成美德这种概念的呢？美德已经通过人的规则、礼节、坚定、行为一致和超越万物的伟大灵魂，向我们展示出来。因此，我们也就产生了幸福生活的概念，并在其完全控制之下，稳步发展。（12）那么，我们是如何发现这些事实的呢？我告诉你：那些获得完美美德的人，从不会责备运气，且绝不会对时运的影响感到沮丧。他会自认为是世界的公民和战士，就像接受命令一样，去接受任务。无论发生什么，他都不会冷落它，就好像它是偶然给他留下印象的邪恶一样。他会接受一切，就像是分配给他的职责一样。他会说："无论发生什么，都是我的命运。即使艰难困苦，我都必须要努力去完成任务。"

（13）因此，那些伟大的人，永远不会对那些不幸的阶段感到悲伤，也永远不会哀叹其命运。他已经向很多人展示出自己清晰的形象；他就像一束黑暗中的光线在闪耀；他已经让自己去面对所有人的想法，因为他温柔镇定，并同样遵守着人界和神界的规则。
（14）他拥有的完美灵魂，已经发展至最高的境地，只会比神的理念稍低一等。作为凡人的心灵，他甚至继承了一部分来自神明的元素。这种内心在反思自身的死亡时最为神圣，他懂得人们出生所需完成的生命目的，也知道身体并非灵魂永恒的居所，而是像旅店（只提供短暂的逗留）一样，当一个人认识到身体是对主人的一种负担时，就会离开它。（15）我亲爱的鲁基里乌斯，就像我所认为的那样，灵魂源自更崇高境地的最佳证明就是，如果它认为当前的境况很卑微且狭小的话，它并不惧怕或担心离开。那些知道从何而来的人，也会知道什么时候该离去。难道我们没看到有多少不便，在驱使我们离开，且我们与肉体的关系是多么的不协调吗？（16）我们有时会抱怨头疼，有时会抱怨消化问题，有时会抱怨心脏和喉咙。有时神经问题会刁难我们，有时脚会让我们难受，有时是腹泻，有时是黏膜炎①。我们有时会血气方刚，有时会贫血。有时这种东西给我们带来麻烦，有时那种东西又迫使我们离开，正如那些寄居于他人房间中的人一样。

　　（17）但这种分配给我们的容易堕落的躯体，却在向往永恒。我们希望永久掌握时间，并希望人的生命可以延长，并对任何收入及权势都感到不满。还有什么比这更可耻或愚蠢吗？对我们来说，没有什么是足够的。即便我们某天注定要死去，更确切地说，我们已经身处死亡中了。我们每天都站在峭壁旁，且时间随时都在将我们推向那注定跌落的边缘。（18）看看我们的思想是多么的盲目吧！我所说的未来正在一分一秒地上演着，并且绝大部分已经发生过了，成了我们过往的生活。我们对末日的恐惧担心是错误的，看

---

　　①　作者塞涅卡本人长期受这种疾病的困扰。——英译者注

看正在逝去的每一天，都在为死亡做着贡献。逐渐下降的阶梯不会产生倦怠，只会表明倦怠。在最后一刻到来之前，每一刻都在接近着死亡。死亡不会一下子将我们卷走，它会一点点地消耗掉我们的生命。正因如此，崇高的灵魂了解其本性，会小心谨慎地落实自己尊荣的使命，并会严格地履行其被分配的职责。它不会将这些外在的东西视为己有，只会将它们视作借款来使用，就像一位国外的旅行者在赶路那样。（19）当我们看到一位如此坚韧之人的时候，我们怎么能意识不到这种如此不寻常的特质呢？正如我所提及的那样，尤其是当他通过一致性展示出真正伟大品质的时候。具有一致性的东西的确会永存，而虚假的事物则不会持久。有些人像瓦提尼乌斯，有些人像小加图。有时，人们甚至不认为库里乌斯（Curius）① 足够坚定，或法布里修斯足够贫穷，或者杜白罗足够节俭，并容易满足。有时候，他们会与克拉苏比财富，与阿比修斯比宴会，或与玛塞纳斯比优美。（20）而最邪恶思想的证明就是摇摆不定，且持续在假装追求美德和热爱恶习间徘徊。

> 他偶尔拥有超过200 个奴隶，
>
> 偶尔只有10 个。他会谈起国王
>
> 和各种达官贵人的伟大。
>
> 他会吩咐："给我一个三只脚的桌子和盘子，
>
> 纯净的盐，和粗糙编制的礼服来抵御严寒。"
>
> 如果你用现金（轻松自如）支付100 万，
>
> 在短短的5 天内，他会成为一个身无分文的傻瓜。②

---

① 库里乌斯（Curius）：死于公元前270 年，古罗马共和时期的英雄人物，曾三次担任执政官。——中译者注

② 来自贺拉斯的作品。——英译者注

（21）我所说的那些人就是如此。他们是贺拉斯所描述的，一个总是善变，甚至不像自己的人。到达这种程度后，他会走向对立面。我是否说过很多人都这样？几乎所有的情况都是如此。每个人每天都会改变计划和祈祷。有时，他会想要个妻子，有时想要个情妇；有时他想成为国王，有时想要坚持操守，以至于所有奴隶都变得谄媚奉承；有时，他会自我膨胀，直到不受欢迎为止；有时，他会收缩自我，甚至比那些真正谦逊的人，还要谦卑；有时，他会撒钱，有时又会偷钱。（22）这非常清晰地展示了一个愚蠢的心灵：一会儿是这个形状，一会儿又变成另外一个；并且，从来不会像其自身——在我看来，这是最为可耻的品质之一。相信我，自始至终扮演同一个人的角色，才是伟大的角色。除去智者外，没有人可以永远做自己，我们只是经常更换面具罢了。有时，你会认为我们节俭而认真，有时会认为我们浪费且懒惰。我们不断地转变角色，并会扮演我们所抛弃的相反角色。因此，你应该强迫自己去维持最开始的那个角色，一直到生命这场戏剧的尽头。你会看到，人们将会赞美你，如果不是的话，至少让他们可以认出你。的确，也许你昨天刚见过的人，今天就会去发问："他是谁？"短短时间里就会出现如此巨大的变化！再见。

一百二十一

论动物的天性

（1）在我陈述完今天这个已经探索过很久的小问题后，我敢肯定，你又会给我带来新的疑问。你会再次质疑："这与性格有什么关系？"你可以抱怨，但让我先给你看看，你可能将会面临的其他对手。例如，波西杜尼斯和阿克岱谬斯（Archidemus）①；这些人将会面对你的质疑。然后，我会说，与性格相关的任何东西，都不一定会带来好的性格。（2）人们需要很多东西，一些为了食物，一些为了锻炼，一些为了穿着，一些为了指导，另一些为了享乐。虽然每一种都不会使其变得更好，但都关系到人的需求。性格在不同方式中，受到不同东西的影响：有些东西可以纠正和调节性格，有些则可以研究其性质和起源。（3）当我寻求为什么自然造就人类，以及为什么自然将人类置于其他动物之上的原因时，你认为我已经放弃对性格的研究了吗？不，并非如此。除非你已经找到了最适合人类的性格，否则，你又如何能知道哪种性格是令人渴望的呢？或者，除非你已经研究过人的本性了？只有在你懂得自己的本性后，才会知道应该做些什么，以及应该避免什么。

（4）你说，"我想要学会如何渴望更少，并恐惧更少。根除掉

---

① 阿克岱谬斯（Archidemus）：塔苏斯的斯多葛主义者。——中译者注

我那些不理智的信念。向我证实，那些所谓的幸运，都是不可靠且空洞的，且会变化无常"。我会满足你的愿望，鼓励你的美德并消减你的恶习。有人可能认为，在这一点上，我过于热情和鲁莽；但是，我永远不会停止驱逐邪恶，不会停止抑制那放纵的情绪，不会停止缓和那带来痛苦的享乐，以及不会停止喝止人们的祈祷。我当然会这么做。因为我们祈祷的是罪大恶极的事情，从这些让我们感激的罪恶之事中产生了所有需要安慰的东西。

（5）同时，请允许我彻底探讨一些观点，这些观点看起来与当下的问题相距甚远。我们曾经讨论过，动物是否会对他们本身的"构造"① 有任何感觉。这已经被它们身手矫健的动作所证明了，它们似乎为此经过训练。每种生物都很擅长自身特有的技能。技能高超的工匠会精巧地使用工具，就像他们有着与生俱来的经验一样；航海员懂得如何熟练地驾驶船只；为了呈现肖像，艺术家可以快速地使用多种颜料，并且，眼睛和手可以在调色板与画板间自由穿梭。同样地，动物可以敏捷地利用其身体的各个部分。（6）我们会对熟练的舞者感到惊叹，因为他们的动作完美地展示了作品，并伴随着情感；并且，他们的动作与对话的速度匹配得很好。就像那些技艺被赋予工匠们一样，大自然也将这等技艺赋予了动物。没有动物会不自如地利用四肢，也没有动物不会利用其身体。它们会在出生后，马上就行使其身体的职能。它们来到世上时就拥有了这种知识，且天生就经过良好的训练。

（7）但有人回复说："动物之所以可以如此灵活地利用它们的四肢，是因为如果它们以不自然的方式移动的话，就会感到疼痛。它们被迫这样做，根据你们斯多葛学院的理论，是恐惧而非意志

---

① 指物理上的构成，物理存在的元素。——英译者注

力，才使它们用正确的方式移动。"这种观点是错误的。躯体会因外在力量缓慢移动，但那些自发移动的躯体本身就具有机敏性。证据是，并非对疼痛的恐惧促使它们这样做，而是，即使受到疼痛阻拦，它们也会努力依天性行动。（8）正因如此，尝试站起来的小孩子，会习惯撑起自身的体重。在开始测试其自身力量的时候，他会一次次地跌到，并一次次含着眼泪重新站起来；直到通过痛苦的努力，训练自己成功地应对自然的需求。并且，有一些硬壳的动物在翻转后，会用四肢摸索踢蹬，直到恢复正常姿势。翻转的乌龟感受不到太多痛苦，但由于没有处于自然状态，其会焦躁不安。并且，它会不停地转动，直到再一次用脚站立。

（9）所有这些动物都有对自身物理构造的感知，且正因如此，它们可以自由不受拘束地控制四肢。没有动物不会熟练地利用其躯体，没有什么比这个事实，能更好地证明这是它们与生俱来的知识了。（10）但是，有些人反对说："根据你的观点，一个人的存在，由灵魂中的一种统治性力量决定，它与身躯有着一定的关系。但是，甚至我都很难向你解释清楚的这种错综复杂且微妙的原则，一个小孩又该如何明白呢？看来所有存在的生物，都应该有着与生俱来的逻辑推理能力，因此可以理解那些大多数罗马公民都不清楚的定义！"（11）如果我所说的存在的生物，被理解成"构造的定义"，而不是"它们实际的构造"的话，这种反对也许是正确的。理解自然要比解释自然更容易。正因如此，即使我们所说的小孩不明白"构造"是什么，但他明白其自身的构造。他可能不知道"存在的生物"是什么，但他可以感受到自己作为一个动物的存在。（12）此外，对于他自己所拥有的那个构造，他只是朦胧、好奇且模糊地懂得一点。同样，我们也知道我们拥有灵魂。但是，我们不知道灵魂的本质、位置、品质，或是来源。正如我们拥有灵魂的意识，却对其本性和地位一无所知。即便如此，所有的动物都对自身的构造有着一定的意识。它们必然会感受到，因为这和它们感受其他东西一样，源自同一种介质。它们一定对这种它们所遵循，以及受其控制的原则有一定的感觉。（13）每个人都明白，有一些东西激发了他的冲动，但不知道那到底是什么。他知道自己有抗争的意识，虽然并不了解那到底是什么，或源自哪里。同样，即使小孩和动物都具有一种基本的感知能力，但这种感知的轮廓并不是清晰或形象的。

（14）反对者说："你认为一切生物在开始时，都会适应其构造；但是，人的构造是有理性的。并且，你是否认为人不仅会作为一个生命体去适应，而且会作为一个有理性的存在去适应？考虑到作为一个人，人们会对自己更加珍惜。那么，一个还没有足够理性的小孩，是如何适应这种理性化的构造的呢？"（15）每个阶段的年龄，都会有其所属的构造。婴幼儿、孩童和老年人，每种年龄所面对的情况都不一样。然而，他们都会在自己所处的阶段，找到相适应的构造。婴儿是没有牙齿的，他会适应这种情况。然后，随着牙齿的长出，他会适应另外一种情况。植物也同样如此，它们会长成谷物或是水果，在开始时都有着特殊的构造，并且很少露在耕地外部；随后，植物会生根发芽，长出地面，虽然躯体仍很软弱，但足以支撑起自身的重量；然后，它的颜色会变黄，收割时间就会到来。无论植物的构造会演变到哪个阶段，都会遵守这种阶段的规则。（16）婴幼儿、孩童、青年和老年时期都是不同的。但是，对于经历过婴幼儿、孩童和青年来说的我，确实是同一个存在。因此，虽然每个人在不同时期，都有着不同的构造，那种对其构造的适应确是相同的。自然不会将孩童时期、青年时期，或是老年时期托付给我，而是会将我托付给它们。因此，孩子在孩童时期所适应的那种构造，并不会和他青年时期的一样。即便在更高级的阶段，他的构造会经历一定的转变，但他出生时的状态，仍是遵循自然而定的。（17）首先，生物必须适应自身，因为必须有一种对所有其他的东西都适用的模式。我会去追求快乐，为了谁？为了自己。因此，我在关注自身。我会从疼痛中退缩，为了谁？为了自己。因此，我也是在关注自身。因为我会用自身的福祉来衡量我所有的行为，也会在所有其他事物前，首先关注自身。这种品质存在于所有生物中，并非嫁接而成，而是与生俱来。

（18）自然养育着后代，并且不会抛弃它们。因为最安全的也是最贴近自己的，所以，每个人都将自身托付给了自己。因此，正如我在之前通信中提及的，甚至小动物在从母亲的子宫，或是从蛋中出来后，都立刻知道什么是对它们有害的，且会躲避致命的东西。甚至当它们留意到头顶掠过的猛禽影子时，身体都会收缩。

在拥有生命后，没有动物可以免除对死亡的恐惧。（19）有人也许会问："在出生时，动物是如何理解哪些东西是有益的，哪些是有害的呢？"然而，首要的问题是它是否具备这种理解；其次，它是如何理解的。很清楚，它们已经有了这种理解，即使我们再添加理解给它们，它们也不会做出比之前更加充分的行为。为什么母鸡不怕孔雀，或是鹅，但会远离小鹰呢？即使后者很小，而且母鸡对它也并不熟悉。为什么小公鸡会害怕猫，而不是狗？这些家禽显然对伤害有一种预感，而且不是基于实验。因为，在可能接触之前，它们就学会了避开某些东西。（20）此外，你不要认为它们是依靠运气，它们不会躲避一些你可能期望它们恐惧的东西，它们也永远不会忘记这方面的警惕与担心。它们全都具有同样的，躲避那些破坏性事物的能力。此外，它们的恐惧也不会随着生命的成长而加剧。

因此，的确很明显，这些动物不是通过经验达到这种状态的，这是它们自我保护的天生本能。经验的教导是缓慢且不规则的，而每个生命具有的天性，则是快速且平等的。（21）如果你想要得到一种解释，我应该告诉你每种生物是如何理解那些可能带来伤害的动物的。它会感觉到这种动物是由肉体构成的；而且，它会感知到这种肉体的构成在多大程度上，可以被切割、燃烧或是碾压，以及什么样的动物可以带来这种伤害；正是从这种动物身上，它会产生不喜欢和敌对的观念。且这种特点是自然界普遍存在的；每个动物都会考虑其自身的安全，会寻找带来安全的东西，且会避开可能带来伤害的。本能会依据天性，趋向于有用的物体，厌恶那些没有用的。没有关于这种观念的任何沉思，也没有任何建议，自然已经规定了这一切。

（22）你难道没看到熟练的蜜蜂是如何建造蜂巢的？它们在分享和忍受辛劳中，是多么的和谐？你难道没看到，蜘蛛是如何精密地织网，以至于人类的双手也无法效仿。编织那些网线，是多么艰巨的一项任务？为了让网坚固，有些线需要直通向中心；为了能够抓住可能散布在整张网上的小昆虫，有些线要织成环形，而且不能很粗。（23）这种技艺是天生的，而不是后天传授的。正因如此，没有其他动物会比蜘蛛更为熟练。你可以留意到，所有的蜘蛛网都是同样的精良；所有蜂巢的开口，都有着一致的形状。可以传授的技艺都是不确定和不平均的，而自然的赋予总是统一的。除去照顾自己的职责，和落实照顾的技巧外，自然没有传授任何其他的东西。这就是为什么生活和学习会在同一时间开始。（24）难怪所有生物都与生俱来有着一定的天赋，而缺少这种天赋，出生也将丝毫无用。这是大自然首先赋予它们，去维持其存在的——也就是适应力和自爱的品质。除非渴望去应用这种品质，否则它们将无法生存下去。这种渴望本身可能无法使它们繁荣，但是没有这种渴望，一切都不可能繁荣起来。对于任何动物，你都无法观察到自卑，或是对自己粗心大意的情况。愚蠢的野兽，可能在其他方面懒惰迟钝，然而在生存方面确实很精明。因此，你会看到有些生物对其他的生物来说可能没什么用，但它们对自己的生存始终保持警惕。再见。

一百二十二

论黑暗作为邪恶的掩饰

（1）白昼一天天短下来，可以说短了很多，但如果人们按照日夜节律生活的话，可资利用的时间也是很多的。如果可以事先安排计划，我们将会更加勤勉，也将会更加优秀。但如果太阳高照时还在打盹，或当中午到来后才起床，我们就会变成懒汉。即便如此，很多人还是不知悔改。（2）有些人颠倒了昼夜的功能，他们在夜晚降临时，才会睁开被昨日的放荡所迷糊过的双眼。就像维吉尔所说的那样，大自然把他们藏了起来，安置在与我们的住处正相反的地方：

> 黎明，对于我们而言像那奔腾的骏马，
> 对他们来说，却像夜晚前点燃的火把。

不是这些人的处所，而是他们的生活，与我们"截然相反"。（3）有些作息规律与我们相反的人，可能与我们身处同一座城市。但是，用小加图的话来说，"他们从来没有见过太阳的升起或落下"。如果这些人不知道何时生活，你认为他们会知道如何生活吗？如果他们已经将自己活埋了，还会恐惧死亡吗？他们就像夜晚的猫头鹰一样怪异。即使他们会在美酒与香熏中度过黑暗，即使他们会在晚餐时享受他们醒来的时光，但这些由很多道菜肴组成的排场，却并非真正的宴会；他们这是在为自己举行葬礼。即便是真正死者的宴席，都至少会在白天举行。

的确，对于那些行为活跃积极的人来说，没有哪一天是长久的。所以，让我们延长自己的生命吧。因为，生命的职责和证明都在于行动。让我们将黑夜缩短，用它来做些白日的工作。（4）那些为宴会准备的飞禽被置于黑暗中，由于缺乏锻炼，很容易就会发胖。类似地，如果人们单调地生活，缺少运动，身躯也会逐渐垮掉。并且，在他们安逸懒散的退休生活中，脂肪也会很快地积累。此外，那些沉迷于黑暗时光的人，会有一副令人厌恶的外表。他们的肤色比那些贫血的病人还要可怕；他们会无精打采，肌肉出现水肿般的松弛，即便仍然活着，但已成为一具腐尸了。但我认为，这些都是他们最轻微的不幸。他们心中不知还有多少黑暗呢！这样的人内心是茫然的，他们视力已经模糊，比盲人还要不幸。有谁拥有双眼是为了在黑暗中看见东西呢？

（5）你问我，这种堕落——颠倒昼夜，并将一个人的生活寄托于夜晚——是如何影响灵魂的？所有恶习都会抵触自然本性，他们全都会抛弃那命中注定的法则。奢侈的座右铭就是去享受不寻常的东西，不仅会离开正确的道路，而且会离得尽可能远，并最终站在正确道路的对立面上。（6）你难道不认为，那些在禁忌中畅饮，将酒注入空血管中，并在酩酊大醉中进食的人，是在违背自然而生活吗？还有这种在年轻人群中最为流行的恶习——为了与其他人在进入浴室前畅饮，而加强自己的力量训练。甚至浸泡在酒中，随后很快擦掉那些由于饮用许多杯灼热烈酒而出的汗水！对他们来说，午餐后喝上一杯，或是晚餐后喝上一杯，是富有的象征。其实，这是乡村土豪的做法，他们并不懂得鉴赏的乐趣。纯粹没有杂质的酒会使人高兴，正因为没有食物掺杂其中，它更容易融入人们的身体；这种豪饮会令他们高兴，正因为胃部是空的。

（7）你难道不认为，这些违背自然去生活的男人，他们的服饰①会变得女性化吗？难道那些男人没有违背自然吗？他们会在不适合的年龄阶段，去努力让自己看起来年轻且孩子气。还有什么能比这更加残酷，或更加不幸的？难道时间和男人的身份，永远无法将这样的人带离童年的幻想吗？（8）他们会在冬天渴望玫瑰，或想要在热水和人造温室中养育那春天才盛开的花，例如百合。难道这些男人没有违背自然吗？他们会在墙上种植果树，或是在房顶和墙上植育森林——底下的树梢，可以够到上面的树根。难道这些男人没有违背自然吗？他们将浴池建到了海水中，但没有想到的是，只有在风暴带来的浪潮下，他们才可能享受到沐浴所带来的乐趣。难道这些男人没有违背自然吗？

（9）当人们开始渴望违背自然的所有东西时，最后他们将完全抛弃自然的规则。他们会大喊大叫："现在是白天，让我们去睡觉！他们一会儿说，这是男人该休息的时间，一会儿又说，这是锻炼的时间，这是赶路的时间，这是午餐的时间。瞧，快黎明了，这是晚餐的时间！我们不应该做那些人类做的事情。用寻常和传统的方式生活，是很低下和无聊的。让我们抛弃平常的日子。让我们度过别具一格的早晨，独属于我们自己的早晨！"（10）在我看来，这些人已经与死毫无区别。他们在火把和蜡烛间生活，难道不像在参加葬礼吗？我记得这种生活方式曾经很时尚，例如阿奇利乌斯·布塔（Acilius Buta），他是一位禁卫军军官，挥霍了大笔财产，并向提比略表达了忏悔，而得到的回答是："你明白得太晚了！"

---

①　指身穿半透明的丝绸锦袍。——英译者注

（11）朱利叶斯·蒙塔纳斯（Julius Montanus）有一次曾大声朗读一首诗，他是一位有着中等才华的诗人，以和提比略的友谊为人所知，同样也因失去其宠爱而成名。他常常在诗中描述日出和日落。因此，当某人抱怨蒙塔纳斯整天都在读，并声称没有人应该去参加他的读诗活动时，纳塔·皮那留斯（Natta Pinarius）评论称："没有比这更公平的交易了，我已经准备好去听他读诗，从日出听到日落！"（12）蒙塔纳斯正在阅读下面的内容：

> 明媚的早上，
> 散发出燃烧的光芒，
> 红色黎明照耀着四方；
> 泪眼蒙眬的夜莺，
> 返回了她的巢穴；
> 给孩子们带来了食物，
> 还有分享和服务的甜蜜。

身为罗马骑士的瓦鲁斯（Varus）——马库斯·维尼修斯（Marcus Vinicius）[①] 的随从，由于龌龊而赢得了宴会寄生虫的称号——喊道："是布塔入睡的时间了！"（13）稍后几天，当蒙塔纳斯朗读道：

> 瞧，现在牧羊人已经在往回赶着羊群，
> 黑暗已经慢慢降临了。

---

① 马库斯·维尼修斯（Marcus Vinicius）：生于公元前 5 年，卒于公元 46 年。曾做过执政官。——中译者注

寂静已经遍布，土地开始昏昏欲睡地

进入梦乡。

同一个瓦鲁斯评论道："什么？已经晚上了吗？我会将布塔叫醒！"你可以看到，没有什么比布塔颠倒的生活作息更臭名昭著了。正如我所讲的，他这种生活方式曾经是很时尚的。（14）有些人之所以如此生活，不是因为他们认为夜晚更有吸引力，而是因为正常的生活不能给他们带来特别的享受。光线是邪恶的仇敌。当一个人渴望或蔑视所有事物时，他们或多或少会按照一定的比例付出，而光明这种不需要一个人付出的东西，却成了蔑视的对象之一。此外，奢侈的人希望其一生都能成为人们流言蜚语的主题，如果人们对其保持沉默，他认为就是在浪费时间。因此，只要他的行为不再臭名昭著时，他就会感到不适。

很多人都在挥霍财产，很多人都在养着情妇。如果你想要在这些人中赢得名声，你不仅应该是奢侈的，而且一定要臭名远扬。因为，在如此繁忙的群体中，邪恶不会注意到一般性质的丑闻。（15）我听过最有吸引力的故事讲述者是佩多·阿比诺万斯（Pedo Albinovanus），他讲述了他所在镇上的塞图斯·庞皮尼乌斯（Sextus Papinius）① 的故事。庞皮尼乌斯是属于晚上活动的那类人。"大约晚上 9 点，我听到鞭打的声音。我问发生了什么，他们告诉我，庞皮尼乌斯正在算账，由于账目错误正在鞭打奴隶。大约午夜时分，我听到奋力的呼喊声；我问发生了什么，他们告诉我庞皮尼乌斯正在练习用嗓子发声。大约凌晨 3 点，我问为什么会有

---

① 塞图斯·庞皮尼乌斯（Sextus Papinius）：生活于公元 1 世纪，古罗马元老院成员。——中译者注

车轮声，他们告诉我，庞皮尼乌斯刚刚驾车离开。（16）黎明，我听到奴隶和管家一片混乱，厨师也忙得不可开交。我问这又是怎么了，他们告诉我，庞皮尼乌斯刚洗完澡，正喊着要饮品和开胃菜。"佩多说："不像一般罗马人在下午晚餐，庞皮尼乌斯从不在白天进食，因为他白天生活很节俭，而晚上却奢华无比。因此，如果你认同那些称他为吝啬鬼的人，你也可以视他为'灯火的奴隶'。"

（17）你不要因存在如此之多的恶习的特殊表现方式而吃惊。恶习变化多端，且有着无数的阶段，其种类之多甚至都无法被归类。维持正直的方法很容易，而维持邪恶的方式却很复杂，且有着无数的转变时机。对于性格来说也是一样，如果你顺应自然，性格会容易管理、无拘无束，且不会有较大的变化。但是，对于那些我所提到的，具有扭曲性格的人，他们与万物都不和谐，甚至与自己都有冲突。（18）然而，在我看来，这种弊病的主要原因是对正常生活的一种神经质般的反叛。这种人会在各个不同的方面与其他人区别开。例如，在穿着上，或是精心安排的晚餐上，或是座驾的典雅装配上。甚至，他们会希望通过分配一天的时间，来体现出自己的与众不同。我们不愿以传统的方式去堕落，因为臭名远扬是他们堕落的回报。声名狼藉是这些人想要追求的，可以这么说，这些人越活越倒退。

（19）鲁基里乌斯，正因如此，让我们顺应自然去生活，且不要改变。如果我们遵循自然，一切都会变得轻松无阻；如果我们违背自然，就不会与那些逆潮流而动的人有什么不同。再见。

一百二十三

论享乐与美德的冲突

（1）经过疲倦的旅程，我最终在昨晚到达了我在阿尔班（Alban）的住宅。并且我发现，除去自己以外，一切都是乱七八糟的。所以，我当下正在写字台前休息，且得到了一些由于我的厨师和面包师的拖延所带来的好处。我正在告诉我自己：如果一个人以轻松的心态去面对的话，没有什么会是沉重的；如果一个人不给自己找麻烦，没有什么会使其生气。（2）我的面包师没有面包了，但是，监工、侍者，或是我的租户可以提供一些给我。你会说，"那面包不怎么样！"但等一会儿的话，面包就会变好的。饥饿会让这些面包变得精致和美味。正因如此，我必须要到饥饿紧逼我的时候再去吃。我会等待不吃，直到我可以得到好的面包，或者，一直等到我不再关心面包的质量如何。（3）对一个人来说，有必要习惯微薄的食物。因为即使是富人和贵族，也可能会在各种事件和地点上遇到问题，且这些问题可能导致其颠沛流离。没有人能够拥有想要的一切，但一个人可以拥有那种不去渴望那些其所没有东西的能力，且可以高兴地面对那些在他面前出现的东西。维持一个相对迁就的胃，代表着朝自我独立迈进了一大步，一个人因此可以乐于忍受那些粗糙的境遇。

（4）你无法想象，我从与疲倦的和解中得到了多么大的快乐；

我没有让任何奴隶帮我按摩，也没有泡澡，除时间以外，没有采用任何其他的恢复方式。所有积累的辛劳，都可以被休息解除。这种款待，无论称之为什么，都会比那些就职典礼的宴会，能够给我带来更多的乐趣。（5）我已经进行了一次突如其来的精神试验，这是一次更简单和更真实的测试。的确，当一个人预先做好准备，且要求自己有耐心时，还真的无法测试出其心灵有多少真正的力量。最为真实的证据在没有准备时才会显现；在公正和平静中观察一个人自身的问题，而不是在情绪或争吵中去观察；满足自己的需求但不是去渴望自己应得的东西，表明我们的习惯可能没有得到满足，但我们自身绝非如此。（6）有多少东西，直到开始被渴望时，我们才意识到它们是多余的。我们之所以使用它们，不是因为我们需要它们，而是因为我们拥有它们。并且，有多少我们想要的东西，并不是真正需要的，仅仅是因为我们的邻居拥有，或是因为大多数人拥有！我们的很多麻烦，都是因为我们依据某种模式去生活而造成的，并不是我们根据理性而安排的，而这种惯性导致我们走向毁灭。

如果有些事情只有少数人在做，我们会拒绝模仿；而当大多数人开始这么做时，我们就会跟着做——就好像频繁出现的东西，就是光荣的东西一样！此外，当错误的观念开始流行后，在我们眼中，它就会变成正确的标准。（7）当下，每个用努米底亚侍从带队的人，都会有奴隶组成的队伍在前清道。我们认为，如果没有侍从在前面阻挡街上的人群，就会是不体面的；或者，如果有一大片在尘土飞扬中驶过的车队，就会证明高贵之人正在接近！当下，每个人都拥有驮载着水晶和由知名艺术家雕刻的默勒石杯的骡子；如果你所有的行李一路颠簸也没有危险，那就会被认为是不体面的。每个人都想拥有用油膏涂脸的男侍者，这样冷热都不会伤害到他们稚嫩的皮肤；如果你的随从没有圆润的面颊，或是没有上妆，那就会被认为是不体面的。

（8）你应该避免与这类人对话：他们将坏习惯从一个人传给另外一个人。我们通常认为，那些自吹自擂的人是最糟糕的，殊不知，甚至有人会吹嘘他们的不道德行径。他们的言语非常有害。即便不是立刻见效，也会将有问题的种子植于灵魂中，并且，即使我们离开了这些人，邪恶也注定会形成新的力量来跟随我们。（9）正如那些参加了音乐会的人，会根据歌曲和旋律摇头晃脑一样，这种行径会干扰他们的思维，并阻止其专注于严肃的问题。就像献媚者和狂热者的讲说，即便在我们听完很久后，他们的言论仍会驻留在我们脑海中。忘记一段有魅力的言语并不容易，它会伴随着我们，且会时不时地浮现。因此，你一开始就不应该去听那些邪恶的讲说，因为当这样的言语进入我们的大脑并得到认可后，它就会融入我们的思维，使我们越来越不知廉耻。（10）然后，我们就会说："美德、哲学、正义都是空洞的。通往幸福的唯一道路就是善待自己。吃喝、花钱才是真正的生活，也是唯一提醒你自己是个凡人的方式。我们的日子一去不返，无法挽回的生命，也在飞逝而去。为什么不及时行乐呢？我们这一辈子并不是总会有乐趣的。当可以享乐，并渴望享受的时候，去强制自己过节俭的生活能够带来什么益处呢？因此，要走在死亡前面，现在就享受那死亡可能从你身边偷取的一切。你没有情妇，没有令情妇羡慕喜爱的奴隶；你在日常的公众视野中表现得冷静；你就餐时，时刻惦记着花销。这些方式不是生活，仅仅是在和别人分享着生活。（11）去为自己继承人的利益着想，并拒绝一切，是多么疯狂且愚蠢的事情。结果将是，你离世后留下的巨额财富，会使朋友转变成敌人。因为，你的继承人能从你身上获取的越多，他就会对你的离世越发高兴！所有那些怀着一本正经的精神，批评他人生活的刻薄家伙，都是他们自己生活的真正敌人。他们扮演着整个世界的导师——你不应认为他们有什么价值，你也不要犹豫不决，从而为了好的名誉，而放弃好的生活。"

（12）你应该避开一些人的言语，正如尤利西斯所做的那样。除非被捆在桅杆上，否则他是不会见那些人的。他们有着较强的说服力，会以国家、父母、朋友和各种不同的方式引诱人，并希望，不是通过卑鄙，就是通过不幸，使人陷入低劣的生活。走在笔直的路线上，并实现将"尊荣"等同于"愉快"的生活，不是更加美好嘛！①　（13）如果我们懂得有两种类别的物体，它们要么吸引我们，要么排斥我们，这种结局对我们来说就是可能的。我们会被诸如财富、享受、美丽、抱负，以及其他诱人和令人愉悦的东西所吸引；我们被辛劳、死亡、痛苦、耻辱，或是节俭的生活所排斥。因此，我们应该训练自己，这样我们可以避免对其中一个心存恐惧，对另一个充满渴望。让我们以相反的方式斗争：让我们避开那些诱人的东西，并唤醒自己，去直面那些我们排斥的东西。

（14）你难道没看到，下山和上山的方式，有着怎样的不同吗？在下坡时，人们会向后仰；在攀爬陡峭地方的时候，人们会向前倾。我亲爱的鲁基里乌斯，如果在下山的时候，将自己身体的重力倾向前方，或是在上山的时候，将身体的重力抛向后面，这就是顺从了恶习。享乐会把人拉下山，因此一个人必须直面那些艰难困苦，向上攀爬。在这种情况下，我们需要身体前倾；而在其他情况下，我们需要制止前倾的身体。

（15）你会相信我的话吗？我认为，只有这些人会给我们的耳

---

① 指采用斯多葛主义的方式，而非享乐主义的方式去生活。——英译者注

朵带来毁灭的声音；他们会赞美享乐，激起我们对痛苦的恐惧——
而这些言语本身就是恐惧的兴奋剂。我认为，我们被那些乔装成斯
多葛学院的人给欺骗了，同时也被他们带入恶习中。他们吹嘘说，
只有智者和学识渊博的人，才能知道真正的爱。"他们称只有自己
在享乐这门技艺上拥有智慧，且智者也最善于饮酒和派对。我们的
研究应该专注于一点：爱情之花可以持续开放到什么样的年龄！"
(16) 所有这些观点，可以视为对古希腊方式的一种妥协。我们自
己应该更倾向于将我们的注意力放在这种言语上："没有人是靠运
气成为好人的。美德必定是要学习的。享乐是低下、琐碎，似乎没
什么用的，甚至遍布在愚蠢的动物身上——是那些最微小和最低劣
的动物都会去追求的东西。荣誉是空虚且稍纵即逝的，比空气还要
轻薄。贫穷不会给任何人带来邪恶，除非其自找苦吃。死亡并不是
邪恶的。为什么要问呢？死亡面前人人平等。迷信是精神错乱之人
的歪理邪说，它会给那些应该去爱的人带来恐惧，会给应该崇拜的
人带来愤怒。去否认众神，和去诋毁众神，有什么区别呢？"

(17) 你应该学习这样的原则，而且要用心去学习：哲学不应
该用于为恶习辩护。对于一个生病的人，当医生吩咐他去过自己想
要的生活时，就说明他已经无药可救了。再见。

一百二十四

论通过理性而获得的真正美好

（1）

> 我能给你很多古老的戒律，
>
> 难道你不会退缩，或怀着羞耻感去学习
>
> 这些微小的职责。①

　　但是你不会退缩，或是被任何学习的微妙之处阻碍。因为即使是经过训练的思维，也不习惯于在轻松的心态下，研究这种重要的主题。我认可你的这种做法，将一切都计入进度之中，并且，只有当付出最大努力仍无法完成的事项出现时，才会感到不满。我会耐心展示，我们现在所面对的问题，也属于这种情况。我们的问题是，美好是通过感知获取，还是通过理解才可以得到；随之而来的推论是，它是否不存在于愚蠢的动物或婴幼儿身上。

　　（2）在那些认为享乐是至高无上的人眼里，美好是感觉的问题；但是，我们斯多葛主义者认为，美好是理解的问题，而且是我们将它分配到了思维中。如果感觉可以评判什么是美好，我们永远

---

① 来自维吉尔的作品。——英译者注

不会拒绝任何快乐。因为，所有的快乐都是吸引人的，都是带来喜悦的。相反地，我们无法自愿承受任何痛苦，因为，所有痛苦都会与感觉产生冲突。（3）此外，在这种条件下，那些热衷于享乐和那些最担心痛苦的人，将不应得到任何指责。但是，我们会谴责那些被食欲和贪欲所奴役的人；并且，我们也会指责那些在痛苦的恐惧中，做出缺乏男子气概事情的人。对于那些仅凭感觉来判断好与坏的人，他们可能造成哪些错误呢？那正是你的感觉本身，被用来判定哪些东西是需要追求，哪些东西是应该避免的！

（4）然而，理性无疑才是这种事务中的支配性元素。由于理性会根据幸福生活、美德和荣誉来判断，因此其已经就善恶做出了决定。对于那些享乐主义者而言，最卑鄙的就是根据感觉来判定哪些是美好的。而人的感觉是愚钝的、单调的，甚至比其他动物更加迟钝。（5）就像一个人想要通过触摸，而非视力，来区分极微小的物体一样！没有什么比眼睛具有更精细和敏锐的特殊能力了，这种能力可以帮助我们区别善恶。因此，如果一个人认为触觉可以用来判断至善或至恶的本质，你就可以了解到，他是多么昧于真理地过着日子，且又是如何卑鄙地颠覆了那些崇高和神圣的理念。（6）他会说："正如每一种科学和每一种技艺，都应该具有一种可以感知的元素，且（其起源和发展）可以通过人的感觉被理解一样，幸福生活的基础和起源也是从可以被感知的，且因此进入感觉范畴内的事物开始的。当然，你会承认，幸福生活是从可以被感觉所感知到的事物开始的。"（7）但是，我们会根据自然来定义哪些东西是"幸福"的。且这些符合自然的东西，是显而易见的——就像看到完整的东西一样容易。在我看来，那些顺应自然的东西，那些我们与生俱来的礼物，并不是一种美好，而是一种美好的开端。然而，你将至善和快乐赋予婴儿，所以婴儿在出生时就到达了完美之人所达到的境地，这属于本末倒置。（8）如果一个人声称，躲在母亲子宫中的，尚不清楚性别、没有完整模样的婴儿，就已经达到了美好善良的境地，那么，他的观念似乎出了问题。然而，一个刚出生的婴儿，和那藏身于母亲肚子中胚胎的区别，是多么小啊！根据对善恶的了解程度来看，他们都是平等的。并且，相比一棵树或任何野兽，一个婴儿也不具有更多的理解美好的能力。

　　为什么一棵树，或一只愚蠢的野兽身上，不存在美好呢？因为它们不具有理性。同样，因为婴儿不具有理性，所以，美好也不存在于婴儿身上。只有在拥有理性后，婴儿才可以拥有美好。（9）有些动物没有理性，有些动物当前还不具有理性，有些动物拥有一部分的理性。所以，美好在这些动物身上不存在，因为是理性带来了美好。那么，我所提及的那几类动物有什么区别呢？对于那些不具有理性的动物，美好是永远不会存在的。对于那些当下还没有理性的动物，美好在当下也不存在。在那些拥有一部分理性的动物身上，美好有能力存在，但还没形成。（10）鲁基里乌斯，这就是我想要表达的：美好不可能随机出现在一个人身上，或是随机出现在人的某一段年龄中；并且，它自始至终都不会存在于胚胎中，或是存在于刚刚出生的婴儿身上。因此，当微小的四肢躯干刚开始紧密结合在一起时，美好不可能存在于那纤弱的身体中。当然不会，正如美好不会出现在种子上一样。（11）即便我们承认，树或植物中存在一定程度的美好，但这也不涉及它刚开始发芽出土时的情况。在小麦中存在一定的美好，然而它也不存在于成长中的茎秆，或是刚脱皮的麦穗中；只有在夏日且小麦成熟后，美好才会体现出来。正如自然一般不会造就美好，直到其提升至完美程度；美好也不会在人身上体现，直到理性被完善。（12）这种美好是什么？我告诉你，它是自由和正直的思想，以及不受其他事物影响，一切都自己做主的观念。婴幼儿阶段离这种美好还很遥远，孩童时期也没有什么希望，即便是年轻阶段，也没有理由过于乐观地抱有希望，甚至到了老年阶段，如果我们能通过长时间专注地学习而实现这种美好的话，也算是很幸运的。如果这就是美好，那美好就是真正地理解。

（13）有人反驳说，"如果你认可树和草中有一定的美好，那么，一个孩子身上也应该具有一定的美好"。但是，真正的美好不会存在于树木或愚蠢的动物身上，那种在它们身上所体现的品质被称为"美好"是出于礼貌的缘故。①"那么，那种'美好'应该是什么？"也许有人会问。简单来说，那是一种符合自然的特质。真正的美好，不管通过什么方式，都无法在愚蠢的动物身上体现。因为它的本质受到了更多的祝福，属于更高的级别。在没有理性的地方，美好也不会存在。（14）我们应该在此提及四种本质：树、动物、人，以及神的本质。后两者拥有理性的能力，他们有着同样的本质，只是一个会死亡，另外一个是永生的。其中一种用于使神变得明智的，是那种会让美好变得完善的本质；另外一种让人变得明智的，是通过痛苦和学习才能实现的。其他所有事物都只会在它们独有的本质中实现完美，而非真正的完美，因为它们缺少理性。

总体来说，只有顺应自然这个整体，才是唯一的完美；而且，自然这个整体拥有理性。其他的东西只能在自己的类别上实现完美。（15）无法包含幸福生活的东西，也无法包含产生幸福生活的事物；幸福生活只能由美好造就。在愚蠢的动物身上，没有一丝幸福生活的痕迹，也无法看到产生幸福生活的方式。在动物身上，美

---

① 指逍遥学派和学园派有时定义为"美好"的东西，被斯多葛学派称作"优势"。——英译者注

好是不存在的。（16）愚蠢的动物只能通过感觉去理解当下的世界。它只能通过那些勾起其感觉的东西，来记住过去发生的事情。例如，当一匹马被放置在起点的时候，才会记起正确的道路。然而，当被放置在马厩中，它不会想起那条道路，无论它曾经走过多少次。未来这种观念，不会存在于那些野兽的脑海中。

（17）因此，我们怎么能认为那些没有时间体验的生命体，其本质是处于完美状态中呢？时间有着三重维度——过去、现在和未来。动物在有限的生命中，只能感知到最为重要的那段时刻，也就是现在。它们很少回忆过去，只有当遇到提醒或暗示的时候才会。（18）因此，完美本质的美好，是不会存在于不完美本质中的。如果这类动物本质可以拥有美好的话，植物也同样会拥有。我的确不否认，不能说话的动物依据本质，似乎在行动上有着强大和灵敏的动机；然而，这种动机是困惑且无序的。但是，美好从来不是困惑，或无序的。

（19）你会说："什么！难道不能说话的动物是以混乱且无序的方式移动的吗？"我会说，它们是在以符合规律的方式移动着，尽管看起来是混乱且无序的。实际上，它们是依据自身的本质移动。所谓的"混乱"在某些时间可以成为"不混乱"的状态；同样，所谓的困扰状态，也可以变为平和的状态。没有人是邪恶的，除去拥有美德的人之外，没有人可以摆脱邪恶。就这些不能说话的动物而言，它们的运动都是基于本性的结果。（20）希望不会令你感到厌烦，其实在不能说话的动物身上也可以发现一定程度的美好，一定程度的美德和一定程度的完美。然而，这些美好、美德，或是完美，都不是绝对意义上的。有理性的生命拥有一种特权，他们可以知道原因、程度和方法。因此，美好只能存在于那些拥有理性的生命中。

（21）你现在是否会询问，我们的论证将走向何方，且会给思维带来怎样的好处？我会告诉你：它可以锻炼和磨砺思想，并可以确保思想被尊荣的东西占据，且可以实现一定程度的美好。甚至，它可以挽救那些正奔向邪恶的人，给他们带来一定好处。然而，我也要说，它能给你带来的最大好处就是，展示美好；将你自己和愚蠢的动物区别开，将你置于神明的级别。（22）你为什么要去锻炼和增强你的身体力量呢？大自然赋予你的力量，要比公牛和野兽更大。为什么要去增加你的美丽呢？不管你如何努力，愚蠢的野兽也会比你漂亮。为什么无止境地改变发型呢？不管是采用帕提亚散落的风格，或是德式束起风格，或是像斯基泰人那样，还是让头发自然生长，你都会看到，任意一匹马的鬃毛都比你的头发更加厚实，或者狮子脖子上的鬃毛也要更加美丽飘逸。即便训练速度，你也无法像野兔那样跑得飞快。（23）你难道还不情愿放弃这些琐事吗？无论你怎么努力去追求那些本不属于你的东西，你都必须承认自己的失败，且要回归那真正属于你的美好。

　　这种美好是什么？它是一种清澈和无瑕的思想，可以与神媲美；它远远超出凡人的境地，且不认为任何外在的东西是属于自己的。你是一种有理性的动物。那么，什么样的美好会在你身上体现出来？完美的理性。你是否愿意提高理性的限度，一直达到最高的境地？（24）当你所有的喜悦来源于理性时，你才可能认为自己是幸福的。当你看重人们迫切想要的，或是祈祷的，或是关心的，你都不会找到自己真正"渴求"的东西；注意，我说的不是"更喜欢"。这里有一个简单的规则，你可以用来测试自己是否达到了完美境地："当你懂得，世人所称的幸运，其实是最为不幸的东西后，那么，你才算是真正成为自己。"再见。

附录

名称索引

和第一百一十九封。

- Anacharsis（阿那卡西斯）：第九十封。

- Anacreon（阿那克里翁）：第八十八封。

- Ancus（安库斯）：第一百零八封。

- Antipater（安提帕特）：第八十七封和第九十二封。

- Antony（安东尼）：第八十三封。

- Apicius（阿比修斯）：提比略时代的一位美食家。第九十五封和第一百二十封。

- Apion（阿皮安）：古希腊学者。第八十八封。

- Appius（阿皮犹斯）：第一百一十四封。

- Archidemus（阿克岱谬斯）：第一百二十一封。

- Ardea（阿尔代亚）：第九十一封，第一百零五封。

- Argos（阿尔戈斯）：第八十封。

- Aristo of Chios（希俄斯的阿里斯托）：约公元前 3 世纪，古希腊斯多葛学派哲学家。第三十六封、第八十九封、第九十四封和第一百一十五封。

- Aristotle（亚里士多德）：第六封、第五十八封和第六十五封。

- Arruntius（阿润提斯）：第一百一十四封。

- Asclepiades（阿斯克勒庇俄斯）：约公元前 2 世纪，古希腊著名医生。第九十五封。

- Asinius Gallus（阿西尼乌斯·盖鲁斯）：第五十五封。

- Asinius Pollio（阿西尼乌斯·波里奥）：第一百封。

- Athenodorus（阿瑟诺多鲁斯）：第十封。

- Attalus（阿塔罗斯）：第九封、第六十三封、第六十七封、第七十二封、第八十一封、第一百零八封和第一百一十封。

- Atticus（阿提库斯）：第二十一封和第一百一十八封。

封、第六十四封、第九十四封、第一百零七封、第一百零八封和第一百一十三封。

- Cleopatra（克莉奥帕特拉）：古希腊亚历山大大帝一位在埃及将军的后裔，她去世后，埃及变为古罗马的一个省份。据传她与古罗马安东尼有私情，引发罗马内战，而安东尼最终战败。第八十七封。

- Clodius（克洛迪乌斯）：第九十七封。

- Cornelius Senecio（科尼利厄斯·塞内西奥）：第一百零一封。

- Coruncanius（科伦卡纽斯）：第一百一十四封。

- L. Crassus（克拉苏）：第一百一十四封。

- M. Crassus（克拉苏）：古罗马将军、政治家。在罗马共和国到罗马帝国的过渡阶段，扮演了一个非常重要的角色。经常被称为"罗马最富有的人"。第四封、第一百零四封和第一百一十九封。

- Crates（克拉泰斯）：第十封。

- Croesus（克利萨斯）：第四十七封。

- Cumae（库美）：第五十五封。

- Curio（库里奥）：第一百一十四封。

- Curius（库里乌斯）：第一百二十封。

- Cynic School（犬儒学派）：第二十九封。

- Cyrenaic School（昔兰尼学派）：第八十九封。

D

- Dahae（达亥）：第七十一封。

- Daedalus（代达罗斯）：第九十封。

- Darius（大流士）：第四十七封，第九十四封和第一百一十九封。

- Decius（德西乌斯）：第六十七封。
- Demetrius Poliorcetes（德米特里一世）：公元前 307 年控制了雅典。第九封。
- Demetrius（德米特里厄斯）：第二十封、第六十二封、第六十七封和第九十一封。
- Democritus（德谟克利特）：第七封、第七十九封和第九十封。
- Dexter（德克斯特）：第四封。
- Didymus（迪底摩斯）：第八十八封。
- Diogenes（第欧根尼）：第二十九封、第四十七封和第九十封。
- Dossennus（都森奴斯）：第八十九封。

E

- Egypt（埃及）：第一百一十五封。
- Ennius（恩尼乌斯）：第五十八封、第一百零八封。
- Epicurean（伊壁鸠鲁主义，也称享乐主义）：第四十八封、第八十九封。
- Epicurus（伊壁鸠鲁）：第二封、第四封、第六封、第七封、第八封、第九封、第十一封、第十二封、第十三封、第十四封、第十五封、第十六封、第十七封、第十八封、第十九封、第二十封、第二十一封、第二十二封、第二十三封、第二十四封、第二十五封、第二十六封、第二十七封、第二十八封、第二十九封、第三十封、第三十三封、第四十六封、第五十二封、第六十六封、第六十七封、第六十八封、第七十二封、第七十九封、第八十一封、第八十五封、第九十二封和第九十七封。

- Philip（菲利普）：第九十四封。

- Plancus（普兰库斯）：第九十一封。

- Plato（柏拉图）：第六封、第二十四封、第四十四封、第四十七封、第五十八封、第六十四封、第九十四封和第一百零八封。

- Polyaenus（波吕亚努斯）：第六封和第十八封。

- Pompeii（庞贝）：第四十九封和第七十封。

- Pompey（庞培）：第四封、第十一封、第十四封、第五十一封、第七十一封、第九十四封、第九十五封、第九十七封、第一百零四封和第一百一十八封。

- Pomponius（庞波尼乌斯）：第三封。

- Porsenna（波尔塞纳）：第二十四封和第六十六封。

- Posidonius（波西杜尼斯）：第七十八封、第八十三封、第八十七封、第八十八封、第九十封、第九十二封、第九十四封、第九十五封、第一百零四封、第一百零八封、第一百一十三封和第一百二十一封。

- Protagoras（普罗塔哥拉）：第八十八封。

- Publilius（普布利柳斯）：第八封。

- Publius Vinicius（普布利乌斯·维尼修斯）：第四十封。

- Puteoli（普特奥利）：第五十三封和第七十七封。

- Pyrrhonic School（怀疑学派）：第八十八封。

- Pyrrhus（皮拉斯）：第一百二十封。

- Pythagoras（毕达哥拉斯）：第五十二封、第九十封、第九十四封和第一百零八封。

- Pythocles（比索克莱）：第二十一封。

- Scythian（斯基泰）：第八十封和第九十封。

- Sejanus（塞贾纳斯）：第五十五封。

- Sertorius（塞多留）：古罗马政治家，将军。第九十四封。

- Servius（塞尔维乌斯）：第一百零八封。

- Servilius Vatia（塞维利乌斯·梵蒂亚）：第五十五封。

- Annaeus Serenus（阿奈乌斯·赛纳斯）：第六十三封。

- Cornelius Severus（科尼利厄斯·西弗勒斯）：第七十九封。

- Sextius（Quintus Sextius the Elder，塞克图斯）：第五十九封、第六十四封、第七十三封、第九十八封和第一百零八封。

- Sextus Papinius（塞图斯·庞皮尼乌斯）：第一百二十二封。

- Sicily（西西里）：第十四封、第五十一封、第七十九封和第一百一十四封。

- Sisyphus（西西弗斯）：第二十四封。

- Socrates（苏格拉底）：第六封、第七封、第十三封、第二十四封、第二十八封、第四十四封、第六十四封、第六十七封、第七十封、第七十一封、第七十九封、第九十八封和第一百零四封。

- Solon（梭伦）：第九十封。

- Sotion（梭申）：第四十九封和第一百零八封。

- Speusippus（斯珀西波斯）：第八十五封。

- Stilbo（斯迪伯）：古希腊哲学家。第九封和第十封。

- Stoics（斯多葛学派）：第九封、第十三封、第二十二封、第二十九封、第三十三封、第五十七封、第五十八封、第五十九封、第六十五封、第六十八封、第八十五封、第八十七封、第九十四封、第九十九封、第一百零八封、第一百一十封、第一百一十三封、第一百一十六封、第一百一十七封、第一百二十

封和第一百零八封。

· Zeno of Elea（埃利亚的芝诺）：第八十八封。

图书在版编目（CIP）数据

塞涅卡道德书简：致鲁基里乌斯书信集／（古罗马）
塞涅卡著；刘晴译. －－北京：社会科学文献出版社，
2021. 12（2024. 12 重印）
（思想会）
书名原文：Moral letters to Lucilius
ISBN 978 － 7 － 5201 － 8959 － 0

Ⅰ.①塞…　Ⅱ.①塞…②刘…　Ⅲ.①斯多葛派－哲
学理论　Ⅳ.①B502.32

中国版本图书馆 CIP 数据核字（2021）第 178976 号

·思想会·

塞涅卡道德书简
——致鲁基里乌斯书信集

著　　者／〔古罗马〕塞涅卡（Lucius Annaeus Seneca）
译　　者／刘　晴

出 版 人／冀祥德
责任编辑／刘学谦
责任印制／王京美

出　　版／社会科学文献出版社·文化传媒分社（010）59367004
　　　　　地址：北京市北三环中路甲 29 号院华龙大厦　邮编：100029
　　　　　网址：www. ssap. com. cn
发　　行／社会科学文献出版社（010）59367028
印　　装／北京盛通印刷股份有限公司

规　　格／开　本：880mm × 1230mm　1/32
　　　　　印　张：21.125　字　数：529 千字
版　　次／2021 年 12 月第 1 版　2024 年 12 月第 3 次印刷
书　　号／ISBN 978 － 7 － 5201 － 8959 － 0
定　　价／98.00 元

读者服务电话：4008918866